ग़दर के फूल

अमृतलाल नागर

राजपाल

₹ 435

ISBN : 9789350642696

संस्करण : 2026

GADAR KE PHOOL by Amritlal Nagar

मुद्रक : जी.एस. ऑफसेट, दिल्ली

राजपाल एण्ड सन्ज़

1590, मदरसा रोड, कश्मीरी गेट, दिल्ली-110006

फोन : 011-23869812, 23865483, 23867791

website : www.rajpalpublishing.com

e-mail : sales@rajpalpublishing.com

दो शब्द

सत्तावनी क्रान्ति सम्बन्धी अपने उपन्यास के लिए ऐतिहासिक सामग्री एकत्र करते हुए मुझे लगा कि अपने उपन्यास के क्षेत्र, अवध में घूम-घूमकर ग़दर-सम्बन्धी स्मृतियां और किंवदंतियां आदि एकत्र किए बिना मेरी गढ़ी हुई कहानी में झकोले रह जाएंगे। यों भी ग़दर की किंवदंतियों या बातों को सुनाने वाले व्यक्ति अब छीजते जा रहे हैं। सत्तावनी क्रान्ति के सम्बन्ध में भारतीय दृष्टिकोण से लिखे गए इतिहास के अभाव में जनश्रुतियों के सहारे ही इतिहास की गैल पहचानी जा सकती है।

हमारे देश में स्वजनों की चिता के फूल चुने जाते हैं। सौ वर्ष बाद ही सही, मैं भी ग़दर के फूल चुनने की निष्ठा लेकर अवध की यात्रा का आयोजन करने लगा।

प्रसंगवश एक दिन उत्तरप्रदेश के सूचना-संचालक भाई भगवतीशरण सिंह से यह ज़िक्र छिड़ा। उनके और उनके विभाग के सहयोग से मेरा काम बहुत सरल हो गया। भगवती भाई मेरे मित्र हैं, उन्हें मेरे औपचारिक कृतज्ञता-ज्ञापन की आवश्यकता नहीं।

पुस्तक 21 जुलाई से लिखना आरम्भ कर 16 सितम्बर को पूरी की। चि० ज्ञानभद्र दीक्षित ने इसकी पांडुलिपि लिखी। मैं उन सब व्यक्तियों और पुस्तकों के प्रति आभारी हूं जिनके सहयोग से यह कार्य कर सका।

साहबज़ादा कौकब कदर से प्राप्त बेगम हज़रतमहल के एक बहुत ही धुंधले और छोटे फोटोग्राफ से मेरे छोटे भाई चि० मदन ने उनका पोर्ट्रेट चित्र बनाया है।

दूसरी बार

उत्तरप्रदेश सूचना एवं जनसम्पर्क विभाग ने मेरे प्रति अनुग्रह करके यह पुस्तक मुझे फिर से लौटा दी है। इसकी प्रशंसा करते हुए पाठकों ने मुझे कई पत्र लिखे थे। बहुतों ने इस अप्राप्य पुस्तक के प्राप्य होने के लिए क़ामना भी प्रकट की थी। अतः राजपाल एण्ड सन्ज़ की ओर से यह संस्करण प्रकाश में आया है।

चौक, लखनऊ

—अमृतलाल नागर

सत्तावनी क्रांति के
18 वर्षीय तरुण सेनानी
अभिनव अभिमन्यु श्री बलभद्रसिंह
(चहलारी के ठाकुर)
और उनके साथ-साथ स्वदेश की इंच-इंच भूमि
के लिए अन्तिम बूंद तक रक्तदान करने वाले
नवाबगंज बाराबंकी के युद्ध-क्षेत्र के
अभूतपूर्व रणबांकुरे
छह सौ हिन्दू-मुसलमान पुरखों को
प्रतीक-स्वरूप यह श्राद्ध-आयोजन
सविनय अर्पित—

—अमृतलाल नागर

बाराबंकी

4 जून, मंगलवार। मेरी यात्रा का पहला दिन।

नवाबगंज बाराबंकी की लड़ाई सत्तावनी क्रान्ति के संग्राम में मार्के की लड़ाई हुई थी। सर होपग्राण्ट के संस्मरण और सर विलियम रसल की डायरी में नवाबगंज के युद्ध का वर्णन तथा युद्ध के नायक चहलारी-नरेश बलभद्रसिंह रैकवार के अद्भुत शौर्य का वृत्तान्त पढ़कर ही यहां आया हूं। चहलारी प्रायः ग़दर के बाद से ही बहराइच ज़िले का एक अंग बन गया है, इससे पहले वह सीतापुर ज़िले से जुड़ा हुआ था; बाराबंकी क्षेत्र से उसका कोई सम्बन्ध न था। सुप्रसिद्ध इतिहासकार डाक्टर रमेशचन्द्र मजुमदार की ग़दर-सम्बन्धी सद्यःप्रकाशित पुस्तक में यह पढ़ने पर कि सत्तावन की क्रान्ति असंगठित और अनियोजित थी, मुझे लगा कि जहां तक अवध का सम्बन्ध है, मजुमदार महाशय का यह वक्तव्य कदापि लागू नहीं हो सकता। उत्तरप्रदेश सरकार की ओर से भारतीय स्वतन्त्रता-संग्राम का इतिहास लिखने के हेतु नियुक्त शिक्षा-विभाग के अण्डर सेक्रेटरी, मेरे विद्वान् मित्र डाक्टर अतहर अब्बास रिज़वी ने मुझे ऐसे कई पत्र दिखलाए थे जो राजा वेणीमाधव बख़्श और मौलवी अहमदुल्ला शाह ने अवध के समर-संगठन के सम्बन्ध में एक-दूसरे को लिखे थे। इसके अतिरिक्त मेरे सामने अवध के कम-से-कम तीन ऐसे नायकों का विवरण था जिन पर यह आरोप नहीं लगाया जा सकता कि वे मात्र अपने या अपनी रियासत के बचाव के लिए लड़े थे। शंकरपुर ज़िला रायबरेली के राणा वेणीमाधव बख़्श, गोंडा के राजा देवीबख़्श सिंह और चहलारी के ठाकुर बलभद्रसिंह, ये तीनों व्यक्ति निश्चित रूप से अवध की स्वतन्त्रता के लिए लड़े थे और इन तीनों में से एक ने भी अंग्रेज़ों के सामने न तो हथियार ही डाले और न सिर झुकाया। अट्ठारह वर्ष के नौजवान बलभद्रसिंह ने तो समर में अनोखी वीरता दिखलाते हुए अवध की स्वतन्त्रता के लिए अपने प्राण निछावर किए थे।

मैं उसी युद्ध के सम्बन्ध में किंवदंतियां और लोक-साहित्य के प्रमाण बटोरने आया हूं। मन में एक धुकधुकी भी है कि यदि जनसाधारण से ऐसी सामग्री प्राप्त करने के सम्बन्ध में मेरी धारणा असत्य निकली तो?—ऐसी आशा तो नहीं। अगर लखनऊ में मुझे कुछ ऐसे लोग मिल सकते हैं; तो बाहर भी उनका अकाल नहीं होना चाहिए। प्रश्न यह भी है कि अगर बाराबंकी में मुझे 'कुछ नहीं' के बराबर ही सामग्री मिली तो क्या आगे की यात्रा करना उचित होगा? मैं अपना समय, पैसा और सरकारी पैट्रोल खर्च करने का अधिकार तभी तक रखता हूं जब तक कि उसका सदुपयोग भली भांति करूं और इस भ्रमण का महत्त्व सिद्ध कर दिखाऊं। इस तरह की बातें

उठने पर मेरे मन में बार-बार यह विश्वास भी जागता है कि मेरा तीर औचक अंधेरे में नहीं छूट रहा, सफलता मिलनी ही चाहिए। यदि बाराबंकी में मुझे अधिक ऐतिहासिक सामग्री प्राप्त न हुई, तब भी कम-से-कम दो अन्य ज़िले घूमे-परखे बिना मुझे हताश नहीं होना चाहिए। अस्तु!

बहुत-से लोग शायद यह न जानते हों कि जो स्थान इस समय बाराबंकी के नाम से प्रसिद्ध है, वह दरअसल नवाबगंज कहलाता है। बंकी और बारा ग्राम दोनों ही वहां से दूर हैं। ज़िला सूचनाधिकारी श्री लक्ष्मीसहाय गुप्त उत्साही नवयुवक लगे। उन्होंने अपने ज़िले का सत्तावनी क्रान्ति से सम्बन्धित इतिहास सरकारी सूचना के लिए भली-भांति एकत्र किया है। उन्होंने बतलाया कि यहां 10 मई से पहले जब उक्त तिथि को मनाने की बात आई, तो स्थानीय अधिकारियों के एक डिनर में यह शंका उठाई गई कि नवाबगंज के युद्ध में मारे जाने वाले चहलारी नरेश बलभद्रसिंह वास्तव में देशभक्त वीर थे भी या नहीं। कुछ लोगों का खयाल था कि वह ग़दर के नायक नहीं हो सकते, क्योंकि अंग्रेज़ों ने नवाबगंज में उनकी कब्र बनवाई थी, जो अब तक मौजूद है। डिनर में एक किंवदंती का हवाला भी दिया गया जिसके अनुसार बलभद्रसिंह बारात लेकर आ रहे थे। उस ज़माने के क्षत्रिय राजे-रजवाड़ों की बारात के अनुसार ही उनके साथ भी तोपें, बन्दूकें और लाव-लश्कर था। अंग्रेज़ों ने समझा कि दुश्मन लड़ने आ रहा है; सो धावा कर दिया। चहलारी-नरेश और उनकी फौज मारी गई। बाद में अंग्रेज़ों को पता चला कि बलभद्रसिंह उनका दोस्त था, तो उन्होंने बलभद्रसिंह की कब्र बनवा दी। डिनर में श्री अहमद किदवाई उर्फ अच्छन साहब भी मौजूद थे। उन्होंने अपने मामा से चहलारी वाले की वीरता के अनेक किस्से सुन रख थे। अच्छन साहब ने उक्त किंवदंती को असत्य माना और प्रमाण के रूप में अपने मामू से चहलारी-नरेश सम्बन्धी प्राचीन आल्हा भी प्राप्त करने का निश्चय किया।

श्री गुप्त की बातें सुनकर मेरे मन में सर होप ग्राण्ट द्वारा 'सिपॉय वार' नामक पुस्तक में लिखित नवाबगंज-युद्ध के हमारे सेनानियों और सैनिकों के अद्भुत शौर्य का विवरण घूमने लगा। सर होप उस युद्ध के शत्रुपक्षीय महासेनानी थे। उन्होंने भारत में अनेक स्थलों पर लड़ाइयां लड़ी थीं, हमारे बड़े-बड़े रणबांकुरों से लोहा लिया था; परन्तु नवाबगंज के युद्ध में उन्हें जैसे अभूतपूर्व लड़वैयों से सामना करना पड़ा वैसे पहले नहीं देखे थे। और उनमें भी एक तो—एक ही था।

'लन्दन टाइम्स' के रिपोर्टर और उक्त युद्ध के एक शत्रुपक्षीय सेनानी सर विलियम रसल ने उस अनोखे 'एक' का नाम भी लिया है—बलभद्रसिंह चहलारी।

सोच लिया, अच्छन साहब से वह आल्हा प्राप्त कियां जाएगा।

दरियाबाद

चूंकि दरियाबाद से ही इस ज़िले में क्रान्ति आरम्भ हुई थी, इसलिए ज़िला सूचना अधिकारी के साथ मैंने पहले दिन दरियाबाद चलने का ही प्रोग्राम बनाया। दरियाबाद कांग्रेस के प्रधान श्री जगन्नाथप्रसाद निगम उस दिन नगर में ही थे। श्री गुप्त उन्हें ले आए; वे हमार साथ हो लिए। 'प्रेस ट्रस्ट आफ इण्डिया' के स्थानीय

प्रतिनिधि श्री रामस्वरूप वाजपेई वकील और 'हिन्दुस्तान समाचार' के प्रतिनिधि श्री इन्दुप्रकाश जी भी हमारे साथ चले। इन स्थानीय सज्जनों का साथ मेरे लिए लाभप्रद रहा। श्री निगम ने अपने कस्बे के सम्बन्ध में गज़ेटियर तथा स्थानीय किंवदंतियों से अच्छी सामग्री संग्रहित की थी। वे बात-बात में बड़े उत्साह के साथ अपनी जेब से छोटी-सी डायरी निकालकर हवाले पेश करते और फिर चट से उसे जेब में रख लेते थे। जगह छोटी हो या बड़ी, वहां का निवासी अपने स्थान को जब बड़े प्यार से महत्त्व देना आरम्भ करता है, तब मुझे बहुत अच्छा लगता है। जिसने अपनी धरती को प्यार नहीं किया, वह मनुष्य कितना ही बड़ा क्यों न हो मेरी नज़र में बहुत छोटा होता है क्योंकि उसका व्यक्तित्व आत्म-उपेक्षा अथवा आत्म प्रवंचना की विकृति को आधार बनाकर पनपता है। हां, यही धरती का प्रेम यदि अपनी ही सीमा में सिमट जाए, दूसरे के ऐसे ही भाव को मनुष्य सराह न सके तो उसे भी मैं घातक मानता हूं।

दरियाबाद बाराबंकी से लगभग 18 मील दूर लखनऊ-फैज़ाबाद मार्ग पर आबाद है। लगभग साढ़े चार सौ वर्ष पूर्व मुहम्मद इब्राहीम शर्की के एक सूबेदार दरिया खां द्वारा यह कस्बा बसाया गया था। ग़दर में ध्वस्त होने तक ज़िले का सदर मुकाम यही था। शानदार कस्बा था, चौंतीस फाटक थे, मुहल्लों के नाम उनके पुराने वैभव का पता बतलाते हैं—मुहल्ला मुहर्रिरान यानी सरकारी क्लर्कों का मुहल्ला, मुहल्ला मखदूम ज़ादान यानी पूज्य और पवित्र लोगों का मुहल्ला, मुहल्ला चौधरियान, मुहल्ला मुगलान इत्यादि। इस क्षेत्र के ताल्लुकेदारों में हड़हा के सूर्यवंशी तथा दरियाबाद खास के कायस्थ बली-परिवार के लोग प्रमुख हैं।

यह सुनते-सुनाते चले जा रहे थे। मार्ग में रामसनेही घाट पड़ता है। बाबा रामसनेही के सम्बन्ध में मुझे यह बतलाया गया कि वे बड़े ही पहुंचे हुए व्यक्ति थे। ग़दर के ज़माने में बाबा ने फैज़ाबाद से लखनऊ की ओर आती हुई अंग्रेज़ी सेनाओं से अपने शिष्यों सहित मोर्चा लिया था और जूझ गए थे। बाबा रामसनेही का चमत्कार बड़ा प्रसिद्ध है। कहा जाता है कि ग़दर के काफी बाद अंग्रेज़ों ने उनके समाधि-स्थल के पास से सड़क निकालने का आयोजन किया। बाबा की समाधि सड़क में ही नप जाती थी, अतः उसे खोद डालने की आज्ञा हुई। मज़दूर सहम गए, उन्होंने कहा कि बाबा की समाधि हमारा अत्यन्त पूज्य स्थान है, हम इस पर फावड़ा नहीं चला सकते। गोरे हाकिम ने इस पर अविश्वास प्रकट किया, और समाधि को खोद डालने का पुनः आदेश दिया। मज़दूर बोले कि सरकार, हमको तो डर लगता है, पहला फावड़ा आप चलाएं।

कहते हैं कि इस अविश्वासी गोरे का बड़ा अनिष्ट हुआ। उसके बाद ही यह आदेश निकला कि सड़क भले ही टेढ़ी हो जाए मगर समाधि सुरक्षित रहेगी।

ग़दर से सम्बन्धित बाबा रामसनेही के विषय में जानकारी बटोरने की इच्छा हुई। हम लोग रामसनेही घाट पर उतरे। लखनऊ-फैज़ाबाद मार्ग के दाहिनी ओर, बाराबंकी से लगभग छब्बीस मील दूर कल्याणी नदी के तट पर यह रामसनेही घाट स्थित है। स्थान बड़ा ही रम्य है। कल्याणी के दोनों ओर पलाश वन बड़ा ही सुहावना

मालूम पड़ रहा था। बाबा रामसनेही की समाधि कल्याणी की सतह से काफी ऊंचे एक टीले पर है। पास ही में रामसनेही घाट का डाक-बंगला भी बना है। बाग-बगीचा भी है। जगह का हरा-भरापन और एकान्त मुझे कुछ दिनों के लिए वहीं टिक जाने को रह-रहकर बुलावा देने लगा। खैर, यह तो फुरसत की बात है।

बाबा रामसनेही की समाधि देखी। समाधि-स्थल देखते ही मुझे शक हुआ। ऊंचे चबूतरे पर उल्टी नांद का स्तूप-सा बना हुआ था। आमतौर पर ऐसी समाधियों के साथ मैंने महात्माओं के जीवित समाधि लेने की बातें सुनी थीं। जो जलाए जात हैं उनकी समाधि पर स्तूपनुमा वस्तु नहीं होती। मैंने बाराबंकी के साथियों से यह शंका प्रकट की और कहा कि इसे देखकर बाबा के ग़दर में मारे जाने के प्रमाण तो नहीं मिलते। वे सभी प्रायः एक स्वर में बोले, "नहीं साहब, मारे तो वे गदर में ही गए थे।"

हो सकता है; फिर भी आसपास से पता तो लगाना चाहिए, मैंने सोचा। बाग में एक बूढ़ा माली दिखाई पड़ा, उससे पूछा, "बाबा का गदर मा गोरन ते लड़े रहे?"

"नाहीं। उनका कोई मार नाहीं सकत रहै। आपै बिरमांड मा सांय चढ़ाय के समाधि लिहिन रहैं।" बूढ़े का उतर सुनकर वाजपेई जी, गुप्त जी और निगम जी तीनों ने ही उसे अपने प्रश्नों से घेर लिया। बूढ़ा बोला, "हम भाई युहु नाहीं बताय सकिति, बाबा के घरै के लोग हियाँ नगिचहै रहित हैं, उनका मालुम होई।"

सड़क के उस पार, पास ही बाबा के वंशज रहते थे। हम वहां पहुंचे। ऊंचे टीले पर, जो किसी प्राचीन काल के बड़ी ईंटों वाले खण्डहर का परिचायक था, बाबा रामसनेही का मकान बना हुआ था। सामने और बायीं ओर छप्पर पड़े थे। बच्चे खेल रहे थे, एक बूढ़ी माई बैठी कंडे पाथ रही थी। हमने नीचे से ही गोहार लगाई। निगम जी ने बाबा के वर्तमान वंशजों के सम्बन्ध में पूछा। पता लगा, वे कहीं गए हैं। खैर, बूढ़ी माई से ही प्रश्न किया गया। उन्होंने भी बाबा के ग़दर में या कभी किसी की सेना से लड़ने की बात को अस्वीकार किया; केवल समाधि खुलने वाली किंवदंती का ही समर्थन किया। मेरे पत्रकार मित्रों को काफी निराशा हुई। उनमें से एक सज्जन तो बाबा को ग़दर का हीरो बनाकर उनका माहात्म्य अखबारों में छपवा भी चुके थे। उन्हें सबसे अधिक निराशा हुई। आगे चलकर बाज़ार शेमियरगंज में एक परिचित बड़े बजाज की दुकान पर मित्र-मंडल मुझे ले गया। मुझसे कहा कि दुकान के बड़े मालिक डाक्टर साहब अवश्य ही इस घटना पर प्रकाश डाल सकेंगे, वे पुराने आदमी हैं और इन जगहों के बारे में उनकी काफी जानकारी है। सत्तावनी क्रान्ति में अनेक फकीरों ने बड़ा हिस्सा लिया था इसलिए बाबा रामसनेही का युद्ध करना तनिक भी अनहोनी बात नहीं थी, फिर भी समाधि देखकर मुझे उनके ग़दर में मारे जाने पर शक अवश्य था। लेकिन मेरे बाराबंकी के मित्रों का छानबीन के लिए सदाग्रह करना भी स्वाभाविक ही था, उनके क्षेत्र का एक हीरो कम हुआ जा रहा था। शेमियर गंज के डाक्टर साहब ने भी बाबा के ग़दर में भाग लेने की कथा को गलत बतलाया।

अक्सर प्रसिद्ध पुरुषों के साथ में गलत कथाएं भी जुड़ जाती हैं और चूंकि

सड़क के निमित्त गोरों द्वारा बाबा की समाधि खुलवाने की बात उठी थी, इसलिए ग़दर के मौसम में किसी ने बाबा को, जहां सुई न समाय वहां फावड़ा चलाकर, ग़दर का हीरो बना दिया। चलो, अच्छा ही हुआ, एक गलतफहमी साफ हुई।

दरियाबाद पहुंचे। खण्डहरों का कस्बा है। निगम जी हमें पहले किला दिखाने ले गए। पहुंचने पर देखा, सामने ऊंचे टीले पर एक बिल्डिंग बनी है। यह दरियाबाद का स्कूल है। भारत सेवक समाज का शिविर चल रहा था। बाहर कपड़े पर उसका संकेत-पट टंगा था। ऊपर चढ़ते ही फर्श पर एक बड़े इंदारे के निशान दिखवाए गए थे। स्कूल की बिल्डिंग एक ओर बनी थी, बीच में बहुत बड़ा मैदान था और उसके दूसरे सिरे पर भी कुछ कमरे बने हुए थे। मैदान किले के अन्दर ही था। राम जाने, पुराने ज़माने में यहां क्या बना होगा, क्या न बना होगा। दक्षिण-पश्चिम की ओर किले की चहारदीवारी के कुछ भाग अवश्य बचे हैं। वहां पहुंचने से पहले एक टूटी तोप के तीन हिस्से पड़े हुए देखे। क्रिकेट के गेंद-जैसे गोले छोड़ने वाली छोटी तोप रही होगी।

हम लोग दीवार पर चढ़े। यह किले के पश्चिमी भाग की दीवार थी। नीचे नाला था जो कभी किले की खाई का काम करता होगा। उसके बाद दूर तक ऊंचा-नीचा मैदान दिखलाई पड़ रहा था। कहा जाता है कि सौ बरस पहले यहां पर एक मुहल्ला आबाद था जो पूर्व-पश्चिम के कोने पर कटरा रौशनलाल से लेकर किले के दक्षिण तक फैला हुआ था। पूर्व-पश्चिम का कोना इस समय घने पेड़ों से आबाद है जिसमें महुआ के पेड़ अधिक हैं।

श्री निगम ने बतलाया कि अंग्रेज़ों ने किले पर आक्रमण करने के लिए पहले इस मुहल्ले को ध्वस्त किया, क्योंकि घरों की आड़ होने से किले पर तोपें नहीं चल पाती थीं। निगम जी ने अपनी डायरी खोलकर इतिहास बतलाना आरम्भ किया। किले के छह बुर्ज थे। छहों पर तोपें रहती थीं। ग़दर के ज़माने में हरप्रसाद चकलेदार यहां रहते थे जिन्होंने रण-क्षेत्र में वीर-गति पाई। पूर्व दिशा में मुख्य फाटक था और उससे लगा हुआ ही दूसरा स्थान आज तक तोपखाने के नाम से प्रसिद्ध है। कहते हैं कि यह किला बारहवीं सदी में मुहम्मद ग़ोरी के समय बना था और अकबर के काल में मिर्ज़ा अब्दुर्रहमान यहां के हाकिम थे।

हम लोग तोपखाना भी देखने गए। तोपखाने वाले भाग में इस समय पन्द्रह-बीस कच्चे घरों की आबादी है। वहां के एक निवासी श्री मोहनलाल नामक पैंसठ-अड़सठ वर्ष के वृद्ध हमारे पथ-प्रदर्शक बन गए, हमें इतिहास बताने लगे, "कौनौ जमाना मा भैया युहु सब बड़ा आलीसान बना होई। अब तौ यह बात है कि बहुत बारीक नज़र ते एक-एक चीज देखै तौ समझ मां आवति है कि कइस आलीसान रहा होई। हम बहुतु गौरु किया है भइया। देखौ, तुमका एक जगह देखाई, कइस मुनौअरी काम बना है।"

मोहनलाल जी हमें सामने वाले घर के दरवाज़े पर ले गए। पास ही किसी पुराने चबूतरे की एक पट्टी-सी बची दिखलाई दे रही थी। उस पर चूने का पलस्तर था और उम्दा नक्काशी की बेल बनी थी। उसके पास बैठते हुए बेल पर उंगलियां दौड़ाकर

मोहनलाल बोले, ''मुनौअरी काम है। अब को बनवाई!'' मोहनलाल जी उदास हो गए। निगम जी ने उनसे पूछा :

''हियां तोप के गोला कहां निकलत हैं?''

''आओ, तुमका बताई।'' कहकर मोहनलाल जी फिर अपने घुटनों पर हाथ टेककर उठे। एक घर की दीवार के पास आकर बैठ गए, ''हियां ते निकरत हैं गिर्राबी गोला।'' यह कहकर उन्होंने पास ही खड़े एक युवक से फावड़ा लाने को कहा। दीवाल के पास ही कोने से एक खूंटा गड़ा था, उसे उखड़वाया, फिर कोना खुदवाने लगे। उनका अन्दाज़ था कि ऊपरी सतह पर ही गोले गड़े हैं, परन्तु आसपास गड्ढा खोदने पर एक भी गोला दिखलाई न पड़ा। बोले, ''ई लौंडे ससुर कउनौं चीज नाइं राखत।'' यह कहकर उन्होंने और खोदने का आदेश दिया और साथ ही साथ यह भी कहने लगे कि अधिक गड्ढा खोदने से सम्भव है दीवार का यह कोना बैठ जाए। मैंने उन्हें मना किया। गिर्राबी गोले कोई ऐसी अजीब चीज़ नहीं थी जिन्हें देखने के लिए मैं किसी की दीवार खुदवाता। मेरे मना करने पर भी उन्होंने फावड़े के एक-दो हाथ चलवा ही दिए। जब न मिले तो उन्हें तैश आया, युवक के हाथ से कंपित हाथों से फावड़ा छीनकर खुद उठे। मैंने उनका हाथ पकड़ लिया, कहा, रहने दीजिए। वे बोले, ''नाहीं, हम आपका देखउबे करब, नाहीं तौ कइहौ मोहनलाल झूठ ब्वालत रहे।'' मैंने कहा, ''मुझे आपकी बात का विश्वास है, यहां ज़रूर गोले दबे होंगे।''

''अरे, गाड़ी खांड़-गोला दबे हैं, एकु-दुइ थोरे हैं।'' इसके बाद वे हमें एक और जगह दिखलाने ले चले। बड़ी सड़क की ओर किले अर्थात् आज के स्कूल के फाटक के पास आकर उन्होंने एक कब्र दिखलाई और बोले, ''हमरे बाप बतावत रहैं, और सब बुजुरुग लौग बतावत रहैं कि यू कबर नकली आय। ईमां गदर वालेन के हथियार धरे आंय।''

मोहनलाल जी अपने आसपास के खण्डहरों के प्रति पुरातात्त्विक दृष्टि रखते हैं। उन्हें अपने आसपास की एक-एक चीज़ के प्रति जानकारी रखने का उत्साह है। वे हमारे साथ ही चलने लगे।

अध्यापक तुलसीराम भी हमारे साथ हो लिए। मुहल्ला मुहर्रिरान की छत्ता मंज़िल का इतिहास सुना। वहां सारे ज़िले का सदर दफ्तर था। जिस समय अंग्रेज़ आए उस समय शेख नज़फ अली मुहर्रिर शाही थे। अंग्रेज़ों ने उनसे दफ्तर सौंप देने के लिए कहा। शेख जी बोले, ''हुज़ूर, कागज़ात सहेजने में कुछ वक्त तो ज़रूर लगेगा। आप मुझे एक दिन की मोहलत दें, परसों मैं सब-कुछ आपके हवाले कर दूंगा।'' अंग्रेज़ राज़ी हो गए। उनके जाते ही वे कमियार के राजा शेर बहादुर सिंह से सारा हाल कहने गए। राजा साहब ने कहा कि कागज़ात हरगिज़ मत देना। राजा साहब ने रातोंरात डोलियां भेजीं। नज़फ अली के बीवी-बच्चे और महत्त्वपूर्ण कागज़-पत्र कमियार भेज दिये गये। फिर भी बहुत-से कागज़ात बाकी बचे। इन्हें इकट्ठा कर कपड़ा और मोम का पलस्तर चढ़ाकर ज़मीन में गाड़ दिया गया। शेख साहब भी नौ-दो-ग्यारह हो गए। तीसरे दिन अंग्रेज़ों को जब 'कुछ' और 'कोई' न मिला, तो क्रोध में आकर तोप से छत्तामंज़िल को ध्वस्त कर दिया।

छत्ता महल खेत हो रहा है। कटरा मोहर्रिरान एक उजाड़ बस्ती है। दस बरस पहले तक ऐसे उजाड़ स्थानों को देखकर मेरे सामने भावना के उद्वेग में अक्सर भूत आ जाया करते थे। अब यह सब नहीं होता। बस्तियां उजड़ती रहती हैं और बनती भी रहती हैं। हमारे पुरखों की विभिन्न पीढ़ियों ने उन विनाशों की बड़ी पीड़ा सहकर नई आबादियां बसाई थीं। वे निश्चय ही अपने कष्ट के कारण अपने शत्रुओं से घृणा कर सकते थे। उनका शत्रु अंग्रेज़ हो, मुगल, पठान, हूण अथवा कुषाण हो, कोई भी हो, हमारा शत्रु बर्बरता है। सभ्यता उस वातावरण का संहार करती है जो समाज में बर्बरता और अनाचार उत्पन्न करते हैं। मैं इन खण्डहरों से, उनकी कहानियों से अब यही सबक लेता हूं। कटरा मोहर्रिरान में ही कपूरथला-नरेश का भाई मारा गया था, मोहनलाल ने उसका नाम गुलाबसिंह बतलाया। सत्तावनी क्रान्ति में अंग्रेज़ों और सिक्खों का गठबंधन आज के बौद्धिक वातावरण में कुछ अजीब और उलझाने वाली बात लगती है। यह बात भी ध्यान में आती है कि जितने छोटे राजे-रजवाड़े सामन्त हमारे यहां थे, उनमें से अधिकांश अंग्रेज़ों का साथ दे रहे थे। ज़ाहिर है कि उन्हें अपनी बिरादरी के अन्य भूपतियों से भय था। और यह भय ही फूट का कारण बना।...

सामने ही जौनपुरी मेहराब का बड़ा फाटक दिखलाई दिया। कहा तो यह जाता है कि यह अल्मास अली खां के दीवान लाला रौशनलाल ने बनवाया है। मगर मेरा खयाल है कि यह फाटक मुहम्मद इब्राहीम शर्की के सूबेदार, इस कस्बे को आबाद कराने वाले दरिया खां की निशानी है।

जो हो, कटरा-रौशनलाल में पुरानी याद दिलाने वाली रौशनलाल की सराय और एक मस्जिद है। लाला रौशनलाल कायस्थ थे। वे चलतेपुर्ज़े आदमी थे, मालिक की आंखों में धूल झोंककर अपनी रियासत खड़ी कर रहे थे। दिलजलों ने जाकर अल्मास खां से शिकायत की। वे एक दिन अचानक दरियाबाद आए। लाला रौशनलाल के गोयन्दे भी शिकायत करने वालों से कम चतुर न थे। रौशनलाल को यथासमय सूचना मिली और उन्होंने सराय के पास ही एक मस्जिद बनवाना शुरू कर दिया।

अल्मास खां की सवारी आई, पूछा कि रौशनलाल क्या बनवा रहे हो? दीवान रौशनलाल बोले, "हुज़ूर को इस राह से आने-जाने पर नमाज़ अदा करने में तकलीफ न हो, इसलिए मस्जिद बनवा रहा हूं।"

खेतों में खड़े किए जाने वाले 'धोख' की तरह मस्जिद बनवाकर दीवान रौशनलाल मालिक का माल हड़प कर गए।

मस्जिद में एक पत्थर लगा है जिस पर अरबी में कुछ अंकित है। बहरहाल मस्जिद 1203 हिज़री में यानी ग़दर से उनहत्तर वर्ष पहले बनी थी, यह उस पत्थर से मालूम हो जाता है। लोगों ने बतलाया कि इस जगह का पुराना नाम अल्मास गंज था। बाद में यह जगह कटरा रौशनलाल के नाम से प्रसिद्ध हुई।

बातों-बातों में, प्राचीन इतिहास के वातावरण में ऐतिहासिक किंवदंतियों के जुलूस निकल पड़े। निगम जी एक बात छेड़ते तो मोहनलाल जी या अध्यापक तुलसीराम जी उसमें चार बातें और जोड़ते। हममें से हर एक को—सुनने और सुनाने वाले को—रस मिल रहा था। निगम जी बोले कि कटरा रौशनलाल में आज से सौ-

सवा-सौ साल पहले शाम के वक्त कन्धे-से-कन्धा छिलता था। इस जगह की हमारे यहां वही रौनक थी जो लखनऊ में चौक की थी। उस वक्त दरियाबाद की आबादी पच्चीस हज़ार के लगभग थी।

मैंने फरमाइश की कि ऐसे गीत, बिरहे या कवित्त वगैरह, जिनका सम्बन्ध ग़दर से हो, मुझे यदि कोई सुना सके तो उपकार मानूंगा।

श्री मोहनलाल बोले, ''अरे, आल्हा-बिरहा की का कउनौ कमती आय। मुदा जो दुइ-चार दिन पहिले से मालुम होइ जात तौ लोगन का बुलाय लेइति। औ ऐसे एकाध कबित्त तौ हमहू का आदि होई—''

यह कहकर श्री मोहनलाल जोश में हाथ बढ़ाकर सुनाने लगे—

हता जनाना साहगंज का, लौंडा हटा भिठौली क्यार,
अड़िगा राजा चहलारी का, बंकी बिखम बजी तलवार।

अब इसकी व्याख्या आरम्भ हुई। मोहनलाल जी समझाने लगे कि 'हता' माने मारा गया और हटा माने भाग गया, 'समुझ्यो!' उन्होंने इस तरह पूछा मानो मास्टर लड़के से पूछ रहा हो। मैंने कहा, यह तो समझ गया मगर शाहगंज वाला कौन था? उसका कोई समुचित उत्तर मुझे न मिल सका। अयोध्या के राजा मानसिंह शाहगंज के अधिपति भी थे लेकिन वो मरे नहीं, अंग्रेज़ों से मिल गए थे। मोहनलाल जी बोले, ''अरे, अंगरेजन ते मिलिगे तौन मरे ई समान हैं।''

इस पर ज़ोरदार ठहाका पड़ा। मोहनलाल जी मेरी ओर यों देखने लगे मानो उन्हें यह हंसी अपनी शान के खिलाफ लगी। बोले, ''हम का कुछु झूठु कहा? अरे, जब साहगंज वाला को रहै, और कहसे हता, ई बताय नहीं पाये औ आप कह्यो कि मानसिंह रहे, तौ हम कहि दिया कि जो छत्री होइ कै दुसमनन ते मिलिगे उइ मरे समान आयं।'' मैंने उन्हें आश्वासन दिया कि आपकी बात पर ही फिलहाल मैंने अपना विश्वास स्थापित किया है। जब कभी असली शाहगंज वाला मिल जाएगा, तब चाहे यह धारणा बदल दूं।

अध्यापक तुलसीराम जी बोले, ''अच्छा, 'हता' शब्द का अर्थ तौ तुम ऐसे समुझाय दियो, अब 'हटा' बताओ। कहां ते हटिगा भिठौली क्यार राजा?''

''अमां, अपनी बात ते हटिगा और कहां ते हटा।'' फिर अपनी बात मुझे समझाते हुए मोहनलाल जी बोले, ''अर्थात् यह भै कि बेगम जौन रहैं तौन भिठौली मां रहैं। भिठौली वाला कहिसि कि अब आप केरि रच्छा मैं नाइ कै सकति हौं। हमार मान का नाहीं रहा। तब बेगम बिचरउनी भाग गईं। ई तरह ते भिठौली वाला अपने बचन ते हटा कि नाइं हटा? मर्द थ्वारय हटत हैं अपनी बात ते, लौंडे हटति हैं।''

जब ऐसे शास्त्रार्थ गर्मा जाते हैं तब सुनने वाले को मज़ा भी आता है और नई-नई बातें भी सामने आती हैं। जो बातें शायद यों याद करने पर अनायास न आएं वे भी बहस की गर्मी से खट से उतर आती हैं। अध्यापक जी भी सुनाने लगे कि—

आई बदरी होइगा घाम।
आज पड़ा हड़हा से काम॥

इसकी कथा सुनाते हुए अध्यापक जी ने बतलाया कि कटरे वाले लगान नहीं

देते थे तो ठाकुर बद्रीसिंह चकलेदार ने उन पर चढ़ाई की। कटरे वालों ने हड़हा से सहायता मांगी और पाई। हड़हा वाले सूर्यवंशी थे। इससे कवि ने घाम का उल्लेख किया है और बद्रीसिंह को बदरी याने बादल बना दिया है।

मोहनलाल जी बोले, "अरे, ई गदर के कवित्त सुनि हैं। इनका कुछ अंटु-संटु न सुनाओ। चहलारी वाले राजा का कवितु सुनाओ।" मोहनलाल जी की टोक-टाक मज़ा दे जाती थी, इससे लोगों की स्मृतियों से नई-नई बातें निकालने का एक बहाना भी बन जाता था। अध्यापक महोदय ने निम्नलिखित कवित्त सुनाया—

"चहलारी कौ नरेस निजदल मो सलाह कीन,
तोप को पसारा जो समीपै दागि दीना है।
तेगन से मारि मारि तोपन को छीन लेत,
गोरन को काटि काटि गीधन को दीना है।
लंदन अंग्रेज तहां कंपनी की फौज बीच,
मारे तरवारिन के कीच करि दीना है।
बेटा श्रीपाल को अलेंदा बलभद्र सिंह,
साका रैकवारी बीच बांका बांधि दीना है॥"

सुनकर बड़ा प्रसन्न हुआ। बलभद्रसिंह के प्रति मेरा श्रद्धा-भाव बढ़ रहा था। मैं बहुत उत्सुक था कि सत्तावनी क्रांति के इस अमर नायक के सम्बन्ध में अधिक-से-अधिक जानकारी प्राप्त करूं, किन्तु तुलसीदास जी को और कुछ विशेष रूप से मालूम न था।

"हमै यादि तौ बहुत से कवित्त रहैं, पर ई समय कोई उठि नाहीं रहा है। पहिले बहुत याद रहे। टिकरा बाबुआन मां ठाकुर रामपाल सिंह के पास बहुत से कवित्त हैं।"

"सत्तावनी क्रान्ति के सम्बन्ध में?" मैंने पूछा।

"का कह्यो आप?" तुलसीराम जी ने पूछा।

मैं समझ गया, पूछा, "ग़दर के सम्बन्ध में?"

"हां, हां, ग़दरै के सम्बन्ध में। बहुत-से हैं।"

"तो फिर ले चलिए।"

"वह यहां नहीं हैं।"

सुनकर निराशा हुई। खैर! मैंने फिर पूछा कि अच्छा, आप लोगों के नाते-रिश्तेदारों में या परिचितों में बहुत-से ऐसे अवश्य होंगे जिनके पुरखों ने ग़दर में अंग्रेज़ों से युद्ध किया होगा। या तो वे किसी राजा की सेना में रहे हों या अपने गांव पर अंग्रेज़ों द्वारा चढ़ाई के वक्त जूझे हों।"

"हां-हां, हमारा ही वंश था।" हमारे दल में एक नये व्यक्ति भी राह-चलते शामिल हो गए थे, वे बोले।

स्वाभाविक रूप से मेरी कागज़-कलम उनका नाम-ग्राम पूछने लगी। भिलौना निवासी श्री हरिदत्त पाण्डेय ने खट से नाम गिना डाले। तारापुर के बेनी पाठक लड़े, ठाकुर औतारसिंह लड़े, हंसौर के रामसेवक पांडे लड़े। शाही ज़माने में झाऊलाल

पाठक बड़े सुन्दर थे। चकलेदार ने उन्हें देखकर एक बार कोई भद्दी-सी बात मज़ाक में कह दी। पाठक को बात बहुत अखरी परन्तु पीकर चले आए। घर आकर अपने पिता से कहा कि आपसे आज्ञा लेने आया हूं। बड़े पाठक जी ने बेटे की बात सुनकर कहा तुम से इतना सबर कैसे हुआ कि यहां तक मेरी आज्ञा मांगने आए? झाऊलाल पाठक यह सुनते ही स्वयं भी घर से ऐसे निकले जैसे बहादुर की म्यान से तलवार निकलती है।

मैं सोचने लगा, पिछला समय भी कितना अजीब और भद्दा-सा था। आमतौर पर लोग बीते हुए युगों की बात करते ही वैभव से आत्म-विभोर हो उठते हैं। बचपन से सुनता चला आ रहा हूं, पुरखे बड़े-बूढ़े बातें करते थे कि हमारा ज़माना ऐसा था और वैसा था और आज का समय कुछ नहीं, आज घोर कलजुग है। मैं समझता हूं कि सभी युगों और सभी पीढ़ियों के पुरखे यह वाक्य कहते-दोहराते चले आए हैं। बात में व्यक्तिगत भावना का लगाव तो अवश्य है परन्तु बारह आने उर्फ 75 नये पैसे भर यह वक्तव्य बड़ा भ्रामक और असत्य है। चालीस पार कर चुकने के बाद ढाल पर आकर इधर दो-तीन वर्षों से अब मेरे मने में भी कभी-कभी बड़ी तेज़ी से यह विचार आता है कि पुराना ज़माना बड़ा अच्छा था। अकसर पुरानी स्मृतियां सिनेमा के चित्र की तरह सामने आ जाती हैं। बहुत-से चेहरे, पुरानी शानदार महफिलें, वो नवाबी ज़माने के अदब-कायदे, आदाबो-अल्काब जो हमने बड़ी मेहनत से सीखे थे, वो मान्यताएं जो उस समय बहुत बड़ी मानी जाती थीं, जो हमारे घर में बड़े-बूढ़ों के साथ थीं, उन्हें हमने भी स्वीकार कर लिया। उदाहरण के लिए सम्पन्न घरों में पुरुषों का, आमतौर पर गृहपति का, थाली में जूठन छोड़कर उठना एक आम रिवाज-सा था। दावतों में लोग इस कदर तकल्लुफ से खाते थे कि जूठन पत्तल में कम-से-कम तीन-चौथाई या आधी बचती थी। अमीरों की जूठन से गरीब पला करते थे। आज की सभ्यता में यह जूठन गिराना ऐसा घनघोर पाप और असभ्य नियम माना जाता है कि जिसका हद-हिसाब नहीं। जो लोग रीति-रिवाजों को, अपने बचपन और जवानी के चलन को बिना सोचे-विचारे ही जस-का-तस अपना लेते हैं उन्हें हृदय से नये नियम स्वीकार करना बड़ा कठिन मालूम पड़ता है। अकालों की खबरों और महंगाई की फांसी से मजबूर होकर उन्होंने अपनी आदतें बदलीं तो हैं मगर नई आदतों के प्रति उनका ममत्व नहीं है। वे समाज के उस सहज भाव को ही सत्य स्वीकार कर चुके थे। इसलिए अपने बचपन और गुज़री जवानी के दिनों को वे ज़ोर-ज़ोर से गोहराते हैं।

यों तो हर दो पीढ़ियों में विरोधी तत्त्व होते ही हैं। हम वर्तमान युग का एक चलता हुआ उदाहरण लें, आजकल नवयुवकों में बुलगानिन फैशन की दाढ़ी रखने का चलन क्रमशः ज़ोर पकड़ रहा है। उनके मुंछमुण्ड अभिभावकों को यह खलता है। वे हैरत और परेशानी से कहते हैं कि आजकल के लड़कों को न जाने क्या हो गया है; हमारे बचपन में ऐसा नहीं था। मेरे सामने दो पीढ़ी पहले का एक चित्र आ जाता है। जब इस देश में मुंछमुण्डा कर्ज़न-फैशन आया था तब क्या भारतीय घरों में कम ग़दर मचा था? जिन घरों के लोग पहले-पहल विलायत गए थे, उन्होंने

अपने समय और समाज को क्या कम टक्करें दी थीं? मुंछमुण्ड और विलायती हवा वाले नवयुवकों के बड़े-बूढ़ों ने क्या तब यह नहीं कहा था कि 'आज के लड़कों को न जाने क्या हो गया है?'

सन् 1857 की क्रान्ति निश्चित रूप में ऊपर बखानी गई मुंछमुण्डन क्रान्ति से कई हज़ार-गुना अधिक वज़नी कारणों से हुई, यह निर्विवाद है। सन् 57-58 से जनसाधारण के जो असंख्य लोग अंग्रेज़ों के खिलाफ लड़े, वे दरअसल अपनी अनेक प्रकार की गहरी घुटनों के खिलाफ भी लड़ रहे थे। भारतीय प्रजा 'मरता क्या न करता' वाली स्थिति में जानी-अनजानी सैकड़ों विवशताओं के प्रति जूझी थी—अंग्रेज़ों से युद्ध तो ज़बरदस्त बहाने के रूप में ही हुआ था।

यदि हम यह न मानें तो हमारे सामने एक बड़ी भारी समस्या यह आती है कि ग़दर के बाद ही तुरन्त भारतीय जन भावना का नक्शा एकाएक कैसे बदल गया? जिस अवध के विद्रोही रूप को सन् सत्तावन के अंग्रेज़ लेखकों ने जन-स्वातन्त्र्य का प्रबल भाव रूप माना है, वही अवध ग़दर के सात-आठ वर्षों के अन्दर ही बड़ी तेज़ी से अंग्रेज़ी पढ़ने वाला बन गया। सन् 1864-65 में अवध के 1400 सरकारी स्कूलों में पांच हज़ार विद्यार्थी अंग्रेज़ी पढ़ रहे थे। तब क्या केवल राजनीतिक गुलामी के कारण ही यह सम्भव हुआ था? मैं तो समझता हूं कि नई शिक्षा को अपनाने की इस तेज़ी में सदियों की सामाजिक घुटन से उबरने की इच्छा भी थी। हमारे लगभग एक सदी पहले के पुरखों को अपना ज़माना पसन्द नहीं आ रहा होगा तभी तो वे उसे बदलने के लिए अग्रसर हुए।

सन् सत्तावन के बाद सारा देश एकदम से नया हो उठा और फिर दिनों-दिन उसी दिशा में उसका विकास भी होता गया। अंग्रेज़ी भाषा के सहारे उसने अपनी स्वतंत्रता खोने से अधिक पाई। उसने अपने देश के दार्शनिक, सांस्कृतिक और साहित्यिक वैभव को नये सिरे से पाया। वह अपने समाज की अनेक प्रकार की गंदगियों से जूझकर उन्हें हटाने में समर्थ हुआ। सत्तावनी क्रान्ति में दरअसल हमारी तरह-तरह की कमज़ोरियां ही हारीं। ग़दर के बाद के भारतीय नवयुवक उन कमज़ोरियों का नाश करने के लिए तरह-तरह से कटिबद्ध होने लगे थे। मैं निश्चित रूप से कह सकता हूं कि वह पिछला ज़माना, जिसकी प्रशंसा हमारे पुरखे हमसे और हम अपने नौजवान बच्चों से करते हैं, कई दृष्टियों से निहायत गंदा और घुटन-भरा था।

विगत वैभव के गुण ग्रहण करना ही यदि विगत वैभव की पूजा करना है तब तो मैं उसे निश्चित रूप से सराहनीय समझता हूं। अन्यथा पिछले ज़माने पर कोरी 'आहें' भरना मुझे बड़ा ही मूर्खतापूर्ण और नामर्दी का काम लगता है। वे सचमुच कायर होते हैं जो समय के वार नहीं सह पाते। हममें शक्ति थोड़ी हो या अधिक, यह बहस की बात नहीं, सवाल तो यह है कि हम उसे निकालते और आज़माते कितना हैं। हम भले ही वनस्पति घी के युग में रहते हों, जीवन-संघर्ष अपनी चरम चोटी पर हो, मगर यह क्यों बिसराएं कि जैसे भी हो, जितने दिन-महीने या वर्ष हों, हमें जीना है। तब जीवन को ढंग समेत उठाने का प्रयत्न करना ही चाहिए। जहां

परिस्थितियां एकदम मजबूर भी कर दें, वहां भी यह क्यों भूलें कि आज नहीं तो कल अवश्य ही इस परिस्थिति को बदलना है। हम आने वाले कल से आंख न मीच लें और यथाशक्ति अपने आज को पहचानें, जूझें और अपनाएं। यह ऊंचे दर्शन या उपदेश की बात नहीं है, वैसी ही मजबूरी है जैसी कि सन् 7-8 से लेकर पहली लड़ाई के बाद के ज़माने तक देखने में आई; यानी जब विलायत से लौटे हुए बहुतों को पुराने समाज ने स्वीकार किया था। पुरानी मान्यताओं की दृष्टि से यह वैसी ही मजबूरी और नया यथार्थ सत्य है जैसा कि आज अनेकानेक दहेज़ न दे सकने वाले मिडिल क्लास घरों में डिगरीशुदा लड़कियों से नौकरी करवाना।

खैर, तो हम फिर से सत्तावनी समय में आ जाएं। मार्ग में मैंने अपने आसपास के सज्जनों से उस खज़ाना लूटे जाने की चर्चा की, जिसके कारण गदर के इतिहास में दरियाबाद सरनाम हुआ। मुझे पता लगा कि किले से दो मील दूर वह गोरा बाग उर्फ गोरा बैरक है जहां सिपाही-विद्रोह आरम्भ हुआ था और बहुत से गोरे मारे गए थे। अध्यापक तुलसीराम ने गोरा बाग वाली लड़ाई की एक कथा सुनाई। हड़हा वाले नायब ठाकुर रामसिंह की अंग्रेज़ों से गोरा बाग में लड़ाई हुई थी। रामसिंह हार गए। फिर अंग्रेज़ों से कहा गया कि रामसिंह की सेना, मांझा नामक एक स्थान में छिपी है। उनके मारने के लिए अंग्रेज़ी सेना के घुड़सवार भेजे गए। रामसिंह की सेना झाऊ के वन में छिपी थी, अंग्रेज़ों के आते ही रामसिंह की सेना ऐसे उठकर निकल पड़ी मानो धरती से उगी हो। इस तरह अचानक आक्रमण कर रामसिंह की सेना ने अंग्रेज़ों को बहुत काटा।

छापेमार लड़ाई के नमूने के तौर पर यह भी एक अच्छी कथा है। गदर में छापेमार युद्ध का हमारी ओर से बड़ा ही प्रयोग हुआ था। मुझे तो ऐसा लगता है कि यह छापेमार लड़ाई हमारे देश की बड़ी पुरानी चीज़ है। यह बड़ी-बड़ी संगठित सेनाओं का परिचायक नहीं बल्कि जातीय अथवा ग्राम संगठनों द्वारा व्यवहार में लाया जानेवाला युद्ध-कौशल है। शिवाजी इसी तरकीब से लड़ते थे। राणा भीमसिंह ने अरावली की पहाड़ियों में औरंगज़ेब को यों ही घेरकर छापा मारा था। हमारी सेनाओं में जब जनसंख्या खूब अधिक होती थी तो हम सम्मुख मैदान लेते थे, कम संख्या होने पर छापेमारी काम आती थी।

मेरे आसपास के मित्र पुराने राजाओं की आपसी लड़ाइयों के भी प्रसंग उठा रहे थे। वह थोथी ठकुराई की बातें बड़ी भोली-सी लग रही थीं। लौटकर हम फिर पुराने किले और नये स्कूल में आ गए जहां कि भारत सेवक समाज का शिविर चल रहा था। वहां हमारे लिए चाय का आयोजन किया गया था।

इस चाय की बैठक में एक बड़ा लाभ यह हुआ कि गदर के किस्से सुनने-सुनाने वालों की एक नई भीड़ मुझे और मिल गई। दरियाबाद के राय अभिराम बली, सिकरौरा के ज़मींदार अजब सिंह और उनके साथी अल्लाबख्श, ये सभी सत्तावन के वीरों में थे। अल्लाबख्श, कयामपुर के आगे बारिन बाग रोड पर अंग्रेज़ों से लड़ते हुए मारे गए।

अजबसिंह इतने बहादुर थे कि अंग्रेज़ उनका सिर काट ले गए और लखनऊ

के म्यूज़ियम में रख दिया। वहां वह बहुत दिनों तक रक्खा रहा।

'हड़हा के राजा तौ बहुत भोले-भाले रहे पर उनकी रानी रतन कुंवर नायब की मदद लैके जाती रहीं।' रानी रतन कुंवर, बरकटहा (जिसे अब कयामपुर कहते हैं) के ठाकुर, रानीमऊ के ताल्लुकेदार, और कमियार के शेर बहादुर सिंह—ये सब राणा बेनीमाधव के संघ में थे और गदर में लड़े थे।

हड़हा में एक कहावत यह भी है कि रानी हड़हा ने सिकरौरा-कयामगंज आदि को मिलाकर रुदौली को मुसलमानों से जीतने की योजना बनाई थी। पर तब तक अंग्रेज़ जीत गए।

किसी ने इसका प्रतिवाद किया, कहा कि यह घटना गदर की नहीं है, बल्कि उस समय की है जब अमेठी के मौलवी अमीर अली ने अयोध्या में जेहाद किया था।

लिखते-लिखते मेरी इच्छा होती थी कि हाथ मशीन हो जाएं। सामग्री इतनी थी कि मैं उठा नहीं पाता था।

हम फिर गलियों में निकल पड़े। श्री पलटनी दरियाबाद के सबसे बूढ़े व्यक्ति हैं। उनकी आयु लगभग नब्बे-पचानबे वर्ष की है। पलटनी के दादा बेचन चौधरी दरियाबाद और रुदौली के तोपखाने के चौधरी थे। श्री पलटनी ने संक्षेप में दो बातें बतलाईं, "गोरा बाग मां छावनी परी रहैं। बहुत गोरा मारेगे अउरु खजाना लुटा। फिर दुसराय के अंगरेजन क दिन आवा, हियां बड़ी भगदड़ परी। दरियाबाद के लोगन क कमियार म सरन मिलत रहै। औ छै द्वारा रहे जहां परजा के लोगन क सर मिलत रहैं।"

"यह छै द्वारा कौन थे?" मैंने पूछा।

"अब यू हाल हमका नाहीं मालूम। जउन बुजुरगन ते सुना तउनै मालूम है।"

मेरे लिए इतना ही बहुत था। एक-एक कथा से जुड़कर इस यात्रा के बाद मेरे सामने सन् 1857 की जो चित्र आएगा, उसी पर अपनी दृष्टि टिकाऊंगा। इस समय जो मिलता चल रहा है वही मूल्यवान है।

हम लोग दरियाबाद के ताल्लुकेदार के घर आए। बली परिवार माथुर कायस्थों का है हमारे समय में इस परिवार के राय राजेश्वर बली एक प्रमुख व्यक्ति हुए हैं। वे अंग्रेज़ी हुकूमत में यू० पी० सरकार के मंत्री भी रहे हैं। इस घराने के श्री सुरेन्द्रनाथ बली अपनी संगीत-संयोजनाओं के लिए प्रसिद्ध हैं। आकाशवाणी के दिल्ली-केन्द्र से उन्होंने ऊंची कुर्सी भी पाई है और मेरे मित्र भी हैं। इस परिवार में शक्ति की उपासना होती है और कृष्ण की भी। अकबर के समय में यह परिवार यहां आकर बसा। इनके पुरखे शाही कानूनगो बनकर आए थे। अपने कृष्ण-प्रेम को इनके पुरखों ने अपने राज के बहुत से ग्रामों के नाम बदलकर सिद्ध किया है। बाराबंकी ज़िले में बली-परिवार की रियासत में आपको गोकुला, नंदगांव, बरसाना, वृन्दावन सभी मिल जाएंगे।

यहां भी गदर की बातों के सिलसिले में 'छै द्वारा' का प्रसंग छिड़ा। मालूम हुआ कि पसका, कमियार, शाहपुर, धनावा, आटा और परसपुर—ये रियासतें छै द्वारा कहलाती थीं, तथा बली-परिवार से इनकी दांतकाटी रोटी थी। कमियार के ठाकुर

शेरबहादुर सिंह बलियों के कमाण्डर-इन-चीफ थे।

गदर में बली-परिवार के लोग यह स्थान छोड़कर कमियार चले गए थे।

उक्त परिवार के वृद्ध सज्जन का नाम मेरी नोट-बुक में पेंसिल से लिखा होने के कारण दुर्भाग्यवश मिट गया है। बहरहाल उन्होंने आगे की बात बढ़ाते हुए कहा, "प्रताप बली रियासत के मैनेजर थे। खज़ाने की कुंजी उन्हीं के पास थी। अंग्रेज़ों ने गोरा बाग में उनके चारों ओर नंगी तलवारों का घेरा डालकर कहा कि कुंजी दो। ये बोले कि मैं तो कारिन्दा हूं, मेरे पास कुंजी कहां? तब अंग्रेजों ने इन्हें डराना-धमकाना शुरू किया। तो फिर हमारे घर में देवी का इष्ट तो था ही, प्रताप बली ने देवी को याद किया। इधर हमारे घर में जब खबर आई तो प्रताप बली साहब की मां देवी के मन्दिर में गईं। वहां जाकर देखा तो मूर्ति नदारद! अब आप ही समझ सकते हैं कि उनके ऊपर कैसा संकट आ गया। एक तो लड़के की जान पर बन आई थी और दूसरे घर से देवी ही चली गई। वह बेचारी दुखी होकर रोने लगीं। फिर कुछ ही देर में उनके देखते-ही-देखते मूर्ति अपनी जगह पर वापस आ गई। प्रताप बली की मां एकदम अचम्भे में आ गईं कि यह कैसा चमत्कार हुआ। थोड़ी देर में प्रताप बली भी आ गए। मां ने उनकी बलाएं लीं आशीर्वाद दिया और बोलीं, "मैंने तो समझा था कि आज मैं हर तरफ से मुसीबत में फंस गई हूं। उधर तुम्हारी यह खबर आई और इधर मन्दिर में आकर देखा तो देवीजी नहीं थीं।"

इस पर प्रताप बली ने कहा, "देवी को तो मैंने याद किया था और वही मुझे बचाने भी गई थीं।"

कुचला स्वाभिमान, देवी-देवताओं के प्रति अंध-श्रद्धा जमाकर कैसे उठता है, इसका यह एक सुन्दर प्रमाण है। अंग्रेज़ों से राजा भले हारे पर राजाओं की इष्ट देवियों और देवताओं ने अंग्रेज़ों को अपनी शक्ति का परिचय दे दिया। धर्म ने नारे को लेकर उठने वाली क्रान्ति में ऐसी कथाएं गढ़ जाना न तो अस्वाभाविक है, न कठिन ही।

इस परिवार की देवी ने एक बार और अपना परिचय अंग्रेज़ों को दिया। गदर के दिनों में जब अंग्रेज़ों के पैर फिर से जम गए, तब दरियाबाद का ज़िला दफ्तर अंग्रेज़ों ने इन्हीं के महल में रखा था। उस ज़माने में अंग्रेज़ों ने इनके पूजाघर को अपवित्र करने के लिए उसमें अपने घोड़े बांधे। रात को सब घोड़े मर गए, तब जानकारों ने अंग्रेज़ों से कहा कि इस घर की देवी बड़ी सच्ची हैं, उनसे आप लोगों को बिगाड़ नहीं करना चाहिए। इसके बाद अंग्रेज़ों ने पूजाघर में घोड़े बांधने का हठ छोड़ दिया। बहुत-सी अंग्रेज़ स्त्रियां उन दिनों इसी घर में रहती थीं। शेमियर साहब कमिश्नर इन्हीं के घर में पैदा हुआ था। एक बार जब वह इनके महल में आया तो उसने अपने जन्म-स्थल को देखने को इच्छा प्रकट की। वह कमरा देखकर बोला, "ओ दिस इज़ द प्लेस व्हेयर आई वाज़ बॉर्न?"

बलियों के महल के बाहर उनके राज्य की जेल भी बनी थी।

रंजीतसिंह नाम के एक व्यक्ति इनके सिपाहियों में थे। वे कुछ अंग्रेज़ी पढ़े थे। वे जाकर अंग्रेज़ों से मिल गए और इन लोगों को धोखा दे दिया। बाद में अंग्रेज़ों ने इनसे पांच गांव छीनकर रंजीतसिंह को दे दिए।

मैंने जब राय अभिराम बली के सम्बन्ध में पूछा, तो मालूम हुआ कि वह राय प्रताप बली के भतीजे थे।

"मैंने सुना है, उन्होंने गदर में बहुत बड़ा हिस्सा लिया था।" मैंने पूछा।

"नहीं साहब, हमारे यहां ग़दर में किसी ने हिस्सा-विस्सा नहीं लिया।"

"तो आपके यह पांच गांव क्यों ज़ब्त हुए?"

"यह नहीं जानता, लेकिन सुना है कि ग़दर के बाद अंग्रेज़ों ने सबकी ज़मीनें ज़ब्त कर लीं और फिर नये सिरे से ताल्लुकेदारों को सनदें बांटीं। सिर्फ बौंडी रिसायत को ज़ब्त कर लिया।"

चलिए, बली-परिवार की यह कहानी भी ग़दर के किस्सों की झोली में पड़ गई।

राय राजेश्वर बली के पुत्र ने अपने पिता के संस्कृति-प्रेम के नमूने दिखलाए। घर के हाल में राय राजेश्वर बली ने अजंता की गुफाओं से प्रेरणा लेकर छतों, दीवारों और खम्भों पर दरियाबाद के एक चित्रकार से ही चित्र अंकित कराए थे। अच्छी चित्रकारी थी। महल का एक भाग भी उन्होंने अजन्ता-शिल्प का बनवाया था।

उनके घर में गवर्नर आए, सराह गए। अवनीन्द्रनाथ ठाकुर आए और बली-परिवार का सांस्कृतिक वैभव देखकर प्रसन्न हुए। राय राजेश्वर बली महोदय को एक जगह ज़मीन खुदवाते हुए विष्णु की मूर्ति मिल गई थी। मैंने उसे भी देखा; नवीं-दसवीं शताब्दी की सुन्दर कलाकृति थी।

मार्ग में लौटते समय श्री रामस्वरूप वाजपेई से ग़दर-सम्बन्धी बातों की चर्चा चलाता रहा। उन्होंने मुझे बतलाया कि बेगम हज़रत महल सीतापुर से होकर नहीं वरन् बाराबंकी से गई थीं। लखनऊ से चलकर 23 मार्च, 1858 को आईं। वहां से देवा होते हुए भयारा पहुंचीं, जहां उन्होंने कल्याणी नदी पार की। फिर 16 अप्रैल, 1858 को बदोसराय के पास हज़रतपुर में आईं जो कि वाजपेई जी के कथनानुसार बेगम हज़रत महल के नाम पर बसा है। राजाओं से मशविरा हुआ और तय हुआ कि हम अंग्रेज़ों से मुकाबला नहीं कर सकते। यह 16 अप्रैल 1858 की बात है। उसके बाद वे महादेवा गईं। महादेवा से भिठौली पहुंचीं। 5 दिसम्बर सन् 58 को जब भिठौली तबाह हो गई तब वे बौंडी से राजा देवी बख्श की मदद लेने गोंडा पहुंचीं। यहां से नानपारा और फिर नेपाल चली गईं। मुझे वाइपेई जी का यह नक्शा समझ में न आया। 'बेगमाते-अवध के खुतूत' में एक जगह लिखा है कि लखनऊ छोड़ने के बाद बेगम बिसवां और बाड़ी की तरफ गईं जो सीतापुर में है। 'कैसर-उत्तवारीख' के अनुसार भी उनका जाना सीतापुर ज़िले से होकर ही बतलाया गया है।

श्री रामस्वरूप वाजपेई को इस बात पर विश्वास नहीं होता था। वह कहने लगे, "यहां महादेवा वगैरह में बेगम के आने की बात बड़ी प्रसिद्ध है। अभी कल ही मेरी एक साहब से बात हो रही थी। वे इसी बाराबंकी ज़िले के रहने वाले हैं। दीनदयाल दीक्षित उनका नाम है। यों रहते लखनऊ में हैं। सेक्रेट्रिएट में पोलिटिकल पेंशन के महकमे में काम करते हैं। उनके पुरखों का ग़दर में बड़ा भाग रहा है। उन्होंने भी मुझसे यही कहा था।"

मैंने वाजपेई जी की बात काटी तो नहीं, परन्तु बड़े चक्कर में पड़ गया।

लखनऊ आने पर मैंने श्री दीनदयाल दीक्षित से उनके गदर में भाग लेने वाले पुरखों का इतिहास मांगा। उन्होंने मुझे जो जानकारी लिखकर दी वह इस प्रकार है—

''ज़िला बाराबंकी में कस्बा बदोसराय के उत्तर में और घाघरा नदी के दक्षिण में लगभग दो मील की दूरी पर हज़रतपुर नाम का एक ग्राम है। इस ग्राम के चारों ओर पक्की ईंटों की दीवार बनी है और चारों कोनों पर बुर्ज हैं। नवाबी शासनकाल में यह एक किला था जो अब ध्वस्त पड़ा है।

''सन् 1857 की क्रान्ति में लखनऊ-पतन के पश्चात् बेगम हज़रत महल युवराज बिरजीस कदर, नाना धोंडूपंत, राणा वेणी माधव सिंह, बौंडी के राजा हरदत्त सिंह तथा गोंडा नरेश राजा देवीबख्श सिंह गुप्त रूप से यहीं एकत्र हुए थे। नवाबगंज, बहरात घाट आदि स्थानों पर देशभक्त वीरों ने मोर्चे लगा दिए थे ताकि पीछा करने वाली अंग्रेज़ी सेना को मार्ग में ही रोका जा सके। देशभक्त वीरों तथा विद्रोही सैनिकों को अंग्रेज़ों का मार्ग अवरुद्ध करने का भार सौंपा गया था; कुछ विश्वस्त चुने हुए वीरों को इन नेताओं ने अपने साथ रखा था। वे लोग अपने नेताओं की रक्षा के हित अपने प्राण देने को भी तैयार थे।

''इन्हीं रक्षकों में हज़रतपुर किले के पूर्व में लगभग चार मील की दूरी पर स्थित ग्राम आर्य मऊ के पं० भवानीशंकर दीक्षित तथा उनके ज्येष्ठ पुत्र प्रयागदत्त भी थे। ग्राम तासीपुर के शिवराम उपाध्याय तथा ग्राम खोर के निवासी शंकरीबख्श के पूर्वज भी इनके साथ थे।

''रात को लगभग दो बजे इन नेताओं ने अपने रक्षकों के साथ चौका घाट तथा सरदहा घाट से घाघरा नदी को नौकाओं पर चढ़कर पार किया। प्रातःकाल वे घाघरा के उस पार राजा बौंडी की गढ़ी में पहुंच गए। यहां बेगम हज़रत महल ने अपने बहुमूल्य ज़ेवरों को रक्षकों में पुरस्कार स्वरूप वितरित किया। अंग्रेज़ी सेना बहराम घाट तथा नवाबगंज क्षेत्र में आगे बढ़ने से रोक दी गई थी; बहराइच ज़िले से नेताओं का यह दल गोंडा ज़िले में प्रवेश करता हुआ नेपाल की ओर बढ़ रहा था। अंग्रेज़ी सेना इस दल का पीछा कर रही थी। बौंड गढ़ को अंग्रेज़ी सेना ने धराशायी कर दिया। गोंडा के गढ़ में राजा देवीबख्श सिंह पीछा करने वाली अंग्रेज़ी सेना को रोकने के लिए डट गए। तब तक यह दल तुलसीपुर पहुंच चुका था। तुलसीपुर से यह दल देवी पाटन के आगे सरबा मार्ग से नेपाल में प्रवेश कर गया। तुलसीपुर की रानी ने अंग्रेज़ी सेना को रोकने के प्रयत्न में वीर-गति प्राप्त की।

''राजा देवीबख्श का साथ छूट गया था; अब केवल नाना साहब, बौंडी के राजा, बेगम हज़रत महल, बिरजीस कदर और उनके रक्षकों में पं० भवानीशंकर दीक्षित, उनके ज्येष्ठ पुत्र प्रयागदत्त तथा अन्य विश्वस्त लोग साथ थे।

''नेपाल के घने जंगलों में बहुत से साथी बीमार होकर स्वर्ग सिधार गए। बेगम हज़रत महल और नाना साहब में मतभेद हो गया। बेगम युवराज और अपने साथियों को लेकर काठमांडू की ओर चली गईं; नाना साहब और भवानीशंकर दीक्षित उत्तर-पश्चिम के घने जंगलों की ओर बढ़ते गए। आगे चलकर भवानीशंकर दीक्षित का

स्वर्गवास हो गया। वन में उनका दाह-संस्कार उनके पुत्र प्रयागदत्त ने किया। नाना साहब ने प्रयागदत्त को यह परामर्श दिया कि वह नेपाल के किसी गांव में जाकर बस जाएं और अपने पिता का क्रिया-कर्म करें। उन्होंने यह आदेश भी दिया कि भवानीशंकर दीक्षित के पुत्रों में जिस किसी से भी हो सके, अपने पिता का गया-श्राद्ध अवश्य करे जिससे उनकी आत्मा को मुक्ति मिल जाए। यहीं पर नाना साहब ने शेष जीवन संन्यासी के रूप में बिताने का निश्चय किया और प्रयागदत्त से कहा कि यदि सम्भव हुआ और कष्टमय जीवन से बच गए तो भारत के तीर्थों का दर्शन करेंगे। उन्होंने प्रयागदत्त को एक सांकेतिक प्रश्न बतलाया था जिसके आधार पर वे अथवा उनके कोई बंधु भारत के किसी तीर्थस्थान में नाना साहब का दर्शन कर सकते थे। नाना साहब लटज़ीरे के चावलों का भोजन करते थे और उसकी जड़ को भी खाते थे। लटजीरे के चावलों में कई दिन तक क्षुधा को रोकने की शक्ति होती है। सांकेतिक प्रश्न इन्हीं चावलों पर था।

‘‘गोंडा तथा बौंडी की रियासतें ज़ब्त कर ली गईं। भवानीशंकर दीक्षित का गांव आर्यमऊ राजा हड़हा को दे दिया गया। दीक्षित जी के अन्य पुत्र बड़ौदा तथा उदयपुर की रियासतों में चले गए और वहां की सेनाओं में भर्ती को गए। दीक्षित-बंधुओं का यह परिवार लगभग पचीस वर्षों के उपरान्त आर्यमऊ वापस आया। पं० प्रयागदत्त दीक्षित भी कुछ काल के उपरान्त नेपाल से अपनी जन्मभूमि वापस आ गए थे। उन्होंने अपने भाइयों को अपने पिता के स्वर्गवास की कहानी तथा नाना साहब का संकेत बतलाया। प्रयागदत्त के छोटे भाई लालताप्रसाद पिता का गया-श्राद्ध करने और भारत के समस्त तीर्थों का दर्शन करने के लिए चल पड़े क्योंकि पिता की गया करने से पूर्व पुत्र के लिए भारत के समस्त तीर्थों का दर्शन करना अनिवार्य था। इस तीर्थ-यात्रा में पं० लालताप्रसाद ने तीर्थराज प्रयाग में सांकेतिक प्रश्न के आधार पर नाना साहब के दर्शन किए। नाना साहब ने प्रसन्न होकर बम्बई में मुद्रित सटीक रामायण की एक पुस्तक उपहारस्वरूप प्रदान की। यहीं से लालताप्रसाद नाना साहब के साथ बद्रीधाम की यात्रा को चले गए। गार्ग में लालताप्रसाद का देहावसान हो गया। तत्पश्चात् उनके चौथे भाई महावीर प्रसाद दीक्षित ने भारत के समस्त तीर्थों की यात्रा कर अपने पिता का गया-श्राद्ध किया। उन्होंने भी संकेत के अनुसार नैमिषारण्य में नाना साहब के दर्शन किये थे तथा उन्हें यह भी सूचित किया था कि आपके आदेशानुसार मैंने अपने पिता का गया-श्राद्ध कर उनकी आत्मा को मोक्ष दिला दिया।

‘‘नाना साहब दीर्घजीवी थे। उनका देहावसान 1936 के लगभग नैमिषारण्य में हुआ था, ऐसा समाचारपत्रों में शंका के साथ प्रकाशित किया गया था।

‘‘यह निश्चित है कि नाना साहब के जीवन के शेष दिन साधुवेष में भगवद् चिन्तन में बीते, और उन्होंने भारत के समस्त तीर्थों के दर्शन किए।

‘‘लेखक भवानीशंकर दीक्षित का प्रपौत्र है। उपरोक्त कहानी उसने अपने पितामह पं० महावीरप्रसाद दीक्षित से सुनी थी। सन् 1857 की क्रान्ति में जो हथियार प्रयोग में लाए गए थे, उनमें से कुछ लेखक के घर की एक दीवार की नींव में गड़े

हैं। कुछ हथियार स्व० भवानीशंकर दीक्षित द्वारा बनवाए गए कुएं में, जो कि एक बाग में हैं, पड़े हैं। कुछ हथियार एक खेत में गड़े हैं। नाना साहब द्वारा दी गई रामायण को लेखक ने सन् 1952 में त्रिवेणी-संगम प्रयाग में विसर्जित कर दिया, क्योंकि उस पुस्तक का कागज़ बहुत जीर्ण हो गया था, पृष्ठ छूते ही चूर-चूर हो जाते थे।

"मेरा विश्वास है कि यदि नैमिषारण्य में वयोवृद्ध संन्यासियों से जांच-पड़ताल की जाए तो सम्भव है कि नाना साहब के जीवन के सम्बन्ध में कुछ और भी बातें प्रकाश में आ जाएं।"

श्री दीक्षित के इस वक्तव्य के नानाराव से सम्बन्धित अंश की जांच-पड़ताल तो नैमिषारण्य पहुंच कर करनी ही है, परन्तु जहां तक बेगम हज़रत महल के बाराबंकी-मार्ग से भिठौली पहुंचने का बात है, अनेक प्रमाणों की मौजूदगी में उसे मैं सहसा मानने को तैयार नहीं।

'सवानहात-ए-सलातीन-ए-अवध' में अंकित है कि 'बेगम आलिया की सवारी आलम बाग से निकली, भरावन पहुंची। यहां से बाड़ी होकर वे खैराबाद पहुंचीं, फिर महमूदाबाद के राजा नवाब अली खां के घर मेहमान हुईं, फिर भिठौली गईं, वहां से बौंडी में दाखिल हुईं।'

'बेगमात-ए-अवध के खुतूत' नामक पुस्तक में वाज़िदअली शाह की एक पत्नी सरफराज़ बेगम लखनवी ने मटिया बुर्ज कलकत्ता में रहने वाली दूसरी बेगम अख्तर महल को एक पत्र लिखा था कि "...करीब शाम मय बिरजीस कदर के पीनस में सवार होकर नाका आलम बाग की तरफ से मय मम्मू खां के घोड़े पर सवार लखनऊ में रवाना हो गईं। रास्ते में राजा मर्दन सिंह ज़मींदार तुमरुदी से पेश आया। मौलवी अमादुद्दीन देवी उर्फ मौलवी मुहम्मद नाज़िम विस्वाने बाड़ी तीन कोस से इस्तकबाल जनाबे आलिया के वास्ते आए...वहां यह मशविरा हुआ कि बरेली को चलें।"

मेलिसन द्वारा दिया हुआ मार्ग भी यही सिद्ध करता है। 'बेगमात-ए-अवध के खुतूत' में बेगम के बरेली जाने की बात अंकित है। बरेली से भिठौली पहुंचना अटपटा मार्ग लगता है। हो सकता है कि उर्दू-छापे में भिठौली को गलती से बरेली लिख दिया गया हो।

जो भी हो, श्री वाजपेई द्वारा बतलाया हुआ बाराबंकी ज़िले का कुर्सी, देवां भयारा, हज़रतपुर, महादेवा होकर भिठौली पहुंचने का मार्ग सही प्रतीत नहीं होता।

भयारा

पांच जून। सुबह हम लोग भयारा के लिए चल दिए। हमें अच्छन साहब के मामू शेख अब्दुल अली किदवाई महोदय से मिलना था। जैसा कि मैं पहले लिख चुका हूं कि बाराबंकी में बलभद्रसिंह चहलारी-नरेश की कब्र को लेकर जो भ्रम फैला हुआ था, उसे अच्छन साहब ने अपने इन्हीं वयोवृद्ध मामा की बातों और इनके द्वारा सुनाए गए बलभद्रसिंह-सम्बन्धी एक आल्हा के कुछ अंशों के बल पर निवारण किया था।

गन्ने के खेत मार्ग में अधिक दिखलाई दिए। कल भी गौर किया और आज इस समय भी, गांव में जगह-जगह प्रथम पंचवर्षीय नलकूप योजना, सहकारी बीज, बीज-भंडार, उद्यान, स्कूल और अस्पतालों के नामपट टंगे दिखलाई देते हैं। मिट्टी बलुहा है, जो खेती के लिए उत्तम बतलाई जाती है। चारों ओर अंतरिक्ष के किनारे खड़े वृक्ष विशाल मैदानों वाली भूमि को बड़ी किनारदार परात के समान बना देते हैं। मुझे मैदानों से मोह है। यों पहाड़ भी बहुत अच्छे लगते हैं; ऊंची-नीची चोटियां, सांप की चाल की तरह टेढ़ी-मेढ़ी सड़कें, पेड़ों की हरियाली या दूर दिखलाई देने वाली हिमानी चोटियां मन को मोह लेती हैं। पहाड़ में प्रकृति रहस्यमय लगती है। यह सब होते हुए भी मैदानों की विशालता मुझे बहुत आकर्षित करती है। मैदानों में प्रकृति की उदारता अनन्त-सी लगती है। जो हो, यह तो अपनी-अपनी रुचि की बात है। बहरलाल यह मालूम हुआ कि बाराबंकी ज़िला गन्ने के अलावा अफीम के लिए भी प्रसिद्ध है। नवाबी लखनऊ को ज़िला बाराबंकी ही अफीम चटाया करता था।

नहर के किनारे-किनारे हम भयारा पहुंच गये। भयारा ग्राम का पंचायत घर एकदम आधुनिक शैली का बना हुआ है। बच्चों के खेलने के लिए चरखी, झूला वगैरह भी वहां लगे हैं। कच्ची झोंपड़ियों के बीच में यह शहरी किस्म की इमारत एक नये युग का संकेत कर रही है। पन्द्रह-बीस वर्षों बाद पंचायत-घर की यह इमारत पुरानी पड़ जाएगी, गांवों में नये मकान बन जाएंगे, बिजली पहुंच जाएगी, सड़कें उम्दा और पक्की हो जाएंगी। एवमस्तु।

पंचायतघर के निकट ही फूस के एक छप्पर के नीचे चारपाई पर वे बुजुर्ग विराजमान थे, जिनसे मिलने के लिए हम आए थे। बाद आदाबो-अल्काब के बातचीज शुरू हुई। शेख साहब ने फरमाया, ''जो कुछ मुझे मालूम था, वह सब अच्छन को लिखकर भेज चुका हूं। वे उसे किसी अखबार में शाया कराएंगे। बहरहाल आप इतनी दूर से तशरीफ लाए हैं, जो कुछ जानता हूं आपको ज़रूर सुनाऊंगा। ग़दर में अंग्रेज़ों के खिलाफ आग तो भड़क ही चुकी थी। मौलवी अहमदुल्ला शाह ने गांव-गांव में ऐसा जोश फैलाया था कि दल-के-दल अंग्रेज़ों के खिलाफ लड़ने के लिए तैयार हो गए थे।

''जब बेगम हज़रतमहल ने हार कर लखनऊ छोड़ दिया तब महादेवा में चहलारी के राजा के साथ जितने राजा थे, वे सब इकट्ठा हो गए। बेगम भी थीं, चर्दा और बौंडी के राजा भी थे। उन्हीं के साथ मेरे दादा शेख यासीन अली किदवाई भी मय अपने सिपाहियों के थे। महादेवा बहुत पुराना तीरथ है। महाभारत के ज़माने में युधिष्ठिर महाराज ने महादेव जी की मूरत को वहां पर स्थापित किया था। बहरहाल वहां हिन्दुओं और मुसलमानों ने कस्में खाईं। हिन्दुओं ने महादेव जी की मूरत पर हाथ रखकर कसम खाई, मुसलमानों ने कुरान पाक हाथ में लेकर कसम खाई कि फिरंगियों से जमकर लोहा लेंगे।

''मेरे बचपन और जवानी के दिनों तक ज्योरी गांव का एक भागू नाई मुसलमान था। शाही ज़माने में वह रफी अहमद किदवाई के परदादा शुजाअत अली के पास नौकर था। उसने ग़दर देखा भी था और खयाल लिखा था। बाद में उसने

पेशा गंधी का कर लिया था और जब कभी हमारे यहां आ जाता तो हम उससे अपने दादा के और ग़दर के किस्से खूब सुना करते थे। उसी भागू नाई का खयाल जितना कुछ मुझे याद था और जो कुछ मेरे-जैसे चंद बूढ़ों को याद था, मैंने अच्छन को लिखकर भेज दिया है। जो कुछ मुझे याद है आपको सुनाए देता हूं, बाकी आप अच्छन से कागज़ लेकर लिख लीजिएगा। उस आल्हे को सुनाते-सुनाते भागू की यह कैफियत हो जाती थी कि बदन की एक-एक नस तन जाती थी और बड़े जोश में आ जाता था, लेकिन राजा बलभद्रसिंह का नाम आते ही आंखों में आंसू आ जाते थे और आवाज़ कमज़ोर पड़ जाती थी। वह सब मैं लिखकर भेज चुका हूं।''

(अच्छन साहब ने भागू की वह महत्त्वपूर्ण रचना बाराबंकी से प्रकाशित होने वाली 'विश्व-वाणी' को दे दी थी।) रचना इस प्रकार है–

'बिच ओबरी के मैदनवा मां साहब लोगन किहिन पड़ाव।
देस के राजा एक ठौरी होइगे लै लैं रामचन्द्र का नांव॥
तोपैं गरजीं अंगरेजन की धरती अगिनि दिहिन बरसाय।
जेहिके लागै तोप का गोला ऊकी धजा सरग मंड़राय॥
जेहिके लागै सीसे का डंडा देहिया टूक टूक होइ जाय।
अरे गोसइयां परलै होइगै राजे भागे पीठि देखाय॥
भागा राजा बौंडी वाला जेहिका हरदत्त सिंह था नांव।
भागा राजा चरदा वाला जेहिका जोतसिंह था नांव॥
राजा कहिये चहलारी वाला जेहिके बांट परी तरवार।
ब्याह क कंगना कर मां बाजै लक्खी मौर देय बहार॥
हाथी घिरिगा जब राजा का महावत गया सनाका खाय।
बोला महावत तब राजा ते भैया दीन बंधु महराज॥
मरजी पावौं सहजादे की तुरतै चहलारी दऊं पहुंचाय।
सुनिकै राजा राहुटु होइगा करिया नैन लाल होइ जांय॥
बोला राजा चहलारी वाला जेहिका बलभद्रसिंह नांव कहाय।
हटजा हटजा मेरे आगे से तेरा काल रहा नियराय॥
धरम छत्री का यू नाही है भागै रण ते पीठ देखाय।
अरे महावत हाथी बैठा दे सोने कड़ा देहौं दोनों हाथ॥
घोड़ा मंगाइस खासे वाला राजा कूदि भया असवार।
जैसे भेड़हा भेड़िन पैठे वैसे फौजन मां गा सिधियाय॥
पूरब मारे पच्छिम धावे राजा उतर दक्खिन करे संहार।
ग्यारह साहब ठौरे मारिसि औ गोरन की गिनती नाय॥
मारि पचासन का हानि डारिसि जिनका भागत रस्ता नांय।
तीन घरी मां परलै कीन्हिसि गोरा भागे जान बचाय॥
तब महाराजा चहलारी को देस मां नांव अमर होइ जाय।
होइगा नांव तोरा लंदन मा कोई तेरे बराबर नांय॥

इस अधूरे आल्हे की जितनी पंक्तियां बुजुर्गवार शेख साहब को उस समय याद थीं, मुझे पुराने ज़माने के जोश के साथ सुनने को मिलीं। शेख साहब को सुनाते हुए खुद इतना भावोद्रेक हुआ कि आंखों में आंसू आ गए, कहने लगे, राजा बलभद्रसिंह की बातें कहते-सुनते मुझे लगता है कि जैसे मैं अपने दादा का हाल ही सुन रहा हूं।

मैंने पूछा, "आप अपने दादा साहब के बारे में कुछ बतलाने की तकलीफ फरमाएंगे?"

शेख साहब ने उत्तर दिया, "मेरे दादा इसी भयारा गांव में रहते थे। उनकी ज़मींदारी बहुत बड़ी थी। आप यह समझें कि किदवाई लोग साढ़े सात सौ बरसों से अवध में बसे हुए हैं—"

"कता कलाम होता है, माफ कीजिए, ये किदवाई लोग आए कहां से?" मैंने पूछा।

"यह तो साहब, हमें नहीं मालूम, मगर यह जानता हूं कि किदवाइयों के पास बावन गांव थे—

बावन गांव किदवारा।
सबसे बड़ा भयारा॥

तो यह भयारा हमारे खानदान की ज़मींदारी में शुरू से रहा है और जब कि महादेवा से हिन्दू-मुसलमान फौजें हज़ारों की तादाद में लखनऊ की तरफ बढ़ीं तो हमारे गांव भयारा के पास से ही उन्होंने कल्यानी नदी पार की। मेरे दादा शेख यासीन अली साहब किदवाई भी अपनी छोटी-मोटी टुकड़ी लेकर कौम के जांनिसारों के हुजूम में शामिल हो गए। देखिए, मैं आपको यह बता दूं कि हमारी हार की वजह यही थी कि हमारी फौज एक बेकायदा भीड़ थी जबकि अंग्रेज़ों के साथ बाकायदा फौजें थीं। मुल्की लोग बहुत बहादुरी से लड़कर भी इसीलिए हारे। जैसा आपको भागू के खयाल से मालूम होगा, नवाबगंज की लड़ाई में चर्दा और बौंडी के राजा भी बलभद्रसिंह के साथ थे। मगर जब लड़ाई बिगड़ी तो इन लोगों के पैर उठ गए। बहादुर तो बस एक बलभद्रसिंह था। खैर, तो मेरे दादा भी लड़े। उनके सारे सिपाही कट गए। उनके घोड़े को गोली लगी। वह लेके भागा और अरहर के खेत में जा गिराया। मेरे दादा खुद भी ज़ख्मी थे। रात को किसान उन्हें उठा ले गए। बच जाने के बाद बहादुर की हालत कुछ अजीब हो जाती है। लड़ाई में जूझ जाना आसान है मगर फांसी चढ़कर मरना किसी को अच्छा नहीं लगता। इसलिए फांसी के डर से मेरे दादा भागे-भागे फिरे। इलाका दूसरों के पास चला गया। बाद में जब यह ऐलान हुआ कि जिन्होंने लड़ाई के मैदान के अलावा किसी निहत्थे गोरे, मेम, बच्चे को नहीं मारा, उसे हम माफ कर देंगे, तब मेरे दादा अदालत में हाज़िर हुए, यह बयान दिया, तब यह भयारा हमें वापस मिला।"

"किदवाइयों में आपके दादा साहब के अलावा और कौन-कौन लड़े?" मैंने पूछा।

"आमतौर से किदवाइयों ने ग़दर में कोई हिस्सा नहीं लिया।"

"इसकी कोई खास वजह थी?"

"खास वजह यह थी कि अवध के बादशाह से हमें कोई दिलचस्पी नहीं थी। किदवाई लोग बागी थे। शाही फौजें आए बिना मालगुजारी भी अदा नहीं करते थे और फौजें आने पर भाग जाते थे। इसकी एक वजह थी। बक्सर की लड़ाई में सत्रह सौ किदवाई नवाब शुजाउद्दौला के साथ शरीक हुए थे! यह सब के सब वालंटियर थे। जब शुजाउद्दौला हारकर भागने लगे तो किदवाइयों ने कहा कि आप तो बादशाह हैं, मुंह दिखा लेंगे। मगर हम हारकर कहां जाएं? लिहाज़ा वे सत्रह सौ लोडा वहीं जूझ गए। बड़ी-बूढ़ियां बतलाया करती थीं कि किदवारे में खबर आने पर एक ही दिन में किदवाइयों की सत्रह सौ बीवियों की चूड़ियां टूटी थीं। इसके बाद ही किदवाई लोग हुकूमत से बददिल हो गए। फिर, बादशाह की ओर से उनके बच्चों की परवरिश नहीं हुई। उनकी तादाद भी घट गई। नतीजा यह हुआ कि किदवाइयों में 'आपरच्यूनिज़्म' (अवसरवादिता) आ गया। हम लोग सुन्नी हैं मगर बादशाही में बहुत से किदवाई अपने को शिया लिखाए हुए थे। जहांगीराबाद वाले भी शाही में अपने को शिया लिखाते थे और बराबर सुन्नी रहे। जहां तक मेरा खयाल है, मेरे दादा को छोड़कर- गदर में किदवाइयों ने कोई शिरकत नहीं ली। आमतौर पर जहांगीराबाद का-सा रोल ही रहा।"

"हां, मैंने होपग्राण्ट की किताब में जहांगीराबाद के मुतल्लिक पढ़ा था—"

जहांगीराबाद वाले दोनों के साथ दगाबाज़ी कर रहे थे। किदवाइयों में सबसे बड़े ज़मींदार थे। इन्होंने किसी का साथ न दिया; इसीलिए ज़क उठाना पड़ा।"

शेख साहब से मिलकर मुझे बहुत ही प्रसन्नता हुई। बड़े साफगो आदमी, एक-एक बात को इस तरह समझाकर कहते थे जैसे घर के लड़कों से घर की बातें कह रहे हों। पांच मिनट की जान-पहचान, यहां से जाने के बाद फिर कभी शायद शेख साहब की ज़ियारत करने का मौका नसीब हो या न हो, मगर उतनी देर तक मैं यही अनुभव करता रहा कि मानो वे मेरे ही मुहल्ले के बड़े बुज़ुर्ग हैं, सदा से मिलते-जुलते आए हैं, किसी तरह का भी परायापन अनुभव नहीं किया। मैंने उनसे इजाज़त ली।

चलते वक्त कहने लगे, "आप यह अच्छा काम कर रहे हैं। इसे तो बहुत पहले ही किसी को करना चाहिए था। पुराने बुज़ुर्गों के हालात पढ़ते हैं तो फख्र होता है, मगर गदर के बाद का रंग कुछ और हो गया और बहुत शर्मनाक भी। मेरी ज़िन्दगी पर आप सच मानिए सबसे ज़्यादा असर चहलारी का है, लगता है कि अपने ही दादा के किस्से हैं जो मुझ पर गहरा असर करते हैं। हमारे यहां किदवाइयों में एक रफी अहमद का खानदान भी बेदाग रहा। उसका जो नतीजा हुआ वह भी दुनिया ने देखा। रफी जैसा आदमी होना मुश्किल है।"

जहांगीराबाद

हम लोग भयारा से नहर के किनारे-किनारे जहांगीराबाद की ओर चले। जहांगीराबाद के बारे में जिस दोतरफा चाल की बात मैंने अभी शेख अब्दुल अली साहब से सुनी, वही सर होपग्राण्ट ने अपनी किताब में लिखी है। 'सिपॉयवार' में

लिखा है : "22 अप्रैल (सन् 1858 ई०) को मैंने सुना कि पड़ोस में ही अवध का एक मज़बूत मिट्टी का कोट जहांगीराबाद में है। वह घने जंगल से घिरा हुआ है और उसमें जाने के लिए कुछ एक रास्ते तो हैं मगर आमतौर पर उस जंगल में धंसना नामुमकिन है। यह कोट राजा रज़्ज़ाक बख्श का है जो कि गदर में बराबर दोतरफा चाल चलता आया है। मैंने सोचा कि उसे सबक देना उचित होगा। उसी दिन सुबह वह हमारे कैंप में आया, बड़ी-बड़ी सलामें झुकाईं और हमारे प्रति अपने सद्व्यवहार और स्वामिभक्ति का बखान करने लगा। उसने कहा कि उसके पास तीन तोपें हैं जो वह हमें देने के लिए आया है। मैंने अपने साथ घुड़सवारों की दो टुकड़ियां लीं और उस जंगल से गुज़रते हुए कोट के फाटक तक पहुंचा। अन्दर मोटे कंटीले पौधों और बांस का एक घना जंगल था जिसमें से होकर आगे बढ़ना असम्भव-सा ही था। हम लोग एक संकरे और कष्टदायक मार्ग से होकर अन्त में उस बेहूदा मिट्टी के मकान तक पहुंचे जिसे वह अपना महल कहता था। लोग बड़ी शराफत से मिले और हमसे कहा कि तोपें कमिश्नर के पास भेज दी गई हैं लेकिन हमारे एक सिख ने एक ऐसी छिपी हुई जगह से दो तोपें निकाल लीं जहां किसी का ध्यान ही नहीं जा सकता था। छिपी हुई सामग्री का पता लगाने में सिक्ख प्रसिद्ध हैं। हमने फौरन फाटक तुड़वा डाला और नौ पाउण्डर तथा छह पाउण्डर तोपें निकाल लीं। मैंने राजा से बैल मंगवाए। आने पर देखा कि वे सरकारी जानवर थे जिन्हें उस बुड्ढे शैतान ने चुरा लिया था। एक हिन्दुस्तानी ने मुझे एक छिपी हुई तोप के सम्बन्ध में सूचना दी। वह उस फाटक के पास ही थी जिससे हम आए थे। खोजने पर एक नौ पाउण्डर तोप मिली जो दोहरी मार 'ग्रेपशाट' और राउण्ड शाट' कर सकती थी। और इस तोप का मुंह उसी सड़क की ओर था जिससे हम आए थे। तोप बड़ी खूबी के साथ ढंकी और छिपाई गई थी और उसमें धीमे-धीमे सुलगने वाली बत्ती भी लगा दी गई थी। यह सब देखकर बड़ा सन्देह उत्पन्न हुआ। उसी समय एक अफसर ने यह सूचना दी कि उसने राजा के घर में बहुत-से सरकारद्रोही कागज़ात पाए हैं। तब मैंने निश्चय कर लिया कि उस बुड्ढे खूसट को अब किसी हालत में भी बख्शना मुनासिब नहीं। दूसरे ही दिन मैंने नवाबगंज से ब्रिगेडियर हार्स फोर्ड की कमान में एक सेना उस जंगल और कोट को ध्वस्त करने के लिए भेजी। सेना ने जंगल जला दिया और किला ध्वस्त कर मिट्टी में मिला दिया।"

सर होपग्राण्ट के इस विवरण के अतिरिक्त मैंने यह भी सुना था कि अंग्रेज़ी सेना के गुरखे और अंग्रेज़ सिपाहियों ने महल की स्त्रियों को बेइज़्ज़त किया, राजा रज़्ज़ाक बख्श को अस्सी अन्य व्यक्तियों के साथ फांसी दी और उनकी लाशें जलते हुए जंगल में झोंक दीं। इन दोनों प्रकार की बातों के साथ जहांगीराबाद के सम्बन्ध में मेरे मन में कई प्रश्न उठ रहे थे। समझ में नहीं आया था कि राजा रज़्ज़ाक बख्श को देशभक्त माना जाए अथवा गद्दार? जिस किले में अंग्रेज़ों को धोखा देकर मारने का प्रबन्ध हो और जहां उनके विरुद्ध षड्यंत्र करने के कागज़ात पाए गए हों उसे सहसा देशद्रोही मान लेना कठिन प्रतीत होता था। फिर अंग्रेज़ों ने जैसा बदला लिया वैसा किसी साधारण अपराधी से नहीं लिया जाता। ऐसा लगता है कि अंग्रेज़ों को

इस बात का पक्का विश्वास हो गया था कि राजा रज़्ज़ाक बख्श महज़ उन्हें धोखा देने के लिए उनसे मिले हुए थे। देशभक्तों के साथ उनका हार्दिक सहयोग था। दूसरा प्रश्न यह उठता है कि यदि अंग्रेज़ जहांगीराबादी सामन्त कुल से इतने क्षुब्ध हो उठे थे तो उन्हें जहांगीराबाद की गद्दी पर बहाल क्यों किया?

मैंने शेख साहब से यह सुना था कि राजा रज़्ज़ाक बख्श के वंशज भयारा में रहते हैं और जहांगीराबाद की गद्दी पर राजा नौशाद अली के वंशज राज्य करते हैं। जब वाजिदअली शाह गिरफ्तार हुए, तब नौशाद अली नमकहलाली दिखलाता हुआ उनके साथ-साथ कलकत्ता तक गया था लेकिन शेख साहब के अनुसार वह अंग्रेज़ों का जासूस था और इसी कारण से जहांगीराबाद की गद्दी उसके हिस्से में आई।

शेख साहब का बतलाया हुआ 'नौशाद अली' नाम भी गलत है। सन् 1893 ई० में प्रकाशित पदवीधारी राजा, नवाबों आदि के परिचय ग्रन्थ, सर रोपर लेथब्रिज द्वारा संकलित और लिखित 'दि गोल्डेन बुक ऑफ इंडिया' में जहांगीराबाद की रानी जेबुन्निसा का परिचय देते हुए निम्नलिखित इतिहास अंकित है–

"रानी जेबुन्निसा का जन्म 28 अक्टूबर, 1855 में हुआ था। 7 अप्रैल, 1881 को उसने अपने पिता स्व० राजा फरज़न्द अली खां की गद्दी पाई। फरज़न्द अली को राजा का खिताब अवध के भूतपूर्व बादशाह वाजिदअली शाह ने दिया था, जिसे ब्रिटिश सरकार ने भी परम्परागत पदवी माना। जहांगीराबाद की रियासत के स्वामी राजा रज़्ज़ाक बख्श थे, जो पुत्रहीन मरने के कारण रियासत अपने दामाद फरज़न्द अली खां के लिए छोड़ गए। फरज़न्द अली लखनऊ के सिकंदर बाग का दारोगा था। अवध के अंग्रेज़ी राज्य में मिलाए जाने से तीन वर्ष पूर्व उसके भाग्य ने उसकी सफलता के लिए एक अच्छी परिस्थिति उत्पन्न कर दी। फरज़न्द अली बहुत सुन्दर था। एक बार वाजिदअली शाह सिकंदर बाग घूमने गए; नवयुवक की सुन्दरता से प्रभावित होकर उन्होंने उसे खिलअत बख्शी तथा महलों में आने का आदेश दिया। शाही कृपा के एक संकेत पर ही फरज़न्द अली की उन्नति का मार्ग तेज़ी से खुल गया। प्रभावशाली ख्वाज़ासरा बशीरुद्दौला फरज़न्द अली को चाहता था। उनके प्रयत्नों के कारण फरज़न्द अली को एक फरमान द्वारा जहांगीराबाद के राजा का पद मिला। वाजिदअली शाह के दरबार से फरज़न्द अली खां का सम्बन्ध जुड़ गया। सन् 1857 में वाजिदअली शाह के पदच्युत होने पर फरज़न्द अली उनके साथ कलकत्ता गया। वहां उसने कुछ समय तक निवास किया। ग़दर में उसका भाग प्रमुख नहीं था तथा शीघ्र ही उसने अपने आपको सरकार के प्रति समर्पित भी कर दिया। 1860 में अपनी रियासत के अन्दर कार्य करने के लिए उसे असिस्टेन्ट कलेक्टर की सत्ता प्रदान की गई।"

इस प्रकार जहांगीराबाद के ध्वंस और उसकी गद्दी की बहाली के कारण स्पष्ट हो जाते हैं। सम्भव है कि वाजिदअली शाह और उनके प्रभावशाली ख्वाज़ासरा के दबाव से राजा रज़्ज़ाक बख्श को फरज़न्द अली से अपनी पुत्री का विवाह करने के लिए मजबूर होना पड़ा हो। राजा रज़्ज़ाक के जीते-जी ही फरज़न्द अली को बादशाह की ओर से राजा का खिताब मिला। इसलिए सम्भव है कि रज़्ज़ाक बख्श ने नई

परिस्थिति को प्रसन्न मन से स्वीकार न किया हो, और वह मन-ही-मन अपने दामाद और शाह से नाराज़ रहा हो। ऐसी परिस्थिति में तो रज़्ज़ाक बख्श को (यदि वह व्यापक चेतना का मनुष्य नहीं था तो) अपना बदला लेने के लिए अंग्रेज़ों से मिल जाना चाहिए था। सर होपग्राण्ट के अनुसार रज़्ज़ाक बख्श उससे मिलने गया था, और सर होप को जहांगीराबाद की तरफ से दुमुंही चाल चले जाने का पता भी लग चुका था। ऐसी परिस्थिति में रज़्ज़ाक बख्श के कारनामों का सही अन्दाज़ नहीं लगता। यदि रज़्ज़ाक बख्श अपने दामाद का विरोधी था तो अपने किले में अंग्रेज़ों द्वारा ब्रिटिश-द्रोही कागज़ात और तोपें पकड़े जाने पर उसने अपने दामाद की चुगली क्यों नहीं खाई? ऐसा करने पर वह अपने ऊपर पुराने शासक द्वारा आरोपित दामाद फरज़न्द अली को चुटकियों में तबाह कर सकता था, भले ही उसकी बेटी पति के जीते-जी विधवा हो जाती अथवा अपने बाप से लड़कर कलकत्ता चली जाती।

इससे तो यही सिद्ध होता है कि रज़्ज़ाक बख्श ही अंग्रेज़ों के प्रति विद्रोह कर रहे थे। अपनी शारीरिक सुन्दरता रूपी योग्यता के बलबूते पर सिकंदर बाग का दारोगा भाग्य के करिश्मे से राजा हो गया। अयोग्य व्यक्ति यदि भाग्यवश ऊंचे दरजे की सफलता पा जाता है तो उसमें क्वचित् ही आत्मविश्वास उत्पन्न होता है। अयोग्य व्यक्ति हर युक्ति से अपना पद संभालता है, उसके लिए हीन से हीनतम चाल भी चल सकता है। सम्भव है कि जनश्रुति के अनुसार फरज़न्द अली अंग्रेज़ों का गोयन्दा बनकर वाजिदअली के साथ कलकत्ता गया हो। यह विचार करने की बात है कि राजा रज़्ज़ाक बख्श की दुतरफा कारगुज़ारी को उनकी बदनीयती माना जाए अथवा अंग्रेज़ों के खिलाफ एक चाल?—एक ऐसी चाल जो भौंडी तरह से चली गई और असफल हो गई।

जहांगीराबाद की शहादत में राजा रज़्ज़ाक बख्श और उसके दामाद राजा फरज़न्द अली क्या साझीदार थे? एक साझीदार के तबाह होने पर दूसरा उससे तुरन्त चेत कर, साझा तोड़ अपना मुनाफा बचाने की फिराक में लग गया हो। हर तरह से सोचकर हम राजा रज़्ज़ाक बख्श के व्यक्तित्व को हीन मानने का कोई कारण नहीं देखते। राजा रज़्ज़ाक बख्श शत्रु पक्ष के सर होपग्राण्ट जैसे मेधावी सेनानी को मिठबोले बनकर नष्ट करने का आयोजन कर, उसे अपने किले में आमंत्रित कर ले गए होंगे। उनकी चाल फेल हो गई यह और बात है।

शत्रु पक्ष के उन प्रबल मेधावी सेनानियों को छल, कल, बल से मार कर स्वपक्ष को संकट से उबारना इस देश की कोई नई रीति नहीं है। महाभारत में ऐसी युद्ध नीति के अनेक प्रमाण हैं।

मुझे लगता है कि राजा रज़्ज़ाक बख्श निःसन्देह स्वतंत्रता-संग्राम के संगठनसूत्र में बंधे हुए थे। उनकी शहादत को गुनाह बेउसूल मानने को जी नहीं चाहता। अपने जीते-जी अपने दामाद जहांगीराबाद का राजा बनाने वाले शाह के प्रति राजा रज़्ज़ाक बख्श की निष्ठा तो हो नहीं सकती, इसलिए हमारा यह वृद्ध पुरखा निश्चय ही देश की स्वतन्त्रता के लिए कारगुज़ारी करते हुए मारा गया।

क्या ही अच्छा हो यदि वे कागज़ात, जो सर होपग्राण्ट ने जहांगीराबाद के मिट्टी

के महल से पाए थे, पुरानी सरकारी फाइलों में उसी तरह दबे पड़े हों जैसे राणा वेणीमाधव और मौलवी अहमदुल्ला शाह आदि के पत्र दबे पड़े थे तथा जिनका उद्धार मेरे विद्वान् मित्र डा० रिज़वी ने किया है।

गदर के नायकों में अनेक ऐसे हैं जो मुझे नकली लगते हैं और जिनका ढिंढोरा पीटना अब बंद हो जाना चाहिए। और बहुत-से ऐसे नायक हैं जो अब तक छिपे पड़े हैं या दुर्भाग्यवश गलत मूल्यांकन के शिकार हो गए हैं। मैं केवल राजा-रजवाड़ों में ही नहीं, बल्कि जन साधारण के उन शहीदों को भी पहचानना चाहता हूं जो हमारी प्रणामांजलि प्राप्त करने के पूर्ण अधिकारी हैं। मुझे एक नये शहीद का नाम-ठाम मिलता है तो मुहावरे की रीति में मेरा एक सेर खून बढ़ता है। मैं कोरी व्यक्ति-पूजा या विगत वैभव की रोमांटिक परिपाटी का पुजारी नहीं। परंपराओं को इसलिए पहचानना चाहता हूं कि उनमें कौन-सी ऐसी सशक्त हैं जो हमें आज भी अपने समय और परिस्थितियों से जूझने के लिए नया रूप धारण कर प्रेरणा दे सकती हैं। सौ वर्ष पहले के लोग भले ही देश को नक्शे के रूप में न जानते हों, मगर अपनी धरती की मिल्कियत अपने पास रखने की चेतना, वह स्वाभिमान उनमें ज़रूर था। और यह देशभक्ति का बीज नहीं तो फिर है क्या?

शारदा नहर के किनारे-किनारे हवा के सरसराते झोंकों की तरह विचार एक के बाद एक कड़ी में बंधे चले आ रहे थे। बीच-बीच में मेरा पुराना सफरी साथी, पान का बटुआ, भी खुलता ही था। आज की यात्रा में भी भाई इन्दुप्रकाश साथ थे। गुप्त जी और इन्दुप्रकाश जी, दोनों ही बड़े सज्जन नवयुवक हैं, मेरी दृष्टि को बाहर कहीं उलझे हुए देखकर बातचीत से मुझे नहीं सताते। 'पिकअप' की दूसरी बर्थ पर स्थानीय बातों में अपने को उलझा लेते हैं। हां, जब पान का बटुआ खोलता हूं तब इन्दुप्रकाश जी तुरन्त मेरी ओर मुखातिब हो किसी-न-किसी रूप में, किन्हीं दो शब्दों में यह प्रश्न अवश्य कर लेते हैं, "तो आपको हमारे ज़िले से 'मैटर' पाने में अब तक कोई निराशा तो नहीं हुई? आपकी आशा से कम मैटर तो नहीं मिल रहा है हमारे ज़िले से? आपके साथ-साथ हमें भी अपने ज़िले के सम्बन्ध में बहुत-सी नई सूचनाएं मिल रही हैं। इससे हमें तो बड़ा लाभ हो रहा है। पता नहीं, आपकी आशा के अनुसार आपको मैटर मिला या नहीं!" मैं हर बार इन्दुप्रकाश जी को यह आश्वासन दे देता हूं कि अपनी यात्रा के पहले ज़िले में मेरी बोहनी अच्छी हुई है। एक बार, अभी-अभी मैंने कह दिया कि एक प्रश्न का उत्तर मुझे अभी तक किसी ने नहीं दिया।

इन्दुप्रकाश जी और गुप्त जी दोनों ही घबराकर मुझे इस तरह देखने लगे, मानो स्वयं उनसे ही कोई बहुत बड़ी गलती हो गई हो।

मैंने कहा, "कई लोगों से पूछा कि जब ग़दर हुआ तब मुल्की लोगों में कुछ गुण्डे तो नहीं शामिल हो गए थे, जिन्होंने ग़दर के हुल्लड़ में स्वयं अपने पास-पड़ोसियों को ही लूटा-पीटा हो?"

इन्दुप्रकाश जी चिन्तित होते हुए बोले, "हां, इसका तो उत्तर नहीं मिला आपको। वैसे तो हमारा ज़िला क्रिमिनल है, मगर शायद ग़दर की राष्ट्रीय भावनाओं

के कारण हमारे यहां के गुण्डे भी उस समय ईमानदार सिपाही बन गए हों।"

मुझे हंसी आ गई, जिसे मैं मन-ही-मन दबा गया, कहा, "आपकी बात से आपके ज़िले का गौरव बढ़ता है।"

भाई मेरे उत्तर से सन्तुष्ट हो गए। बड़े भले युवक हैं।

शारदा नहर के बायीं ओर सूखे बांसों के झुण्ड-के-झुण्ड ज़मीन तक झुके हुए दिखलाई पड़ने लगे। बीच-बीच में हरियाली। मैदानों की हरियाली और मस्जिद की ओर दिखलाई पड़ने वाली पलाशों की लाली के बीच लम्बे-लम्बे पुराने वंश-वृक्षों का खाकी रंग बांसों को एक स्वतंत्र व्यक्तित्व दे रहा है। नहर के किनारे पर भी पलाश और रूसा छाया हुआ है। बायीं ओर मस्जिद, उसके पास सूखे बांसों का झुण्ड, फिर जहांगीराबाद का आलीशान महल और दूर-दूर पर ताड़ के वृक्ष—सब मिलकर इस जगह के नये-पुराने इतिहास का संकेत दे रहे हैं।

इन्दुप्रकाश जी बोले, "यही पुरानी गढ़ी का क्षेत्र है जिसे सर होपग्राण्ट ने तबाह किया था। बांस के जंगल अब तो काफी साफ हो गए हैं। एक बार पहले, यानी आज़ादी से पहले जब मैं यहां आया था तब काफी थे। इस नहर के पुल से लेकर महल तक शाम को ऐसी रौनक रहती थी जैसी आपके कैसरबाग में रहती है। कई बार अंग्रेज़ गवर्नर यहां आए हैं।"

हम लोग पुल पार कर महल की ओर आए। दाहिनी ओर एक बड़ी मस्जिद है जिसका कुछ हिस्सा अधबना ही रह गया है। जहांगीराबाद महल खासा शानदार बना है। मुझे होपग्राण्ट की बात याद आ गई। राजा रज़्ज़ाक बख्श के मिट्टी के महल को देखकर वह बहुत तप गया था, राजा की बेटी के वंशजों का यह राजसी वैभव देखकर सर होप को शायद तसल्ली होती। ताल्लुकेदारों के महलों की शान-बान आमतौर पर ग़दर के बाद ही बढ़ी है। अवध में आमतौर पर वैसी ही घने जंगलों से घिरी मिट्टी की गढ़ियां थीं जैसी कि सर होप ने सौ बरस पहले इस स्थान पर देखी थीं। बाराबंकी ज़िले भर में ऐसी अनेक गढ़ियां थीं जो गदर के बाद ध्वस्त कर डाली गईं।

महल सूना था। राजकुल से लेकर मैनेजर तक पहाड़ों पर चले गए थे। मालखाने के दारोगा मिले। वे हमें पुरानी गढ़ी वाला मैदान दिखलाने ले गए। गदर का हाल उन्हें कुछ नहीं मालूम, पुरानी रवायतें भी बहुत सुनीं, केवल इतना अन्दाज़ है कि पुराना कोट कहां से कहां तक फैला हुआ था।—"पहले कोट की खन्दकैं दिखाई पड़त रहीं। औ पुराना महल बस इसी जगह पर था जहां यह महल है। पुराना महल मिट्टी का रहा। शाही वख्तों में राजा रहे सो मालगुज़ारी वगैरह न देवैं, तो आगजनी होय, लूटे जाएं, भागे-भागे फिरैं। यही हाल था, यही के मारे पुराने राजा लोग मिट्टी के महल बनावत रहैं और बचाव के लिए खन्दकैं औ बीहड़-बीहड़ जंगल, यही सब इन्तज़ाम करत रहैं। अब ये बांस, जौन आप देख रहे हैं, उसी पुराने वख्तन के हैं। फल जाने पर अब सूख गए हैं। अरे, अब तो सब जंगल-वंगल काट के खेत बनाय लिए गए हैं। जंगल से बड़ी आराम रही। मगह अब सब बांसों की जानै निकल गईं। यही हाल है।"

मैंने पूछा, "आपको राजा रज़्ज़ाक बख्श के बारे में कोई जानकारी हो तो बतलाइए।"

कुर्ते से बटुआ निकालकर एक चुटकी तम्बाकू मुंह में डालते हुए माल दारोगा बोले, "हिशटरी की तौ साहब हमैं कुछ खबर नहीं मगर यह सुना है कि बड़े राजा रज़्ज़ाक बख्श तौ फकीर रहैं। रामपुर के महन्तन के यहां जांय, उई इनके यहां आवैं, यही हाल रहा।"

कुर्सी

जहांगीराबाद भी देख लिया। हम लोग अब कुर्सी की ओर रवाना हुए। लखनऊ और कर्बोजवार में बाराबंकी ज़िले की कुर्सी का वही माहात्म्य है, जो भोगांव, शिकारपुर और बलिया का है। कुर्सी के बारे में बड़े-बड़े लतीफे चलते हैं। अभी हाल ही में यहां एक मज़ेदार क़िस्सा हो गया। कुर्सी के किसी व्यक्ति की अन्य गांव के किसी व्यक्ति से अदावत हो गई। बड़ी तेज़ कहा-सुनी हुई। उसके बाद ही कुएं में एक लाश पाई गई जिसकी सही शिनाख्त न हो सकी। कुर्सी के किसी लाल-बुझक्कड़ ने वहां के दारोगा से यह कहा कि हो न हो यह लाश उसी व्यक्ति की है, जिसका स्थानीय व्यक्ति से झगड़ा हुआ था। दारोगा जी ने विश्वास कर लिया और वह स्थानीय व्यक्ति हत्या के अपराध में गिरफ्तार कर लिया गया। वह बेचारा धर-धर कहे कि मैंने हत्या नहीं की, मगर उसकी सुने कौन? खैर, गिरफ्तार होने वाले व्यक्ति के घर वाले किसी तरह उस व्यक्ति को जाकर ले आए जिसकी हत्या होना सिद्ध हो चुका था। मैजिस्ट्रेट बोले दारोगा पर कुर्सी का कुछ-न-कुछ असर तो होना ही चाहिए।

वैसे कुर्सी का इतिहास किंवदंतियों के अनुसार बहुत प्राचीन है। इसका पुराना नाम लवकुशी बतलाया जाता है। रघुवंशी रामचन्द्र के बेटों, लव-कुश ने इसे बसाया था। किसी समय यह पण्डितों का घर था। सन् 1030 में सैयसालार मसूद के आक्रमण के समय, अवध गज़ेटियर के अनुसार, यहां भरों का राज्य था। जनवार राजपूतों का इतिहास भी इस स्थान से जुड़ा हुआ माना जाता है। पण्डितों की इस प्राचीन नगरी के निवासियों के सम्बन्ध में जहांगीरनामा में 'अहमकाने-कुर्सी' लिखा है। शायद इसके बाद ही कुर्सी का नाम चकल्लस प्रयोग में लिया जाने लगा। कोरे पण्डित लोग व्यावहारिक दृष्टि से मूर्खताएं तो करते ही हैं। अस्तु।

ग़दर में कुर्सी ने अपना जल्वा दिखलाया था, या यों कहिए कि इस स्थान को ग़दर का जल्वा देखने के लिए मजबूर होना पड़ा। कुर्सी लखनऊ से केवल सोलह मील दूर है। 21 मार्च सन् 1858 में मौलवी के पराजित होने के कारण लखनऊ के पतन के बाद भागी हुई फौजें यहां इकट्ठी हो गईं। ज़िला गज़ेटियर में लिखा है कि जब लार्ड क्लाइव ने अंतिम रूप से अवध की राजधानी पर अपना अधिकार जमा लिया तब विद्रोही सेना का बहुत बड़ा भाग, भागकर, पत्थरवाले पुल से होता हुआ बाराबंकी के रास्ते से घाघरा की तरफ बढ़ा। समाचार मिला कि लगभग चार हज़ार विद्रोहियों ने कुर्सी में मोर्चा साधा है। तदनुसार ब्रिगेडियर होपग्राण्ट को आदेश दिया गया कि 23 मार्च के तड़के ही जाकर वह विद्रोहियों को तितर-बितर करे।

सर होप की यहां पर देशभक्त सेनाओं से मुठभेड़ हुई और विजयश्री भी लाभ हुई थी।

दोपहर, भर-धूप में हम लोग कुर्सी के चौधरी महमूद हसन ताल्लुकेदार के यहां पहुंचे। हमारे आने का उद्देश्य सुनकर चौधरी साहब ने फरमाया, "साहब, हमने तो आज तक नहीं सुना कि कुर्सी में ग़दर हुआ था। क्या गज़ेटियर में लिखा है?"

मैंने कहा, "जी हां।"

"हो सकता है साहब। बहरहाल मेरे सुनने में नहीं आया। खैर, अब आप आए हैं तो इसका पता लगाया ही जाएगा। मौलवी साहब के यहां चलते हैं। अगर मालूम होगा तो उन्हें ही मालूम होगा। उनके यहां पुरानी किताबें हैं, शायद किसी में यह हाल लिखा हो। बाकी सब लोग ज़ाहिल हैं।"

मैंने कहा, "मेरा काम ऐसे लोगों से भी निकल सकता है जो सत्तर-अस्सी बरस पुराने बुजुर्ग होंगे। उन्होंने अपने बुजुर्गों से गदर की बातें सुनी होंगी। मौलवी साहब के अलावा ऐसे बुजुर्गों से भी मेरी मुलाकात करवाएं।"

चौधरी साहब ने अपने अनुचरों से गांव के बुड्ढों के सम्बन्ध में पूछा। पता लगा कि अमुक और अमुक बड़े 'पुरनियां' आदमी हैं। मगर इतनी दूर चलकर यहां नहीं आ सकते हैं। मैंने कहा, "हम लोग वहीं चले चलेंगे।"

प्राचीन 'दूहों' की बस्ती से हम लोग गुज़रने लगे। आसफी लखौरियों के अलावा जगह-जगह उससे कुछ बड़ी और मोटी लखौरियां, भरों की लखौरियां दिखलाई पड़ती थीं जो यहां के पुराने इतिहास की गूंगी गवाह थीं।

सरकारी बीज भण्डार के चबूतरे पर हम लोगों ने आसन जमाया। दोनों वृद्ध वहीं आसपास रहते थे। हमारे पहुंचते ही एक सज्जन आ गए। घुटा सिर, मूंछविहीन सफेद दाढ़ी, नंगे बदन, लम्बी झुकी हुई देह को लठिया पर टिकाए हाजी अब्दुस्समद तशरीफ लाए। एक तो यों ही बुढ़ापे के मारे चलने-फिरने से लाचार थे दूसरे पैर में पट्टी बंधी थी। बीस कदम दूर से आते-आते भी उन्हें करीब दो-तीन मिनट लग गए। आने पर मैंने उनसे प्रश्न किया। कमज़ोर थकी आवाज़ में उन्होंने कहा, "हमारे जमाने की तो बात है नहीं, सुनी-सुनाई बातें हैं सो वह भी अब ज़ईफी की वजह से ठीक-ठीक याद नहीं रहीं।"

मैंने कहा, "आपको जो कुछ याद हो, वही सुनाइए।"

"वालिदा हमारी बताती रहीं कि गोरे इधर से आए। तोपखाना था मस्जिद के पीछे। गोरे दक्खिन की तरफ से आए। मितैला की तरफ यहां के लोग और सिपाही भागे।"

मैंने पूछा, "मितैला कहां है?"

चौधरी महमूद हसन साहब ने बतलाया कि कुर्सी से लगभग डेढ़ मील दूर काज़ी बाग के पास मितैला का तालाब है।

मितैला से मित्र अर्थात् सूर्य से सम्बन्धित प्राचीन नाम की ध्वनि आ रही थी। जो हो।

हाजी साहब फिर कहने लगे, "तो, मितैला के तालाब के पास गोरों ने घेरा। वहां गोरों ने बड़ा कत्लेआम मचाया। वालिदा कहती थीं कि जब हम लोग भागे तो

बस भागे-भागे ही फिरे।''

आसपास दस-पांच लोग जुट आए थे, उन्हीं में से एक वृद्ध, जो हाजी साहब की अपेक्षा कम उम्र के लगते थे, बोले, ''यू सुनाई परत है कि पहिले अंग्रेज रहे, फिर तीन महीने गदर रहा, फिर अंग्रेज आय गए।''

हाजी साहब ने भी एक बात सुनाई, ''हमारे यहां के एक जुलाहे सिपाही थे वो (लखनऊ की) छतर मंज़िल में नौकर थे। दरिया पार कर भाग कर आए थे। कहते थे कि मुल्की आदमी लूट-पाट में पड़ गए। इसीलिए अंग्रेज़ों को मौका मिल गया।''

दूसरे बुज़ुर्ग श्री खुर्शेद दर्ज़ी भी इसी समय पहुंच गए। खुर्शेद मियां हाजी साहब की अपेक्षा लगभग दस वर्ष बड़े, नब्बे की आयु के थे, परन्तु उनका स्वास्थ्य हाजी साहब की अपेक्षा अच्छा था।

खुर्शेद दर्ज़ी ने बतलाया, ''काज़ी बाग में गोरन से लड़ाई भई। मदारपुर कुर्सी का ही एक पुरवा है, हुआं मार-काट मची और अली खां के तालाब के पास पीछे हटत-हटत मितैला मां शाही फौज हार गई।'' कहकर खुर्शेद दर्ज़ी साहब ने हाज़ी अब्दुस्समद की ओर देखा, मानो समर्थन चाहते हों। हाजी साहब अपनी खोपड़ी सहलाते रहे। श्री खुर्शेद ने अपनी बात फिर आरंभ की, बोले, ''हियां मुस्तकिल लश्कर रहा, तोपखाना रहा और जहां चौधरी साहब की कोठी है हुआं कोतवाली रही।''

''तोपख़ाना यहां मुस्तकिल तौर पर रहता था, या शाही फौज के साथ आया था?''

''नहीं, तोपखाना बराबर रहत रहे। कुछ फौज तोपखाने में रही। कुछ शाही फौज वाजिदअली शाह की भागकर काज़ी बाग में आय कर ठहरी।''

हाजी—''लश्कर दौरे पर आवा करत रहें।''

खुर्शेद—''हमरे बाबा रहे। उन्हें एक बार शाही फौज पकड़ लै गई बेगार करावै की खातिर। हमरे बाबा ज़रा गुस्सैल रहे। उनते यू बरदाश्त नाही भवा। गुस्सा में आय के कुंवा मां कूदि गए। कहा लेव पकड़ौ यहां से। उन्हें जान देना गवारा रहै बेगार देना नहीं। औ यहां रिसालदार रहत रहे। रिसालदार की रंडी की कबर तोपखाना मुहल्ले में है। औ उइ इलाका बराबर नजूल रहा। पुराने ज़माने ते आज तलक उइ नजूले में है। ज़मींदारी कबहूं नाहीं रही उइ इलाखों में।''

''अच्छा, यह बतलाइए कि गोरी और शाही फौजों की लड़ाई यहां कितने दिन रही?'' मैंने पूछा।

''अरे हजूर, दिन-विन कहां, लड़ाई आनन-फानन मां खतम होइगै। अंगरेजन की फौजें बड़ी मार-काट मचाइन, बुजुरुग बतावत रहैं।''

इसके बाद दोनों वृद्ध मौन हो गए। उन्हें अब कुछ भी स्मरण नहीं आ रहा था।

चौधरी साहब हमें मौलवी साहब के यहां ले गए। ऊंचे टीले पर देवा शरीफ के सुप्रसिद्ध संत हाजी वारिस अली शाह के दादा गुरु की दरगाह और उनके वंशजों

का घर बना है। पास ही एक मस्जिद है, जो बाबर के समय में बनी बतलाई जाती है।

मौलवी साहब के घर में डी० डी० टी० की सेना मच्छरों से घमासान कर रही थी। मौलवी साहब बड़े व्यस्त थे, फिर भी उन्होंने हमारा स्वागत किया। उन्होंने कहा, "ज़्यादा तो मुझे कुछ मालूम नहीं जनाब, बहुत मुख़्तसिर-सा हाल यह मालूम है कि लखनऊ की हार होने पर वहां से कई बेगमात भागकर आई थीं, शुरफा की औरतें पैदल आईं, बेचारी सब जंगलों में भागी-भागी फिरीं, चोरों ने मारा, फौजियों ने लूटा, बड़े-बड़े मसायल हुए। बेगमात के साथ गाड़ी-भर अशर्फियां और ज़ेवरात थे, मगर सुना कि अंग्रेज़ों की फौजें आ रही हैं, तो बेचारी सब छोड़-छाड़कर भागीं। लालू के बाप दुल्लू ने गाड़ी अपने यहां ले ली, तभी से बड़ा आदमी हो गया। बस, इससे ज़्यादह और कुछ मैं नहीं जानता।"

मौलवी साहब के यहां पुरानी हस्तलिखित धार्मिक पुस्तकों का बड़ा अच्छा संग्रह है। नवाबी के ज़माने में लखनऊ में अरबी और फ़ारसी लिपि की सुन्दर कलात्मक लिखावट लिखने वाले कई लोग थे। उनके कुछ उम्दा नमूने मौलवी साहब के यहां हैं। मौलवी साहब में आलिमों-जैसी बेखुदी और मस्ती है। चौधरी साहब ने फरमाया कि मौलवी साहब ज़रा किसी से कहिए-सुनिए, आप की ज़रा-सी कोशिश से ही ये चीज़ें अच्छे दामों पर बिक जाएंगी। आपके सारे दुःख दूर हो जाएंगे।

"अजी, वक्त अपने आप अपनी फिक्र कर लेता है। हम क्यों झंझट में पड़ें। जब वक्त आएगा, उसे मंजूर होगा, बिक जाएंगी।"

मौलवी साहब के दर्शन कर बड़ा प्रसन्न हुआ। उनके घर के आंगन में नाली पर दो-तीन बहुत बड़ी-बड़ी ईंटें बिछी हुई देखीं। मन पुरातत्त्व वाले कोठे पर चढ़ गया। जब से मेरे पड़ोसी लक्ष्मणटीले ने अपनी विभिन्न प्रकार और कालों की ईंटों से मेरे बैठक घर को म्यूज़ियम बना दिया है, तब से यह रोग मेरी पुरातत्त्व की नीम हकीमी पर खतरए-जां होकर लग गया है। एक बार सुप्रसिद्ध विद्वान् आदरणीय भाई डॉक्टर मोतीचन्द्र जी ने मुझसे कहा भी कि ज़्यादा ईंटों के फेर में न पड़ो, सिर फूट जाएगा। पर क्या करूं, लगी नहीं छूटती। जब तक इन ईंटों का सार ज्ञान मुझे नहीं मिल जाता तब तक सिर भले फूटे, मगर हम इन गलियों में आना-जाना न छोड़ेंगे।

खैर, तो जी न माना और हम मौलवी साहब से बात बनाकर पूछ बैठे, "ये ईंटें क्या आपने नाली ढंकने के वास्ते खास तौर पर ढलवाई थीं?"

मौलवी साहब ने फरमाया, "जी नहीं। आप जिस मकान में बैठे हैं वह एक पुराने किले पर बना है जो कि भरों का था। उनसे यह इलाका हमने लिया। तब हमारा यह मकान बना। अक्सर खोदने पर ऐसी और इससे कुछ छोटी ईंटें वगैरह निकल आया करती हैं।"

लगभग बाईस-तेईस इंच लम्बी और दस-ग्यारह इंच चौड़ी ईंटें एक पुराने ऐतिहासिक युग की निशानियां हैं। ईश्वर जाने, ये भर या भारीशिव लोग कहां गायब हो गए? उत्तर प्रदेश पर इस गौरवमयी जाति का बड़ा ऋण चढ़ा है। भारतीय इतिहास को भारतीय दृष्टि से देखने वाले अमर विद्वान् डॉक्टर काशीप्रसाद जायसवाल ने

अपनी पुस्तक 'अन्धकार-युगीन भारत' में भारशवों का जी खोलकर बखान किया है। भैरों, भारशिवों और भरवटिया यादवों के सम्बन्ध में उन्होंने कुछ संकेत भी किए हैं। प्रमाण के अभाव में वह केवल संकेतों के सहारे ही सत्य को देख और दिखा सके। हमारे देश अथवा प्रदेश का कोई विद्वान् यदि डॉक्टर जायसवाल के काम को आगे बढ़ाए तो शुभ हो। थोड़े से बाबू साहबों के अलावा, जो कलसे-भर पानी में एक 'टी-स्पून-फुल' नमक या शक्कर के समान हैं, भारतीय समाज अब भी परंपराओं का अंधनिष्ठ पुजारी है। भारतीय जन की नेत्रहीना निष्ठा को प्राचीन और सही इतिहास ने नेत्र प्रदान करके ही आज के वैज्ञानिक युग की प्रगति का महत्त्व समझाया जा सकता है। हम अपनी विद्या-अविद्या, योग-भोग के वैभव, क्रूरता, कठोरता और फूलों से भी सुकुमार कोमलता के साथ एक भावुक राष्ट्र हैं। हमारे संतों की परंपरा बुद्ध से लेकर गांधी तक महाभाव सिद्ध पुरुषों की परंपरा है। भारतीय किसान में जो सुन्दरतम है वह गांधी, सूर, तुलसी, कबीर, समर्थ रामदास, नानक, नरसी, चैतन्य आदि में हमें देखने को मिला है।

मौलवी साहब के यहां से हम चलने ही वाले थे कि खबर आई, हाजी साहब और खुर्शेद दर्ज़ी साहब को एक बात और याद आ गई है; उन्होंने बुलवाया है। हम लोग चलकर उन बुज़ुर्गों की सेवा में उपस्थित हुए। हाजी साहब बोले, "देखिए, बुढ़ापे का मगज़ है, कुछ बातें निकल जाती हैं। आपके जाने के बाद हम दोनों खयाल दौड़ाने लगे। हमने कहा भाई ये तो हमारे बुज़ुर्गों का हाल लिखा जा रहा है तो हम लोगों को खयाल दौड़ाना चाहिए। फिर इनके खयाल में भी एक बात आई और मुझे भी कुछ बातें याद आईं। मैंने कहा, आपको तकलीफ देकर बुलवा लूं।"

उनका उपकार मानते हुए मैंने कलम-कॉपी संभाल ली। हाजी साहब ने दो बातें बतलाईं। एक तो यह, "वालिदा कहती थीं कि जब बेगम बिरजीस कदर को लेकर आईं तो जगह-जगह ज़ेवर और अशर्फियां कुंओं में फेंकती चलीं।" दूसरी रवायत यह सुनाई : "गोरों ने बादशा वाजिदअली शाह से कहा कि या तो बारह कोस का राज ले लो या सवा लाख रुपये ले लो। इस पर बेगम बोली, जहां इतनी बड़ी सल्तनत गई वहां बारह कोस का क्या होगा। बादशा के ससुर नकी मियां मुतफन्नी रहैं, वहै बादशा से गोरन का सल्तनत दिलाय दिहिन। बाद में बिरजीस कदर ने कहा, तो बादशा बोले, तुम्हारे नाना ने दिला दिया, मैं क्या करूं?"

श्री खुर्शेद दर्ज़ी ने एक कथा सुनाई, "गंगा बक्स—दो मील पर बेहटाई के—बाप-बेटे बड़े बहादर रहे। उयि एक अंग्रेज़ और मेम को पकड़ लाए। पिसाब के मुकाम पर मेरू ठोंक दिहिन। फिर अंग्रेज़ पकड़ लै गए। लखनऊ में सिरकटे नाले पर इनके सिर काटे गए।"

मैंने पूछा, "आप लोगों में से किसी ने यह सुना है कि यहां मुल्की लोगों ने अपने ही देश-भाइयों को लूटा हो?"

श्री खुर्शेद बोले, "हां, बेगमै भाग के आई हैं तौ बड़ी लूट पड़ी है। हमरे मुल्की लोगों ने मुलुक वालन क लूटा रहा। वही म असरफिन का एक छकड़ा हमरे यहां के दुल्लू—"

"कौन, लल्लू का बाप दुल्लू?" मैंने पूछा।

"हां लालू क बाप।"

इन दोनों बुजुर्गों का उपकार मानकर मुहल्ला तोपखाना में श्री असगर अली से भेंट की। उन्होंने रिसालदार की चार रंडियों की कब्रों के निशान दिखलाए। अब करीब-करीब मिट्टी में मिल चुकी हैं। एक-आध बुर्ज के निशानात भी दिखलाए। श्री असगर अली ने अपनी आयु अस्सी से ऊंची बतलाई। उन्होंने चलते-चलते एक बात कही, "वालिद हमार बयान करत रहैं कि अंग्रेज आए। बौंड़ी मा बेगम का पनाह मिली।"

मैंने पूछा, "यहां लूट-पाट हुई?"

बोले, "नाहीं, बस्ती के लोग भाग गए रहैं।"

हाजी साहब और श्री खुर्शेद दर्ज़ी ने दुबारा बुलाकर जो बातें सुनाई थीं वे मेरे ध्यान में घूमने लगीं। हाजी साहब की वालिदा के अनुसार बेगम हज़रत महल इधर से होकर गुज़री थीं। श्री रामस्वरूप वाजपेई ने भी कल बेगम का मार्ग कुर्सी, देवा, भयारा आदि बाराबंकी ज़िले के विभिन्न ग्रामों से होकर भिठौली सिद्ध करने का प्रयत्न किया था। हाजी साहब की बात उनका समर्थन करती है। श्री वाजपेई की बात ठीक है या गलत, इसका उत्तर विशेषज्ञ विद्वान ही दे सकते हैं। मैं तो केवल जी की एक शंका निवेदन करता हूं, बेगम हज़रत महल नहीं, बल्कि बेगमें इधर से भागकर गई हैं। जिस दिन अन्तिम रूप से लखनऊ का पतन हुआ, उस दिन अंग्रेज़ों का मोर्चा मौलवी अहमदुल्ला शाह से अटका था। बेगमें दो दिन पहले ही जा चुकी थीं।

हाजी साहब की दूसरी बात, कि गोरों ने वाजिदअली शाह से बारह कोस का राज्य या सवा लाख रुपयों की बात कही—यह घटना एक ऐतिहासिक बात की जनश्रुति मात्र है। बिरजीस कदर की मां हज़रत महल वाजिदअली की बहुत-सी बेगमों में से एक थीं। अली नकी खां खासमहल अर्थात् पटरानी के पिता थे; मगर जनता तो अपनी ही तरह से बादशाह का घर-परिवार भी बांध लेती है।

वाजिदअली शाह ने अपनी काव्य आत्मकथा 'हुज्ने अख्तर' में इस प्रसंग को यों लिखा है—

"बस अब तर्के तम्दीह कर ऐ ज़बां। सुना इब्तेदा से तू यह दास्तां॥
यह वाजिदअली इब्ने अमजद अली। सुनाता है अब दास्तां रंज की॥
कि जब दस बरस सल्तनत को हुए। जो ताले थे बेदार सोने लगे॥
हुआ हुक्मे जनरल गवर्नरिया यार। करो सल्तनत को खला एक बार॥
जो ये मुल्क में बैठते रोह करोड़। उसकी थी यह बादशाही यह ज़ोर॥
जफाकश का शाहे अवध नाम है। हकूमत का आखिर यह अन्जाम है॥
जो वह लाट डिल्होज़ी उस वक्त थे। मज़ामीं यह खत में उन्होंने लिखे॥
रेआया बहुत तुमसे नाराज़ है। तुम्हारी रियासत है बदनाम शै॥
रेआया न देखेंगे हरगिज़ तबाह। फकत नाम के तुम रहो बादशाह॥
महीना हर एक माह एक लाख का। मिलेगा तुम्हें कुछ नहीं शक ज़रा॥
रेज़ीडैन्ट जरनेल औट्रम जो थे। गवरनर का खत मुझको वह दे गए॥

हुआ घर में कोहराम सुनकर यह बात। वह दिन दोपहर हो गई काली रात॥
वह लाए थे इस तरह की साथ फौज। कि जिस तरह दरिया की आती है मौज॥
यहां जुज़ इताअत न था दिल में शर। न थी ऐसे दिन की तो हरगिज़ खबर॥
यह बन्दा बहुत दिनों तक था अलील। कहा दिल ने क्या सोचू इसकी सबील॥
अली नकी खां मेरे थे वज़ीर। वही मेरे हर हाल में थे मुशीर॥
मेरे दिल में आता था हरदम खयाल। जो होना था वह हो चुका क्या मलाल॥
करो मुहर तुम राज़ी नामे पे अब। गयी सल्तनत तो कई बे सबब॥

इस प्रकार वाजिदअली शाह की आत्मकथा से भी उनके पदच्युत होने के साथ-ही-साथ उनकी इस अमनपसन्दी का परिचय मिलता है। जो किसी वीर या कुशल राजनीतिज्ञ की अमनपसन्दी नहीं, वरन् विलासी और कायर की शान्तिप्रियता है। अवध के इस अन्तिम शाह के सम्बन्ध में जितना कुछ पढ़ा है, उससे यही अन्दाज़ लगता है, वे भोले और भले थे। अपनी जवानी के आरम्भिक दिनों में उन्होंने सेना की व्यवस्थित कवायद तथा राज्य शासन का उत्तम प्रबन्ध करने के लिए बड़ा उत्साह दिखलाया, परन्तु अंग्रेज़ों और अपने बेईमान अफसरों के चंगुल से वे मुक्त न हो सके। एक बार शासन की चिन्ता से मुक्त होने के बाद उन्होंने अपने आपको नाच-रंग और विषय-विलास में झोंक दिया। फिर उनके पांव किसी नीति पर न ठहर सके। उनका भोला और भलापन विलासिता की ओर बेछूट बढ़ जाने पर उनकी विकृतियों का अन्यतम पोषक हो गया। वाजिदअली शाह के सामने जब हम उनके 'परीखाने' की एक परी, उनके एक पुत्र की माता बेगम हज़रत महल के व्यक्तित्व को देखते हैं तब वे बेगम के सामने उनके पैरों की धोवन भी नहीं ठहरते। बचपन में ही वाजिदअली की कुटनियों के चंगुल में फंसकर नर्तकी बनने वाली अज्ञात-कुल-शीला स्त्री का विद्रोह सही तौर पर समझने की चीज़ है। अस्तु।

श्री खुर्शेद दर्ज़ी द्वारा बतलाई हुई रामसिंह और उसके बेटे की क्रूरता निस्सन्देह अक्षम्य कायरता का नमूना है। डाक्टर मजूमदार को भारतवासियों की क्रूरता के कारण महान भारतीय संस्कृति की दुहाई देनी पड़ी है। ग़दर की इन घटनाओं के कारण लज्जा के मारे इतिहास के महान पण्डित का मस्तक झुक-झुक गया है। उनकी तरह शर्म तो मुझे भी आती है, मगर मैं यह नहीं भूल पाता कि ऐसे कार्य वीरों द्वारा नहीं वरन् उन लोगों द्वारा अधिक हुए हैं, जो सदियों तक अपने से अधिक शक्तिशालियों के असंख्य अत्याचार सहन करते आए थे। महान भारतीय संस्कृति की परम्पराएं कमज़ोर क्यों पड़ीं, इसका कारण न देख केवल लज्जा से सिर झुकाकर बैठ रहना विद्वान् का काम नहीं, अधकचरी बुद्धि वाले भावुकों का, अथवा स्वपक्ष समर्थन करने वाले चतुर वकील का काम हो सकता है। मजूमदार महोदय ने 57 में 'पुरबियों' की क्रूरता और नृशंसता तो देखी, मगर उनकी बहादुरी और उदारता के उदाहरण न देखे, जिनसे उनका मस्तक गौरवयुक्त होकर ऊंचा उठता।

नवाबगंज की लड़ाई का अमर शहीद, तेंतीस गांवों का साधारण ज़मींदार, चहलारी का ठाकुर बलभ्रदसिंह सत्तावनी क्रान्ति का ऐसा अनुपम वीर और आचरणशील युवक था कि उसके विदेशियों द्वारा वर्णित कारनामे किसी भी भारतीय का मस्तक

गौरव से ऊंचा उठा देते हैं।

सर होपग्राण्ट लिखता है, "ज़मींदारी के तेज़ और बड़े साहसी आदमियों की एक बड़ी सेना दो तोपें लेकर मैदान में आई और हमारी पिछली कतारों पर हमला किया। मैंने भारत में अनेक युद्ध देखे हैं, ऐसे अनेक बहादुरों को देखा है जो विजय अथवा मरण-लाभ करने का दृढ़ निश्चय कर मैदान में आते हैं; परन्तु मैंने आज तक ज़मींदारी के इन लोगों के आचरण के समान शानदार और कुछ भी कहीं नहीं देखा। ...उनका सरदार लम्बा-चौड़ा पुरुष था और उसके गले में घेघा था। उस व्यक्ति को किसी भी प्रकार का भय नहीं झुका पाता था।"

निन्यानवे वर्ष बाद आज भी बाराबंकी ज़िले के गांव-गांव में असंख्य भारतीय जन की वाणी पर चहलारी के अमर शूर बलभद्रसिंह का वास है। जिसे शत्रु-मित्र सब सराहें वही वास्तविक विजेता है। अठारह वर्ष का नवयुवक बलभ्रदसिंह समस्त देश के लिए, विशेष रूप से हमारे नवयुवकों के लिए चिरजीवी आदर्श रहेगा। अपने लिए नहीं, वरन् अपने देश के लिए, स्वतन्त्रता के लिए जूझने वाला निष्काम कर्मी अवध की धरती का यह लडैता लाल भारतीय वीरों के इतिहास में अभिमन्यु की भांति सदा गौरवशाली स्थान पाएगा।

लौटने पर श्री रामस्वरूप वाजपेई को अपने ठहरने के स्थान पर प्रतीक्षा करते पाया। वाजपेई जी बोले, "आप साहबदीन से भी मिल लीजिए। एक सौ चौदह बरस का बुड्ढा है। उसने नवाबगंज की लड़ाई देखी थी। पिछली 10 मई को उसी के बतलाए हुए स्थान पर बलभद्रसिंह को श्रद्धांजलि अर्पित की गई थी।"

"नेकी और पूछ-पूछ?" मैंने वाजपेई जी से कहा, "मैं बिलकुल तैयार हूं, अभी चलिए।"

शाम के लगभग पांच बजे थे। स्टेशन के पीछे, बहुत करीब ही ओबरी गांव है। श्री साहबदीन वहीं रहते थे। ओबरी के उस पुरवे के सामने ही वह मैदान था, जिसमें निन्यानबे वर्ष पहले नवयुवक बलभद्रसिंह की सरदारी में भारतीय जन ने अपने विस्मयकारी स्फूर्ति-भरे युद्ध का वह शानदार इतिहास रचा था, जिसे आज के नीमचीह्न इतिहास-पण्डित तो भूल गए, परन्तु जनता नहीं भूली। सन् 1857 पर पोथे लिखने वाले हमारे स्वनामधन्य इतिहासकार ने अंग्रेज़ों और क्लर्क क्लास के बंगालियों की डायरियों के सहारे ग़दर वालों की क्रूरता, नृशंसता, जघन्यता, पैशाचिकता आदि-आदि इत्यादि न जाने क्या-क्या सूंघ लिया; उसके लिए उनका मस्तक अखिल भारतीय लज्जा के भार के झुक गया। काश कि अंग्रेज़ों के ही लिखे हुए कुछ ऐसे भी अंश उन्होंने पढ़ लिये होते, जिनसे भारतीय संस्कृति और भारत की शान बहुत ऊंची होती है।

कच्ची मिट्टी के घरों वाले साफ-सुथरे मुहल्ले में प्रवेश किया। एक गली घूम, एक बड़े आंगननुमा मैदान को पार कर हम साहबदीन जी के पास जा पहुंचे। छप्पर के नीचे तख्त पर अपने आगे लिपटा हुआ बिस्तर रख कर दुबला-पतला व्यक्ति, जिसकी देह की खाल झूल रही थी, बैठा हांफ रहा था। एक सदी से भी कुछ वर्ष अधिक के व्यक्ति को देखना, उससे बातें करना एक बहुत ही अजीब, विस्मय और

उल्लासकारी अनुभव होता है। अक्सर बच्चों की तरह से मैं कल्पना करता हूं कि मेरा एक हाथ कम-से-कम हुए सौ-सवा सौ वर्षों के भूतकाल को अपने में समेट ले और दूसरा हाथ कम-से-कम इतने ही आगामी कालों को। वैसे, बात तो बच्चों-जैसी लगती है परन्तु अनहोनी अथवा असम्भव नहीं। खैर, होगा।

साहबदीन को दमे का आरज़ा है। दाढ़ी-मूंछ-विहीन कंठीधारी भगत श्री साहबदीन के सिर में और बाईं आंख के पास मस्सेनुमा दाग हैं, गालों की हड्डियां उभरी हुई हैं, आंखों की पुतलियां पथरा गई हैं, या कहूं, अपने आपमें किसी हद तक लय हो गई हैं। सांस फूलती है मगर आवाज़ में अब तक कड़क है। कैंड़ा बतला रहा है कि बदन कभी कसरती और मज़बूत रहा होगा। मुंह में अब भी दो-चार घिसी हुई दाढ़ें नज़र आती हैं।

मैंने पूछा, "आपकी उम्र क्या है?"

"चउदह के हन। बल्कि आंसव चौदहीं पूर होइकै पन्द्रहियां लागि गा होई।"

हमारे यहां आयु के सौ वर्ष पूरे हो जाने पर नये सिरे से उम्र के दिन गिने जाते हैं। सौ के बाद निःसन्देह मनुष्य फिर से बच्चा हो जाता है। स्मृति खो जाती है, अधिकतर मनुष्य गोदी के बच्चों की तरह अपने हर काम के लिए परवश हो जाता है। यद्यपि साहबदीन जी अब भी परवश नहीं हुए, वे चूंकि कंठीधारी भगत होने के कारण किसी के हाथ का छुआ नहीं खाते, इसलिए स्वयं-पाकी हैं। उन्हें दो बड़े कष्ट हैं और दो छोटे। बड़े कष्टों में एक तो यह है कि वे अब केवल एक समय ही भोजन कर सकते हैं; दूसरा यह कि चौदह-पन्द्रह वर्षों से वे सो नहीं पाए। कभी-कभी बैठे ही बैठे गफलत-सी आ जाती है। तीसरी पत्नी है, वह भी लगभग 75-80 की लपेट में है। चार पुत्र हैं, नाती-पोते अनेक हैं। छोटे दुःखों का कारण आंख-कान का कमज़ोर पड़ जाना है।

श्री गुप्त ने कहा, "चहलारी के राजा का किस्सा सुनने आए हैं।"

साहबदीन के शरीर में वैसी ही तत्परता आ गई जैसी 'सावधान' कहते ही सिपाही में आ जाती है। मैं उनका वह सधाव देख मुग्ध हो गया।

वे बोले, "कहां ते सुनाई? हमका सबु आदि है।"

मैंने कहा, "आप जैसे जी चाहे वैसे सुनाएं।"

बोले, अच्छा।" और उनकी सांस फूल आई, मैंने यह निश्चय कर कलम-कॉपी संभाली कि ये धीरे-धीरे बोलें या तेज़, मैं इनका एक-एक शब्द ज्यों-का-त्यों लिपिबद्ध करूंगा।

साहबदीन जी बतलाने लगे, "इनकी अंग्रेजन की तौपें ई जगह कादिरघाट पर लागी रहैं औरु नबाबी की तोपैं कंपनी बाग मां लागी रहैं। तीन तोपैं रहैं।

"पहले अंगरेजन की हार हुई गई। गोरा बहुत कटा। दोसर-तीसर पल्टन आई, तब हिन्दुस्तान कटा, जो बड़े-बड़े नबाबी के रहैं उयि कटे। तब तौ कागज रहै नाहीं, तौ भोजपत्र पर लिखिआउज भै कि कौन-कौन नामी हैं। तब बलभद्दर सिंह का लिखिन। इनकी उमर अठारा बरस रहै। रेखैं फूटति रहैं। याकै दिन पहिले ब्याव भवा रहै। अच्छा!"

इतना कह चुकने के बाद अपनी फूलती सांस को नया दम देने के लिए वे सुस्ताने लगे; फिर कहना आरम्भ किया, "तब पीलवान कहिसि, अकि सरकार जौ हुकुम होय तौ मैं निकाल लै चलौं।—बलभद्दरसिंह से। तौ उयि कहिनि कि हम छत्री हुइकै पीठी दिखाउब तौ लोगन के आगे मुंह कैसे दिखाउब—बैठार हाथी! तौ हाथी बैठार दिहिस। हौदा पर से उतर पड़े। दून्हौ हाथन ते कब्जा लै लिहिनि। आदमी एक हाथे म ढाल रोकत हयि, उयि दून्हौं हाथन म कब्जा लिहिन औ उतर परे। औरु जैसी बजरा कैसी बाली नाहीं छांटति होंय, वैसे अंगरेजन का काटिन। धन्न है परमातमा उनका अइसन प्रानी।...अच्छा।"

साहबदीन जी फिर हांफने लगे थे। कुछ देर मौन रहकर उन्होंने फिर अपनी बात बढ़ाई, कहा, "तब दुपहर भै कि दून्हौं हाथन से लड़त रहे। तौ सरकार साहेब कहिसि अकि ईका मारा न जाय, पर एक गोरा घात किहिस, पीछे ते मारिस। तब दुपहर भर बिन गरदन लहास लड़ी। दूर से सब द्याखैं। तब लहास गिरी नाहीं। अच्छा!"

क्षणिक विराम के बाद वे फिर बोले, "तउ अंगरेज जंत्री पढ़े रहैं। तब एक औरत मंगाई गै, जब उयि लहास छुयि लिहिस तब गिर पड़े। अच्छा!

"तब ई अंगरेज तीन पहर बनोबस्त किहिन। चला नाहीं। फिर बनोबस्त किहिन उहौ न चला। फिर तिसरी दांयिं बनोबस्त किहिन तब मुलुक मां कुछ-कुछ बनोबस्त भा। फिर रेल भराइन। जहां टेसन है उहां बंगला रहा।

"फिर जितने राजा-महाराजा रहे उयि कहिन कि हजार गांव मैं तहसीलत रहेउं; कोई कहिसि पानसौ मैं तहसीलत रहेउं। तौ उनका अंगरेज बांटि दिहिन। कौनो ते एक बिस्वांसी नाहीं लिहिन।"

साहबदीन जी अपनी बात कहकर फिर सुस्ताने लगे। मैंने पूछा, "जब ग़दर हुआ, तब क्या आप यहीं रहते थे।"

"जब ग़दर भै तब मैं जगनेहटा मां रहत रहेउं। मोर पैदावारी वहैं के है।"

"यैं जगनेहटा है कहां?"

"बरैल का मोजा लागति है।"

"अच्छा, तो आप लोग वहीं रहे?"

"नाहीं, मोर बाप सबका लैके भिठौली भागि गे रहैं।"

भिठौली नाम सुनकर मैंने पूछा, "क्या आपने वहां बेगम को भी देखा था?"

"बेगम......" साहबदीन की आंखें एक बार कहीं दूर भटकीं और फिर चेहरा खिल उठा, भरे मुंह से बोले, "हां, द्याखा रहै। हम एक महीना भिठौली मां रहेन, तब द्याखा रहे।"

"कैसी थी?" मैंने पूछा।

"बेगम पतरे कद की रहैं। कोई से परदा नाहीं किहिन।"

"लम्बी थीं, कि ठिंगनी?"

"न बहुत ठिंगनी, न बहुत लम्बी।"

"अच्छा काली थीं, या—"

"गोरी रहैं।" साहबदीन जी ने तुरन्त बात काटकर कहा। उनकी पथराई हुई

आंखों की टकटकी मानो भूतकाल में बंध गई थी; ''जस अउरत क सील धरम होत है वइसी रहैं। देउता रहैं।''

साहबदीन जी की बातों के सहारे मैं भी भूतकाल को स्पर्श कर रहा था। उनसे मिलकर मेरी वही दशा हो गई थी जैसे बहुत प्यासे को दो-चार घूंट पानी मिलने से होती है। इच्छा होती थी काश कि साहबदीन जी की तरह ही मुझे सत्तावन के नायकों में से कोई मिल जाता, जिससे उस समय के सही वाकयात सुनने को मिलते। हमारे पास सन् 57 का इतिहास नहीं है। उर्दू में 'कैसरुल-तवारीख' है, 'सवानहात-ए-सलातीन-ए-अवध' है, 'तारीखे अवध' है—मगर इनमें से एक भी ग्रन्थ सत्तावन के सम्बन्ध में भारतीय दृष्टिकोण नहीं प्रस्तुत कर पाता है। मैंने बुजुर्गों से सुना है कि बड़े घरों में, जिनका 1857 की क्रान्ति से किसी-न-किसी प्रकार का सच्चा-झूठा लगाव था, ग़दर की बातें बस मुंह-ही-मुंह में की जाती थीं। बहुतों ने अंग्रेज़ों के भय से पुराने काग़ज़-पत्र जला दिए। एक-आध जगह ऐतिहासिक मसाला सहेज कर रखा गया था, पर दुर्भाग्यवश सन् 1915 की विध्वंसकारी वर्षा में वे छिपे-ढके कागज़-पत्र नष्ट हो गए।

साहबदीन जी से वाजपेई जी ने पूछा, ''राजा कहां गिरे रहैं?''

''उइ दिन हम साहब कै बतावा रहै। पांच पेड़ आम के हैं, वहैं राजा गिरे रहे। यू ओबरी आय, जेहिका असिल नांव ओबागढ़ रहै।''

साहबदीन जी से विदा लेकर हम ओबरी के मैदान में, उस स्थान पर गए जहां एक कतार में आम के पांच पेड़ एक ओर और शीशम के दो पेड़ दूसरी ओर लगे थे। इन्हीं के बीच में वह स्थान है जहां श्री साहबदीन के अनुसार अभिनव अभिमन्यु बलभद्रसिंह ने वीरगति प्राप्त की थी। विगत 10 मई के दीपदान के दीये बिखरे पड़े थे। यह स्थान बाराबंकी स्टेशन के पश्चिम में है। इसके पश्चिमोत्तर कोण में रेठ नदी के ऊपर रेल का पुल बना है। लगभग आध मील दूर कादिरघाट और शाही पुल है, जिसका ज़िक्र साहबदीन जी ने किया था, और जहां से रेठ पार कर अंग्रेज़ लखनऊ से इधर आए थे।

थोड़ी देर के लिए मैं अपने को भूल गया। झुटपुटी सांझ मेरी कल्पना के युद्ध-दृश्य को दूर-दूर तक फैले हुए सूने मैदान में उतार लाई। हज़ारों की संख्या में घुड़सवार और पैदल सैनिक एक-दूसरे से गुथे हुए एक झलक भर के लिए नज़र आए। मुझे ऐसा लगा कि तोपों की गरज से धरती लरज़ रही है। जुझारू बाजों और वीरों के रण-हुंकारों से बेखुदी बढ़ती चली जा रही है। घेघे वाला लम्बे-चौड़े शरीर का अट्ठारह-वर्षीय नवयुवक बलभद्रसिंह अपने रण-कौशल से शत्रुओं के लिए प्रलय उपस्थित करता हुआ यह गिरा। और देश की आज़ादी के लिए धरती को अपना रक्तदान दे गया। वीर बलभद्रसिंह, तुम्हारा शौर्य इस देश को सदैव प्रेरणा देता रहेगा। तुम्हें शत-शत प्रणाम! कोटि-कोटि प्रणाम!!

महादेवा

6 जून। हम लोग महादेवा के लिए प्रस्थान कर रहे हैं। मैं पिकअप पर बैठा

हूं। श्री गुप्त कार्यवशात् सामने के घर में किसी से मिलने गए हैं। पान लगाने के लिए बटुआ खोला।

नोट-बुक उसी बटुए में रखी थी; उसे देख मन दौड़ा कि देखो आज इस कॉपी में क्या जुड़ता है, और 'कॉपी' शब्द के ध्यान से एक पुरानी बात याद आ गई। स्कूल में हमारे अंग्रेज़ी के अध्यापक इस बात पर बहुत ज़ोर देते थे कि 'कॉपी' नहीं 'कॉपी-बुक' कहा जाए और कॉपी-बुक तथा नोट बुक में अन्तर माना जाए। परन्तु लड़के, सिले हुए कोरे या रूलदार कागज़ों की गड्डी को सदा 'कॉपी' ही कहते थे। अब तक आमतौर पर लोग नोट बुक या कॉपी बुक इत्यादि न कहकर बोलचाल में कॉपी ही कहते हैं। यह शब्द भले ही अंग्रेज़ी का सही, मगर अब तो हिन्दी-भाषी जनता का है। और उसका रूप भी स्वतन्त्र हो गया। बगैर अंग्रेज़ी पढ़ा-लिखा व्यक्ति नोट-बुक या कॉपी-बुक शब्दों के अर्थ नहीं समझ पाता परन्तु 'कॉपी' शब्द का अर्थ वह सही तौर पर जानता है।

विचार आता है कि 'कॉपी' की तरह ही हमारी बोल-चाल की भाषा में 'ग़दर' शब्द भी अपना स्वतन्त्र व्यक्तित्व पा चुका है। बोलचाल की भाषा के इस शब्द का अर्थ अब केवल सिपाही-विद्रोह तक ही सीमित नहीं रह गया। 'ग़दर' मचना या 'ग़दर' पड़ना हमारी बोलचाल के मुहावरे में है जिसका अर्थ भारी उथल-पुथल मचना है। मेरे स्कूल के मास्टर की तरह ही शुद्धता के समर्थकों को 'ग़दर' शब्द सत्तावनी क्रान्ति के लिए हलका और अपमानजनक प्रतीत होता है। ऐसे विद्वानों की भावना का हृदय से आदर करते हुए भी मैं अब सत्तावनी क्रान्ति को 'ग़दर' नाम से पुकारने में न झिझकूंगा।

सत्तावनी गदर के सम्बन्ध में डॉक्टर मजूमदार महाशय को आपत्ति है। उनकी मान्यता है कि यह कोरा सिपाही-विद्रोह था, इसका जनता से कोई लगाव नहीं था और यह असंगठित और अनियोजित था। अपनी यात्रा के इस पहले ज़िले में मुझे महामान्य पण्डित-प्रवर की यह भभकी झूठी प्रतीत होती है। सत्तावनी क्रान्ति में सिपाही-विद्रोह तो था ही, साथ ही जनता भी इसमें पूर्णरूप से सम्मिलित थी, सामन्त वर्ग भी संगठित होकर विदेशी शत्रुओं को देश से बाहर निकालने के लिए प्राणपण से डटा हुआ था। गदर के आरम्भ होते समय विभिन्न पूर्वी ज़िलों की सेनाएं आ-आकर नवाबगंज में एकत्र हुई थीं। अवध के ताल्लुकेदार-रजवाड़े भी आए थे। 30 जून सन् 57 को सबने संगठित होकर चिनहट के मैदान में अंग्रेज़ों को परास्त किया था। उस दिन दरियाबाद में लोगों से ग़दर के कितने ही ऐसे शहीदों के नाम मालूम हुए जो जनसाधारण के प्रतिनिधि थे।

इस ज़िले में यह आमतौर पर प्रचलित है कि लखनऊ से परास्त होने के बाद बगम हज़रतमहल बिरजीस कदर को लेकर बाराबंकी ज़िले से होकर भिठौली के गढ़ में पहुंची थीं। इस बात को लेकर कल रात से मेरा मन एक नये सृष्टिपथ पर दौड़ रहा है। यह अब भी मानता हूं कि वे इतिहासों से उल्लिखित मार्ग द्वारा ही भिठौली पहुंची थी परन्तु यह भी सम्भव है कि वे लखनऊ या भिठौली में रहते हुए जगह-जगह के दौरे किया करती हों। रसल के कथनानुसार उन्होंने सारे अवध में उत्तेजना

भर दी थी।

उन्होंने अंग्रेज़ों को मोर्चा देने के लिए ज़मींदारों के दल संगठित किए थे। इसलिए सम्भव है कि उन्होंने हज़रतपुर और महादेवा में राजाओं की सभाएं की हों। किंवदंतियां कितनी ही गलत क्यों न हों फिर भी अपने अन्दर वे आमतौर पर एक बड़ा सत्य छिपाए रहती हैं, यह मैंने अक्सर आज़माया है।

बेगम का भिठौली में बैठना ही यह सूचित करता है कि उन्होंने एक ऐसे स्थान को चुना था जो सहसा या आसानी से जीता नहीं जा सकता था। शत्रु की सेनाओं का वहां तक पहुंचना भी कारेदारद था।

भिठौली रैकवार राजपूतों की गढ़ी थी। बौंडी के हरदत्त सिंह, चहलारी के बलभद्रसिंह, भिठौली के गुरुबख्श सिंह, रुइया के नरपतसिंह आदि सभी प्रमुख सामन्त रैकवार राजपूत थे। बैसवारा राणा वेणीमाधव बख्श के नेतृत्व में संगठित था। भिठौली में बैठकर बेगम सबसे सदा निकट सम्पर्क स्थापित कर सकती थीं।

क्या यह बात बेगम की कार्य-कुशलता पर प्रकाश नहीं डालती? स्वयं अंग्रेज़ भी स्वीकार कर चुके हैं कि नवाबगंज में बहराइच और सीतापुर के ज़मींदार लड़े—तब क्या यह सत्य स्वतन्त्रता संग्राम का द्योतक नहीं? सत्तावन का विद्रोह क्या केवल फौजी सिपाहियों तक सीमित था?

औरों को क्या कहूं, स्वयं मेरी ही यह धारणा थी कि ग़दर में भाग लेने वाले सामन्त अपने-अपने स्वार्थों के लिए लड़े, इनका कोई संगठन नहीं था। परन्तु अवध के इन छोटे-बड़े सामन्तों और बिहार के बाबू कुंवरसिंह और अमरसिंह के संगठन को देखकर मेरी पूर्व धारणा गलत सिद्ध हो जाती है। महारानी लक्ष्मीबाई के शौर्य और बेगम हज़रत महल की कार्य-कुशलता तथा संगठन शक्ति देखकर राष्ट्र के स्वाभिमान में क्या हमारी आस्था नहीं जमती? मौलवी अहमदुल्ला शाह और तात्या टोपे का हर जगह जाकर लड़वैयों का हुजूम बटोर लेना क्या सत्तावनी क्रान्ति को जन-क्रान्ति सिद्ध नहीं करता?

मैं इतिहासकार नहीं हूं, इतिहास का पण्डित भी नहीं। हां अपने देश के इतिहास के प्रति जिज्ञासु अवश्य हूं। हाल ही में प्रकाशित होने वाले, अपने स्वनामधन्य इतिहासकारों द्वारा लिखित सत्तावनी क्रान्ति के इतिहासों से मेरे मन में बड़ा क्षोभ है। अचानक जमी-अमाई आस्था को धक्का लगने के कारण नहीं, वरन् इसलिए क्षुब्ध हूं कि हमारे राष्ट्रीय स्वाभिमानरहित स्वनामधन्य इतिहासकारों ने एक ऐसे सत्य को, जिसका जनचेतना से बहुत गहरा लगाव है, महज़ ऊपरी तौर पर टटोलकर अपना फतवा दे डालने का दम्भ बरता है। कोई भी क्यों न हो, बड़े से बड़ा व्यक्ति क्यों न हो, एक राष्ट्र के सम्मुख वह अपना झूठा दम्भ लेकर नहीं आ सकता, सत्-विद्रोह को लेकर आना और बात है।

हम लोग रामनगर रुके। मैं यहां के एक सज्जन का नाम-ठाम अपने साथ लिखकर लाया था। वे न मिले। रामनगर के राजा के सम्बन्ध में भी मालूम हुआ कि बाहर हैं, यद्यपि आज उनके लौट आने की आशा है। इन सज्जनों से मैं भिठौली के सम्बन्ध में जानकारी प्राप्त करना चाहता था। खैर, हम लोग कुछ देर के लिए

रामनगर ब्लाक के एक अधिकारी महोदय के यहां रुके। वहां कई लोग थे। ग़दर बटोरने वाले आदमी से अक्सर लोगों को दिलचस्पी हो ही जाती है। बहाने से लोग बातें करने लगते हैं। एक सज्जन ने मुझे रुदौली के फौजदार शाह का किस्सा सुनाया। ये फौजदार शाह फकीर दरअसल ग़दर के एक सिपाही थे जो ग़दर बिखरने पर अपनी तलवार लिए भागकर रुदौली पहुंच गए थे। कहा जाता है कि तलवार म्यान से निकलने पर शत्रु को मारे बिना म्यान में नहीं जाती। इसलिए फौजदार शाह की तलवार सदाबाहर ही रही और जब वे मरे तब उनकी वसीयत के अनुसार उनकी तलवार भी उनके साथ ही उनकी कब्र में दफन की गई। अस्तु।

महादेवा पहुंचे। यह स्थान इस ज़िले में अत्यन्त पावन माना जाता है। जन धारणा है कि स्वयं धर्मराज युधिष्ठिर ने इस मूर्ति की प्रतिष्ठा की थी।

हम महन्त जी के द्वारे पहुंचे। उनके मकान का फाटक बहुत बड़ा था। अन्दर जोगिया गिलाफ की मसनद रक्खे एक सादे वस्त्रधारी पण्डित जी विराजमान थे। यही महन्त जी थे। महन्त जी बड़े सरल और सज्जन हैं; देहरादून या हरिद्वार की ओर के हैं। भोजन के लिए आग्रह करने लगे। ना कहने पर भी प्रसाद के लड्डू मंगवा कर खिलाए। महन्त जी को महादेवा के गदर-सम्बन्धी इतिहास का पता नहीं; बीस-बाईस वर्षों से ही यहां रहते हैं। इस स्थान पर महादेव जी की प्रतिष्ठापना के सम्बन्ध में उन्होंने कहा, "मैंने स्वयं जांच कर देखा है। मूर्ति बहुत प्राचीन तो नहीं, फिर भी महाभारत के समय की अवश्य है। महाराज युधिष्ठिर अपने वनवास-काल में यहां रहे थे, सब पाण्डवगण इनकी पूजा करते थे।"

पावन क्षेत्र में प्रवेश किया, महादेव शिव के दर्शन किए। यों एक जगह असली तौर पर भी मैं जाति-पांति और धर्म के पचड़ों से मुक्त मनुष्य हूं, पर इसके साथ ही साथ मैं जन्म से ब्राह्मण और शैव परिवार का हूं। मेरे ब्राह्मणत्व ने बचपन में संस्कारवश ऊंच-नीच तो जाना, पर किसी को नीच कहकर अपमानित करना नहीं जाना, मनुष्य से घृणा करने का संस्कार नहीं पड़ा। मेरा शिव किसी को सहसा अशिव नहीं मानता और जब मानता है कि तो उसके बुरे कार्य को ही। इसलिए जाति-पांति या धार्मिक आस्था मेरी राह का रोड़ा कभी नहीं बन पाई। खैर, यह तो सफाई देते हुए प्रसंग से बाहर चला गया—कहना यह चाहता था कि मैं आस्था से शैव हूं। भोले भण्डारी को ध्यान में लाते ही मेरा मन ऊंचा उठता है, भर जाता है।

फिर अपने आपे में आते ही कलम-कॉपी संभाल ली। वहां के प्रधान पुजारी पण्डित महावीर प्रसाद अवस्थी से महन्त जी ने इतनी देर में शायद बात कर रक्खी थी; अवस्थी जी तुरन्त बोले, "महादेवा में ग़दर का बड़ा इतिहास है। आइए बिराजिए, आपको विस्तार से सुनाता हूं।

"हां, तो जब चिनहट का जुद्ध समाप्त भया तो ये लोग—बेगम, हरदत्तसिंह बौंडी, राजा देवीबकस गोंडा वाले, राजा गुरुबकस सिंह रामनगर वाले—ये सब यहीं पर आयके एकत्र भए। राम चौतरा पर जहां रामलीला होती है ये सब जुटे और आगे का उपाय सोचा कि अब कैसे जुद्ध चलावैंगे।

"राजा देवीबकस गोंडा वाले को बाबा पर बिसेस भक्ति थी। मन्दिर के अन्दर

ये पत्थर का काम उन्होंने ही बनवाया और गौरीशंकर पण्डा के पूर्वज शिवगुलाम पण्डा को पांच सौ बीघा भूमि संकल्प में दी महाराज। और ये चांदी के द्वार हैं सो रामनगर के महाराज उदित नारायण सिंह ने लगवाए। इनके दादा ने ग़दर लड़े थे महाराज। गुरुबकस सिंह रामनगर वाले रहे जिसके सतैसी के किले[1] में बेगम का बास भया था। रामनगर किला तोपन से उड़ाय दिया, यहां से होके ही अंगरेज़ लोग गए थे। यहां भी गोला-बारी हुआ। यहां से जायके सतैसी का किला भी तोप से उड़ाय दिया। घाघरा के आर-पार रामनगर के दो किले रहे महराज तौ, बचाने के लिए रामनगर के राजा गुरुबकस सिंह के बेटे सर्वजीत सिंह ने कहा कि मेरा पिता से बटवारा हो गया है। पिता सतैसी में रहते हैं। मैं राजभक्त हूं। फिर भी आपने हमारे किले को नास कर डाला। इस प्रकार तब से ही रामनगर के राजा स्वयं सर्बजीत सिंह हुइ गए। राजा गुरुबकस भाग गए। ग़दर ठण्डा होने पर आए पर राजा नहीं माने गए।

"तौ राजा सर्बजीत सिंह की कादिरजहां नाम की एक बेगम रही। राजा साहब ने प्रेमबस होकर अपना पूरा राज्य उसके नाम लिख दिया। तब उनके पुत्र राजा उदित नारायण सिंह ने मुकदमा लड़ा और अन्त में जीते महाराज। उन्होंने पांच गांव कादिरजहां बेगम को दिए और कहा कि आप हमारी माता हैं, आपके गुजारे के निमित्त यह देता हूं। मुकदमा जीतने के उपलक्ष्य में उन्होंने मन्दिर के किवाड़ों पर चांदी चढ़वाई।

"बाबा का बड़ा माहात्म है महाराज। इनका प्राचीन नाम शैल मल्लिकार्जुन है। द्वादश ज्योतिर्लिङ्गों में यह एक पीठ है। यह महादेवा है महाराज। इसकी राजधानी रामनगर, सो प्राचीन नाम शैलकनगर था महाराज। फिर कोई काल ऐसा आया कि शंकर भगवान् मन्दिर इस स्थान से लुप्त हो गया। फिर बड़े समय के उपरान्त एक बड़े पहुंचे भये महात्मा इस स्थान पर आए और रहने लगे। तो एक दिन स्वप्न में उन्हें बाबा ने कहा कि मैं पण्डित लोधेराम अवस्थी के खेत में हूं। मुझे निकालो। पण्डित लोधेराम हमारे पूर्वज थे महाराज, बड़े तेजस्वी, शुद्ध विद्वान् ब्राह्मण थे महाराज। तो उनसे महात्मा ने कहा। फिर प्रमाण लैके खुदाया तौ बाबा प्रकट भये। इसी से यह स्थान लोधेश्वर भी बाजता है। यहां एक पुजारी परिवार है पण्डित लोधेराम अवस्थी का और दूसरी महन्त जी की गद्दी है; चढ़ावा आधा-आधा बंटता है। ये इस स्थान का इतिहास है और बाबा का बड़ा चमत्कार है महाराज, दूर-दूर से हज़ारों यात्री आते हैं।"

पुजारी जी तथा महन्त जी से विदा लेकर हम महादेवा से चले।

भिठौली जाने की इच्छा मन में ही रह गई। मार्ग दुर्गम था। एक नाला और घाघरा पार करने की समस्या थी, फिर चार मील का रेतीला मैदान था। पिकअप के ... तक पहुंचने में असुविधा थी। मैं नाव से घाघरा पार कर पैदल चलने को प्रस्तुत था, गुप्तजी भी जोश दिखाने लगे पर...पर न जा सके।

हैदरगढ़ भी न गया। वहां नेपाल के राणा जंगबहादुर और उनकी गोरखा सेना

1. सत्ताईस इलाकों का क्षेत्र 'सतैसी' कहलाता है। भिठौली का किला सतैसी क्षेत्र का प्रमुख गढ़ था, अतः 'सतैसी का किला' भी कहा जाता था।

से बाराबंकी ज़िले वालों का ज़ोरदार मोर्चा हुआ था। वहां से भी सामग्री मिलने की पूरी सम्भावना थी। पर इच्छा दबा गया। मेरे सामने स्वेच्छा से निश्चित की हुई एक अवधि है जिसमें मुझे अपना काम पूरा करना है। ज्ञानार्जन की धुन भी है, रोज़ की रोटी की व्यवस्था का ध्यान भी है। मैं यथासम्भव सब को साध कर चलता हूं। यही सब सोच-समझकर भिठौली और हैदरगढ़ का प्रोग्राम काट दिया।

फिर भी अपनी सोद्देश्य अवध यात्रा के प्रथम चरण पर मुझे यह विश्वास हो गया है कि सन् सत्तावन से सम्बन्धित सौ वर्ष पुरानी बातें अभी एकदम से लुप्त नहीं हुईं। सबसे बड़ी बात तो यह है कि बाराबंकी ज़िले ने बलभद्रसिंह को अब तक बड़ी शान से जीवित रक्खा है। बलभद्रसिंह चहलारी के होकर भी नवाबगंज, बाराबंकी के अमर नायक हैं।

सोल्जर बोर्ड के विश्रामगृह में, जहां मैं ठहरा था, एक सज्जन ने मुझे पीतल का एक बड़ा-सा गोल तमगा लाकर दिखाया, कहा, "आप ग़दर की हिस्ट्री बटोर रहे हैं, यह तमगा भी ग़दर का ही है। जो सिपाही अंग्रेज़ी फौजों के साथ लड़कर मरे थे, उनके घर वालों को इनाम में मिला था।" दिवंगत देशद्रोहियों के पट्टे पर लिखा है, "वह स्वतन्त्रता और स्वाभिमान के लिए मरा।" यह भी अच्छा मज़ाक रहा।

दूसरे दिन दरियाबाद में भारत सेवक समाज का दीक्षान्त समारोह था। बाराबंकी के उत्साही, साहित्य तथा इतिहास प्रेमी युवक डिप्टी कमिश्नर श्री शिवप्रसाद पाण्डेय के आग्रह से उसमें सम्मिलित होने के लिए रुक गया।

शाम को ग़दर के वीरों का शानदार जुलूस निकला। एक जगह पार्टी हुई। किले के मैदान में जलसा हुआ। मुझे मतलब की एक सूचना और मिल गई। फतेहपुर तहसील (ज़िला बाराबंकी) के पुराने कांग्रेसी नेता श्री कयामुद्दीन ने बतलाया कि बेगम हज़रत महल फतेहपुर होकर गई थीं। उनके उस्ताद, मौलवी अबुल कासिम के वालिद, फतेहपुर में ही रुक गए। अशर्फियों की गाड़ियां वहीं रह गईं।"

श्री लक्ष्मीसागर गुप्त भी फतेहपुर के ही हैं, बोले, "हमारे यहां एक नीम के पेड़ पर तिरासी फांसियां दी गई थीं।

दरियाबाद से ही मैं फैज़ाबाद की गाड़ी पर सवार हो गया।

फैज़ाबाद

फैज़ाबाद, 8 जून। फैज़ाबाद का नाम ग़दर के इतिहास में मौलवी अहमदुल्ला शाह के कारण बहुत प्रसिद्ध हो गया है। यद्यपि यह मार्के की बात है कि मौलवी अहमदुल्ला शाह फैज़ाबाद नगर या ज़िले के निवासी नहीं थे।

इन्तज़ामुल्ला शाहबी द्वारा संकलित 'बेगमात-ए-अवध के खुतूत' में एक पत्र है जिसमें वाजिदअली शाह की एक पत्नी शैदा बेगम ने अपने पति को लिखा है— "घास मण्डी में मौलवियों का जमाव है। सुना है कि एक सूफी अहमदुल्ला शाह आए हुए हैं। नवाब चीना-टीन के साहबज़ादे कहलाते हैं। आगरे से आए हैं। यह भी सुना है कि उनके हज़ारहां मुरीद हैं और वो पालकी में निकलते हैं। आगे डंका बजता होता है पीछे अज़दहां बड़ा होता है।"

सवानहात-ए-सलातीन-ए-अवध के अनुसार—"अहमदुल्ला शाह फकीर रहने वाला मन्दराज़ या दकन का कई बरस से लखनऊ में घसियारी मंडी में रहा करता था। मशहूर नक्कारा शाह इत्तिफाकन किसी इरादे से फैज़ाबाद गया, सरा में उतरा था। किसी बरकन्दाज़ से फसाद किया। कैद होकर नील की पल्टन में था। जब हंगामा बरपा हुआ, फकीर समझकर छोड़ दिया गया। पहले फौज ने चाहा, इसे अपना अफसर कर हमराह सरपरस्त हों, लेकिन इसकी बातों से डरे कि हिन्दू से नफरत रखता है, इन्तकाम हनुमानगढ़ी के वास्ते भी कहता है, इससे हिन्दू-मुस्लिम सूरत-फसाद निकले इससे अफसर न किया।"

मौलवी अहमदुल्ला शाह की प्रारम्भिक जीवनी के सम्बन्ध में बहुत-सी बातें प्रचलित हैं। कोई इन्हें टीपू सुल्तान का सम्बन्धी बतलाता है, तो कोई इनका मूल स्थान चिंगलपट्टम्, कोई अरकाट बतलाता है। लखनऊ के बड़े-बूढ़ों में अब तक यह रवायत चली आती है कि मौलवी साहब की सवारी के आगे निशान डंका बजता चलता था और वे 'डंकाशाह' कहताते थे। इनके सैकड़ों मुरीद थे। कहते हैं कि इनके चेले जनता के सामने अंगारे चबाने का प्रदर्शन करते थे; कहते थे कि अंगारे चबाएंगे और आग उगलेंगे। यह भी सुनने में आया है कि ये अयोध्या की हनुमानगढ़ी पर जेहाद अथवा धर्मयुद्ध कराने के इरादे से यहां आए थे।

जो हो, मुझे यह बात तो प्रायः निश्चित-सी ही लगती है कि ईसाइयों की हुकूमत के प्रति उनका विरोध धार्मिक वैमनस्यता के कारण ही था। हिन्दुओं के प्रति हो सकता है कि प्रारम्भ में इन्हें लगाव न रहा हो, परन्तु बाद में उनकी नीति बदल गई थी। वे अंग्रेज़ों के समान शत्रु हिन्दू रजवाड़ों के साथी भी हो गए थे। बेगम हज़रत महल की सरकार से भी उन्होंने, जहां तक अंग्रेज़ों को हराने का प्रश्न था, समझौता किया। राणा वेणीमाधव बख्श से उनका पत्र-व्यवहार चलता था। फैज़ाबाद, रायबरेली, सीतापुर, लखनऊ और उन्नाव के ज़िलों में मौलवी साहब के तूफानी दौरे हुआ करते थे। कहते हैं कि इनके भाषणों से आग बरसती थी। जनता में इनकी चमत्कारिक दैवी शक्तियों की बड़ी धूम थी। अस्तु!

फैज़ाबाद में मौलवी साहब के सम्बन्ध में जानकारी बटोरने के अतिरिक्त अयोध्या की जन्मस्थान मस्जिद को लेकर ग़दर से तीन-चार वर्ष पहले जो मारकाट मची थी, उसके सम्बन्ध में भी मैं जानना चाहता था। सन् 1853 के साम्प्रदायिक युद्धकाण्ड में अवध के उन अनेक हिन्दू सामन्तों ने भाग लिया था जो बाद में हरा झण्डा लेकर बहादुरशाह और बेगम हज़रत महल नाम पर अंग्रेज़ों से लड़े थे। यह कम आश्चर्य की बात नहीं, साथ ही उत्साहवर्द्धक भी है।

प्रातःकाल अयोध्या पहुंचा। अयोध्या अब ऐतिहासिक खण्डहरों की बस्ती है। खण्डहरों के ऊपर ही आज के अधिकांश धार्मिक स्थान बने हैं।

राम की अयोध्या को इस ध्वस्त रूप में देखकर मेरा मन कुछ क्षण के लिए व्यथित हो गया।

अयोध्या का प्राचीन वैभव वाल्मीकीय रामायण में इस प्रकार देखने को मिलता है, "सरयू नदी के किनारे; धन-धान्य से भरपूर दिन-दिन खूब बढ़ने वाला कोशल

नाम का बड़ा प्रदेश है। उस प्रदेश में सुप्रसिद्ध महाराज मनु की बसाई अयोध्या नगरी है। (अयोध्या का अर्थ है : जिसके साथ युद्ध न किया जा सके।) यह नगरी बारह योजन (अड़तालीस कोस) लम्बी तथा तीन योजन (बारह कोस) चौड़ी है। उसकी बड़ी-बड़ी सड़कें और चारों ओर के बड़े-बड़े दरवाज़े बड़ी सुघराई से बनाए गए हैं। उसके भीतर की सड़कें सुन्दर-सुन्दर फुलवाड़ियों से सजी हुई हैं। वहां सड़कों पर खूब छिड़काव होता रहता है। देश को बढ़ाने वाले महाराज दशरथ ने उस नगरी को इन्द्र की अमरावती पुरी की तरह बसाया। वह किवाड़ और बंदनवारों से सुशोभित थी। उसकी दुकानें सुन्दर सजी हुई थीं। वहां सब तरह की कलें और अस्त्र-शस्त्र मौजूद थे; सब प्रकार के शिल्पकार मौजूद थे। सूत और मागधों से संयुक्त तथा बड़ी सुन्दर चमकती हुई ऊंची-नीची अटारियों और ध्वजाओं से अयोध्या नगरी शोभित थी। वहां सैकड़ों शतघ्नी (एक प्रकार की तोप) शस्त्रादि रक्खे रहते थे। वहां पर नाचने, गाने वालों की कमी न थी। उसमें अमराई से और साखुओं से संयुक्त बगीचे थे। अगाध खाई से घिरी रहने के कारण वह सर्व साधारण के लिए दुर्गम थी। शत्रुओं की दाल तो उसमें गल ही न सकती थी। वह घोड़े-ऊंट इत्यादि पशुओं से भरी हुई थीं। सामन्त नरपति कर लिये हाज़िर रहते थे। वह नाना देशवासी व्यापारियों से सुशोभित थी। रत्नों से बनी हुई पर्वताकार अटारियां उसकी शोभा बढ़ा रही थीं। उसमें स्त्रियों के बड़े सुन्दर क्रीड़ागृह हैं, कूटागार तो अमरावती के तुल्य सुशोभित हैं। उसके गृह समूह अत्यन्त दृढ़ और समभूमि पर बने हुए हैं। उसमें शिल इत्यादि उत्तम तण्डुल और ऊख के रस के समान मीठा जल भरा रहता है। वहां नगाड़े, मृदंग, वीणा और ढोलक बजते रहते हैं। अयोध्या, तपस्या से प्राप्त सिद्धों के विमान की तरह है। उसके सुन्दर भवनों में श्रेष्ठ पुरुष रहते हैं।''

अयोध्या का एक मनोहर वर्णन कालिदास ने भी किया है–''अयोध्यापुरी क्षत्रियों के तेज की शमी, धन-धान्य से पूरित दिव्य नगरी ऐसे जान पड़ती थी मानो भोग के भार से वह स्वर्ग से पृथ्वी-तल पर उतर आई हो।''

अथर्ववेद के द्वितीय खण्ड में लिखा है–''देवताओं की बनाई अयोध्या में आठ महल, नवद्वार और लौहमय भण्डार हैं। यह स्वर्ग की भांति समृद्धि से सम्पन्न है।''

चीनी यात्री फाह्यान ने साकेत का चीनी अनुवाद 'शाची' किया है। वह लिखता है–''यहां से चलकर तीन योजन दक्षिण-पूर्व में शाची का विशाल राज्य मिला।'' उसने भी इसे बौद्धों का एक महत्त्वपूर्ण तीर्थ लिखा है। कहते हैं कि जैनियों के चौबीस तीर्थंकरों में से बाईस इक्ष्वाकुवंशी थे और उनमें सबसे पहले तीर्थंकर आदिनाथ ऋषभदेव जी और चार अन्य-अन्य तीर्थंकरों का जन्म यहीं हुआ था। बौद्धों का भी यह एक मान्य तीर्थ है। महायान सम्प्रदाय के गुरु वसुबंधु पुस अयोध्या में रहते थे। भगवान् तथागत ने यहां अंजनबाग में बौद्ध मत के कुछ सूत्रों का उपदेश दिया था। बौद्ध ग्रन्थों में अयोध्या को साकेत और विशाखा कहा है। 'दिव्यावदान' में साकेत की व्याख्या यों की गई है–

''स्वयमागतं स्वयमागतं साकेत साकेतमिति संज्ञा संवृता।'' अर्थात् ''यह आप ही आया, आप ही आया, इसीलिए इसका साकेत नाम पड़ गया।''

जब से बाबर ने विक्रमादित्य द्वारा बनवाये हुए राम जन्म स्थान मन्दिर को तोड़ा तब से वहां बराबर अशान्ति बनी रही। हिन्दुओं का प्रबल पराक्रम और विरोध देखकर अकबर ने पुराने मन्दिर के खण्डहर पर मस्जिद के पास ही एक चबूतरा बनाकर भगवान राम की मूर्ति प्रतिष्ठित करने की आज्ञा दे दी थी। किन्तु औरंगज़ेब की धर्मान्धता ने फिर से आग भड़का दी।

नवाब वाजिदअली शाह के समय में वहां बहुत बड़ा झगड़ा उठ खड़ा हुआ। अवध गज़ेटियर के अनुसार 20 जून सन् 1902 ई० के 'पायनियर' में एक लेख प्रकाशित हुआ था जिसके अनुसार झगड़े की जड़ हनुमानगढ़ी का ही एक बैरागी था। लिखा है कि उस बैरागी को हनुमानगढ़ी के महन्त ने किसी कारणवश क्रुद्ध हो अखाड़े से निकाल दिया। बदले की भावना के कारण अपना धर्म परिवर्तित करके वह मुसलमान हो गया। लखनऊ आकर उसने यह अफवाह फैलाई कि बैरागी लोग मस्जिद को भूमिसात करने का आयोजन कर रहे हैं। अमेठी-निवासी एक फकीर मौलवी अमीर अली यह खबर सुनकर उत्तेजित हो उठा। वह उन दिनों लखनऊ में ही रहता था। उसने जेहाद की घोषणा कर दी। 'पायनियर' में प्रकाशित लेख का अंग्रेज़ लेखक कहता है कि वाजिद अली शाह ने छिपे तौर पर उसे उकसाया और ज़ाहिरा तौर पर फैज़ाबाद से इस सम्बन्ध में सरकारी रिपोर्ट मंगवाई। लखनऊ में अपना काम बनता न देखकर मौलवी अमीर अली अमेठी गया और मुसलमानों को उत्तेजित कर जेहाद के नाम पर उसने एक बहुत बड़ी सेना एकत्र कर ली। वाजिद अली शाह ने यह सुनकर बशीरुद्दौला को मौलवी को समझा-बुझाकर लौटा लाने के लिए अमेठी भेजा। मौलवी मुजाहिदीन की सेना लेकर आगे बढ़ता ही चला गया। तब वाजिद अली शाह ने रेज़ीडेण्ट जेम्स आउट्रम से सहायता मांगी, तथा कुछ मुफ्ती—धार्मिक उपेदशक—जेहाद व्रतधारी धर्मान्ध जनता को समझाने-बुझाने के लिए भेजे। ये मुफ्ती लोग मुजाहिदीन की संख्या घटाने में बहुत सफल हुए। मौलवी अमीर अली तब भी न माना। तब कर्नल बर्लो की कमान में एक सेना भेजी गई। मौलवी के दो हज़ार अनुयाइयों से सेना की मुठभेड़ हुई और मौलवी मारा गया। यह घटना ग़दर से चार वर्ष पहले की है।

मैंने सोचा कि हनुमानगढ़ी के महन्त के पूछने पर शायद उक्त दंगे के इतिहास के सम्बन्ध में कोई बात मालूम हो, अतः सबसे पहले हनुमानगढ़ी ही गया। हनुमानगढ़ी दूर से देखने में सचमुच धर्मस्थान के बजाय किसी राजा का छोटा किला मालूम पड़ता है। गढ़ी के नीचे बसी हुई दुकानों की छत पर आज भी जगह-जगह तोपें दिखलाई देती हैं जो गढ़ी के अन्दर से शत्रुओं पर गोलाबारी करने के लिए जमाई गई थीं।

कुछ वर्ष हुए, दक्षिण के एक रामभक्त तमिल ब्राह्मण बड़े भक्ति भाव से अयोध्या दर्शन करने आए थे। अपनी उक्त यात्रा के सम्बन्ध में उन्होंने मुझसे कहा था कि अयोध्या तो भगवान् राम की नगरी लगती ही नहीं। वहां कब्रें हैं और खण्डहर हैं। अपने जन्मस्थान में भगवान् मस्जिद से बाहर एक चबूतरे पर फूस की बनी झोंपड़ी में रहते हैं और उनके परम सेवक हनुमान जी ने अपने लिए किला बनवाया है।

मैं जानता हूं कि राम-राम रटनेवाले इस महाद्वीप से विशाल देश के निवासी को अयोध्या आकार बड़ी ठेस पहुंचती होगी—मुझे भी लगी। भारत के प्रमुख प्राचीन तीर्थों में नगरी अयोध्या से अधिक मनहूस लगने वाली नगरी शायद और दूजी नहीं है। परन्तु हनुमानगढ़ी के लिए स्वयं कपीन्द्र को कोई दोष नहीं दिया जा सकता। मुसलमानी काल में वैष्णव वैरागियों के अखाड़े ही सैनिकों के अड्डे हो गए थे। राम, कृष्ण, विष्णु अथवा अलख नाम जपने वाले सन्त समाज में इस सैनिक प्रजा का समावेश होना ऊपरी दृष्टि से देखने पर सचमुच अजीब ही लगता है, परन्तु मैं उसे उस काल की एक आवश्यक और प्रगतिशील राष्ट्रीय शक्ति मानता हूं। झूठा राम, श्याम जपकर आक्रमणकारियों-आततायियों द्वारा अपना सर्वनाश देखते बैठे रहना निहायत शर्म की बात होती। कायर होना अहिंसा की निशानी नहीं। नाम जपने वाले सन्तों का ही एक दल बाद में सिक्ख जाति के नाम से प्रसिद्ध हुआ। वैरागी इस प्रकार जाति नहीं बने हों, उनमें जमातें बहुत-सी बन गईं। सन्त सम्प्रदाय जाति-पांति में विश्वास नहीं करता था। इसी कारण सवर्ण हिन्दू सदा उनका विरोध करते आए। जाति-पांति तोड़ने वाले बुद्ध और महावीर से लेकर गांधी तक हर महात्मा को सवर्णों का प्रबल विरोध सहना पड़ा है। जहां इन सन्तों के अनुयायी बड़ी संख्या में हो गए, वहां सनातनियों ने उनके साथ रोटी-बेटी का व्यवहार छोड़ दिया। बौद्ध, जैन, सिक्ख, बंगाल की बोष्टम जाति आदि ऐसे ही अपने काल के जाति-पांति-विहीन प्रगतिशील वर्ग थे जो आगे चलकर स्वयं ही रूढ़ियों में बंध गए और अपना प्रगतिशील रूप खो बैठे। साधु-बैरागी चूंकि परिवार-रहित होते थे, इसलिए वे एक जाति तो न बन सके, परन्तु कर्त्तव्यवश उपजी हुई उनकी भावना रूढ़ होकर बाद में एक प्रकार की गुण्डागीरी अवश्य बन गई। इस बात के अनेक प्रमाण हैं कि मध्यकाल में ये सैनिक बैरागी अखाड़े सामन्तों की आपसी लड़ाइयों में किराए के सिपाही बनकर जाया करते थे। अस्तु।

हनुमानगढ़ी के मालियों और दक्षिणा के लालच में दर्शन कराने वाले बाम्हनों की सांसत से निकलकर ऊपर पहुंचा। हनुमान जी के दर्शन किए। वहां हर दिन बड़ी भीड़ रहती है। अनेक दक्षिण भारतीय स्त्री-पुरुष भी वहां दर्शन कर रहे थे। उन्हें देखकर मुझे अपने तमिलनाड्वासी मित्र की कही बात याद आई, "रामचन्द्र जी झोंपड़ी में रहते हैं और उनके सेवक हनुमान जी ने किला बनवा रक्खा है।" वह बात याद कर हंसी आ गई, साथ ही तुलसीदास जी की "राम ते अधिक राम कर दासा' वाली उक्ति भी।

वज्राङ्ग के मन्दिर के सामने ही एक बड़ा भारी दालान था जिसके बीचोंबीच एक पक्का मंच था और उस पर गद्दी लगी थी। गद्दी खाली थी, वृद्ध महन्त जी धरती पर बैठे थे। मैंने उनसे अपना प्रश्न निवेदन किया। वे बोले, "यहां साधु लोग रहता है, भजन करता है; इतहास-फितहास के प्रपंच में नहीं पड़ता।"

मैंने देखा यों शायद उत्तर न मिले, थोड़ी धर्म-कर्म की बात छेड़ी। महन्त जी उसमें भी रस न ले सके, बोले, "हमारा साधु-सन्त का धरम-करम यही है कि सरजू जी में नहाया और राम का नाम लिया।"

"यहां कितने साधु हैं महाराज?"

बोले, "पांच सौ।"

मैंने फिर पूछा, "आपका इस गढ़ी में कब से निवास है?"

बोले, "हम साधु लोग बरस-दिन-महीना नहीं गिनता।"

"फिर भी–?"

"चालीस-पैंतालीस बरस हो गया होगा।"

मैं फिर अपनी बात पर लौट आया, पूछा, "यहां के कुछ पुराने कागज़-पत्र तो होंगे ही, उनसे इतिहास की जानकारी हो सकती है।"

महन्त जी ऊबी हुई मुद्रा बनाकर कहने लगे, "कह तो दिया बाबा, हम साधु लोग हैं, कागज़-वागज़ नहीं रखते। बस, ये इतहास है कि जब यवनों का राज रहा, तब यह ज़मीन माफी मिली थी।"

मैंने देखा कि वैराग्य की बालू से तेल नहीं निकलेगा। इसलिए उन्हें प्रणाम करके उठ खड़ा हुआ।

अयोध्या में उस दिन ग़दर-सम्बन्धी जानकारी प्राप्त नहीं हो सकी। जिन दो सज्जनों से कुछ मिलने की आशा थी, उनमें से एक फैज़ाबाद चले गए थे और दूसरे किसी बारात में।

फैज़ाबाद ज़िले में यह मेरा पहला दिन था, अतः मैंने तय किया कि अयोध्या में इधर-उधर अंधेरे में ढेले मारने के बजाय फैज़ाबाद नगर में पहले सहज-सुलभ जानकारी प्राप्त कर लेना उचित होगा। अतः अयोध्या-पर्यटन कार्य दूसरे दिन के लिए स्थगित कर लौट आया। सूचना-विभाग के वृद्ध ड्राइवर बड़े ही भले व्यक्ति थे, रास्ते में बोले, "साहब जी महाराज, अजुध्या जी में आपके मतलब का मसाला नहीं मिला। क्या कहें, हमको बड़ा ही दुःख हो रहा है। फैज़ाबाद में आप प्रियादत्त राम साहब जी से चलकर मिलिए, वो बड़े आदमी हैं, उन्हें मालूम होगा। ददुआ साहब अजुध्या जी के राजा भी शायद बताय सकेंगे। साहब जी महराज, आप इत्ती दूर से हमारे यहां आए हैं, ग़दर की बातें तो आपको ज़रूर मिलनी चाहिएं।"

ड्राइवर महोदय की सहानुभूति मुझे स्पर्श कर गई थी। मैंने कहा, "आप मुझे जहां ले चलेंगे, चलूंगा।"

महाराज अयोध्या की कोठी पर आए। उनके यहां एक कोई उच्चाधिकारी पण्डित जी हमसे मिलने आए। वे सज्जन बोले, "हमारे यहां इस तरह के कोई कागज़ वगैरह नहीं हैं। राजा साहब की जानकारी इस बाबत में कोई खास नहीं है।"

यहां से चले। एक वकील साहब के यहां पहुंचे। वे कार पर बैठकर कचहरी निकल ही रहे थे, बोले, "आप कचहरी आ जाइए। राजा मानसिंह के, खानदानी एक वकील हैं उनसे मुलाकात करवा दूंगा।"

फिर एक दूसरी जगह पहुंचे, वहां भी निराशा ही हाथ लगी। मैंने देखा कि राम जी की अयोध्या मेरी झोली में अब तक कुछ भी नहीं डाल पाई, परन्तु जब एक काम का निश्चय करके निकला हूं तब उसे बिना साधे तो नहीं ही लौटूंगा। तय किया कि अब अंधेरे में ढेले मारूंगा, जो भी पुराना चेहरा नज़र आएगा उसी को टोककर

पूछूंगा। गाड़ी से उतर पड़ा और सफेद बालों वाले चेहरे तलाशने लगा। चौक के पास ही एक बुज़ुर्गवार निकले—बड़ी-बड़ी सफेद झुकाऊ मूंछें, भारी बड़हल-सी ठोड़ी, सिर झुकाए मगर नाक की सीध में चलने का अन्दाज़ लिये हुए। मैं लपककर उनके पास पहुंच गया। मेरे टोकने पर बुज़ुर्गवार यों थमे जैसे तेज़ स्पीड में जाती हुई मोटर सहसा ब्रेक लगाए जाने पर झटके के साथ रुकती है। बोले, "गदर! हां जनाब, सुना तो बचपन में बहुत कुछ था, मगर अब याद नहीं। मेरी उम्र अस्सी- बयासी की है। अब 'मेमोरी' (स्मृति) साथ नहीं देती। खैर, एक-आध बात याद है, सुनाता हूं।" कहकर वे फिर तेज़ी से आगे बढ़े, सड़क पार करके सामने एक दांत के डॉक्टर साहब की दुकान पर चढ़ गए। मैं उनके साथ था। डॉक्टर साहब पेशेण्टों के अभाव में मेज़ पर ताश बिछाए पेशेन्स खेल रहे थे। पण्डित सूरजकिशन गंजूर (बुज़ुर्गवार का शुभ नाम) ने एक कुर्सी खींची, डॉक्टर साहब की मेज़ से सटा उनकी ओर पीठ कर बैठ गए और बोले, "हां साहब, तो खोलिए अब अपनी कॉपी! मैं लिखाता हूं।...एक बुढ़िया थी। उसका एक लड़का फौज में नौकर था। उसे रात में पता चला कि कल गदर होगा। बस जनाब, वो घोड़ा दौड़ाता हुआ अपने घर पहुंचा और अपनी वालिदा से जाके चुपके से कहा कि किसी से कहना मत, घर का मालमत्ता लेके और मेरे छोटे भाई को लेके निकल जाओ। मगर बुढ़िया तो बुढ़िया ठहरी, उसके पेट में बात न पची। कहीं इधर मूं उठा के कहा कि अरी फलानी, कुछ सुना तूने, कल लूट पड़ेगी; कहीं उधर मूं उठा के कहा कि अरी जान-माल बचाना हो तो बचा ले। इस तरह जनाब उसने मुहल्ले भर से कह दिया और अपना मालमता ले, कोयला पीस उससे कपड़े काले-मैले कर, फटेहाल बनाकर, अपने छोटे लड़के को साथ लेकर चली। चलते-चलते रात बीत गई। ज़रा कुछ उजाला हुआ तो जहां पहुंची, वहीं एक दरख्त के नीचे लड़के से गड्ढा खुदवाकर माल गड़वाया। पड़ोसिनों ने भी अपनी जमा-पूंजी सब इसी बुढ़िया को सौंप दी थी, वह भी रक्खी। इतने में लड़के ने कहा कि अम्मा, बादशाह से जो मेरे वालिद, याने पिता को मोतियों का हार इनाम में मिला था वो कहां है? सुनते ही मां को गश आ गया। होश आने पर उसने कहा कि मुझसे भारी भूल हो गई और—वही तो एक कीमती चीज़ है अपने पास। मगर खैर, भगवान् को यही मंज़ूर होगा।

खैर जनाब, बुढ़िया तो वहीं बैठ रही, मगर बेटे ने कहा कि फिक्र न करो, मैं लाता हूं। मां ने बहुत रोका मगर वह न रुका। कपड़े उतारकर एक लंगोटी लगा पागल-सा बकता हुआ चला। तो जनाब, जब वो शहर फैज़ाबाद में आया तो लूटपाट शुरू हो चुकी थी। लोगों ने इसे भी रोका-टोका, मगर पागल समझ के छोड़ दिया। और यहां का ये हाल था जनाब कि घर और शहर सब वीरान! बस, सिपाही गोरे और काले-पीले (गाली) सब मेल के; जिधर देखिए, कोई घरों में लूटने के लिए घुस रहे हैं तो कोई लूट के निकल रहे हैं जनाब। और अजब खौफनाक हंगामा कि ओफ! ओफ...! और उसमें यह पागल बना बुढ़िया का लड़का भी। सिपाही पकड़ें तो दूसरे सिपाही कहें कि अमां, पागल के साथ तुम भी पागल होते हो? चलो आओ। और वो लड़का कभी मुंह चिढ़ा के 'ए—ए' करे, कभी गालियां दे, उंगलियां नचाए, कभी

खुद नाचे—इस तरह वह जनाब कश्मीरी का लड़का अक्लमंद, ज़हीन, चतुराई से अपने घर पहुंच गया।...

''अब साहब देखिए मुझे जाना है। मैं खाना खाके उठा था। अभी कुल्ला भी नहीं किया। खैर! किस्सा मुख्तसिर ये कि जनाब, वो अपने घर गया और वो हार जहां गड़ा था, खोद के निकाला और लंगोट में छिपाके फिर वैसे ही सिड़ी बना, कोयले-मिट्टी से बदरंग बना; बकते-गाते अपनी मां के पास पहुंच गया। तो उसकी मां बोली कि बेटा, मेरा तो तेरे पीछे रोते-रोते बुरा हाल हो गया। हार से हैसियत है मगर हैसियत तेरी जान से ज़्यादा थोड़े ही है।...खैर, तो जनाबेवाला, अब मैं जाता हूं, मैंने अभी कुल्ला नहीं किया है।''

पण्डित साहब कुर्सी छोड़कर उठ खड़े हुए और खटाखट दुकान से नीचे उतर गए। मैं भी अपना बस्ता संभालने लगा। आधी सड़क से वे फिर लौट आए, दुकान पर चढ़कर फरमाया, ''हां साहब, आखिरी बात तो रह ही गई...''

उनके आगे की बात कहते-कहते बिजली की-सी फुरती से मैं तैयार हुआ और लिखना शुरू किया, ''कि जब ग़दर, यानी कि वो क्या नाम कि ग़दर 'सब्साइड' हुआ (दब गया), तो बुढ़िया घर लौट के आई। सब औरतों ने चच्ची, दादी, बुआ कहके घेरा, कहा, हमारे ज़ेवर लाओ। बुढ़िया बोली, किसी को नहीं दूंगी। अरे, अभी आई हूं, दम फूल रहा है और तुम लोग जान खाए जा रही हो। खैर जनाब, थोड़ी देर बाद उसने एक-एक करके सबको बुलाया, कहा कि अपनी गठरी के रंग बताओ और उसमें से दो ज़ेवरों के नाम लो, नग हो तो लाल-लाल हैं या पियर-पियर हैं, यह बताओ और ले जाओ। तो जनाब, ऐसे ईमानदार लोग होते थे ग़दर के ज़माने में। अच्छा, तो अब मैं चलूंगा—(उठे, फिर कहा) यों तो मैंने अभी कुल्ला...मगर एक किस्सा और याद आ रहा है। वह भी आपको लिखवा जाऊं। आप बेचारे इतनी दूर से इसीके लिए आए हैं, मगर खैर, तो फिर लिखिए—

''एक अंगरेज़ था, याने कि अपने ज़माने का बहुत बड़ा हाकिम था, ये समझ लीजिए। तो ग़दर की भगदड़ में उसकी दो लड़कियां गायब हो गईं। जब तसल्लुद हुआ तब हुक्म हुआ कि जाकर उनका पता लगाओ। खैर जनाब, पता लगा। उसकी एक लड़की एक ब्राह्मण के यहां थी। अंगरेज़ ने फौरन गाड़ी जुतवाई और उस ब्राह्मण के घर गए। ब्राह्मण बेचारा, मतलब यह था कि आप समझ सकते हैं, पुराने ज़माने का हिन्दुस्तानी था। अरे चटाई, दरी, मृगछाला पर बैठने वाले, उन्हें कुरसी से क्या लेना-देना जनाब! खैर, उसने अंगरेज़ को एक मचिया लाकर बैठने को दी। कहा कि हमारे यहां यही है हुज़ूर।

''साहब बोला, वेल ये आच्चा-आच्चा हाय। साहब ने फिर पूछा कि हमारी लड़की तुम्हारे यहां है। पण्डित बोला, साहेब यू नईं जानिति कि केकर आय। पर एक साहेब बिटिया है ज़रूर। बोलाए देइति हैं। यह कहके फौरन उस लड़की को ले आया जनाब। बाप को देखते ही बेटी खट से जाके लिपट गई और बेटी को देखकर बाप के दिल में जो खुशी हुई उसको आप समझ ही सकते हैं। खैर। मगर वह अंगरेज़ था, रोने-धोने में अपना ज़्यादा टाइम नहीं बरबाद कर सकता था। जनाब,

फौरन ही रौब से मचिया पर बैठ गया और अपनी लड़की से पूछा, 'वेल माई डॉटर, तुमको इस पण्डत ने कैसा माफिक रक्खा?'

"लड़की बोली, 'पापा, इन्होंने मुझे बिल्कुल उसी तरह रक्खा जैसे बाप बेटी को रखता है!' इस पर वह अंगरेज़ बोला कि 'वेल' टुम बाप का मटलब समझटा? लड़की बोली कि 'हां पापा' जैसे आप मुझे घर में रखते हैं; घर भर सब मेरा खयाल रखता था। एक दिन रेवरेन्ड पण्डत फादर ने मुझसे कहा, कि साहेब बिटिया, हमरे घर मां मुरगी-अण्डा नाही आय सकत है। कहौ तो दूर लै जाय कै खिलाय लावऊं।' अपनी लड़की से इस तरह की बातें सुनकर वो अंगरेज़ जनाब बहुत खुश हुआ। खैर तो वो अपनी लड़की को लेकर चलने लगा। वो घर वालों से बिदा लेने लगी। आप सच मानिए जनाब, बिलकुल हू ब हू वही सीन हो गया जैसे कि लड़की अपने घर से अपनी ससुराल के लिए जा रही हो। महाराज एक कोने में खड़े आंसू पोंछ रहे हैं तो आंगन में उनके लड़के-लड़कियां 'हाय जिज्जी, हाय जिज्जी' चिल्ला रहे हैं और महराजिन अलग घूंघट में कयामत की गुहार मचा रही हैं। यानी कि और कोई वक्त होता जनाब, तो अंगरेज़ तो यह सब तमाशा देखकर 'यू डर्टी हिन्दुस्टानी लोग' कहकर सबको ठोकरें लगाता, मगर जब अपनी लड़की के लिए इतना पुरसोज़ हंगामा देखा तो उसकी समझ में आया कि हिन्दुस्तानियों के प्यार में कितना जोश होता है।

"खैर, तो किस्सा मुख़्तसिर यह है कि अंगरेज़ की दूसरी लड़की का पता भी एक ठिकाने लग गया। अंगरेज़ ने फौरन उसका घर घिरवा लिया। एक ज़मींदार का घर था जनाब, उसके यहां लड़की मिली। बाप ने इस लड़की से भी वही सवाल पूछा, कि तुम्हें कैसे रखा। लड़की ने नज़र झुका के झिझकते हुए कहा कि पापा, बीबी की तरह। अंगरेज़ भी जनाब, बहुत बड़ा अंगरेज़ था, उसकी आंखों में खून उतर आया, कुरसी छोड़कर उठ खड़ा हुआ और कड़ककर कहा, बीबी लफ्ज़ के माने जानती हो क्या होते हैं? लड़की ने नज़र झुकाकर रोते हुए जवाब दिया कि माने समझकर ही कह रही हूं पापा।

"अंगरेज़ ने कहा कि जनाब—अच्छा, बस, वह लड़की को लेकर अपने बंगले पर आया, और आते ही उस नालायक की जायदाद ज़ब्त कर उस पण्डित को दे दी, जिसने उसकी दूसरी बेटी को मुसीबत में पनाह दी और बेटी बनाकर रखा था। एक ये किस्सा याद है।"

पण्डित सूरजकिशन जी गंजूर ने अपने रोचक व्यक्तित्व, और अपने किस्सों से मेरी खिन्नता हर ली। दोनों किस्सों में किस्सागोई के फन की पॉलिश थी। खैर, जो हो, इसमें सन्देह नहीं कि ये किस्से उन हलचल-भरे दिनों के जनजीवन की एक झांकी प्रस्तुत कर देते हैं।

चौक बाज़ार में एक जूते की दुकान पर खादीधारी मियां साहब बैठे दुकानदारी कर रहे थे। मैंने उनसे अपना सवाल किया। श्री गुलाम हुसैन ने बतलाया, "मैंने मौलवी अहमदुल्ला शाह के मुताल्लिक अपने बाबा से यह सुना था कि वो यहां तशरीफ लाए और कुछ आदमियों के साथ आए। पुख़्ता सराय चौक में मुकीम हुए।

अगरज़ों ने घेरा डाला। लोग लड़े मगर मारे गए। मौलवी साहब गिरफ्तार हुए। उनके साथ सख्ती हुई, ज़ंज़ीरों में बांधकर उन्हें शहर में घुमाया गया। बस, इतना ही मुझे मालूम है।''

यहीं मुझे अख्तर साहब के बेटे मिले। अख्तर साहब फैज़ाबाद के 'अख्तर' पत्र के सम्पादक, प्रकाशक भी हैं। साहबज़ादे मुझे अपने घर अपने पिता से मिलाने ले गए।

अख्तर साहब बड़े तपाक से मिले, गोया पुरानी जान-पहचान हो; फरमाया, ''ग़दर के मुतअल्लिक मैंने तमाम मैटर इकट्ठा किया है। आप अपना पता दे जाइए। मैं लिखकर भेज दूंगा।''

मैंने अर्ज़ किया कि किताब जल्द ही लिखकर शाया करने का इरादा है। इसलिए जो कुछ मसाला मुझे लगे-हाथों मिलता चले, उसे ज़्यादा कीमती मानता हूं।

अख्तर साहब ने फरमाया, ''अजी, कितना मसाला लीजिएगा?...बहुत मैटर दूंगा। आप घर पहुंचेंगे और दूसरे दिन मेरा खत पहुंचेगा। इसी घर में ग़दर के ज़माने में सैकड़ों लोग ठहरे थे। यह अवध के पहले नवाब बुरहानुल्मुल्क सआदत खां का महल है। हमारे यहां बनीजान नाम की एक आया थी। बतलाया करती थी कि अंग्रेज़ जब घर में घुसे तो वो खाना पका रही थी, उसने जलती लुकाठी एक गोरे के मुंह में घुसेड़ दी।

''अजी, तमाम किस्से हैं मेरे पास। मैंने बड़ी-बड़ी रिसर्चें की हैं नागर साहब! मुझे हमेशा यह सोच-सोचकर हैरत हुआ करती थी कि आखिर ये हमारे अवध वाले लाखों बरस पहले इतने कल्चर्ड कैसे हो गए। बिना ऊंची तहज़ीब के ये शान और शौकत पाई नहीं जा सकती। मैं इसी वास्ते खुद अजुध्या जी गया। वहां शीश पैगम्बर की कब्र है। वह कब्र देखने में ही बहुत पुराने ज़माने की लगती है और मुसलमानी ढंग की बनी हुई है। मैं आपसे रिसर्च की बात कह रहा हूं। तो हज़रते शीश हमारे अवध में आकर बसे थे। हज़रते शीश हज़रते आदम के पहले बेटे थे। इससे आप खुद ही बखूबी समझ सकते हैं, ये लाखों बरस पहले की बात है। याने कि सिर्फ हिन्दुस्तानी तहज़ीब ही नहीं, बल्कि इन्सानी तहज़ीब का पहला और सबसे पुराना मरकज़ हमारा ये अवध है।''

मैंने कहा, ''आप हज़रते शीश की बातें कर रहे थे तो मुझे हिन्दुओं के देवता शेष भगवान की याद हो आई। शेषनाग के अवतार रामचन्द्र जी के छोटे भाई लक्ष्मण माने जाते हैं। क्या यह नहीं हो सकता कि अयोध्या में शेष भगवान का मन्दिर रहा हो, जिसे मुसलमानों ने बाद में हज़रते शीश करार दे दिया। नाम मिलते-जुलते तो हैं ही।''

अख्तर साहब ज़रा परेशान हुए, कहा, ''फिर वहां पर कब्र कैसे बन गई?''

मैंने कहा, ''आसान बात है। मुसलमानों को यहां आने पर हज़रते शीश के नाम से मिलता-जुलता एक नाम दिखलाई दिया जिसकी तरफ उनका खिंचना लाज़िमी था। और फिर बाद में यहां के रहने वाले जो मुसलमान हुए उन्हें अपने पुराने लगाव की चीज़ को नये रूप में अपनाने का हौसला हुआ। शेष भगवान का

मन्दिर टूटकर हज़रते शीश का मकबरा बन गया।''

अख़्तर साहब के चेहरे पर उलझन कुछ और बढ़ती नज़र आई। मैंने बात का प्रसंग बदल दिया। इतने में अख़्तर साहब के एक मिलने वाले डॉक्टर शफी हैदर साहब वहां तशरीफ लाए। जब उन्हें मालूम हुआ कि मैं अवध से सम्बन्धित ग़दर की बातें जमा कर रहा हूं; तो फरमाया कि हमारे यहां भी ग़दर के कुछ वाकयात हुए थे, मगर हमारा ज़िला तो अवध में है नहीं। इस पर मैंने उन्हें बतलाया कि अपनी सीमित शक्ति और सुविधा के लिहाज़ से ही मैं केवल लखनऊ और अवध तक सीमित हूं। अगर मेरा बस चलता तो अजनाला पंजाब से लेकर बंगाल के बैरकपुर और मध्य प्रदेश की मऊ छावनी तक सब जगह घूम-घूमकर इतिहास बटोरता।

डॉक्टर साहब ने फरमाया, ''ज़िला जौनपुर में एक माहुल राज है। वहां के राजा इदारतजहां के साहबज़ादे ने फैज़ाबाद का खज़ाना लूटा था। वे बागी हो गए थे। राजा इदारतजहां को मुबारकपुर ज़िला आज़मगढ़ में हाथी पर चढ़ाकर एक पेड़ के पास ले गए और वहीं उन्हें फांसी दे दी। राजा का हाथी भी दुःख से वहीं मर गया। अंगरेज़ों ने उनका कोट खुदवा डाला। राजा इदारतजहां के लड़के राजा शमशेरजहां और उनकी बहन यानी मेरी दादी को उनके हमदर्दों ने सुरंग की राह से बाहर निकाल लिया। बड़ा गांव के ठाकुर अमरेठसिंह के यहां उन्हें पनाह मिली। अंग्रेज़ सूंघते हुए वहां भी पहुंच गए। शमशेरजहां से सोचा कि मैं पकड़ा जाऊंगा, तो कोई बात नहीं मगर मेरी बहन की बेइज़्ज़ती न हो, इसलिए उन्हें मारने चले। मगर ठाकुर अमरेठसिंह वहां पहुंच गए। उन्होंने कहा कि आप ये क्या गज़ब कर रहे हैं? मैंने अंग्रेज़ों को टाल दिया है। शमशेरजहां ने पूछा, क्योंकर टले? ठाकुर साहब ने जवाब दिया, अजी, मैंने उनको यह पट्टी पढ़ाई कि राम-राम! हम हिन्दू भला मुसलमान को पनाह देंगे! आपको किसी ने गलत खबर दी है। ग़दर के ज़माने में हिन्दू-मुसलमानों में बड़ा मेल और भाईचारा था।''

फैज़ाबाद के प्रतिष्ठित नागरिक श्री प्रियादत्तराम से भी भेंट की। उन्होंने कहा, ''बचपन में हमारे यहां एक चपरासी था, वह गदर के बड़े-बड़े किस्से सुनाया करता था। ग़दर के आल्हे और बिरहे भी वह बड़े जोश से सुनाता था। मगर अब वो सब याद नहीं। हमारे बचपन का ज़माना कुछ और था। बड़े घरों में लोग ग़दर की बातें भी करते तो दबे-दबे ही करते थे। बच्चों में बगावत का असर न आ जाए इसलिए उन्हें ऐसी बातों से दूर ही रखा जाता था। हम लोगों को तो बस अकड़-फूं से रहना सिखाया जाता था। वह ज़माना ही कुछ और था। मगर आप यह काम अच्छा कर रहे हैं। आपको तो ऐसे आदमियों से मिलना चाहिए जो कम-से-कम पिछत्तर-अस्सी बरस की उम्र के हों। आसपास के गांवों में घूमिए। मुबारकगंज में श्रीपाल सिंह हैं; एक रमेशर हैं; सीवाड़ बड़ा गांव के नकी मियां भी पुराने आदमी हैं, रामनगर में एक रनधीरसिंह हैं, हिन्दूसिंह की ड्योढ़ी में ठाकुर बजरंगसिंह रहते हैं। चिर्रा, जगतपुर और रौराही में भी आपको पुराने लोग मिलेंगे, नवाब गज़नफर हुसैन मोती मस्जिद वाले भी सुना सकेंगे, पन्नगेश जी से मिलिए।''

मैं उनके बताए नाम लिखता जा रहा था, पर यह जानता था कि इनमें एक

झांसी वाली रानी, अवध की बेगम में ऐसा क्या 'कुछ' नहीं था, जो तत्कालीन भारत देश के व्यक्तित्व से उन्हें अलग करता हुआ दिखलाई देता है? साहसी मंगल पाण्डेय और महावीर बलभद्रसिंह से लेकर अमर शहीद यतीन्द्रनाथ दास और सुखदेव, भगतसिंह, राजगुरु, आज़ाद तक क्या एक अटूट भारतीय परम्परा नहीं है? रामायण, महाभारत और पुराणों द्वारा जो संस्कार इस देश की नस-नस में बिंधे हैं वे क्या राष्ट्र की चारित्रिक एकता के परिचायक नहीं? इस देश में कहीं भी कोई हलचल हो, कहीं से कोई भी नायक उठे, प्राचीनकाल से ही वह सारे राष्ट्र को अनुप्राणित करता रहा है और अब तो करता ही रहेगा। पण्डितवर ने स्वयं ही अपनी पुस्तक में सत्तावन के पहले अंग्रेज़ों के विरुद्ध अनेक गदरों का गौरव बखाना है। पर अन्त में सत्तावनी गदर को बड़े शोक से देखा है। उन्हें यह सत्तावनी तमाशा दिल्ली से लेकर अवधी, बुन्देलखण्डी, भोजपुरी, बिहारी लोगों का ही लगा; विशेष रूप से अवधी सिपाहियों का रचाया हुआ लगा; जिसे बाकी राष्ट्र मानो कलकत्ता के 'स्टार थियेटर' में बैठकर 'पुरबी' छातूखोरों की काली करतूत के नाटक के रूप में देख रहा था। पुरबियों की क्रूरता से डॉक्टर साहब का भारतीय संस्कृति से समृद्ध गौरवमय मस्तक राष्ट्रीय लज्जा से झुक गया।

मैं अकिञ्चन हूं यह जानता हूं, पर ईमानदारी की लाज निभाने के लिए सविनय यह अवश्य कहूंगा कि डॉक्टर साहब की तथ्य पाने वाली वैज्ञानिक जिज्ञासा उनके व्यक्तिगत अहं की कचाट से, पूर्वनिश्चित धारणाओं से बंधकर अवैज्ञानिक और तर्कच्युत हो गई। सारे देश में विद्रोह का तीव्र प्रदर्शन समय-समय पर बराबर होता रहा। सत्तावनी क्रान्ति अनायास और स्वतन्त्र रूप से नहीं आई बल्कि वह एक लम्बे वाक्य के क्रियापद-सी आई थी। यह क्रान्ति प्रायः देशव्यापी होकर भी विशेष रूप से कुरुक्षेत्र, अवध और मगध में हुई, अर्थात् सामंती के आदिम गढ़, मध्य देश, में हुई थी। इस महादेश को अपने सांस्कृतिक सूत्र से बांधने वाली रामायण, महाभारत और गंगा-यमुना की भूमि में युगान्त और युगारम्भ के महा-संघर्ष का अन्तिम निर्णय होना मेरी दृष्टि में तनिक भी आश्चर्यजनक या आकस्मिक नहीं। बंगाल के संन्यासी, विद्रोह से लेकर कुरु-अवध और मगध में प्रमुख रूप से होने वाले सत्तावनी विद्रोह तक हमारे राष्ट्रीय इतिहास की एक अटूट परम्परा है। मैं सचमुच यह सोच-समझकर हैरान हूं कि डॉक्टर मजूमदार जैसे बड़े ज़िम्मेदार विद्वान् यहीं आकर क्यों, नाम चतुरानन पै चूकते चले गए! यदि आदरणीय डॉक्टर साहब सत्तावनी क्रान्ति के इन नायकों का, यहां की जनता का वह रूप भी देखने की कृपा करते जिससे भारत क्या किसी भी राष्ट्र का मस्तक गौरव से उठ सकता है, तो क्या उनका ऐतिहासिक दृष्टिकोण अवैज्ञानिक हो जाता? मैं राष्ट्र की कमज़ोरियों पर पर्दा डालने के पक्ष में नहीं हूं, ग़दर के गौरव को लेकर अपने को बहलाना या धोखा देना भी नहीं चाहता, परन्तु दोषों पर चौदह आने भर वज़न, गुणों की ओर से आंखें मींचकर अपने जन को दिग्भ्रमित, हतोत्साहित और कुण्ठित भी नहीं करना चाहता। मान्य विद्वान् ने इसी 'मूड' में अपनी किताब लिखकर 'मरे को मारें शाह मदार' वाली कहावत को चरितार्थ किया है।

चौक पहुंचा। फैज़ाबाद का चौक बाज़ार लखनऊ के चौक बाजार से तो उम्दा ही बांधा गया था। आसफुद्दौला को केवल अपने महल-दुमहलों के, इमामबाड़े के नक्शे ही उम्दा बनवाने की चिन्ता रहती थीं, उनके ज़माने में लखनऊ के अनेक नये मुहल्ले आबाद हुए, मगर शहर का उम्दा नक्शा बनवाने की तरफ उनका ध्यान कभी नहीं गया। फैज़ाबाद का चौक बाज़ार एक आवर्त में बांधा गया है—एक तरफ तीन दरों का फाटक, उसके ठीक सामने एकदरा फाटक, फिर दूसरी ओर एकदरा फाटक बना है; ये तीन फाटक मिलकर अर्द्धचन्द्र का आकार ले लेते हैं; एकदरे फाटक के सामने वाला तिदरा फाटक गोल दायरे से हटकर एक लम्बी सड़क के बाद बना है। मेरी समझ में यह चौक चांद-सितारे के नक्शे पर बनाया गया है। मछली का निशान हर फाटक पर है; एक फाटक पर मछलियां पेटेन्ट नवाबी फार्मूले से उलटी बन गई हैं।

एक हिनाई दाढ़ी वाले बुज़ुर्गवार तहमद, लम्बा कुरता पहने, कन्धे पर बड़ा रूमाल और सिर पर चौड़े पाड़ की दुपलिया लगाए आहिस्ता कदम छड़ी टेकते चले आ रहे थे। बाअदब राह रोककर अपना सवाल किया। बुज़ुर्गवार एक क्षण तक मुझे ग़ौर से देखते रहे, फिर पूछा, "कहां से तशरीफ़ लाए हैं?"

"लखनऊ से हाज़िर हुआ हूं।"

"इसी काम के लिए आए हैं?"

"जी हां।"

"सरकारी नौकर हैं?"

"जी नहीं। अपनी तरफ से ही घूम रहा हूं, सरकार इस काम में मेरी मदद कर रही है। ग़दर के ज़माने की तवारीख में सरकार को भी बहुत दिलचस्पी है।"

बुज़ुर्गवार फिर चुप होकर कुछ सोचने लगे। दो सैकण्ड बाद सिर हिलाकर बोले, "काम आपने बहुत उम्दा उठाया है। हमारा देश अपने बुज़ुर्गों के बड़े-बड़े कारनामे भूलता जा रहा है। इसीसे यह तबाही आ रही है। काम आपका वाकई उम्दा है, मगर जो आप बुरा न मानें तो एक बात कहूं...बड़ी देर हो गई इस काम के लिए। अब वो बुज़ुर्ग नहीं रहे, जिन्होंने अपनी आंखों ग़दर देखा था। मैं तो यहां तीन-चार माह से अपने मंझले लड़के के पास आया हूं, ज़िला सुल्तानपुर गंजेड़ी का रहने वाला हूं। हमारे यहां अंग्रेज़ों ने पूरा शहर-का-शहर तबाह कर दिया। बड़ा ज़ुल्म किया। खैर! एक बात और भी है, ग़दर की बातें गांव-गांव में फैली हुई हैं, इन सबको इकट्ठा करना चाहिए।"

जिस समय प्रियादत्त राम जी के यहां बैठा हुआ था, उनके कोई मिलने वाले भी वहां मौजूद थे। मेरी बातें सुनकर उन्होंने भी कहा था, "काम अच्छा है, मगर ये तो नोन-सतुआ लेके गांव-गांव घूमने का काम है।" बात सच थी, इस समय इन वृद्ध सज्जन से भी वही सुनकर मन बड़ा फड़फड़ाया। सचमुच यह नोन-सत्तू लेकर ही गांव-गांव घूमने का काम है, एक नहीं, अनेक व्यक्ति घूमकर ही इसे पूरा कर सकते हैं। मैं गृहस्थी के भार से लदा व्यक्ति इतनी मुक्ति भला कैसे पाऊं? इस भ्रमण से, थोड़ी जगहों और थोड़े-से आदमियों से भेंट करके ही मैं स्वयं यह कहता हूं कि

काम बहुत अच्छा है। जनता में बिखरी बातें, गदर की किंवदंतियां उस महाक्रान्ति के प्रति जनता के सद्भाव का परिचय देती हैं। यह सिद्ध हो रहा है कि आम जनता की क्रान्तिकारी सैनिकों और सामन्तों के प्रति पूर्ण सहानुभूति थी। यह क्रान्ति की राष्ट्रीय स्पिरिट की परिचायक है।

खैर, हाजी साहब ने अपने परिचित नन्हे मियां गंधी का नाम बतलाया, "लालबहादुर घड़ीसाज की दुकान के पीछे रहते हैं। मुझसे उम्र में पन्द्रह-बीस साल बड़े हैं, करीब नब्बे के होंगे। वो यहां की पुरानी बातें सुनाया करते हैं। उनसे मिलिए।"

पूछते-पूछते नन्हें मियां के यहां पहुंचा। घड़ीसाज मशहूर थे, उनकी दुकान लबे-सड़क थी। दाहिने हाथ एक गली गई, फिर एक और गली में तिराहे पर आया; वहीं मकान मिला, पर नन्हें मियां न मिले। उनके घर के एक युवक ने एक फर्लांग आगे डॉक्टर जैनी के मकान के पीछे हाजी हसनू का पता दिया। हाजी साहब मिल तो गए, मगर कहने लगे, "कहिए तो ये बताऊं कि घण्टाघर कब बना और...(कोई) मल मैनिसपल्टी के चेरमैन पहले वक्तों में बनाए गए..."

"मुझे ग़दर की बातें सुनने की ख्वाहिश है।"

"तब हम पैदा ही नहीं हुए थे।"

"शायद अपने बुज़ुर्गों से सुनी हों।"

"नहीं साहब।" मैं लौट आया। फिर चौक बाज़ार में पहुंचा। एक बजाज़े की दुकान पर ऐसे वृद्धों के हवाले पूछे जिन्हें उस समय का हाल मालूम हो। उन्होंने कनक भवन अयोध्या के भूतपूर्व मैनेजर लाल 'पन्नगेश' जी का नाम बतलाया। प्रियदत्त राम जी ने भी इनका नाम लिया था, 'माधुरी', 'सुधा' पत्रिकाओं में इनका नाम, रचनाओं के साथ छपा देखता था, यह ध्यान में आ रहा था। मालूम हुआ उनके पुत्र कचहरी में काम करते हैं, रकाबगंज नियावां में रहते हैं। वहां पहुंचा, मालूम हुआ कि दूसरी जगह चले गए। वहां पहुंचा, मालूम हुआ कहीं बाहर चले गए।

रात के नौ बजे रहे थे। लौट आया; सोचा, मौलवी डंकाशाह फिलहाल मेरे लिए शायद मक्फी रहना चाहते हैं।

9 जून, रविवार। गजरदम लड़के ड्राइवर महोदय गाड़ी लेकर आ गए। सरयू-स्नान करने की मेरी इच्छा थी, वहीं से अपने काम पर जाने का विचार था। गुप्तार घाट गए, उसकी महिमा यह बतलाई गई कि भगवान् रामचन्द्र यहीं से गुप्त हुए थे। श्रीराम ने बुढ़ापे में सरयू में डूबकर अपने प्राण त्यागे थे। भगवान् राम का लौकिक जीवन सचमुच बड़े त्याग और कठोर परीक्षाओं से भरा तथा दुखी था। प्रजा के लिए उन्होंने अपना व्यक्तिगत सुख न माना, निर्दोष जानते हुए भी सीता का त्याग किया। राजसूय यज्ञ में भगवती सीता का तड़पकर देहत्याग करना, लक्ष्मण की मृत्यु आदि के कारण वे खिन्न हो गए थे। गुप्तार घाट भले वह असली जगह हो या न हो, सरयू तो वही है। श्रीराम-जैसे अनन्य व्यक्तित्वशाली महापुरुष का उससे नाता रहा है। गोता लगाते ही भाव-विभोर हो गया।

अयोध्या पहुंचा। मुझे मालूम हुआ कि श्री रामगोपाल पाण्डेय 'शारद' महोदय

ने अपनी 'जन्म स्थान का रक्त-रंजित इतिहास' नामक पुस्तक में ग़दर का हवाला भी दिया है, वह बहुत कुछ बतला सकते हैं, मगर बारात गए हैं। खैर, औरों से जो मिले वही सही। श्री गुदुन जी शर्मा तथा एक अन्य युवक मेरे साथ अयोध्या के पुराने लोगों के ठिकाने बतलाने चले। गुदुन जी साइकिल पर सारे भारत की सैर कर आए हैं। अच्छे स्वभाव के नवयुवक हैं।

हम लोग श्री अशफाक हुसैन, श्री हबीब हैदर, श्री हाजी 'फिरकू', श्री मल्हू और हकीम साहब के घरों पर गए। पहले सज्जन नहीं मिले; दूसरे महाशय गदर के सम्बन्ध में कुछ नहीं जानते, हिन्दू-मुस्लिम दंगों के हाल अलबत्ता जानते हैं; हाजी फिरकू का भी वही हाल था; श्री मल्हू का घराना ग़दर में लखनऊ से भागकर यहां आया था। यहां का कुछ हाल उनके बुज़ुर्गों को नहीं मालूम था; हकीम साहब मिले नहीं।

श्री रामकिशोर खत्री ने अपने पड़ौसी बाबू रामदास खत्री के यहां का हाल सुनाया, कहने लगे, ''हमारे पुरखे तो गदर के बाद यहां आए, मगर हमारे पड़ौसी बाबू रामदास के दादा अयोध्या राज के खजांची थे। बलवा होने की आशंका होते ही उन्होंने अपनी फेमिली को महलों में शरण दिला दी। उनके यहां ग़दर में इस वजह से किसी की जान तो नहीं गई, माल भी कोई खास न लुटा, क्योंकि कीमती सामान वो ले जा चुके थे। हल्दी, मिर्च, मसाले वगैरा जो सामान छोड़ गए थे, उसे गोरों ने खूब फेंका-फोड़ा। उनकी दादी बतलाया करती थीं कि घर भर में हल्दी-मसाले ही फैल गए थे।''

राम-जन्म-स्थान, सीता-रसोई आदि भी घूम-घामकर देखी। महात्मा तुलसीदासजी का स्थान भी देखा।

पुरातत्व विभाग राष्ट्रीय बचत को ध्यान में रखते हुए भले ही और जगह खुदाई का काम कम करवा दे, परन्तु अयोध्या और मथुरा का पुरातात्त्विक अन्वेषण और खुदाई कार्य होना अत्यावश्यक है। राम और कृष्ण का समय निश्चित करना इस नवयुवक भारत के लिए बड़ा लाभप्रद होगा। उनके समय के अवशेष सामने आ जाएं तो भारतीय इतिहास को अपूर्व लाभ हो।

गुदुन जी बोले, ''हमें दुःख है कि आप दो दिन यहां आए और सफलता न मिली।''

मैंने कहा, ''अपने पास समय देखते हुए मैंने भरसक प्रयत्न तो कर ही लिया। आगे रामजी की मर्ज़ी।''

वे बोले, ''मैं शारद जी से आपको सब इतिहास लिखकर भेज देने के लिए कहूंगा—विश्वास रक्खें।''

पुनश्चः

श्री गुदुनजी शर्मा ने अपना वचन निभाया। 'शारद जी' महाराज ने यह हाल लिखकर मेरे पास भेजा है। उसके तथ्य यहां पर उद्धृत कर रहा हूं—

''भारत के प्रथम स्वाधीनता-संग्राम में, जिसमें भारत की जनता ने अंग्रेज़ों की गुलामी के इस जुए को अन्तिम बार अपने कन्धे से उतारकर फेंक देने के लिए

भीषण संग्राम किया था, हमारा फैज़ाबाद ज़िला पीछे नहीं रहा। स्वतन्त्रता-संग्राम के आरम्भ होने का श्रेय यद्यपि मेरठ ज़िले को अवश्य प्राप्त हो गया, किन्तु इस संग्राम को प्रारम्भ करने की समस्त योजनाएं फैज़ाबाद ज़िले में बनाई गईं और कानपुर में उन्हें विकसित किया गया, एवं बैरकपुर में उन्हें संचालित किया गया। समस्त योजना इसे फैज़ाबाद से ही प्रारम्भ करने की बनाई गई थी, किन्तु कारणवश योजना का कार्यक्रम न रहते हुए भी मेरठ से उसका प्रारम्भ हो गया। यही कारण है कि सुनियोजित एवं सुनिश्चित होते हुए भी यह विद्रोह असफल हो गया।

"श्री मंगल पांडे का नाम फैज़ाबाद ज़िले की अकबरपुर तहसील के सुरहुरपुर नामक ग्राम में सन् 1827 के जुलाई की 19वीं तारीख को, अर्थात् आषाढ़ शुक्ल द्वितीया शुक्रवार विक्रमीय संवत् 1884 में हुआ था। इनके पिता का नाम दिवाकर पांडे था। वे वस्तुतः फैज़ाबाद ज़िले की फैज़ाबाद तहसील के दुगवांरहीमपुर नामक ग्राम के रहने वाले थे और अपने ननिहाल की सम्पत्ति के उत्तराधिकारी होकर सुरहुरपुर में जाकर बस गए थे। वहीं पर उनकी पत्नी अभयरानी देवी के गर्भ से मंगल पांडे का जन्म हुआ। इनकी लम्बाई नौ फुट ढाई इंच थी। 22 वर्ष की आयु में, अर्थात् 10 मई सन् 1849 में आप 'ईस्ट इंडिया कम्पनी' की सेना में भरती हुए। किसी काम से आप सुरहुरपुर से अकबरपुर आए हुए थे। उसी समय कम्पनी की सेना ग्राण्ड ट्रंक रोड होती हुई बनारस से लखनऊ को जा रही थी। आप सेना का मार्च देखने के लिए कौतूहलवश सड़क के किनारे आकर खड़े हो गए। सैनिक अधिकारी ने भी आपको हृष्ट-पुष्ट और स्वस्थ देखकर सेना में भरती हो जाने का आग्रह किया, आप राज़ी हो गए। बस, यहीं से आपका सैनिक जीवन प्रारम्भ हुआ।

"अपनी उपरोक्त बातों के प्रमाण में हम कर्नल मार्टिन की वह रिपोर्ट उद्धृत करते हैं, जो उन्होंने फैज़ाबाद के सैनिक अधिकारी कर्नल हण्ट के पास उस समय भेजी थी जबकि फैज़ाबाद ज़िले में विद्रोहियों की ज़बरदस्त सभाएं हो रही थीं और एक ही दिन में समस्त ज़िले-भर के अंग्रेज़ों को मौत के घाट उतार देने के लिए रोमांचकारी सैनिक तैयारियों के साथ कार्यक्रम बनाया जा रहा था। मार्टिन लिखता है—

"मंगल पांडे को जबसे फांसी दे दी गई है तबसे समस्त भारत की सैनिक छावनियों में ज़बरदस्त विद्रोह प्रारम्भ हो गया है। फैज़ाबाद ज़िले में बलवाइयों का इतना अधिक ज़ोर है कि एक प्रकार से बागियों का वहां सैनिक अड्डा ही कायम हो गया है। फैज़ाबाद में विद्रोहियों का सैनिक अड्डा कायम हो जाने की वजह यह है कि मशहूर बागी मंगल पांडे...फैज़ाबाद ज़िले की अकबरपुर तहसील के सुरहुरपुर गांव का रहने वाला था।...

"मंगल पांडे के खानदान में जो भी मिला, उसे तोप के मुंह पर धरकर अंग्रेज़ों ने उड़ा दिया। फिर भी मंगल पाण्डे के कई एक निकट-सम्बन्धी बच गए, जिनमें मंगल पाण्डे के सगे भतीजे बुझावन पाण्डे भी थे। वह अपनी जमात के सभी रिश्तेदारों, खानदानियों और साथियों को साथ लेकर क्रान्तिकारी दल में मिल गए। 25 अगस्त को इन सबने मिलकर फैज़ाबाद की सैनिक छावनी पर रात में धावा बोल

दिया जिसके फलस्वरूप सभी हिन्दुस्तानी सैनिक उनसे मिल गए और छावनी के सभी अंग्रेज़ या तो मार डाले गए या बलवाइयों के हाथ बन्दी हो गए।

"नवाब आसफुद्दौला की बूढ़ी माता खुर्शीदमहल बेगम का खज़ाना उन्हीं की देख-रेख में नाका मुज़फ्फरा पर स्थित मकबरे में सुरक्षित था। मार्टिन की प्रेषित रिपोर्ट को पढ़कर हण्ट ने बड़ी भारी सेना के साथ जाकर मकबरे को घेर लिया। बेचारी बूढ़ी बेगम ने कर्नल हण्ट के सामने हाथ जोड़कर गिड़गिड़ाते हुए कहा कि मुझ बूढ़ी के ज़ेवर लूटकर मुझे कंगाल क्यों करते हो? भला मुझसे और बलवाइयों से क्या मतलब है? अस्सी गर्मी, जाड़ा और बरसातें अपने इस बूढ़े जिस्म पर झेलते हुए मैंने अपनी ज़िन्दगी के दिन बिताए हैं। अब सिर्फ दो चार वर्षों की मेहमान हूं। मैंने तुम्हारा क्या बिगाड़ा है? किन्तु बूढ़ी बेगम की इस करुण प्रार्थना पर कर्नल हण्ट का पाषाण हृदय ज़रा भी नहीं पसीजा। उसने अंग्रेज़ सैनिकों को आर्डर दिया कि ज़बरदस्ती भीतर घुसकर सारे माल-असबाब पर कब्ज़ा कर लो।

"कर्नल हण्ट के इशारे पर अंग्रेज़ सैनिक महल के भीतर घुस गए और बड़ी बेइज़्ज़ती तथा बेदर्दी के साथ इन्होंने सब माल, जो लगभग अस्सी लाख रुपये की लागत का था और लगभग इतनी अशर्फियां जो खज़ाने में सुरक्षित थीं, ज़बरदस्ती छीन लिया।

"कर्नल हण्ट ने उस लूट के धन को सैनिक पहरे के संरक्षण में लखनऊ भेजने का प्रबन्ध किया। उसी बीच में बेगम हज़रतमहल और मानवती (राजा मानसिंह की बहन तथा वाजिदअली शाह की एक पत्नी) ने अंग्रेज़ी सेना के विरुद्ध बाकायदा युद्ध की घोषणा कर दी। बेगम हज़रतमहल और रानी मानवती ने विद्रोही सेना के साथ फैज़ाबाद में आकर अपना अड्डा जमाया। इस सेना का सबसे पहला और तगड़ा मुकाबला खोजनीपुर के पास कर्नल हण्ट की सेना के साथ हुआ।

"बेगम खुर्शीदमहल के जेवरात और खज़ाने के बेदर्दी के साथ लूटे जाने का समाचार सारे ज़िले-भर में बिजली की तरह फैल चुका था। जनता में यह अफवाह बड़े ज़ोरों के साथ फैल गई थी कि फिरंगी सबके घरों में घुसकर सबके जेवर और रुपये-पैसे ज़बरदस्ती लूटेंगे। इस अफवाह के प्रतिकार स्वरूप अयोध्या में बलवाइयों की एक बड़ी भारी गुप्त सभा सरयू नदी के किनारे, वासुदेव घाट पर झाऊ के जंगल में हुई। इस सभा में फैज़ाबाद ज़िले-भर के तथा नज़दीकी अन्य ज़िलों के भी लगभग सभी प्रमुख-प्रमुख विद्रोही नेता उपस्थित थे। गोण्डा के प्रमुख विद्रोही नेता राजा देवीसिंह, रायबरेली के राजा वेणीमाधव सिंह, अमेठी (सुल्तानपुर) के राजा लालमाधव सिंह, अयोध्या के बाबा रामचरन दास और शम्भूप्रसाद शुक्ल, हसनूकटरा के अमीर अली, बेगमपुरा अयोध्या के अच्छन खां आदि सभी बलवाइयों के प्रमुख-प्रमुख प्रभावशाली नेता, जो इस विद्रोह में सम्मिलित थे, लगभग सभी उपस्थित थे। एक स्वर से, सर्वसम्मति से इस सभा में अंग्रेज़ों के साथ युद्ध करने का दृढ़ निश्चय किया गया। फलस्वरूप जिस समय बेगम हजरतमहल की सेना ने अपनी पूरी शक्ति के साथ खोजनीपुर के समीप कर्नल हण्ट की सेना का दृढ़ मुकाबला किया, तो इन विद्रोहियों ने भी अपनी सेना के साथ कर्नल हण्ट की सेना को चारों ओर से घेर

लिया। साथ ही उस सेना के कुछ भाग ने निर्मली कुण्ड पर स्थित सरकारी सेना पर धावा बोलकर वहां सरकारी 'ग्रास फार्म' में आग लगा दी। छावनी में उपस्थित समस्त अंग्रेज़ ऑफिसर काट डाले गए, कुछ ने अपनी बीवी-बच्चों के साथ गुप्तार घाट पर से डोंगियों के द्वारा नदी पार करने की इच्छा से भाग निकलने की चेष्टा की, किन्तु जमथरा घाट तक पहुंचते-पहुंचते राजा देवीबख्श सिंह के सैनिकों ने, जो एक छोटे-से तोपखाने के साथ वहां पहले से ही उपस्थित थे, उन पर गोले बरसाना आरम्भ कर दिया, जिसके परिणामस्वरूप कोई भी अंग्रेज़ भागकर नहीं जा सका। सभी सरयू नदी के अतल गर्भ में डोंगियों सहित समा गए। इधर कर्नल हण्ट की सेना बुरी तरह काट डाली गई, स्वयं कर्नल हण्ट राजा वेणीमाधव सिंह के हाथ से बुरी तरह मार डाला गया। बलवाइयों ने उसकी लाश उल्टी टांगकर सारे शहर में घुमाई।

"13 नवम्बर को एकाएक ज़बरदस्त फौजी कुमुक आ जाने के कारण जो बेखबर थे, पराजित हो गए। बेगम हजरतमहल, मानवती, राजा देवीबख्श सिंह तथा राजा वेणीमाधव सिंह आदि नेपाल के जंगलों की ओर निकल गए और बाबा रामचरणदास, अच्छन खां, शम्भू प्रसाद शुक्ल एवं अमीर अली आदि अंग्रेज़ी सेना द्वारा पकड़ लिए गए। बाबा रामचरणदास और अमीर अली को अयोध्या में श्रीराम जन्मभूमि के समीपस्थ कुबेर टीले पर एक इमली के पेड़ में लटकाकर फांसी दे दी गई। अच्छन खां तथा शम्भू प्रसाद शुक्ल के सर रेतियों से रेत-रेतकर अंग्रेज़ों ने उनसे बलवाइयों का भेद पूछना चाहा, किन्तु इन बहादुर देशभक्तों ने अपने प्राण दे दिए। रेतियों से रेत-रेतकर इनके सिरों को चकनाचूर कर डाला गया, किन्तु इन वीरों ने कोई भी भेद अंग्रेज़ी सेना को नहीं बताया।

"बाबा रामचरणदास और अमीर अली ने अयोध्या की श्रीराम-जन्मभूमि, जिसे मुसलमान बाबरी मस्जिद कहते हैं, हिन्दुओं को वापस दिलाने के लिए मुसलमानों को राज़ी कर लिया था, जिसके परिणामस्वरूप अंग्रेज़ों में बुरी तरह घबराहट फैल गई थी।

"लखनऊ में विद्रोहियों को सफल और अंग्रेज़ी सेना को असफल होते देखकर अंग्रेज़ों की हिम्मत बुरी तरह टूट गई थी। उन्हें विश्वास हो गया कि अब भारत से हमारा जान बचाकर निकल पाना नितान्त असम्भव है। अंग्रेज़ों से अधिक वे घबरा गए, जो उस समय जी-जान से अंग्रेज़ी सेना का साथ देकर स्वयं अपने देश और जाति के साथ भीषण विश्वासघात कर रहे थे।

"26 जून को फैज़ाबाद की धारा पर स्थित बादशाही मस्जिद में मुसलमानों की एक बड़ी भारी सभा बुलाई गई। इस सभा का आयोजन भारत-सम्राट् बहादुरशाह ज़फर के हकीकी दामाद मिर्जा इलाहीबख्श ने किया, जो कि उस समय अंग्रेज़ों के दाहिने हाथ बनकर भारतीय स्वतन्त्रता की जड़ खोद रहे थे। इस सभा में मिर्जा इलाहीबख्श और उनकी बेगम शहजादी हुस्नबानू भी उपस्थित थीं। मिर्ज़ा साहब ने इस सभा में अपना भाषण देते हुए फरमाया—

"बिरादराने-वतन! दिल्ली की हुकूमत शाह बहादुरशाह ज़फर के हाथों में जब से आई है, मुल्क बरबादी की ओर बड़ी तेज़ी से बढ़ रहा है। कम्पनी की हुकूमत

में मुल्क के आ जाने से मुल्क में एक नई जान आ जाएगी...।'' आगे वे कुछ कहने भी नहीं पाए थे कि सभा के बीच से एक आदमी उठकर खड़ा हो गया और कहने लगा। ''बिरादराने वतन, यह मिर्ज़ा साहब गद्दार हो गए हैं। ये मुल्क को बेईमान अंग्रेज़ों के हाथ में सौंप देना चाहते हैं। ये जब खुद इज़्ज़त और रुतबा अता करने वाले शाह बहादुरशाह ज़फर के नहीं हुए, तो अब किसके होंगे?''

''यह शख्स अच्छन खां था। उसका यह कहना था कि उत्तेजित भीड़ ने मिर्ज़ा इलाहीबख्श के ऊपर हमला कर दिया। किसी तरह जान बचाकर मिर्ज़ा साहब भाग निकले। उत्तेजित भीड़ को शान्त करते हुए अमीर अली ने कहा–

'भाइयो, बहादुर हिन्दू हमारी सल्तनत को हिन्द में मज़बूत करने के लिए लड़ रहे हैं। इनके दिल पर काबू पाने और इनके अहसानों का बोझ अपने सर से उतार देने के लिए हमारा फर्ज़ है कि अयोध्या की श्रीराम जन्मभूमि, जिसे हम बाबरी मस्जिद कहते हैं, जो हकीकत में रामचन्द्रजी की जन्मभूमि के मन्दिर को ज़मींदोज़ करके शाहंशाहे-हिन्द बादशाह बाबर ने बनवाई थी, हिन्दुओं को वापस दे दें। इसमें हिन्दू-मुस्लिम इत्तदाह की जड़ इतनी मज़बूत हो जाएगी कि जिसे अंग्रेज़ों के बाप भी नहीं उखाड़ सकेंगे।''

''कहना नहीं होगा कि अमीर अली के इस उत्तेजनात्मक भाषण का मुसलमानों पर बड़ा प्रभाव पड़ा और वे इसके लिए बाखुशी राज़ी हो गए। यह खबर कम्पनी के जासूसों ने खूब रंग चढ़ाकर अंग्रेज़ों के पास पहुंचाई। इस खबर से अंग्रेज़ों के होश उड़ गए थे।

''कहना नहीं होगा कि बाबा रामचरणदास और अमीर अली का यह सत्प्रयत्न अंग्रेजों की कूटनीति के कारण विफल हो गया, तथा 18 मार्च सन् 1858 ई० को कुबेर टीले पर स्थित एक इमली के पेड़ पर दोनों देशभक्तों को अंग्रेज़ों ने फांसी पर लटका दिया। जनता बहुत दिनों तक उस पेड़ की पूजा करती रही, किन्तु सन् 1935 में 28 जनवरी को फैज़ाबाद के तत्कालीन डिप्टी कमिश्नर मिस्टर जे० पी० निकल्सन ने उस पेड़ को जड़ से कटवा डाला। इस प्रकार फैज़ाबाद और अयोध्या के दो प्रातःस्मरणीय वीरों की स्मृति अंग्रेज़ों के मनहूस हाथों द्वारा मिटा डाली गई।''

विद्रोहियों का परिचय

प्रसाद शुक्ल : ये अयोध्या के रहने वाले थे और उनके पूर्वज ज़िला गोरखपुर के रहने वाले थे। अयोध्या में स्थित वासुदेव घाट के एक मन्दिर के ये पुजारी थे। विद्रोही नेताओं में इनका नाम प्रमुख था। सुप्रसिद्ध विद्रोही नेता राजा देवीबख्श सिंह के ये दाहिने हाथ थे। विद्रोह के विफल हो जाने पर ये अंग्रेज़ों द्वारा पकड़ लिये गए और इनके सिर को रेती से रेतकर बड़ी दुर्दशा करके इनकी जान ली गई।

अच्छन खां : नवाबी खानदान के एक प्रमुख व्यक्ति थे और अयोध्या के बेगमपुरा मुहल्ले में रहते थे। विद्रोह में इनका बहुत बड़ा भाग था। विद्रोहियों के यह भी एक नेता थे। विद्रोह के विफल हो जाने के बाद शम्भुप्रसाद शुक्ल के साथ ये भी पकड़ लिये गए और इनके भी सिर को रेती से रेतकर इन्हें मार डाला गया।

बाबा रामचरण दास : ये हनुमानगढ़ी के पुजारी तथा बलवाइयों के नेता थे। इन्हें सारे बलवाई बड़ी पूज्य दृष्टि से देखते थे और इनका बड़ा सम्मान करते थे। विद्रोह के विफल हो जाने पर इन्हें कुबेर टीले पर स्थित एक इमली के पेड़ से लटकाकर अयोध्या में फांसी दे दी गई।

अमीर अली : आप हसनू कटरा फैज़ाबाद के निवासी तथा अच्छन खां और बाबा रामचरण दास के दाहिने हाथ थे। विद्रोह के विफल होने पर बाबा रामचरण दास के साथ आप भी पकड़े गए और उन्हीं के साथ फांसी पर लटका दिए गए।

बुझावन पांडे : आप सुप्रसिद्ध विद्रोही श्री मंगल पांडे के सगे भतीजे थे। विद्रोह के विफल होने पर आप राजा देवीबख्श सिंह के साथ गायब हो गए, तब से आपका पता नहीं लगा। इनके वंशज अभी तक अयोध्या तथा फैज़ाबाद तहसील में वर्तमान हैं।

'शारद' जी के द्वारा भेजी गई सूचनाओं में तीन बातें विशेष महत्त्व की हैं। मंगल पांडे का अवध वासी होना यहां के निवासियों के लिए गौरव की बात है।

फैज़ाबाद में षड्यंत्रकारियों की गुप्त बैठकें होने का समाचार भी विशेष महत्त्व का है; परन्तु यह समझ में नहीं आता कि मौलवी अहमदुल्ला शाह का नाम क्यों गायब है।

दूसरी बात ये कि यह सच है, इतनी बड़ी क्रान्ति का सूत्रपात रजवाड़ों की ओर से नहीं हुआ था। भारतीय सेना के सूबेदारों का इस योजना में प्रमुखतम् हाथ रहा है। मैं डॉ० मजूमदार महाशय की इस राय का कायल हूं कि सन् 57 के विद्रोह का नायक फौज का सिपाही था। सर जान के लिखित ग़दर के इतिहास में हमें ऐसी अनेक बातें देख़ने को मिलीं, जिनसे क्रान्तिकारी सेनाओं के महत्त्व का अन्दाज़ लगता है।

तीसरी सूचना अत्यन्त उत्साहवर्धक है। जिस जनस्थान मस्जिद को लेकर चार वर्ष पहले इतना ज़बरदस्त फसाद हुआ, उसे मुसलमान हिन्दुओं को वापस देने की बात पर विचार कर रहे थे; और हिन्दू जो कुछ वर्ष पहले तक मुसलमानों के घोर शत्रु थे, देश पर संकट आया देख, आपसी वैमनस्य भूलकर अपने उस शत्रु के विरुद्ध उठ खड़े हुए जो न्याय के नाम पर बन्दर-बांट करके राज-पर-राज हड़प किये जा रहा था।

इससे यह भी सिद्ध होता है कि वाजिद अली शाह अपने शासनकाल में हुए इस दंगे के लिए तनिक भी दोषी नहीं। 'पॉयनियर' वाले लेख के अंग्रेज़ लेखक ने इस प्रकार का ज़हर-बुझा संकेत फेंका है, जो अपनी सतह पर ही सरासर झूठ लगता है। वाजिद अली शाह तअस्सुबी मुसलमान न था। उसके द्वारा रचित रास नाटक में 'रामचन्द्र की जय' के नारे और 'कृष्णभक्त जोगिन' इस बात का प्रमाण हैं। उसकी शृंगारप्रियता ने होली-दिवाली जैसे त्यौहारों को अपना लिया था। उसकी विलासी प्रवृत्तियों के सम्बन्ध में तो लखनऊ के बड़े-बूढ़ों में अनेक कहावतें चली आ रही हैं, परन्तु किसी से आज तक उसकी साम्प्रदायिकता के सम्बन्ध में मैंने केवल एक घटना का विवरण छोड़कर और कुछ नहीं सुना। चौक (लखनऊ) के वयोवृद्ध लाला

मोतीचन्द जी जौहरी ने एक बार मुझे यह बतलाया था कि चौक के वर्तमान कम्पनी बाग में, जहां ग़दर के पहले घनी आबादी थी, वाजिद अली शाह के अफसरों ने जौहरियों का मन्दिर खुदवा डाला था। उस पर बड़ा असन्तोष फैला। बहुत से प्रतिष्ठित हिन्दू शिकायत लेकर मड़ियाव के बड़े साहब (सर हेनरी लारेन्स) के पास गए थे। वाजिद अली शाह ने इस बात का बड़ा बुरा माना। महताबराय जौहरी बादशाह के जौहरी थे। उनके कहने-सुनने से और बीच में पड़ने से मामला सुलझ गया। कमालुद्दीन हैदर लिखित 'सवानहात-ए-सलातीन-ए-अवध' में भी लाला मोतीचन्दजी द्वारा बतलाई गई इस घटना का उल्लेख है। अयोध्या के सम्बन्ध में भी उसका विवरण उल्लेखनीय है। लिखा है–

"जब फसाद हनुमान गढ़ी का अहले इस्लाम से बढ़ा तो मौलवी सैयद अमीर अली बन्दगी मियां के पोते साकिन कस्बये अमेठी निस्बती भाई शेख हुसैनअली कारिन्दा राजा नवाब अली खां रईस महमूदाबाद बसबबे जोशश हरारते इस्लाम चाहा के दफा तौहीने इस्लाम करे। चुनांचे पहले संदीले में अहले इस्लाम ने मौलवियों की तहरीक से बादे शोर ओइज्मा कमर जेहाद पर बांधी। बाज़ ने नाआकिबत अन्देश मना किया कि यह अम्र अच्छा नहीं, हाकिम वक्त और साहबान आलीशान से आखिर को मुकाबला हो जाएगा, फिर कुछ न बन पड़ेगा। अबस-अबस तौहीने-इस्लाम सबके वास्ते हो जाएगी। गरज़ एक ने न माना। मौलवी साहब के सर पर अजल तो आ ही गई थी। जब रुक्ने-रुकीन सल्तनते हुज़ूरे आलम इस अम्र से मुत्तिला हुए, शाह जमजाह से अर्ज़ की कि फिदबी हरचन्द चाहता है कि मग्द फसाद किसी हिकमते-अमली से मौकूफ हो जाए लेकिन खानाजाद सल्तनत यानी ख्वाजासरा पीरदागफलत में बानी मुबानी इस फसाद के होते हैं। मौलवी अमीर अली मीर हैदर मुंशी मुतवस्सिल बशीरुद्दौला के अज़ीज़ों से है। वह चाहता है कि आतिशे-फितना फसाद को खूब भड़काए और मुफ्त में मेरी बदनामी हो और नारसाई ज़ाहिर हो। बशीरुद्दौला जब इससे वाकिफ हुए, अपने रफये-इल्ज़ाभ के वास्ते मौलवी साहब को बुलवा भेजा और हज़रत जन्नतुल मकान के इमामबाड़े से उतारा। जब रहे ज़ियाफत की अपने साथ हुज़ूर आलम के पास ले गए। उन्होंने सब तरह से समझाया और चाहा कि खिलअत सरफराज़ी देकर रुख्सत करें, लेकिन मौलवी साहब ने न माना, न खिलअत लिया और न जेहाद से हाथ उठाया। आखिर उसी रात मौलवी साहब को उनके घर भेजा और उनका निकल जाना अपने लिए अच्छा समझा।"

कमालुद्दीन हैदर अंग्रेज़-परस्त इतिहासकार थे, उनके उपर्युक्त वृत्तान्त से कहीं भी यह बात प्रकट नहीं होती कि वाजिद अली शाह ने दंगे को भड़काने के लिए मौलवी साहब की पीठ पर हाथ रखखा। किसी बौद्धिक सिद्धान्तवश नहीं, किन्तु अपनी रसिया प्रवृत्ति का अत्यधिक दास होने की वजह से वाजिद अली शाह झगड़े-फसाद से कोसों दूर भागता था।

अयोध्या के दंगे के बाद अयोध्या के हिन्दुओं का साथ-साथ लड़ना निस्सन्देह इस बात का प्रमाण है कि वे लोग स्थानीय मुसलमानों से अधिक विदेशी ईसाइयों को अपने धर्म का शत्रु मानते थे। यदि यह बात न होती तो अंग्रेज़ी फौज की

सहायता से दबाए जाने वाले जेहाद के साथ-साथ वे अंग्रेज़ों के साथी बन जाते। हसनू कटरा के मियां अमीर अली और हनुमान गढ़ी के बाबा रामचरण दास एक साथ अंग्रेज़ों से लड़ें, यह बात तभी सम्भव हो सकती है, जब कि हिन्दू-मुसलमान लड़-भिड़ कर भी, संकट के समय एक-दूसरे पर ही अधिक भरोसा रख सकें।

बाबा रामचरण दास और मियां अमीर अली की एकता चिर अनुकरणीय आदर्श है। फैज़ाबाद में मौलवी अहमदुल्ला शाह के सम्बन्ध में जानकारी न प्राप्त कर पाने के कारण दुःखी हुआ, परन्तु बाबा जी और मियां जी का इतिहास पाकर बहुत सन्तुष्ट भी हुआ हूं। रामजी की अयोध्या ने यह दिया तो बहुत दिया।

सुल्तानपुर

9 जून। अपनी यात्रा के तीसरे पड़ाव की ओर बढ़ते हुए मेरी कल्पना की दृष्टि के आगे ट्रेन के दोनों ओर फैले खेतों और मैदानों में सौ वर्ष पहले की अंग्रेज़ी भारतीय सेनाएं आती-जाती, हर ओर फैली हुई दिखलाई पड़ती थीं। लाल कोट, सफेद पतलून और टोप लगाए घोड़े पर सवार हथियारबन्द अंग्रेज़ अफसर, फटी वर्दियों में भागते हुए अंग्रेज़, उनकी स्त्रियां और बच्चे—सभी का ध्यान आ रहा था। जो काटे गए, जिन पर विपत्ति पड़ी वे भले ही अंग्रेज़ हों या हिन्दुस्तानी, उनके प्रति सहानुभूति उमड़ती है। लड़वैयों की बात न्यारी है। आमने-सामने युद्ध के मैदान में जो मार-काट मचती है, वह जब तक युद्ध का सिद्धान्त जीवित रहेगा, होती ही रहेगी। परन्तु इन युद्धों की घृणा को लेकर जब निहत्थी कमज़ोर जनता पर अत्याचार किया जाता है, तो बहुत बुरा लगता है।

यह झूठ नहीं कि हमारी ओर से लोगों ने अंग्रेज़ों और अंग्रेज़परस्त रजवाड़ों, रईसों के प्रति जगह-जगह बड़ी क्रूरता भी दिखलाई थी। फैज़ाबाद गज़ेटियर में उस क्षेत्र के अंग्रेज़ों को बुरी तरह खदेड़े जाने का विवरण दिया है। चार-पांच या एक व्यक्ति के पीछे खून की प्यासी जनता का दौड़ना कोई अच्छा चित्र नहीं है। सुल्तानपुर से आने वाली क्रान्तिकारी सेनाओं का समाचार सुनकर फैज़ाबाद और सुल्तानपुर के बीच की भूमि अंग्रेज़ों के लिए नरक बन गई थी।

आज ही के दिन, सौ वर्ष पहले सुल्तानपुर में ग़दर का श्रीगणेश हुआ था। कर्नल फिशर सुबह के समय मिलिटरी पुलिस लाइन से लौट रहा था। उसे पीछे से गोली मारी गई। दो सिविलियन अफसर और भी मारे गए। अपना दांव आने पर अंग्रेज़ों ने सुल्तानपुर नगर पूरी तरह उजाड़ डाला। मैंने सुना था कि पुराने सुल्तानपुर के खण्डहर गोमती पार आज भी उस नाश की गवाही देने को खड़े हैं। वर्तमान सुल्तानपुर नगर गदर के बाद उस जगह बना, जहां पहले गोरों की छावनी थी। सुल्तानपुर ज़िले के अमहट के खानज़ादों की वीरता के सम्बन्ध में भी बड़ी प्रशंसा-भरी बातें सुनी थीं।

दोपहर बाद सुल्तानपुर पहुंच गया। वहां के ज़िला सूचना-अधिकारी श्री 'किसान' टिकट-कलेक्टर के पास ही दरवाज़े पर खड़े बाहर निकलने वाले मुसाफिरों के चेहरे भांप रहे थे। अपनी यात्रा के इस तीसरे स्टेशन पर आते-आते तक, इन

खोजती आंखों को पहचान लेने का अभ्यास हो चला था। इसलिए फाटक तक पहुंचते ही मैंने 'किसान जी' को इस तरह नमस्कार किया गोया पुरानी जान-पहचान हो, कहा : ''आइए।''

किसान जी ''आप ही नागर जी हैं?'' पूछते रह गए और मैं उन्हें 'आइए' कहकर बढ़ाता ले आया। मेरा जासूसी उपन्यास पढ़ने का शौक उपयोगी सिद्ध हुआ; शर्लाक होम्स की तरह अपने कमाल से किसान जी को बांध कर मन-ही-मन बड़ा प्रसन्न हुआ। जीपगाड़ी में शहर की विभिन्न सड़कों से गुज़रते हुए ही मुझे अन्दाज़ लगा कि शहर छोटा होते हुए भी सम्पन्न है। जगह-जगह नये ढंग की इमारतें भी देखीं। मेरे आने से किसान जी एक धर्म संकट में पड़ गए थे। दूसरे ही दिन उनके ज्येष्ठ पुत्र का तिलक आने वाला था। अपने पास बैठे एक साथी को निमन्त्रण पत्र बंटवाने का काम सौंप स्वयं मेरे काम के लिए साथ चलने की योजना बनाने लगे। मैंने सोचा कि इस समय इन्हें अपने काम के लिए घेरना अनुचित होगा। उनसे कहा: ''आप मुझे गाड़ी दे दीजिए और यह भूल जाइए कि मुझे घुमाने का भार आप पर है।''

ना-हां करते वे राज़ी हो गए। एक स्थानीय कॉलेज के अध्यापक, जिनका नाम मैं भूल गया, मेरे साथ अमहट चले। किसान जी ने उन्हें मेरे साथ कर दिया था।

अमहट ग्राम नगर से बहुत दूर नहीं था। रास्ते में जेलखाना भी पड़ता है, वह कोठी भी खण्डहर के रूप में दिखलाई पड़ती है, जहां कर्नल फिशर मारा गया था।

ठिकाने पर पहुंच गए। सबसे पहले जो साहब मिले उन्हीं से सवाल किया। श्री जव्वादहुसैन खां ने कुर्सियां मंगाई और इनायत हुसैन खां सरपंच को भी बुलवा लिया। देखते-देखते दो-चार बुज़ुर्ग और जवान इकट्ठा हो गए। श्री जव्वाद हुसैन और सरपंच साहब बतलाने वालों में प्रमुख थे, यों बीच-बीच में दूसरे सज्जन भी कुछ-कुछ बतलाते चलते थे। श्री जव्वाद हुसैन ने बतलाया, ''हमको तो ये मालूम हुआ था कि जब अंग्रेज़ आए तब हमारे मूरिसान खानजादगान ने उनका मुकाबला किया। उनमें फतेखां, दरियाव खां, पीर खां, फतेह बहादुर खां, हुसैनबख्श खां, फेंकू खां, खातिर खां, गनीबहादुर खां, रजा खां उर्फ राजा खां लड़े। हमारी कौम के लोग बाकायदा जंग में लड़े। अट्ठारह सौ लोग थे, इनमें से कुछ मारे गए, कुछ दूर-दूर गांवों में भाग गए, जो बचे वे हर तरह की मुसीबतें झेलने के बाद यहां कब्रिस्तान में बसा दिए गए। पुराना अमहट गांव तो यहां से ज़रा दूर है। हमारा इलाका हमसे छीनकर दियरा वालों को दे दिया गया। हमको जीते जी मुर्दा समझकर अंग्रेज़ों ने रहने के लिए ये कब्रिस्तान दिया। कर्नल जो ग़दर में मारा गया था, उसका बंगला यहीं पास ही है। कर्नल में शैतानियत है; उसका भूत अब भी सफेद घोड़े पर आता है।''

मैंने पूछा, ''ग़दर तो छावनी में हुआ होगा, फिर आप लोग उसमें कैसे और कब शामिल हुए?''

एक बुज़ुर्ग साहब बोले, ''हमारे पास लखनऊ से खुफिया तौर पर सरकारी आर्डर आया था। बस, फिर जंग शुरू हो गई।''

"किसने आर्डर भेजा था?"

"बिरजिस कदर शाह ने भेजा था।"

"क्या वो कागज़ आपके पास है?"

"जी हां, खादिम हुसैन के भाई के पास है।"

"मुझे देखने के लिए मिल सकता है?"

सरपंच इनायत हुसैन खां बोले : "आप कल तशरीफ लाएं। मैं मंगवाकर रखूंगा। बहरहाल हमने वो हुक्मनामा देखा है। उसमें फारसी में यह इबारत लिखी है कि–

"गोमती, गंगा, घाघरा के दरम्यान पोशीदा तौर पर अंग्रेज़ फौजें जा रही हैं, उनके साथ हिन्दू और सिक्ख फौजें भी हैं। हमें हुक्म हुआ था कि हम उनका पीछा करें, हिन्दुओं और सिक्खों को गिरफ्तार कर लें, जिससे कि गद्दारों की ताकत घट जाए और गोरों को कत्ल-ओ-तबाह कर दिया जाए।"

"यह हुक्मनामा किसके नाम आया था?"

सरपंच महोदय बोले : "बख्शी खां सनदयाफ्ता ताल्लुकेदार अमहट के थे। उनके बाद उनके लड़के बख्तावर खां हुए। गदर के दौरान ही बख्तावर खां का इन्तकाल हुआ। मिंडई खां उर्फ मेहंदी हसन खां फिर ज़मींदार हुए। इन्हीं बाप-बेटों में से किसी के नाम होगा। अब इस वक्त ठीक तरह से तो याद नहीं। हमारे वालिद के फूफा रज़ा अली खां नायब नाज़िम थे। उनकी दस हज़ार फौज थी। वैसे सनद ताल्लुका बख्शी खां के नाम था, मगर पट्टीदारान बहुत से थे, आपको जव्वाद हुसैन ने जो नाम लिखाए, वे सब, और तमाम लोग पट्टीदार थे। इन सब पर, बाईस आदमियों पर मुकदमा कायम किया गया। उनमें से कुछ को सज़ाएं तजवीज़ हुईं और दो को, यानी मिंडई खां और हुसैन बख्श खां को, फांसी की सज़ा हुई। अवध के बावन ताल्लुकेदारान ने इनके लिए सफाई पेश की, मगर वह काबिले समाअत नहीं समझी गई।

"जुर्म था कि अंग्रेज़ों की फौज के लोग, जो मारे गए, खुसूसन कर्नल, जो मारा गया, उसकी लाश दफनाई क्यों नहीं गई। दूसरा जुर्म यह था कि कर्नल की घोड़ी को गांव वालों ने यानी हम लोगों न हासिल कर लिया और उनके साईस को मार डाला। हमारा तीसरा जुर्म यह बतलाया गया कि परऊपुर छितौना के रहने वाले जयलाल को, जो कि गिरदौर का कानूनगो था हमारे बुज़ुर्गों ने मार डाला।"

"तो फिर मिंडई खां और हुसैन बख्श खां को फांसी दे दी गई?" मैंने पूछा।

"जीं नहीं, बच गए। उसी वक्त मल्का विक्टोरिया की तकरीब हुई। उस तकरीब में सज़ाएं माफ हो गईं। लोग बच तो गए लेकिन उनका पूरा का पूरा ताल्लुका ज़ब्त हो गया।"

एक वृद्ध सज्जन बोले : 'कैदखाने के पास पीपल के दरख्त से हर रोज़ फांसियां दी जाती थीं। जब तक विक्टोरिया की तकरीब नहीं हुई तब तक कलक्टर रोज़ कहता था कि मेंडू खां तुम्हारा भी यही हाल होगा। मगर मेंडई खां इस्तखारे के इतने पाबन्द थे कि बराबर यही जवाब देते कि हुजूर, जैसे दूध से मक्खी निकल

आती है वैसे ही मैं भी निकल आऊंगा।''

दूसरे दिन मैं फिर बेगम हज़रतमहल के फर्मान देखने अमहट गया। उस दिन तमाम खानजादे इकट्ठे थे। करीब पच्चीस-तीस बूढ़े-जवान व्यक्तियों ने मुझसे तरह-तरह के प्रश्न पूछने आरम्भ किए ''यह हाल क्यों पूछा जा रहा है, क्या इससे हमारी तकलीफें दूर हो जाएंगी? हमारी जो ज़मीन हवाई जहाज़ का अड्डा बनाने के लिए लड़ाई के जमाने में ले ली गई थी, क्या हमें वापस मिल जाएगी? हम सब अंग्रेज़ी हुकूमत के बागी तो थे ही, पर क्या अपनी हुकूमत में भी बागी माने जाएंगे?''

सरपंच साहब सबको खामोश कर खुद बोलने लगे, कहा : ''मैं दो लफ्ज़ जानता हूं बाबूजी—बागी और खैरख्वाह। बागी उसे कहते हैं जो मौजूदा सरकार के खिलाफ बगावत करे। हमने मौजूदा शाही सरकार के हुक्म के मुताबिक अपने मुल्क के लिए कुर्बानी दी, फिर हम बागी क्योंकर कहे जा सकते हैं?''

मैंने कहा, ''बागी आपको अंग्रेज़ कहते थे और गलत नहीं थे। आप यकीनन अपने मुल्क के खैरख्वाह थे। आपकी खैरख्वाही का सबूत सरकारे बिरजीसी के वे फर्मान हैं जिन्हें देखने के लिए मैं इस वक्त हाज़िर हुआ हूं।''

शिकायतों और सवालों का फिर एक रौरा उठा। उसे रोकते हुए एक साहब ने हांक लगाई : ''खामोश! अब मैं आपकी खिदमत में अपना लिखा हुआ बयान पेश करता हूं बाबू साहब। और वो जो फर्मान है वो मेरे ही पास है। निहालगढ़ में रक्खे हुए हैं। आप खुद ही देख रहे हैं कि मेरी तबियत आज नासाज़ है। आपके तशरीफ लाने की वजह से ही मैं यहां आया हूं, बल्कि कहना चाहिए ये लोग मुझे ले आए हैं। दो-चार दिन बाद अगर आप तशरीफ लाएं, तो मैं चलकर आपको दिखला दूंगा।''

मैंने कहा : ''मेरे लिए तब तक रुकना नामुककिन है, मैं किसान साहब से कह जाऊंगा। उन्हें आप मेहरबानी कर कागज़ात की फोटो खिंचवाने के लिए दे दीजिएगा।''

सरपंच साहब बोले : ''वैसे कागज़ात ही हमारी जागीर हैं बाबू साहब, अब और कुछ नहीं रहा।''

मैंने कहा : ''वे कागजात फोटो खींचने के बाद आपको वापस मिल जाएंगे। चूंकि हर कैमरा कागज़ात की तस्वीर नहीं खींच सकता, इसलिए उन्हें लखनऊ भेजा जाएगा।''

खादिम हुसैन खां साहब बोले : ''तब तो हम साहब की ज़िम्मेदारी पर ही उन्हें दे सकेंगे।''

मैंने कहा : ठीक है। यही कीजिएगा।''

खादिम हुसैन साहब ने फिर हाथ उठाकर सभा को सुनाते हुए कहा : ''सुन लो भाइयो! मैं इन बाबू साहब को सब हिस्ट्री लिखकर दे रहा हूं। अगर कोई बात छूट गई हो या किसी को किसी किस्म का इख्तिलाफ हो तो बतला देना। फिर न कहना कि दरोगा जी ने गलत बयान दे दिया।'' इतना कहकर वे सुनाने लगेः—

''वाकयातो हवादिसाते ज़ब्ती इलाका-ए-राज अमहट मिन्जानिब कौम

खानज़ादगान, जो गजलौती मुस्लिम राजपूत से हैं, शाही खानदान से भी ताल्लुक है। (1) यह इलाका ताल्लुका-ए-अमहट जो चौदह कोस मशहूर था बसिलसिलए-बगावत ब्रिटिश ज़ब्त किया था (2) शाही फरमान जिस पर मुहर भी सब्त है इस बाबत मौसूल हुआ था कि अंग्रेज़ों से लड़ो दरियाए घाघरा पार उतार दो। ज़ाहिर है कि इस हुक्म की पाबन्दी में जंग भी किया होगा और घाघरा पार उतारा होगा। फर्मान बनाम बख्तावर खां सादिर हुआ था जो अगुआ थे। (3) नकल खेवट व दीगर कागज़ात जिनको अल्लाहयार खां मरहूम ने फराहम किया था मैंने बचश्म खुद देखा है। छियत्तर नंबरी मुवाजेआत इस इलाके में शामिल थे जिनमें छप्पन मुवाजेआत चार पट्टीदारों में तकसीम थे। नंबरदारान बख्तावर खां, मुहम्मद खां, झाऊ खां, राजा खां, इस इलाके में दर्ज खेवट हैं। बकीया मुवाजेआत खानदान बख्तावर खां में...(अस्पष्ट लिखावट) थे। (4) हमला अंग्रेज़ों पर जो किया गया कुल अफराद-ए-मौज़ा, जो उस वक्त थे, शरीके-कार रहकर अज़ तरफ पुराने सुल्तानपुर की जानिब अंग्रेज़ों को भगा कर ले गए, जहां कुश्तो-खून भी काफी हुआ। मेम और बच्चे एक निशाना बनाए गए और दरियाए घाघरा-पार उतार दिया गया। (5) एक अंग्रेज़ भाग कर गोमती नदी के पूरब वाले घाट से जो करीब...नगर है, एक मल्लाह की डोंगी कश्ती के ज़रिये पार उतारा। उसने मल्लाह को अपनी जान बचाने के लिए तहरीर लिख दिया। उसने राजा साहब दियरा को दे दिया। जब खुद कमिश्नर तसल्लुद के बाद आया तब राजा साहब दियरा ने उसे भी पेश कर दिया, जिस बिना पर राजा साहब दियरा को खैरख्वाही में इलाका-ए-अमहट भी मिल गया। (6) कर्नैल फौज की सवारी की कलाराज घोड़ी मुहम्मद खां खानदान बख्तावर खां ने रख लिया था, साईस के मांगने पर मार कर भगा दिया। (7) कर्नैल फौज की लाश एक दरख्त में लटकती पाकर जब दूसरी फौज आई, देखकर यह इल्ज़ाम भी अमहट वालों पर लगाया कि तुम लोगों ने लाश को दफ्न नहीं कराया बल्कि तौहीन की। (8) कोई कानूनगो भी इस इलाका-ए-अमहट में मारा गया था, यह इल्ज़ाम इज़ाफा किया गया है। (9) जब दूसरी फौज अंग्रेज़ों की तसल्लुद कायम करने के लिए गोलाबारी करती हुई आई, तो शानदार मकानात, जो बाज़ार अमहट के उत्तर जानिब डेढ़-दो मील के अन्दर आबादी में थे, गोलाबारी करके मिस्मार करा दिया है। अब तक टीले मौजूद हैं, जो फरियाद कर रहे हैं। इस वक्त सब लोग बच-बचाकर वसीह इलाके में फरार होकर चले गए। ताकि जानें बच जाएं। (10) बुज़ुर्ग मखसूस अपने बड़े वालिद गनी बहादुर खां की ज़बानी यह हालात मिले कि जब तसल्लुद कायम होने का ऐलान हुआ तो यह भी ऐलान हुआ कि सब लोग वापस आ जाएं। जब वापस आए तो धोखा देकर बुलवाया, लेकिन बहुत लोग नहीं गए सिर्फ दस या बारह आदमी गए, जिनमें गनी बहादुर खां, मेंहदी खां, राजा खां, झाऊ खां, बाकी लोगों का नाम याद नहीं रह गया—सबको गिरफ्तार कर लिया गया। फांसी देने का हुक्म हुआ। तख्ता फांसी लग गए। जुडीशियल कमिश्नर ने माफ कर दिया, जान बची। (11) एक फरमान-ए-शाही और भी बज़बाने फारसी बनाम राजा खां और अल्लाहयार खां के नाम मौजूद देखा है जिसमें किसी मामले के तस्फिए के लिए राजा खां व राजा इस्माईल को हुक्म दिया

गया था। (12) मुख़्तसर खाका वाकयात का इस ज़ब्ती इलाके का गज़ेटियर में शाया हो चुका होगा मिसिल ज़ब्ती मुहाफिज़ खाने में मौजूद है मुलाहिज़ा फरमाई जा सकती है। रियासत दियरा में रियासत अमहट के शामिल होने वाले इस इलाके के कागज़ात भी अलहदा होंगे। (13) इसी बगावत की बिना पर अमहट के ज़ब्ती शुदा इलाके में एरोड्रोम भी बनाया गया ताकि बिलकुल कुचल दिए जाएं, अब सर न उठा सकें। (14) मेरे चचाज़ाद भाई...हुसेन जो रेलवे में मुलाज़िम थे, सन् 1919 में जब कि कांग्रेस में मुहम्मदअली और शौकतअली भी शामिल थे जनाब महात्मा गांधी की स्पेशल देहली से अमृतसर जाने वाली थी। वहां मीटिंग होने वाली थी। उस वक्त मेरे भाई...जो सहारनपुर में तैनात थे और रेलवे ड्राइवर थे और एक अंग्रेज़ ने उनपर ज़ोर डाला कि वह स्ट्राइक कर दें ताकि गांधीजी की स्पेशल न जा सके। मगर उन्होंने स्ट्राइक न होने दिया ताकि गांधीजी की स्पेशल चली जावे। यह 24 दिसम्बर को स्ट्राइक कराई जा रही थी पर स्ट्राइक न होने से स्पेशल चली गई, बाद में स्ट्राइक की गई। जब पूछा गया कि 24 को तो स्ट्राइक नहीं हुई अब क्यों की गई, तो जवाब में कहा कि 24 दिसम्बर को अंग्रेज़ों के बच्चे पहाड़ों से अपने वारिसों के पास तातील में भेज दिए जाते हैं अगर स्ट्राइक होती तो बच्चे वारिसों तक नहीं पहुंच सकते थे तो खामोशी हुई।

मिंजानिब कौम ए खानज़ादगान अमहट
खादिम हुसैन खां सब-इंसपेक्टर मोर्रका
10-6-57

अर्जे हाल-ए-खास है (15) मक्फी न रहना चाहिए, मरने पर सौ दुर। इस अफसोसनाक पामाली के बाद बलवाई की ज़मीन कोआपरेटिव को दे दी, जिसका उनको कोई हक नहीं था, क्योंकि-एरोड्रोम मजिस्ट्रेट साहब ने हुक्म फरमाया था कि जब ज़मीन हवाई अड्डे के मसरफ में न रहे तो अस्ल मालिकाने ज़मीन को उसी सूरत में वापिस दे दी जाए। अलावा इसके दो गवर्नमेन्ट आर्डर भी जारी हो चुके हैं कि ज़मीन वापस देनी चाहिए हुक्म एरोड्रोम की बिना पर हम लोगों की दरख्वास्त तकरीबन दो बरस हुए गुज़री, पर बोर्ड मीटिंग के लिए भेज दी गई, जिसे तकरीबन आठ माह हुए होंगे। अभी तक खामोशी के नशे गें पड़ी है। खास तवज्जह की ज़रूरत है और इलाका भी बा-गुज़ार होना चाहिए। बलिहाजे आगाही वाकयात अर्ज़ किए। —खादिम हुसैन खां।''

अमहट के खानज़ादों से विदा लेकर जब मैं चला तो 1857 से लेकर 1957 तक, पूरी एक शताब्दी मेरे सामने आ रही थी। किसी बड़े क्रान्तिकारी आन्दोलन में भाग लेने वाले व्यक्ति को आन्दोलन की असफलता के बाद जो कुण्ठा और अवसाद सहना पड़ता है वह बड़ा भयंकर होता है। यह खानज़ादे, जो बात-बात में अपने पुरखों की ज़मींदारी और लाखों के वैभव का शोर मचाते थे वह उनके फटे-पुराने कपड़ों, महंगाई की मार खाए हुए सूखे चेहरों और उनके वर्तमान मज़दूर-जीवन के साथ जुड़कर एक ऐसी ज़टिल गुत्थी के रूप में सामने आता था जिसे सुलझाना आसान काम नहीं है। जाने कितने बड़े, मंझोले ऐसे परिवार होंगे, जो सत्तावन क्रान्ति

में अपनी लाखों की हैसियत खोकर कौड़ी-कौड़ी के मुहताज हो गए। स्वर्गीय ख्वाज़ा हसन निज़ामी द्वारा लिखित दिल्ली के शाहज़ादों और शाहज़ादियों के विवरण पढ़कर, कई बरस पहले मैं फूट-फूटकर रोया था। कल का शाहज़ादा आज का भिखारी, कल की शाहज़ादी आज के किसी अति साधारण नौकरी-पेशा व्यक्ति की स्त्री बन गई, यह बातें मुझे अंग्रेज़ों के खिलाफ उभारती थीं।

परन्तु आज, स्वतन्त्रता-प्राप्ति के बाद हम उन लाखों के वैभव वाले क्रान्तिकारिबों के लुटे हुए वंशजों को कैसे सन्तोष प्रदान करें। सौ बरस पहले के पुरखों के कारनामों के लिए क्या आज उनके वंशजों को पेन्शनें बांटी जाएं? यह उचित होगा? ऐसे अनेक परिवार होंगे जिनके व्यक्ति ग़दर में लड़कर शहीद हुए, परन्तु न वे तब अमीर थे न आज। उन अनजान पुरखों की शहादत क्या हमारे लखेसरी पुरखों से कम थी? यदि पेन्शनें ही बंटनी हैं, तो फिर सबको क्यों न बंटें? ग़दर, सन् 1907 के स्वदेशी आन्दोलन, जलियांवाला बाग के शहीदों से लेकर सन् 42 तक की असंख्य हुतात्माएं हैं। अगर सबको पेन्शनें ही बांटी जाएं, तो राष्ट्र पर कर का एक बड़ा भार लद जाएगा। फिर क्या शहीद केवल अपने लिए ही शहीद हुए थे? उनकी शहादत का फल सारे देश को मिलता है। जब हमारा राष्ट्र सम्पन्न होगा, तब उसका प्रत्येक व्यक्ति सुख पाएगा। सौ वर्ष पहले के पुरखों की वीरता के लिए उनके वंशजों को आज पेन्शन देना अनुचित है। हां, उन वंशजों को विशेष सम्मान अवश्य देना चाहिए, जिससे कि शूर पुरखों के वंशज अवसर पड़ने पर आज भी वैसा ही दृष्टान्त उपस्थित कर सकें। यदि अमहट के अमीर खानज़ादों के वंशज पैन्शन के मुस्तहक हैं, तो लखनऊ के वे गरीब पासी क्यों नहीं, जिनके गरीब पुरखों ने बेलीगारद में बार-बार सुरंगें बिछाकर अद्भुत साहस का परिचय दिया था।

इसमें सन्देह नहीं कि अमहट के खानज़ादों ने सन् 1857 में शाही फरमान पाकर राजा अर्थात् देश के प्रति अपना कर्तव्य निभाया। शाही फरमान यह भी सिद्ध करते हैं कि 1857 की क्रान्ति एक संगठित आयोजन थी और गांव-के-गांव उसमें सम्मिलित हुए थे।

हां, भारतीयों की ओर से क्रूरताएं भी हुईं। स्वयं अमहट वालों ने यह भी स्वीकार किया कि उनके पुरखों ने अपने राजा की आज्ञा पालन करने के जोश में अंग्रेज़ स्त्रियों और बच्चों तक को न छोड़ा। यह क्रूरता सचमुच किसी भी युग में अक्षम्य मानी जाएगी। बेगम हज़रतमहल के अनुशासन में चलने वाली सरकारेबिरज़ीसी पर यह आरोप नहीं लगाया जा सकता कि उनकी आज्ञा से शत्रुओं की स्त्रियों और बच्चों का कत्ल हुआ। प्रमाण मौजूद हैं कि हज़रतमहल ने शत्रुओं की बन्दी स्त्रियों और बच्चों को बचाया था, उन्होंने बदले की आग से सुलगते हुए क्रान्तिकारियों को कैदी स्त्रियां और बच्चे देने से इनकार किया था।

जो हो, अमहट वाले पुरखों के इस घृणित कर्म के लिए डाक्टर मजूमदार की भांति मेरा मस्तक भी राष्ट्रीय लज्जा से झुक जाता है, परन्तु यह विचार भी बार-बार आता है कि आखिर ऐसा क्यों हुआ? क्या यह नृशंसता एकपक्षीय ही थी? क्या इस बात के प्रमाण कम हैं कि भारतीय सैनिकों और प्रजा-जन ने शत्रुओं से जी-जान

से लड़ते हुए संकट में पड़े अकेले-दुकेले अंग्रेज़ स्त्रियों, पुरुषों की रक्षा की?

नगर के प्रतिष्ठित वकील बाबू गणपति सहाय से मैंने भेंट की। वे बोले : ''ज़्यादा तो नहीं जानता पर इतना कह सकता हूं कि हमारे यहां ग़दर में सबसे बड़ा हिस्सा अमहट वालों ने लिया था। हमारा तो शहर का शहर बम्बार्ड कर दिया गया। पुराना सुल्तानपुर गोमती के पार है, वहीं लड़ाई हुई थी। लड़ाई के बाद पूरी बस्ती उजाड़ डाली गई। फिर लोग इधर आकर बसे। इस तरफ पहले अंग्रेज़ी कैम्प था। देहाती अब तक इस इलाके को कम्पू कहते हैं। सुल्तानपुर की पहली आबादी से पता चलता है, कि पुराने ज़माने में हमारे यहां हिन्दुओं और मुसलमानों के आपसी सम्बन्ध बहुत अच्छे रहे होंगे। आप अगर पुरानी बस्ती के खण्डहरों को देखने जाएंगे, तो खुद देखेंगे कि मन्दिर और मस्जिद एक साथ अगल-बगल बने हुए हैं। जब ग़दर शुरू हुआ तो दियरा के ताल्लुकेदार बाबू रुस्तम साही ने अंग्रेज़ों को बचाया; उन्हें पर्देदार पालकियों में जौनपुर भेज दिया। ग़दर के बाद बाबू साहब को राजा का टाइटिल और जागीर भी मिली। अंग्रेज़ों ने जब कब्जा किया तब सीताकुण्ड के पास नीम के पेड़ से उन्होंने सैकड़ों हिन्दुस्तानियों को फांसियां दी थीं।''

बीबी की मस्जिद के पेश इमाम मौलवी अब्दुल अव्वल ने कहा : ''बहादुरशाह ज़फ़र के कोई बेटे या पोते गदर के जमाने में भागकर यहां आए थे। वे सूफी हो गए थे। हज़रतशाह अब्दुल लतीफ साहब के नाम से मशहूर हुए और ताउम्र यहीं रहे। दूसरी बात अर्ज करना चाहता हूं कि जरनल बख्त खां रुहेला जो ग़दर के ज़माने में बड़े सरनाम हुए, उनकी ननिहाल अवध सुल्तानपुर में थी। तीसरी बात यह है कि कादू के नाले पर मुजाहिदीन गदर ने बड़ा मोर्चा लिया।''

श्री शंकरलाल एम० एल० ए० ने भी कादू के नाले वाली लड़ाई को अत्यधिक महत्त्वपूर्ण बतलाया, बोले : ''उस ज़माने में वहां बड़ा बीहड़ जंगल रहा। थोड़ा-बहुत जंगल अब भी है। वहां हिन्दुस्तानियों ने अंग्रेज़ों को मार-मारकर खलिहान भर दिए। अंग्रेज़ वहीं से बाहर खदेड़े गए।''

एक वैद्यजी, और एक 'ज़िले के सर्वश्रेष्ठ विद्वान्' महोदय के नाम और पते भी बतलाए गए। मैं दोनों सज्जनों के यहां दो-दो, तीन-तीन बार गया। दुर्भाग्यवश वे लोग न मिल सके। शाम को किसान महोदय के चिरंजीव की तिलक पार्टी में ज़िले के सर्वश्रेष्ठ विद्वान् जी पधारे थे, उन्हें बतलाया भी गया कि मैं उनसे मिलने कई बार गया। बाद में उसी पार्टी में मुझे भी यह बतलाया गया कि ज़िला विद्वान् पधारे हैं, मैं उनसे मिल लूं। मगर फिर मेरी इच्छा न हुई। मुझे लगा कि वह व्यक्ति दम्भी है। जान-पहचान न होने पर भी एक लोकहितकारी साहित्यिक कार्य के लिए मैं जिसके पास तीन-तीन बार दौड़ा गया, वह चार कुर्सी लांघकर मेरे पास नहीं आ सकता? मन में एक रमक यह भी आई (जो मुझे बहुत ही कम आती है) कि उस ज़िला-प्रसिद्ध व्यक्ति के आगे मैं भारत-प्रसिद्ध व्यक्ति हूं। उसके घमण्ड को बल न दूंगा। इस 'भारत-प्रसिद्ध' के ज़ोम के साथ मन-ही-मन हंसी भी आई—क्या यह भी अभिमान करने लायक वस्तु होती है? मुझसे अधिक प्रसिद्ध और अनेक हैं। सबसे अधिक प्रसिद्ध तो राजकपूर, नरगिस, लता मंगेशकर एक ओर और दूसरी ओर

जवाहरलाल नेहरू हैं। फिर किस-किसकी अकड़ बरदाश्त की जाए! और सच तो यह है कि घुन्नी अकड़ वाले आदमी आमतौर पर खोखले होते हैं।

गोंडा

गोंडा ज़िले के एक सनाढ्य ब्राह्मण जियालाल लखनऊ में ठेला खींचते हैं। मेरे पड़ोस में ही रहते हैं और जब-तब मेरे पास चिट्ठी-पत्री लिखाने या दुःख-सुख कहने आ जाया करते हैं। एक दिन मैंने उनसे पूछा : "जियालाल, तुमने राजा देवी का नाम सुना है?"

"राजा देवी बकस क नाम चारौ अलंग फैला है, पण्डित जी! हमरे दुयास का बच्चा-बच्चा राजा देबी बकस क जानत है।"

फिर मेरे आग्रह पर जियालाल ने राजा देबी बख़्श के सम्बन्ध में एक लोक-रचना सुनाई जो इस प्रकार है :

राजा देबी बकस लोह वंका, जिनका रत्ती भर न संका।
वहि बजवाय दीन है डंका।
राजा एक सर बंधाय दीन लाय,
जब राजा कै राज रहा, तब सुखी सबै संसार रहा।
धान जुंधरिया, सांवा, कोदों, सस्तां भाव बिकाय रहा॥
घर कोरी से जोड़ा बिनावैं, मुमरदौं का पहिनाव रहा।
सिकिया पट्टाअडर बाफता औरत का पहिनाव रहा॥
थोरे दाम मा बनै मिरजई, ओही मां मरजाद रहा।
राजा देवी बकस अस सुन्दर,
उनके हाथ सौने का मुन्दर।
उनमें आगे सब लगैं छछुन्दर;
उनके चौरासी कोस माँ रहै राज।
जब दागै तोप देवु धर गरजै फाट दरारा नइया।
हजारों गोरा डूब मरे वहि कहते बाप्पा दैय्या।
भागो मेम चलौ बिल्लांइत हियां है बड़े घरइया।
राजा एक सौ बंधाय दिया लाय।

चौरासी कोस राज्य की परिभाषा करते हुए जियालाल ने कहा कि "उनका राज हियां लखनऊ मां लोहिया के पुल तक रहा।"

राजा देबी बख़्श के सम्बन्ध में उससे कुछ दिन पहले स्थानीय दैनिक 'स्वतन्त्र भारत' में भी एक आल्हा पढ़ चुका था। उनकी लोकप्रियता का अन्दाज़ इन जनकाव्यों से ही लगता है।

15 जून। स्टेशन पर ही अतिरिक्त ज़िला सूचना-अधिकारी ने सूचित किया कि उनका ड्राइवर बीमार है, गाड़ी का प्रबन्ध नहीं हो सकता। मुझे पहली बार अनुभव हुआ कि बन्धन किसी भी चीज़ का हो, बुरा ही होता है। विभिन्न ज़िलों में यात्रा की सरकारी सुविधा प्राप्त हो जाने के कारण पैसे कम ही लेकर चलता हूं; साज-

सामान भी मेरी इस प्रकार की यात्राओं के पुराने साथी, पत्नी द्वारा बुने गए सुतली के झोले के बजाए होल्डॉल और सूटकेस था। इसलिए ठाठ फकीरी से घूमना मुमकिन था। खबर सुनते एक ठण्डी आह भरी, सोचा, जो दो नाम लाया हूं उनसे तो भेंट कर ही लूंगा, इसके अतिरिक्त गोंडा में हास्यरस के मोहनजोदारो आदरणीय श्री जी० पी० श्रीवास्तव तो हैं ही, उनसे भी कुछ लोगों के नाम मिल जाएंगे। हां, तुलसीपुर न जा सकूंगा। तुलसीपुर रानी ने गदर में बड़ा भाग लिया था। उनके सम्बन्ध में गहरी उत्सुकता थी। सन् सत्तावन की क्रान्ति में हमारे जन-जीवन के प्रत्येक वर्ग की स्त्री ने प्रमुख भाग लिया है। यह बड़ी ही उत्साहप्रद बात है। रानियां, बेगमें, वेश्याएँ और साधारण घरों की स्त्रियों ने भी इस राष्ट्रीय युद्ध में अपने तेज का परिचय दिया। पर्दा-प्रथा की कट्टर पोषक तत्कालीन भारत की देवियों का ग़दर में इस प्रकार भाग लेना क्रान्ति नहीं तो और क्या है!

गोंडा नगर अब तक के देखे स्थानों में सबसे दरिद्र लगा। मकान अधिकतर खण्डहर हैं। गोंडा प्राचीन बस्ती है और जैसा कि नाम से भी विदित होता है, यह गोंडा का नगर था। थारू, गोंड, भर, पासी, कुर्मी आदि जातियों का किसी समय यहां बड़ा ज़ोर था। गोंडा ज़िला के बराबर स्त्री-पुरुष चोरी करने में बड़ा नाम पा चुके हैं। पुरी के जगन्नाथ मन्दिर और बहाराइच के सैयद सालार की दरगाह छोड़कर प्रायः हर देवी-देवता को ये बरवार लोग लूट लेते हैं। गज़ेटियर में गोंडा के बरवारों का यह माहात्म्य मैंने पढ़ा था। कर्नल स्लामेन की पुस्तक में यहां के डाकू फज़अली का हाल भी पढ़ चुका था। यहां के चोर-डकैतों की पुरानी परम्परा यह सिद्ध करती है कि किसी ऐतिहासिक कारणवश यहां दरिद्रता और बेकारी बढ़ी, जिसके कारण लोगों ने चोरी-डकैती का पेशा अपना लिया।

जो हो, इस समय तो मैं गोंडा के राजा देवीबख्श सिंह का माहात्म्य यहां के लोगों से सुनने आया था। गोंडा के अतिरिक्त सूचना अधिकारी श्री सिंह काफी सीधे और भले लगे। रास्ते में उन्होंने भी मुझे राजा देवीबख्श की रानियों के सम्बन्ध में एक बात बतलाई।

"राजा की दो रानियां थीं। एक पयागपुर के राजवंश की थी। यह रानी-राजा के नेपाल भागते समय उसके साथ गई थी। नेपाल में राजा देवीबख्श का देहान्त होने पर वे लौटकर पयागपुर चली आईं। उनका देहान्त अभी आठ-दस वर्ष पहले ही हुआ। दूसरी रानी ने राजा के नेपाल जाते समय हीरे की कनी खाकर आत्महत्या कर ली थी।"

लखनऊ से चलते समय एक मित्र ने मुझे ठाकुर नौरंगसिंह का नाम बतलाया था। ठाकुर साहब कांग्रेस के पुराने और प्रतिष्ठित कार्यकर्ता हैं, साथ ही इस समय ज़िला बोर्ड के अध्यक्ष भी हैं। श्री सिंह को लेकर मैं उनकी कोठी पर पहुंचा। यह जगज़ाहिर है कि नेता लोग हरदम जनता से घिरे रहते हैं; ठाकुर साहब भी काफी व्यस्त नज़र आए। मेरा आशय जानकर उन्होंने अपने सारे कार्य कुछ देर के लिए रोक दिए। पास ही बैठे एक वृद्ध सज्जन ने बतलाया, "आप राजा देवीबख्श के कुटुम्बी हैं।"

ठाकुर साहब मुस्कराए, फिर बतलाने लगे : "देवीबख्श सिंह विसेन क्षत्रिय थे। विसेनों के पराक्रम का इतिहास गज़ेटियर में लिखा है।"

"राजा देवीबख्श हमारे पूर्वज थे। यहां तीन हिस्सा क्षेत्र में रियासत थी और दो हिस्से में कुटुम्बियों का इलाका था। इसे 'पांचा-दुआ' पद्धति कहते हैं। जब अंग्रेज़ जीत गए तो उन्होंने राजा के राज्य के साथ-साथ उनके कुटुम्बियों का इलाका भी ज़ब्त कर लिया। इनका इलाका गोंडा से 12 मील दूर 'बड़्डीहा' कहलाता है।

"गोंडा के वर्तमान राजा 'पांडे' वंश के एक व्यक्ति उस समय राजा देवीबख्श के यहां ज़िम्मेदार पद पर थे; सम्भवतः राशन विभाग के अध्यक्ष थे। उन्होंने विश्वासघात किया, अंग्रेज़ों से मिल गए। अन्तिम युद्ध के समय सात दिनों तक सेना को राशन नहीं मिला। राजा ने सुना तो बड़े दुःखी हुए और कहा : 'जब यहां तक विश्वासघात है, तो अब हम यहां नहीं रहेंगे, अंग्रेज़ों के राज में पानी भी नहीं पिएंगे।' राजा के बाद रियासत तीन भागों में बंट गई–एक भाग गोंडा के पाण्डेय को, दूसरा अयोध्या के राजा को और तीसरा भाग बलरामपुर के राजा को, अंग्रेज़ों के प्रति पूरा वफादार रहने के कारण इनाम में मिला।

"पाण्डेय जी दोनों से मिले थे और हमारे पूर्वज अंग्रेज़ों के भय से जंगलों में भटकते थे। पाण्डे जी उनसे मिलते तो डराते कि अंग्रेज़ों को तुम्हारा पता लग गया है, वे पीछे पड़े हैं तथा अंग्रेज़ों से आकर कहते कि वे लोग युद्ध की तैयारी कर रहे हैं। इसी घात में बड़्डीहा का इलाका ज़ब्त हुआ। महारानी विक्टोरिया की घोषणा के बाद हमारे कोई पूर्वज अंग्रेज़ों से मिले, तब रहस्य उजागर हुआ। अंग्रेज़ों ने 2400 बीघे ज़मीन इन्हें दी–कहा, 'चाहे जहां ले लो। माफी मिलेगी और जो भी ताल्लुकेदार होगा उसे यह रकम देनी होगी।' इस हुक्म के अनुसार पहले पाण्डे जी हमारी ज़मीन का कर अदा करते थे। बाद में बलरामपुर ने वह क्षेत्र ले लिया तो वो अदा करते थे। कांग्रेस सरकार ने अब लगान बांध दिया है, जो पिछले वर्ष से अदा किया जाने लगा है। बागात अब तक हैं।

"राजा के महल और सागर-तालाब के अन्दर बनावटी टापू पर स्थित मन्दिर तक एक सुरंग बनी थी। उस वंश में राजा रामसेवक सिंह बड़े कृष्णभक्त हुए। वे मथुरा जाकर रहने लगे। लौटकर नहीं आना चाहते थे, परन्तु उनकी रानी ने उन्हें आग्रहपूर्वक बुलवाया। रानी के आदेश से ही कुंज, सागर, टापू और उसमें स्थित मन्दिर बना। उन स्थलों के नाम वृन्दावन, बरसाना आदि रखे गए।

"राजा देवीबख्श आजानु-बाहु थे। बड़े वीर थे। उनसे पहले कोई दत्तसिंह राजा भी थे।

"राजा जब नेपाल भाग कर गए, तो फिर लौटकर नहीं आए। उनके साथ एक रानी भी गई थी, जो पयागपुर की लड़की थी। रानी लौटकर फिर अपने पीहर पयागपुर आ गई थी। उनके जाने के सम्बन्ध में दो बातें कही जाती हैं–एक तो यह कि राजा अकेले बिना किसी से कुछ कहे एक रात को निकल गए। दूसरी किंवन्दती के अनुसार एक रानी उसके साथ ही चली गई थी, और नेपाल में राजा का दाह-संस्कार कर पीहर वापस चली आई।

"कस्बा नामक एक ठिकाने के राजा अशरफ बख्श मुसलमान एक छोटे ताल्लुकेदार थे। राजा के साथ अंग्रेज़ों के विरुद्ध लड़े थे, उनकी रियासत भी ज़ब्त हो गई।

"तुलसीपुर की रियासत ज़ब्त कर बलरामपुर को माफी में दे दी गई।

"कहा जाता है कि बेगम ने राजा को पत्र लिखा था कि हमारी सहायता करो! इसीसे राजा ने उनका साथ दिया।"

ठाकुर नौरंगसिंह और राजा मनकापुर के सहयोग से गोंडा में राजा देवीबख्श सिंह के स्मारक के रूप में 25,000 रुपये की लागत का भवन बना है, जिसमें कांग्रेस-दफ्तर भी है।

लखनऊ से चलते समय रेडियो के भाई राम उजागर जी दुबे ने मुझे श्री शान्तिप्रसाद शुक्ल एडवोकेट से मिलने के लिए भी कहा था। उनके यहां पहुंचा। शुक्लजी गोंडा के सफल और प्रतिष्ठित एडवोकेट हैं। दुबले-पतले, श्याम वर्ण, तितली-मार्का मूंछें, बाल सफेद हो चले हैं। आयु अनुमानतः पचास-बावन होगी। शुक्लजी बातचीत करने में बड़े मीठे और काम का नशा रखने वाले पुरुष हैं। गदर और राजा देवीबख्श की बात छिड़ते ही वे उनके प्रसंगों को लेकर मग्न हो गए; राजा की कहानी कहना, फिर गज़ेटियर निकालकर उसके हवाले देना, वाजिबुल अर्ज़ देखने के लिए विचलित होना (और वह उनके पास न थी) फिर कहानी कहना, यह बातें मुझे बड़ी भायीं। शुक्लजी ने बतलाया : "यहां देवीबख्श ने विद्रोह किया। बड़ा बलवान पुरुष था। उसका शरीर खूब गठीला और व्यक्तित्व विशाल था। राजा देवीबख्श अद्भुत रूप से साहसी पुरुष था। उसके लिए कहा जाता है कि चांदी का रुपया अंगूठे और उंगली में दबाकर मोड़ देता था। वह बहुत ही चतुर घुड़सवार था, मल्लयुद्ध में अद्वितीय था।

"डॉक्टर सेन और मौलाना आज़ाद का विचार गलत है कि पुराने लोगों में राष्ट्रीयता नहीं थी। राष्ट्रीयता उस तरह की, हो सकता है न हो, जैसी आजकल मानते हैं, पर राष्ट्रीयता अवश्य थी। इसकी सांस्कृतिक, धार्मिक एकता को वे क्यों भूल जाते हैं कि वह क्या थी?

"अच्छा राजा देवीबख्श की वंशावली बतलाता हूं लिखिए—गोंडा के मानसिंह ने जहांगीर को, जब कि वे युवराज सलीम थे, नेपाल के आसपास कहीं से मंगाकर सफेद हाथियों का जोड़ा भेंट किया था। उस समय राजसत्ता अविच्छिन्न थी। जहांगीर ने उनको बहुत-सा राज्य दे दिया। राजा देवीबख्श सिंह उन्हीं की लाइन में जुड़े हैं।

"बिसेनों का इलाका वाजिबुलअर्ज में अवलोकनीय है। ग्राम इमरती बिसेन और दत्त नगर बिसेन विशेष हैं।

"राजा देवीबख्श का विवाह गोंडा बस्ती की सीमा पर बांसी क्षेत्र में हुआ था। बारह-चौदह वर्ष की आयु में बादशाह ने देवीबख्श को लखनऊ बुलवाया। इनके शौर्य, साहस और सुन्दरता की शोहरत वहां पहुंच चुकी थी, वे गए। दरबार में बादशाह से इनकी प्रशंसा की गई तथा इन्हें होनहार सामन्त बतलाया गया। बादशाह ने परीक्षा लेनी चाही। उन्होंने अपनी सनक में यह कहा कि 'मेरे पास परीक्षा की

एक कसौटी है।' एक दुर्दमनीय घोड़ा था। परीक्षा देते हुए अनेक नवयुवक उस घोड़े द्वारा फेंके जा चुके थे, कई घायल हुए अथवा मर तक गए थे। इसी घोड़े पर राजा देवीबख्श से चढ़ने को कहा गया। राजा देवीबख्श अनायास ही घोड़े की नंगी पीठ पर चढ़ गए, केवल लगाम लगाकर। ऊपर बालाखाने में बेगमें यह दृश्य देख रही थीं। उन्होंने इस नवयुवक का सुन्दर सुडौल रूप और उसकी वीरतापूर्ण आभा को देखा। उन्हें तरस आया, किन्तु कुछ कह भी न सकी थीं कि घोड़ा हवा का घोड़ा बनकर भागा। देवीबख्श ने उसे इतना छकाया, इतना थकाया कि घोड़ा बेदम होकर इनके काबू में आ गया। बेगम ने देवीबख्श को बेटा कहकर अपनी गोद में बिठा लिया और इन्होंने भी उन्हें 'मां' कहा और तभी से देवीबख्श बेगम का अनन्य भक्त हो गया। सन् 1856 में अवध के अंग्रेज़ी राज्य में मिलाए जाने के बाद जो घटनाएं सन् 1857 में हुईं, उसमें देवीबख्श बेगम का शपथबद्ध साथी हुआ। कहा जाता है कि उस दौरान में एक बार घाघरा के इस पार राजा देवीबख्श सेना सहित कैम्प कर रहे थे और उस पार अंग्रेज़ सेनापति पहुंचा। उसने राजा देवीबख्श से कहलाया कि यदि वह बेगम का साथ छोड़ दे तो उनका राज्य ज़ब्त नहीं किया जाएगा। देवीबख्श ने कहा कि वह शरीर रहते अपनी माता का साथ नहीं छोड़ सकता। इस प्रकार राजा देवीबख्श ने विद्रोह का झण्डा ऊंचा रक्खा। एक-आध युद्ध गोंडा से पूर्व स्थानों में भी हुए। बाद में राजा देवीबख्श बलरामपुर चले गए। बलरामपुर के तत्कालीन राजा दिग्विजयसिंह के आश्रय में दोनों रानियों को छोड़कर देवीबख्श नेपाल चला गया। दिग्विजयसिंह ने विश्वासघात कर अंग्रेज़ों के हवाले दोनों रानियों को करना चाहा। रानियों को खबर लग गई। वे छिपकर पालकी में नेपाल भागीं, किन्तु राह में अंग्रेज़ों ने घेर लिया। पालकी नीचे रखवा दी। रानियों ने अंगूठी के हीरों की कनी खाकर प्राण दे दिए। ये जीती-जागती किंवदन्ती है। एक रानी ने मरते समय शाप दिया कि बलरामपुर के राजा का वंश नहीं चलेगा।

"राजा देवीबख्श सिंह वास्तव में एक वीर महापुरुष था। जगदीशपुर के कुंवरसिंह से उसकी मित्रता थी।

"राजा देवीबख्श के लिए हिन्दू-मुसलमान सब बराबर थे। उसे अंग्रेज़ों की सत्ता अखरती थी। भारतीयों की अवनति से उसे आन्तरिक पीड़ा थी। सन्' 57 से बहुत पूर्व ही उसके दरबार की यह परिपाटी थी कि मुहर्रम के अन्तिम दिन (अशरे के दिन) ताजिए कर्बला जाते हुए उनके सिंह द्वार पर आदर पाते थे। वहां रक्खे जाते थे। मुसलमान इसमें अपना गौरव मानते थे। राजा देवीबख्श की अभेदभाव नीति इसीसे स्पष्ट है। वह प्रणाली और परिपाटी अब तक कायम है। आज तक मुसलमान उस टूटे सिंहद्वार पर ताज़िए टिकाते हैं। उस खण्डहर सिंहद्वार की वन्दना मुसलमान करते हैं। वहां इतना जल-पुष्प चढ़ाते हैं कि कीचड़ हो जाती है।

"महल का खण्डहर मौजूद है। देखकर आंखों में आंसू आ जाते हैं। उसकी बैठक भग्नावस्था में है। भीतर की बनावट अभी तक देखी जा सकती है, लेकिन दीवाने खास की छत बैठी जा रही है और कोई आश्चर्य नहीं कि इस वर्षाकाल में वह बैठ जाए। कोट के आसपास की ज़मीन भी रक्षणीय है। इमारत क्रमशः खण्डहर

होती जा रही है। आंगन में एक बड़ा भारी कुआं है।

"राजा बांसी वाले की कहानी भी प्रसिद्ध है--एक बार राजा देवीबख्श का एक राज-भाट संयोगवश बांसी दरबार में गया, उसने बायें हाथ से सलाम किया। राजा बांसी रुष्ट हो गया। भाट बोला कि राजन्, मेरा दाहिना हाथ केवल राजा देवीबख्श को सलाम करता है। बांसी के राजा ने कहा कि देखना है कौन श्रेष्ठ है। उसने यह कहकर भाट के दाहिने हाथ में चूड़ियां पहना दीं। भाट ने आकर राजा देवीबख्श को दिखाया। देवीबख्श का तेज जाग उठा। उसने बांसी पर चढ़ाई कर दी, उसे पराजित किया और उनके राजद्वार का फाटक उखाड़कर ले आया और अपने सिंहद्वार पर उसे लगाया। अब भी उस द्वार के भग्नावशेष देखे जा सकते हैं। इस खण्डहर और महल पर इस समय धानी पुर के राजा चन्द्रभानु दत्त राम का अधिकार है। उन्होंने महल के एक भू-भाग को ज़िला कांग्रेस कमेटी का भवन बनाने के लिए दे दिया है। उसमें पूर्व दिशा में वह फाटक है। उत्तर में बस्तियां बसाई जा रही हैं। ऐतिहासिक स्थल पर यह नई बस्तियों का आक्रमण खलता है।"

शुक्लजी की बात एक दृष्टि से मुझे भी उचित मालूम पड़ती है। नई बस्तियां बसें, इससे बढ़कर सुख की बात और कोई नहीं, परन्तु हमें इस बात का ध्यान रखना चाहिए कि बीते हुए काल का भी अपना महत्त्व है। इतिहास के पृष्ठ हमारे आज और आगामी काल को सचेत कर आगे बढ़ाते हैं। इसलिए उनकी मान-रक्षा का सवाल बड़ा अहम है।

दूसरी बात, यदि किसी महत्त्वपूर्ण ऐतिहासिक स्थल पर कारणवश हमें नये युग को स्थापित करना ही हो तो उस जगह का प्रयोग किसी एक मुहल्ले को बसाने के लिए नहीं करना चाहिए। ऐतिहासिक स्थल जन-जन की भावना का, किसी न किसी रूप में, प्रतीक होते हैं। दस-बीस-पचास परिवारों की आबादी बसाकर सैकड़ों-हज़ारों की भावना को ठेस पहुंचाना गलत है, ऐतिहासिक स्थलों और इमारतों का उपयोग सार्वजनिक महत्त्व के कार्यों तक ही सीमित रहना चाहिए।

शुक्लजी से मैंने तुलसीपुर की रानी के सम्बन्ध में भी उनकी जानकारी प्राप्त करनी चाही। वे बोले : "भाई, अधिक तो नहीं मालूम, पर इतना मैंने भी सुन रक्खा है कि रानी बड़ी मनस्विनी और अहंकारिणी थी। तुलसीपुर में मिट्टी का किला था और गदर में, बाद को राजा बलरामपुर ने अपने सेनापति जनरल वेणीमाधव को उसे उजाड़ने के लिए भेजा था। तुलसीपुर और बलरामपुर में कुछ झगड़ा चला आ रहा था। बात कुछ ऐसी है--"

मैंने निवेदन किया : "झगड़े का इतिहास जानता हूं, रानी के सम्बन्ध में ही जानना चाहता हूं।"

शुक्लजी बोले : "रानी के सम्बन्ध में बस यही कह सकता हूं कि जनरल वेणीमाधव से दुर्भाग्यवश रानी हार गई। वह या तो युद्ध में मारी गई या शायद उसने आत्महत्या की, ठीक नहीं कह सकता। प्रसंगवश आपको यह बतला दूं कि मेरी माता जनरल वेणीमाधव की पौत्री हैं, यद्यपि यह लिखाने-जैसी बात नहीं, फिर भी मैं जानता हूं कि आप यह लिखेंगे ही।"

इस यात्रा में अनेक सज्जनों से मेरी भेंट हो रही है, दस-पांच मिनट या घण्टे-दो घण्टे तक साथ होता है। इतनी ही देर में कइयों से अपनेपन का नाता अनुभव होने लगता है। यह स्पष्ट है कि इनमें से बहुतों से मेरी फिर कभी शायद ही भेंट हो। इसलिए अनायास अपनापन देने वाले व्यक्तियों की स्मृति बड़े चाव से सहेज रखने को जी चाहता है। थोड़ी देर के साक्षात् परिचय में शुक्लजी ने बड़े ही सहज भाव से मुझ पर अपना अधिकार मान लिया। चलते समय कहने लगे : "नागर जी! इन नोट्स और इन्टरव्यूज़ का संग्रह आप चाहें यों ही छपायें या कोई और इस्तेमाल करें, इससे मुझे मतलब नहीं; मगर आप हमारे राजा देवीबख्श पर एक कहानी अवश्य लिखें, खूब शौर्य और ओजपूर्ण हो साथ ही, करुणापूर्ण हो। कहानी आप अवश्य लिखेंगे।"

"कहानी मैं अवश्य लिखूंगा शुक्लजी, मगर देर-सबेर की कैद न लगाइए।"

मेरे चरित्र में एक जगह अव्यवस्था है, उसी को सुधारने के लिए साहित्य में अपने आपको अधिकाधिक संवारने का प्रयत्न भी करता हूं; घोर आलसी हूं और उसे दूर करने के लिए ही अपने मस्तिष्क और शरीर को चुनौती के साथ दौड़ाता-घुमाता भी हूं। राम-रावण की तरह मेरा अन्तर्द्वन्द्व जूझता ही रहता है। इसलिए हर काम तत्काल नहीं कर पाता। कुछ-न-कुछ देर-सवेर तो हो ही जाती है। ग़दर-सम्बन्धी उपन्यास में राजा देवीबख्श भी आएंगे ही, भरसक शक्ति लगाकर मैं उस काल के जन-जीवन और उसके शौर्य-प्रतीकों द्वारा अपने महाभाव को पाने का प्रयत्न करूंगा। उसके बाद भी, ज़िन्दगी शर्त है, मैं अपने एक आदरणीय पाठक और श्रोता (रेडियो द्वारा) के गोंडा नगर नायक राजा देवीबख्श को अपनी एक कहानी का नायक बनाऊंगा।

मैं 'लिखिया' बनना चाहता हूं। डाकखाने के बाहर बैठ सबके पत्र लिखने वाला मुंशी मेरा आदर्श है। वह मात्र टके कमाने के लिए लिखता है, मैं टकों से अधिक किसी बड़े सन्तोष के लिए भी लिखता हूं। समय की मांग से मैं मुक्त नहीं हो सकता, फिलहाल उसकी कामना भी नहीं करता। इसी बन्धन में बंधकर आज मेरा विकास हो रहा है, वरना मैं, जनम का काहिल, जाने कौन गति पाता। अस्तु!

शुक्लजी से मैंने श्री जी० पी० श्रीवास्तव का पता पूछा। गोंडा आऊं और 'हास्यरस के सम्राट श्री जी० पी० श्रीवास्तव' एक नाम और बेंत की कुर्सी पर बैठी, बड़ी मूंछें, पिचके गाल, एक गाल पर उंगली रक्खे एक आकृति की बहुत बार पत्र-पत्रिकाओं और पुस्तकों में छपी हुई तस्वीर वाले व्यक्ति का दर्शन न करूं, यह कैसे हो सकता है, परन्तु श्रीवास्तव जी की उस बरसों पुरानी छपी हुई तस्वीर का अब केवल कहानियों से ही सम्बन्ध रह गया है। श्रीवास्तव जी मुझे बहुत स्नेह देते हैं। मेरे कुछ निजी बुज़ुर्गों की तरह वे भी इस बात से नाराज़ हैं कि मैंने रेडियो की जमी-जमाई नौकरी छोड़ दी। मुझे देखते ही मगन हो गए और बैठते ही अपनी पुरानी शिकायत दोहराई : "नागर, तुमने रेडियो छोड़ दिया इस बात से हम भाई बहुत नाराज़ है तुमसे। हो सकता है कि तुम फिर अपनी पुरानी दलीलें दोहराओ मगर मैं तुम्हारा यह 'प्रोग्रेसिवपन' नहीं मानूंगा। भला बताओ, अच्छी-खासी जगह बैठे थे,

हमको भी यह 'फील' होता था कि रेडियो पर, मतलब यह है कि हमारा भी कब्ज़ा था...'' कहते-कहते रुके, तैश में सिर झुकाया और पंजा घुमाकर बोले : 'खैर, यह अचानक गोंडा कैसे आना हुआ?''

मैंने अपना आशय निवेदन किया। श्रीवास्तव जी आराम कुर्सी पर सिर टिकाकर लेट गए, कुछ रुककर बोले : ''काम हास्य की 'फील्ड' का तो नहीं है, मगर उम्दा है। ये तमाम ग़दर के किस्से-कहानियां साहित्य में सुरक्षित हो जाएंगे, यह अच्छी बात है। तुम अपनी फील्ड के बाहर का भी बहुत काम कर लेते हो। तुम्हें देखकर बड़ी खुशी होती है। मगर बस यही शिकायत है कि...क्या कहूं...अच्छी खासी कुर्सी छोड़कर ग़दर के लिए दर-दर की खाक छान रहे हैं साहब...'' फिर सिर झुकाया, सवालिये पंजे हवा में हिलाए—''हम अब पुरानी चाल के पड़ गए नागर। देखो, अब हमें कोई पसन्द ही नहीं करता।'' मैंने पूछा : ''आप इस तरह की बातों से अपने आपको परेशान क्यों करते हैं? आप अब उस ऐतिहासिक महत्त्व को पा चुके, जिसे पाने के लिए हम प्रयत्नशील और इच्छुक हैं। और फिर भी यह नहीं जानते कि वह महत्त्व हमें मिलेगा या नहीं।''

बेनी कवि, भारतेन्दु, प्रतापनारायण मिश्र, बालकृष्ण भट्ट, शिवनाथ शर्मा, बालमुकुन्द गुप्त की चुटकियां, भड़ौवे क्या कभी अपना ऐतिहासिक महत्त्व खो पाएंगे। जी० पी० श्रीवास्तव एक प्रायः विनोदशून्य युग में अवतरित हुए थे। हमारे देश में चूंकि हज़ारों वर्ष की पुरानी संस्कृति, दर्शन, इतिहास की अटूट परम्परा चली आ रही है, इसलिए हमारे बच्चे पैदा होते ही बूढ़े हो जाते हैं। राम जाने, कब से यह घूरापंथी हमारे देश की सांस्कृतिक बुद्धि में समाई है। हमारा जन साधारण का पुरखा संयम के अंतरिक्ष से बंधकर भी बड़ा आनन्दवादी था। उस कौम के बच्चे मुर्दा हो जाते हैं, जो उचित श्रद्धा-भाव रखकर भी अपने बाप से मज़ाक करने में चूक जाते हैं। व्यंग्य, विनोद, हास्य जीवन के लिए दाल-तरकारी का नमक है। जी० पी० श्रीवास्तव की 'लम्बी दाढ़ी' जब भी पढ़ूंगा मुझे मज़ा देगी। जी० पी० श्रीवास्तव ने कालिदास की निरंकुशता, भाषा की अनस्थिरता और स्वकीया-परकीया की मलखम्भ भंजाई के दिनों में उपदेशों से ठस साहित्य के क्षेत्र में अपनी 'लम्बी दाढ़ी' कुछ इस ढब से हिलाई कि ज़माना हंस पड़ा। कौशिक जी, और शिवपूजन सहाय जी की हास्य-व्यंग्य-भरी रचनाएं किसी भी भाषा का साहित्य सहेजकर रखना अपने लिए गौरव की बात समझेगा। अन्नपूर्णानन्द आए तो मानो बत्तीसी का कमल ही खिल गया। ये माना कि हम हास्य के क्षेत्र में गरीब हैं, मगर ऐसे कुछ भूखे-नंगे भी नहीं हैं।

श्रीवास्तव जी हाल में बहुत बीमार हो गए थे, उन पर लकवे ने आघात किया था। साहित्य से आमदनी नहीं रही। वकालत का ही आसरा है, जिसे अब वे कर नहीं पाते। लम्बी बीमारी ने किसी हद तक वकालत की दुकान भी ठप्प कर दी। अब साइकिल पर ढाई-तीन मील कचहरी जा नहीं पाते। और तांगे पर आने-जाने के माने होते हैं एक नये खर्चे को जोड़ना। साथ खाना खिलाया, हैट-पतलून चढ़ाई और कचहरी चले।

आमतौर पर बुज़ुर्गों से मिलकर मुझे हर्ष होता है। अपने बचपन से ही साहित्यिकों के प्रति मुझे अपार श्रद्धा रही है। सौभाग्य से रत्नाकर जी, किशोरीलाल गोस्वामी, गोपालराम गहमरी और शिवनाथ शर्मा के भी दर्शन प्राप्त किए हैं। उसके बाद की पीढ़ी वाले साहित्यिक महापुरुषों में से अनेक का स्नेहधन भी पाया है।

हम एक बात कहेंगे, हमारी हिन्दी में यों बहुत-कुछ उन्नति हुई है, पर हिन्दी-परिवार टूट गया, परिवार का भाव टूट गया है। समाज की भी यही दशा है। संक्रान्ति काल के दुःख-सुख तो भोगने ही पड़ेंगे। क्या किया जाए?

श्रीवास्तव जी के छोटे भाई श्री बी० पी० सिन्हा पत्रकार हैं और शायद वकालत भी करते हैं। उनसे गोंडा के गदर के सम्बन्ध में बातें हुईं। राजा देवीबख्श, ऐसा लगता है कि गोंडा के नागरिकों के मन में अवतारी पुरुष के रूप में वास करते हैं। लखनऊ में ठेला चलाने वाले गोंडा ज़िला के निवासी जियालाल से लेकर शुक्लजी और सिन्हा जी तक अपने ज़िले के वीर नायक के प्रति प्रायः एक ही भाव से बातें करते हैं। यद्यपि मैं उस क्षेत्र का ग़दर सम्बन्धी लोककाव्य संग्रह नहीं कर पाया, फिर भी यह सुना है कि उनके ऊपर सैकड़ों आल्हा एवं बिरहे बने हैं।

राजा देवीबख्श उन कर्त्तव्यनिष्ठ महापुरुषों में से एक थे जो अन्त तक अंग्रेज़ों का मुकाबला करते रहे। बेगम हज़रत महल और नाना साहब के साथ राणा वणीमाधव, राजा देवीबख्श, मोहम्मद हुसैन नाज़िम, खान बहादुर खां, मम्मू खां, बाला साहब और ज्वालाप्रसाद अन्तिम मोर्चा साधकर नेपाल के पहाड़ों में भागे थे। राजा देवीबख्श का देहान्त नेपाल के जंगलों में हुआ।

तुलसीपुर गोंडा से लगभग चालीस-पैंतालिस मील दूर बतलाया जाता है। बलरामपुर के राजा पृथ्वीपाल सिंह के मरने पर उनके एक भतीजे ने उनके पुत्र और सही उत्तराधिकारी नवलसिंह को मार भगाया। तुलसीपुर के राजा ने शरण दी और अपनी दो हज़ार 'थारू सेना' भेजकर बलरामपुर पर कब्जा किया, नवलसिंह फिर राजा बने।

इसके कुछ ही वर्षों बाद तुलसीपुर के राजा को भी इसी विपत्ति का सामना करना पड़ा। बलरामपुर के राजा ने उसी तरह अपने सैन्यबल से तुलसीपुर के राजा को पुनः उनकी गद्दी पर प्रतिष्ठित किया। तुलसीपुर वाले ने राजा बलरामपुर को डेढ़ हज़ार वार्षिक 'कर' देना स्वीकार किया। आगे चलकर तीसरी पीढ़ी में तुलसीपुर के राजा दानबहादुर सिंह ने यह रकम-अदायगी बन्द कर दी। इस पर बलरामपुर से लड़ाई-झगड़ा भी खूब हुआ। दानबहादुर के शासनकाल में अंग्रेज़ गवर्नर जनरल तुलसीपुर में शिकार खेलने आया और काफी प्रसन्न होकर लौटा। इससे दानबहादुर का प्रभाव कुछ बढ़ गया। दानबहादुर को फिर बाहरी शत्रु का भय न रहा, परन्तु वह अपने पुत्र दृगराजसिंह के षड्यन्त्र के फलस्वरूप मारा गया। कहते हैं दृगराजसिंह चरित्रहीन और क्रूर था। उसके पुत्र दृगनाराय सिंह ने अपने पिता के विरुद्ध विद्रोह किया। लखनऊ की कोई तवायफ दृगनारायन सिंह की रक्षिता थी। राजा दृगराजसिंह उस पर बदनज़र रखता था। दृगनारायन सिंह ने अपने बाप को ज़हर दिलवा दिया। इस सारी घटना के पीछे कहीं अंग्रेज़ों का हाथ भी अवश्य रहा

होगा, क्योंकि अंग्रेज़ों द्वारा अवध के अंग्रेज़ी राज्य में मिला लिए जाने के बाद उसने नये शासक को कर देना बन्द कर दिया था। बेचारा छोटी-सी रियासत का राजा अंग्रेज़ शक्ति का सामना न कर सका, अन्त में बन्दी बनाकर लखनऊ भेज दिया गया। बेलीगादर में ही यातनाएं सह-सहकर उसकी मृत्यु हुई।

ग़दर में तुलसीपुर की रानी ने अपने राज्य की विरोधी शक्तियों को समाप्त कर वहां का शासन चलाया। ग़दर में वह बराबर क्रान्तिकारियों के साथ रहीं और अन्त में बेगम आदि के साथ ही वह भी नेपाल चली गईं।

यह इतिहास मैंने गज़ेटियर के आधार पर यहां अंकित किया है...तुलसीपुर न जा पाने का बहुत दुःख है। ग़दर में हमारी देवियों का योगदान हमारे राष्ट्रीय इतिहास का गौरव बढ़ाता है। श्री बी० पी० सिन्हा के शब्दों में : ''तुलसीपुर की रानी हमारे यहां की लक्ष्मीबाई थीं।''

लक्ष्मीबाई भारतीय नारी का प्रतीक थीं। ग़दर की प्रत्येक लक्ष्मीबाई भारतीय इतिहास का अमर गौरव है। इस नाम में अब वह शक्ति आ गई है जो सदियों तक भारतीय नारी को प्रेरणा प्रदान करती रहेगी।

बहराइच

16 जून। अब तक के देखे हुए अवध के नगरों में सुल्तानपुर को किसी हद तक छोड़कर, मुझे फैज़ाबाद के बाद बहराइच ही श्री-सम्पन्न लगा। वैसे बहराइच मज़ारों का शहर है। पुराने खण्डहर, जा-बजा इतिहास की पहेलियों से खड़े हैं। बहराइच का शुद्ध नाम भराइच है। भरों की पहेली अब तक किसी इतिहासकार ने नहीं सुलझाई। केवल डॉक्टर काशीप्रसाद जायसवाल ही अपने 'अंधकारयुगीन भारत' नामक ग्रन्थ में यह संकेत कर गए हैं कि भर और भारशिव सम्भवतः एक ही थे।

पौराणिक काल का प्रख्यात गंधर्व वन बहराइच ज़िले के उत्तर में बतलाया जाता है। कहा यह भी जाता है कि ब्रह्मा जी ने चूंकि इस भाग को ऋषियों की तपोभूमि के निमित्त बनाया था, इसलिए इसका नाम ब्रह्माइच पड़ गया। मुझे यह नाम ज़बरदस्ती खींचा-ताना गया, पोंगापन्थी और हिन्दुओं का ढकोसला लगता है। बस्ती के लिए 'ऐच' या 'इच' शब्द कम-से-कम मेरे लिए एक खासी पहेली है। पुर, ऊर, नगर, खेड़ा तो हमारे गांवों के साथ जुड़े हुए हैं ही, मऊ भी बस्तियों के नाम के साथ बहुत मिलता है। ये मऊ शब्द किस जाति की देन है, नहीं जानता। इसी प्रकार 'ऐच' या 'इच' शब्द भी मन में प्रश्न जगाता है। 'इच' के साथ जुड़े हुए दो नाम कानों में पड़े हैं। एक इस नगर के साथ और दूसरा हिन्दी के प्रसिद्ध आलोचक डाक्टर नगेन्द्र नगाइच नाम के साथ। अस्तु!

बहराइच क्षेत्र उत्तर कोशल के नाम से प्राचीन इतिहास में प्रसिद्ध है। भगवान् राम के पुत्र लव इस क्षेत्र के राजा कहे जाते हैं। राजा प्रसेनजित् का नाम भी जाना-माना हुआ है। भगवान् बुद्ध का प्रिय नगर श्रावस्ती भी इसी क्षेत्र में है। बहराइच का ऐतिहासिक महत्त्व भरों ने भी खूब बढ़ाया। पहले-पहल गुप्त राजाओं के काल में भरों की शक्ति टूटी, फिर भी इस जाति का प्रभुत्व एकदम लुप्त न हो सका।

तेरहवीं-चौदहवीं शताब्दी तक अवध में जगह-जगह इनसे राजपूतों और मुसलमानों के मोर्चे हुए हैं लेकिन बहराइच या भराइच तो इनका गढ़ ही था।

ग्यारहवीं शताब्दी में सैयद सालार मसूद नाम के एक मुसलान फकीर ने भारत पर आक्रमण किया। यह सुल्तान महमूद गजनवी का भांजा माना जाता है। जेहाद यानी धर्मयुद्ध की भावना से इसने इस देश को खूब रौंदा था। अवध में, मैं जानता हूं कि, सैयद सालार कई पीढ़ियों के लिए भय और आतंक का प्रतीक बन गया था। सैयद सालार ने अयोध्या आदि अनेक स्थानों का नाश किया। अन्त में सन् 1034 ई० में भर राजा सुहेलदेव के हाथों उसने मृत्यु पाई।

आज यहां दरगाह के मेले का अन्तिम दिन है। बहराइच नगर की सड़कें दूर-दूर के गांवों की भीड़ से भरी हुई हैं। सैयद सालार की दरगाह को प्रति वर्ष भक्तों की भेंट-पूजा की चढ़त से लाखों की आमदनी होती है। जहां दरगाह बनी है वहां, कहते हैं, पहले सूर्यकुण्ड और सूर्यमन्दिर था। बहराइच में नवग्रहों के मन्दिर थे जो अब पीरों की मज़ारें हैं। मैंने कई छोटे-बड़े मन्दिरनुमा मज़ार शहर में देखे। सुकरू पीर, हठीले पीर आदि पीरों के नाम इन मज़ारों के साथ जुड़े हुए हैं। एक राह-चलते भद्रपुरुष ने बतलाया कि सुकरू पीर शुक्र मन्दिर में स्थापित हैं और हठीले पीर मंगल मन्दिर में। उन्होंने और भी पीरों के नाम बतलाए, जिन्हें मैं भूल गया हूं।

आज शाम को चूंकि ज़िला सूचना-अधिकारी को पूर्व-निश्चित प्रोग्राम के अनुसार किसी गांव में दौरा करने जाना था इसलिए बाहर जाने का प्रोग्राम नहीं बनाया। शहर में दो-तीन सज्जनों से मिलने गया, परन्तु कुछ हाथ न लगा। इस ज़िले में बौंडी राज्य के रैकवार नरेश हरदत्तसिंह, बेगम हज़रतमहल के बड़े सहायक रहे। उनके कारण समस्त रैकवार राजपूत बेगम के साथ थे। चर्दा के जनवार राजा भी इसी क्षेत्र के थे। अवध गज़ेटियर लिखने वाले अंग्रेज़ को इस बात का बड़ा आश्चर्य है कि "इस ज़िले के बड़े ज़मींदारगण कैसे मुसीबत के समय हमारे विरोधी बन गए। प्रान्त पर पुनः अपना कब्जा होने पर हमें उनके (विद्रोही ज़मींदारों के) अट्ठारह सौ अट्ठावन गांव ज़ब्त करने पड़े थे।"

गज़ेटियर के अनुसार चहलारी के स्वामी राजा नहीं, बल्कि ठाकुर कहलाते थे। नवाबगंज बाराबंकी के अमर नायक बलभद्रसिंह तेंतीस गांवों के ठाकुर थे और तेंतीसों गांव ज़ब्त कर लिए गए। राजा धौरहरा के छब्बीस, बौंडी के तीन सौ पांच, चर्दा के चार सौ अट्ठाईस, तुलसीपुर के तीन सौ तेरह, अकौना के पांच सौ छह, रेहुवा के चौदह, भिनगा के एक सौ अड़तीस और टिपहरा के उन्नीस गांव ज़ब्त हुए। बेगम हज़रतमहल ने कई महीनों तक बौंडी में वास किया। महारानी विक्टोरिया के घोषणा-पत्र के जवाब में प्रचारित किया जाने वाला बेगम हज़रतमहल का ऐतिहासिक ऐलान बौंडी के किले से ही हुआ था।

इन समस्त राजाओं में बलरामपुर के नरेश ही देश के प्रति गद्दार निकले। उन्होंने पूरी तरह अंग्रज़ों का साथ दिया। गज़ेटियर में लिखा है, "जब ग़दर आरम्भ हुआ तब इस भाग के सामन्तों में अकेले वही ऐसे थे, जिनकी आस्था कभी न डिगी तथा जो ब्रिटिश सत्ता को सदा सहयोग देते रहे।"

उनकी इस राजभक्ति के उपहार-स्वरूप अंग्रेज़ों ने उनके नाम के साथ कई हुरूफ जोड़ दिए और उनके राज में नई जागीर भी।

ज़िला सूचना-अधिकारी श्री सिंह बलरामपुर रियासत के रहने वाले थे। उनको रह-रहकर यही कष्ट होता था कि राजा बलरामपुर गद्दार निकले। दो-तीन बार कहा, "क्या बताऊं नागर साहब, मुझे बड़ी शर्म आती है। रैकवार राजपूतों ने अपना क्षात्रधर्म निभाया, बैस राजपूतों में राना बेनीमाधो आदि ने कैसा शौर्य दिखाया, पर हमारे जनवार राजपूतों के सिरमौर गद्दार निकले।"

मैंने कहा : "आपकी जाति के सिरमौर भले ही गद्दार हों, परन्तु आपकी जाति के वीरों ने भी सहयोग दिया है। आखिर चर्दा के राजा भी तो जनवार राजपूत थे।"

सिंह साहब को मेरी इस बात से बड़ी तसल्ली हुई। मैं सोचने लगा, समय का परिवर्तन कैसा मन बदल देता है। सोचता हूं, ग़दर के बाद जिन राजाओं की रियासतें ग़दर में भाग लेने के कारण ज़ब्त हुई हैं, उनके वंशजों को अपने वर्ग के उन सामन्तों द्वारा ओछी दृष्टि से देखा जाता होगा जो ग़दर में अंग्रेज़ों का साथ देने के कारण उस समय दुनियादारी की दृष्टि से बड़े बुद्धिमान और सफल माने जाते थे। सच है, चलती का नाम गाड़ी है।

17 जून। सुबह ही हम लोग बौंडी, चहलारी और मुरौवाडीह की यात्रा पर निकल पड़े। अब तक देखे हुए ज़िलों में बहराइच ज़िला अपने हरे-भरेपन में कुछ अधिक सम्पन्न लगा।

मैदानों की अपनी शोभा होती है। अन्तरिक्ष के चारों ओर वृक्ष और धरती पर फैली हुई हरियाली मुझे जीवन की आस्था प्रदान करती हुई लगती है। धरती के इस फैलाव में न जाने कितने इतिहास पलट जाते हैं, न जाने कितनी कटुता इसे सहन करनी पड़ती है। फिर भी धरती माता सदा हरी-भरी और व्यापक रूप से उदार बनी रहती है।

यहां भी जगह-जगह प्रथम पंचवर्षीय योजना, नलकूप, सहकारी बीज उद्यान आदि के नामपट देखने को मिलते हैं। सड़क के दोनों किनारे आबादियों के आसपास लोग-लुगाइयां पेड़ों के नीचे महुआ के बीज फैलाते-सुखाते हुए दिखाई पड़ जाते हैं। जवान स्त्रियां मोटर को आते देख खड़ी हो जाती हैं। एक-आध ही ऐसी मिलीं जो हमारी गाड़ी की तेज़ रफ्तार के साथ अपनी चढ़ती जवानी की मस्ती को लेकर होड़ लगाती थीं। हमारी गाड़ी जा रही थी, सामने लगभग आधे फर्लांग की दूरी पर कुछ नवयुवतियां और छोटे बच्चे खड़े थे। 'हार्न' बजते ही बच्चे भागे। एक नवयुवती भी दौड़ी, दूसरी ने उसकी बांह थाम ली, हमारी गाड़ी की 'स्पीड' कम करनी पड़ी। सिंह साहब देश की बदतमीज़ जनता पर झुंझलाए। गाड़ी के निकट आने पर लड़कियां हंस पड़ीं और इठलाती हुई सड़क के एक ओर चली गईं। भरी 'स्पीड' में चलती मोटर का रोका जाना या तो मैंने प्रोफेसर राममूर्ति के सर्कस में देखा था या फिर चढ़ते यौवन से मदमाती ग्राम बाला द्वारा अब देखा। बच्चे अक्सर मोटर को आता देख शोर मचाते हैं और तेज़ी से सड़क पार करने का करतब भी दिखलाते हैं।

धूप बढ़ चली है। 'लू' के गर्म झोंके भी गाड़ी की तेज़ स्पीड के साथ मज़ा दे रहे हैं। हम लोग बौंडी के निकट साईं गांव में पहुंचे। यहां हमें रुकना नहीं था, केवल मुरौवाडीह का पता पूछना था। बौंडी लौटते समय रुकने का प्रोग्राम था। रुके तो गांव वालों ने पानी के लिए पूछा, हमें प्यास लग आई। यद्यपि पानी हमारे साथ था, पर मैंने सोचा कि सुराही के पानी को लम्बे सफर के लिए सुरक्षित रखकर इस ग्राम के तीर्थ से ही कण्ठ सींचा जाए। लगे-हाथों पूछताछ भी कर डाली। एक ने कहा : "परसनदीन बाबा बुजरुग हैं। उन्हें ग़दर का हाल ढेर मालूम है।"

लोटे में गुड़ का शर्बत आया, और प्रायः साथ ही लकड़ी टेकते परसनदीन बाबा भी। उन्होंने बतलाया, "या बात सुनबे हई अकि बेगम लखनऊ ते भागी, भंउरी मां पड़ाव किहिन।"

"ये भौंरी कहां है?"

"भंउरीं अब मउजा आय फरुहा घाट के पास, तौ हुवां पड़ाव किहिन। तीके बादि राजा हरदत्त सिंह बौंड़ी का बुलवाइन अकि आप हमार मदत कइकै लखनऊ की गद्दी पर बिठाय देव, औ हम आपका माफीक पट्टा लिखि देब। राजा हरदत्त सब राजे-रजवारन का बोलाइन। गोंडा, चर्दा, पयागपुर, रेहुवा, नानपारा, टपरहा, मल्लापुर औ तुमरे का नाउ रामनगर–सब जुटाव किहिन। बौंडी मां इकट्ठा भे। चनहट मां लड़ाई भय; वहैं जूझि के चहलारी के राजा सब रियासत पाइन, बौंड़ी के राजा नाहीं पाइन। राजा हरदत्तसिंह मरिगे–

मैंने पूछा, "कहां मरे? लड़ाई में या काले पानी में?"

"को जानी कहां, पहाड़ पर मरे हैं, सुना।"

"फिर क्या हुआ?"

"फिर राजा महेसबकस औ महावीर सिंघ राजा हरदत्त के लरिका–उनका माफी मिली। हरदत्त नगर गिरन्ट पाइन। बस यहै मालूम है।"

बेगम के आने का मार्ग फिर एक नई किंवदंती का संकेत दे गया। भौंरी बौंड़ी से तीन-चार मील दूर फरुहा घाट के पास है। फरुहा घाट घाघरा के इस पार बहराइच ज़िले में है। घाघरा के उस पार सीतापुर ज़िला लगता है। वहां संसड़ नामक स्थान से नाव पर चढ़ा जाता है। भिठौली छोड़ने के बाद बेगम बौंड़ी आई थीं, यह निश्चित है।

यह बेगम बड़ी दिलेर मालूम होती है। अब तक जहां-जहां गया, बेगम का नाम ज़रूर सुना। ग़दर के संगठनकर्ताओं में बेगम की हस्ती किसी से छोटी नहीं मालूम देती है। इनिस, चार्ल्स बाल, रसल आदि अंगरेज़ उनकी खुले दिल से प्रशंसा करते हैं। सर विलियम रसल अपनी डायरी में लिखता है, "बेग़म में बड़ी पराक्रमशीलता और योग्यता दिखलाई देती है।...बेगम ने हमारे विरुद्ध न खत्म होने वाले युद्ध का ऐलान कर दिया। इन रानियों और बेगमों के शौर्य, स्फूर्ति-भरे चरित्रों को देखकर ऐसा लगता है कि ये लोग अपने जनानखानों और हरमों में यथेष्ट रूप से तीव्र बौद्धिक शक्ति सिद्ध कर लेती हैं।" लखनऊ के अन्तिम मोर्चे पर आलमबाग की लड़ाई में हज़रत महल स्वयं शस्त्र धारण कर सामने रण में आई थीं। बेगम की

उदारता के उदाहरण भी अंगरेज़ लेखकों की पुस्तकों में देखने को मिलते हैं। चार्ल्स बाल ने लिखा है कि विद्रोही क्रान्तिकारियों में जब कैसरबाग के महलों में कैद अंगरेज़ स्त्रियों की हत्या के लिए उन्हें मांगा तो, स्त्रीत्व की मान-रक्षा के हेतु, उनकी मांग बेगम द्वारा आज्ञार्थक रूप से, जहां तक स्त्रियों का सम्बन्ध था, अस्वीकार कर दी गई और उन्हें (कैद अंगरेज़ स्त्रियों को) तुरन्त अपनी निगरानी में हरम में बुला लिया।

बाराबंकी ज़िले की यात्रा में रजवाड़ों की सभाएं करने के सम्बन्ध में भी किंवदंतियां मिली थीं। अमहट (सुल्तानपुर) वालों के पास आए हुए फरमान के अनुसार गोरों का साथ देने वाली हिन्दू-सिक्ख सेनाओं को मारने के बजाय केवल कैद करने की आज्ञा देना बेगम की सूझ-बूझ का परिचायक है। यह महिला बचपन से ही समाज की यातनाओं का शिकार रही। राम जाने किस कुल की थी। अम्मन और आमामन नामक दो कुटनियों द्वारा बचपन में पकड़ी गई, इसे नाच-गाना सिखाया गया, शाहज़ादा वाजिद अली के परीखाने में 'महकपरी' के नाम से दाखिल हुई और गदर में वह काम कर दिखाया, जो इतिहास में चिरस्मरणीय रहेगा। वाजिदअली शाह के हरम में इश्क और भोग-विलास का ही चर्चा रहता था; उनके गिरफ्तार हो जाने के बाद भी जहां उनकी और बेगमें अपने खेतों में इश्को-फुरकत की बिलबिलाती आहें भरती नज़र आती हैं, वहां बेगम हज़रतमहल का व्यक्तित्व ऊंचे-ऊंचे खानदान वाले मर्द-नामर्दों और बड़े आबरूदारों की बुज़दिल विलासी बेटियों से कहीं अधिक ऊंचा उठा हुआ दिखलाई देता है। बेगम हज़रत महल वेश्यावर्ग की होकर भी अपने स्वाभिमान की इस शान से रक्षा करने के कारण पूज्य हैं, प्रणम्य हैं।

हम लोग आगे बढ़े। मुरौवाडीह में बलभ्रदसिंह के सम्बन्धी रहते हैं, यह सूचना मुझे बहराइच में एक वकील साहब से मिली थी। वहीं जा रहे थे। श्री गिरिजाशंकर सिंह चहलारी के ठाकुर बलभद्रसिंह की एकमात्र सन्तान--पुत्री के पौत्र हैं, ग्राम-पंचायत के प्रधान हैं। रास्ते में एक जगह हमने उनका पता और उनके गांव तक जाने वाली सड़क के सम्बन्ध में पूछताछ की। पता चला कि गिरिजाशंकर सिंह जी थोड़ी देर पहले ही यहां से अपने गांव गए हैं और रास्ता थोड़ी दूर तक तो सीधा ही गया है, उसके बाद ऐसे और ऐसे और ऐसे मुड़ेगा। गांव वाले हाथ उठाकर यों रास्ते का इशारा कर देते हैं, मानो पूछने वाला भी उन्हीं की तरह उस जगह से परिचित हो। समस्या हल न हुई, इसलिए दो-ढाई फर्लांग आगे पीपरी गांव की सीमा में पहुंचकर खेत में खड़े एक जवान से फिर पूछा। उसने कहा, "अइसी ते चले जाव आगे गद्दारन के घर परी। वहिके आगे ते रास्ता है।

गद्दार को घर सुनकर मैं बड़ी ज़ोर से चौंका, पहले तो मैं उस नवयुवक कृषक-पुत्र के मुंह से यह शब्द सुन इसके अर्थ को लेकर भ्रम में पड़ गया, सिंह साहब से पूछा, "यह कौन-सा शब्द कह रहा है?"

सिंह साहब ने उससे पूछा, "गद्दार को आंय?"

"अरे साहब, जउन बड़कव का घर है, वहिके आगे ते रास्ता गवा है।"

सिंह महोदय ने फिर पूछा, "गद्दार काहे कहत हौ उनका?"

"साहब, युहु तौ नाहीं जानित है। सुना है तउनु कहित है।"

सिंह महोदय भी आखिर सूचना-अधिकारी थे। उन्हें तुरन्त ही ध्यान आ गया कि यह भूमि-भाग चहलारी के ठाकुर से जब्त कर अंग्रेज़ों ने अपने मददगार एक सिक्ख को दे दिया था। मुझे पूरी बात जानकर बड़ा ही आश्चर्य हुआ। एक सदी बीत गई, किन्तु अभी तक परम्परा नहीं बदली है। हमारे गांवों में गदर कर इतिहास यों सुरक्षित है।

मुरौवाडीह पहुंच गए।

हम इस समय उस स्थान पर हैं, जहां ठाकुर बलभद्रसिंह का निवास था—कोट था। यहीं उनका जन्म भी हुआ था। यहां से उत्तर-पश्चिम के कोने पर लगभग एक फर्लांग दूर पर घाघरा नदी दिखलाई दे रही है। उत्तर दिशा में गढ़ी का फाटक था, यह हमें बतलाया गया है। उसके पास ही, जहां आम के पेड़ हैं वहां बुर्ज था। उसके उत्तर में सेमल के पास दूसरे बुर्ज के निशान हैं।

कोट का डीह ऊंचा है। नीचे उत्तर में फाटक की बतलाई जाने वाली सीमा के अन्दर ही एक तालाब है, जिसमें अब अधिक पानी नहीं है और बिलकुल टूटी अवस्था में है। लोग उसमें खड़े मछलियां पकड़ रहे हैं, घुटने-घुटने पानी है। कोट के चारों ओर खाई थी, जिसे यहां वाले पनिहासोत कहते हैं। इस खाई के भी निशान हैं। कहते हैं कि रात में पानी भर दिया जाता था। दिन-भर पनिहासोत के ऊपर पटरा पड़ा रहता था, लोग आते-जाते थे। रात में पटरा उठा लिया जाता था। कोट के इस टीले पर चहलारी-नरेश की पुत्री के वंशज रहते हैं। दाहिने हाथ पर एक बरामदेदार घर बना है, जिसके एक भाग का खपरैल टूट गया है। फूस से छाए हुए चार मिट्टी के मकान और हैं, एक कोठरीनुमा घर टूटा पड़ा है। इस टीले के चारों ओर आम, सेमल और पकरिया के वृक्ष सुशोभित हैं। मोर शोर मचा रहे हैं।

फाटक के बाहर घाघरा की ओर वाले खेतों में राजा की सेना परेड किया करती थी। लड़ाई की तैयारी वहीं हुई थी।

श्री गिरजाशंकर सिंह तो थे नहीं, उनके चचाज़ाद भाई श्रीबाबूराम सिंह ने हमें अपने पुरखों से सुना हुआ कोट का यह नक्शा बतलाया। बातों के सहारे मेरे सामने सौ वर्ष पहले का चित्र उपस्थित हो गया। नवाबगंज के नायक चहलारी के ठाकुर बलभद्रसिंह के जन्म और निवास-स्थान पर आकर मेरी श्रद्धा बांध तोड़कर बह चली थी। ऐसे महावीर उद्‌भट साहसी नवयुवक शहीद के प्रति किसकी श्रद्धा न उमड़ेगी?

अपने मन को व्यवस्थित करने में मुझे कुछ समय लगा; फिर अपनी पूछताछ आरम्भ की। श्रीबाबूरामसिंह ने बतलाया : "बलभद्रसिंह के एक लड़की थी। ज़िला शाहजहांपुर के जेवांग्रामनिवासी कुंअर गजराजसिंह से उनका विवाह हुआ था। चार सन्तानें हुई, चारों ही पुत्र थे। उनके नाम मुनुवां शिवदान सिंह, देवीबख्शसिंह, राजबहादुर सिंह और हनुमानसिंह थे। मुनुवां शिवदानसिंह तथा देवीबख्श सिंह मुरौवा आकर बस गए। राजबहादुर सिंह और हनुमानसिंह जेवां में ही रहे।

मुनुवां शिवदान सिंह के दो पुत्र हैं—गिरिजाशंकर सिंह और शंकरबख्श सिंह।

देवीबख्श सिंह के भी दो सन्तानें हुईं—गणेशसिंह और बाबूराम सिंह। गणेशसिंह तीन सन्तानें छोड़कर स्वर्गवासी हो गए।

मैंने पूछा : "आपके ताऊ और पिता अपना घर छोड़ यहां क्यों आकर बसे? उनके नाना बलभद्रसिंह की जागीर तो ज़ब्त हो चुकी थी।"

श्रीबाबूरामसिंह ने उत्तर दिया : "पीपरी राज भी पहले बलभद्रसिंह का ही था, फिर एक पंजाबी को मिल गया। उन्होंने पुराने राजवंश को गुज़ारे के लिए ढाई सौ बीघा ज़मीन दी थी, इसलिए हम लोग यहां आ बसे।"

श्री आशीर्वादी पाण्डे नामक एक सज्जन तब तक वहां आ पहुंचे। उन्होंने बतलाया : "बलभद्रसिंह जब जूझिगे तौ रानी हियां ते भाजि कै नैहर चली गईं। कारिन्दा लोग बकाइन कि अब आप हियां न रहौ तउ नैहर चली गईं। उनके एक लरकी रहै। उइ बाद मां दरखास दिहिस तब बाइस सै बीघा ज़मीन मिली। चहलारी, थान गांव, गंगापुरवा, बछमरिया, भैंसी, राजापुर कलां, बैजवारी, अउ मुंजहना मा बाइस सै बीघा सीर मिली रही। औ बिटिया दुइ सै रुपया महिना पिंसिल (पेंशन) पावत रहीं। रानी न तौ मांगिनि औ न उनका कुछौ मिला। बिटिया जब मरि गईं तो पिंसिल सरकार ते बंद हुइ गई। ज़मींदारी जब खतम भै तब सीर—"

"भी चली गई।" कहकर मैंने उनका वाक्य पूरा किया और पूछा कि जब राजा मुरौवा में रहते थे, तो चहलारी के क्यों कहलाते थे?

पाण्डे जी ने बतलाया : "चहलारी मां कोठार रहा। रहति हियनै रहे, मुल राजा चहलारी के बाजति रहे।"

बच्चे, जवान, बूढ़े सब धीरे-धीरे इकट्ठा होते चले जा रहे थे। बात क्रमशः गरमा रही थी। लोग चहलारी के राजा से अधिक जो-जो राजा के साथ लड़े थे, उनके नाम चारों ओर इस तरह टपकाने लगे जैसे बरसात में पतिंगे टपकते हैं। मैं मशीन तो हूं नहीं। घबराकर लिखना बन्द कर दिया। मैंने कहा कि व्यवस्थित होकर अगर यह नाम मुझे बतलाते जाएं तो सब लिख लूंगा। श्री आशीर्वादी पाण्डे बोले, "ई सब नांव 'जंगनामा' मां लिखे हैं।"

कई तरफ से आवाज़ें उठीं, "हां, जंगनामा मां लिखे हैं।"

'जंगनामा' के प्रति मेरी उत्सुकता गहरी हो उठी, परन्तु कुछ पूछने से पहले ही पाण्डे जी सुनाने लगे—

"भाजि गए इलंगी झिलंगी।
भाजि गए गज के असवारा॥
हरदत्त कहैं हम खेत लड़ब।
उइ जाय लुकान नदी के किनारा॥
एक जीवत है बलभद्र बली।
जिन जाय झपटि अंगरेज़ को मारा।"

पाण्डे जी के बाद तुरन्त ही एक नवयुवक खड़ा होकर सुनाने लगा—

"बौंडी का राजा लौंडी भवा, रेहुआ भवा गुलाम।
बना रहैं चहलारी क राजा—॥"

अन्तिम पंक्ति विशुद्ध गाली थी। आशीर्वादी पाण्डे ने उसे बड़ी ज़ोर से डांटा। और अपनी ओर से अन्तिम लाइन का शुद्ध रूप भी बतलाया, ''बना रहै चहलारी क राजा जो मुंह मारा पिथावर क्यार॥ पिथावर का मतलब हियां अंगरेजन ने आय।''

लम्बी सफेद दाढ़ी वाले पण्डित जगन्नाथप्रसाद भी खड़ाऊं खटकाते हुए आ पहुंचे। पाण्डेजी से लगभग दस-बारह वर्ष बड़े, चौहत्तर-पिचहत्तर के थे। पाण्डे जी ने उन्हें अपना गुरु बतलाया। पण्डित जगन्नाथप्रसाद जी ने बतलाया : चहलारी वारे रहैं। गउना आवा रहै तउन वहीं ते लउटाय दिहिन। बेगम आई रही तउन खिल्लत-उल्लत दिहिन। हियां वारे कोई लड़वइया तौ रहे नाहीं, सब आपन धूम-धाम करत हियां ते तोबैं (तोपें) दागति चले। हमरे दादा रहे तौ उनके साथ गे रहैं। तउन राजा उनते कहिनि कि आप लोधेसुरन महादेवा मां रहौ। तौ उइ रहिगे। बाकी हालु ननकऊसिंह के 'जंगनामा' मां लिखा हैं।''

'जंगनामा' देखने के लिए अब मैं अधीर हो उठा; पता चला कि उसके पिता ठाकुर ननकऊसिंह आयु में सौ वर्ष के हैं। यहां से लगभग एक मील दूर 'टिकुरी गांव' में रहते हैं। राजा बलभद्रसिंह के भतीजे हैं।

मुझे अब भला कहां चैन पड़ सकता था। फौरन ही श्रीबाबू रामसिंह को लेकर टिकुरी पहुंच गया। भरी दुपहर थी। लू का ज़ोर था। बच्चे तक पेड़ों के नीचे सिमटे बैठे थे। हमारी गाड़ी पहुंचते ही गांव चैतन्य हो गया। इधर-उधर हलचल-सी मच गई और ठाकुर ननकऊसिंह के दरवाज़े पर गाड़ी रुकते ही वह हलचल वहां सिमट आई। ठाकुर साहब अन्दर सो रहे थे, कुछ बीमार थे। श्री बाबूराम सिंह से मैंने कहा, ''आप उतावले न हों। घण्टा-आध घण्टा, जब तक कि ठाकुर साहब न जागें, यहां बैठा रहूंगा। लेकिन बाबूराम सिंह अधिक देर रुक न सके। अन्दर गए और थोड़ी देर बाद ही ज़ोर-ज़ोर से बोलते सुनाई पड़ने लगे ''.......सरकार ते आए हैं... लखनऊ ते आए हैं..........जंगनामा सुहि हैं।'' इत्यादि सुनकर यह स्पष्ट हो गया कि ठाकुर ननकऊसिंह को अपनी बात सुनाने के लिए मुझे भी ज़ोर से बोलना पड़ेगा। कुछ ही क्षणों बाद मैं उस कच्चे किन्तु बड़े मकान के कमरे में था। मेरे पीछे-पीछे गांव की भीड़ भी आ गई थी।

कभी-कभी फोटोग्राफी कला न जानना खल जाता है। घर में एक भाई जाना-माना 'सिनेमेटाग्राफर', दूसरा ख्यातिप्राप्त चित्रकार है, ज्येष्ठ पुत्र को भी फोटोग्राफी की कला का अच्छा ज्ञान है और तब भी मैं स्केच करना या फोटोग्राफ खींचना नहीं सीख पाया। इसके लिए अपने आलस्य को छोड़कर किसे दोष दूं?

ठाकुर ननकऊसिंह दुबले-पतले, गेंहुए रंग के व्यक्ति हैं। दांत करीब-करीब सब बरकरार हैं। आंख-कान चले गए, परन्तु आवाज़ अब भी कड़कदार है।

''अगहन मां आंखी चली गई। वरम पैदा हो गया था, अब द्याखौ का होति है। अबहीं तलकु चलति आये--अब द्याखौ का होति है। जउने सनू मा-कक्का जूझे रहे नवाबगंज मां, वहे साल हम पैदा भयन। अब जानौ रौवां बरस लागगा होई कि लागै वारा होई।'' मैंने उनसे जंगनामा दिखाने की प्रार्थना की। उन्होंने अपने पुत्र को कापी लाने का आदेश दिया। आने पर उसे हाथ से टटोलकर देखा, कहा: ''हां,

यहे है।'' और बड़े जोश में आकर कवित्त सुनाने लगे। उनकी स्पीड बहुत तेज थी, उन्हें रोकना बहुत मुश्किल था क्योंकि वे अपनी सुनाते थे दूसरे की कम सुनते थे। मैंने लिखना बन्द कर दिया और यह सोचने लगा कि यह जंगनामा कैसे प्राप्त किया जाए। मैंने कहा, ''यह जंगनामा मैं अपने साथ ले जाना चाहता हूं। इसकी एक नकल तैयार कर लौटा दूंगा।''

ठाकुर साहब के पुत्र और तीन-चार अन्य सज्जन आपस में एक-दूसरे को देखने लगे। मैं समझ गया कि उनकी दृष्टि में इनकार है। परन्तु इतनी भारी दौलत हाथ में आ जाने के बाद सहसा मैं भी उसे छोड़ने को तैयार न था। मैंने ठाकुर ननकऊसिंह के कान के पास जा अपनी बात कही। वे बोले : ''नकल हियां होई जाई। हां, करति-करति चार-पांच दिन तो लागै जइहैं।''

मेरा यह अनुभव रहा है कि जो काम दूसरों पर छोड़ा वह आमतौर पर पूरा नहीं हुआ, इसलिए जंगनामा छोड़ना नहीं चाहता था। दुबारा ठाकुर साहब से कहा, ''मुझे आज ही जाना है। जंगनामा मेरे प्राणों से भी अधिक सुरक्षित रहेगा। और नकल कराने के बाद तुरन्त ही उसे वापस लौटा दूंगा।''

ठाकुर साहब बोले : ''ठीक है। आप लै जाव। जंगनामा का प्रचार होई, हमरे कक्का जी की कीरति बढ़ैगी इससे। छपि है तौ हज़ारों लोग पढ़ि हैं। गलत लिखा है तउन सुद्ध होई जाई। आप लै जाइए। खाली अपना पता-ठिकाना हमको लिखकर रसीद दै जाइए।''

मेरी जान में जान आई। जंगनामा हाथ लगते ही लगा कि अनमोल वस्तु मिल गई।

लोगों ने ठाकुर साहब के सम्बन्ध में मज़ेदार बातें सुनाईं। मुझे बतलाया गया कि ननकऊसिंह बड़े 'न्यारसी' अर्थात् कामकाजी व्यक्ति रहे हैं। उन्हें कागद-पत्तर और औज़ारों (हथियारों) का बड़ा शौक रहा है। आस-पास के पुरवों में हर घर की जन्म-मृत्यु पहले स्वयं अपने रजिस्टर पर दर्ज करते थे, अब लड़के से करवाते हैं। किसका किससे किस बात पर झगड़ा हुआ, यह भी उनके रजिस्टर पर वर्षों से बराबर टांका गया है। जंगनामा के अतिरिक्त उन्होंने पौराणिक उपाख्यानों पर भी काव्य रचे हैं।

जब चलने लगा तो जंगनामे के सम्बन्ध में उन्होंने मुझसे फिर कहा, ''साहब यह खूब छपै, खूब परचार होय, और जौन असुद्ध होय वहिका सुद्ध करिकै छपायो।''

जंगनामा अपना एक इतिहास भी रखता है जो पुस्तक के अन्त में इस प्रकार लिखा है : ''औवल में जंगनामा बेनीराम मिश्र-भदेवां निवासी ज़िला सीतापुर ने बनाए थे। श्री सुभ संवत् 1941 विक्रमी में मार्ग मासे, कृष्ण-पच्छे, तिथौ पंचम्याम शनिवासरे यह जंगनामा मूल था। उसीकी आसै से यह जंगनामा बहुत सनोमान के साथ लिखा गया है कि जो जो हाल छूटि गया था, वही इसमें सामिल किया गया कोई शंका करने योगि नहीं की जो सज्जन शूरवीर राजा के भेजे जखमी आए उनसे सब चरित्र जानकर और युद्ध का कौतुक ज्ञात हुवा की सन् 1889 ई० में मैं लखनऊ में था जो अर्व (?) सिविल हाकिम हालन साहेब को मिलने गए थे। वहां पर एक

फौजी अफसर बूढ़ा पिलसनदां मौजूद था। भेस वही फौजी सिपाही का था, एक तलवार जिसका कब्ज़ा सोने का था वह कमर में लगाए बैठा था। जब बातों से फरागत हुए तब वह हमसे कहा तुम कहां रहता है। तब मैं कहा की बहराइच में। तब वह कहा कि बहराइच का राजा बलभद्रसिंह शूरों में और वीरों में एक था, ऐसा वीर न होगा। तब मैं रोने लगा। तब वह पूछा रोना क्यों आया तब मैं अधिक रोकर कहा की मेरा चाचा था राजा बलभद्रसिंह जो बंकी में जूझ गया। राजा का पिता श्रीपाल सिंह व मेरा दादा गंगासिंह दोनों सगे भाई थे।

"राजा बलभद्रसिंह को शुर्गवास वीरगति से मिति जेठ सुदी 8 दिन इतवार संवत् 1913 वि० था। राजा की अवस्था उस वक्त 18 बरस 3 दिन की थी।"

'जंगनामा' काव्य की दृष्टि से भले ही महत्त्वपूर्ण न हो, परन्तु इतिहास की दृष्टि से बहुमूल्य है।

बाराबंकी में मुझे बराबर यह सुनने को मिला कि बलभद्रसिंह अपना विवाह कर लौट रहे थे कि अंग्रेज़ों से युद्ध छिड़ गया। 'ब्याह क कंगना कर मां बाजे, लक्खी मौर देयि बहार' वाली बात यथार्थ से तनिक दूर हटी हुई है। जंगनामा से पता चलता है कि बलभद्रसिंह अपने छोटे भाई छत्रपालसिंह की बारात लेकर शिवपुर ग्राम गए थे। बेगम हज़रतमहल उस समय बौंडी में निवास करती थीं, बैसवारे के सामन्त और रैकवार नरेशों की सभा कर उन्होंने सबसे सहायता मांगी, नवयुवक बलभद्रसिंह की वीरता का बखान सुना और तुरन्त उन्हें बुलाने के लिए हरकारे द्वारा पत्र भेजा। हरकारा राजा के शिवपुर में होने की खबर सुनकर सीधे वहां पहुंचा। बेगम का निमन्त्रण पाते ही बलभद्रसिंह बारात को घर जाने का आदेश दे सीधे बौंडी आए। बेगम ने उनका स्वागत किया। कवि के कथनानुसार–

"निज सुत को गोदी सों टारी।
राजहि लीन गोद बैठारी॥
तब बेगम बोलीं हरषाई।
राजा को लै कण्ठ लगाई॥
तुम सुत सरिस अहो प्रिय मोरे।
कहौं मर्म तो सन प्यारे॥"

बेगम ने राजा को खिलअत बख्शी। चोदन्ता गज अम्बारी सहित दिया। रानी के लिए आभूषण दिए। लोगों के लिए पहरावर दी। बेगम ने अपने हाथ से बलभद्र को केसर तिलक किया, बिरजीस कदर और मम्मू खां से भी तिलक कराया और साज-बाज सहित युद्ध-क्षेत्र के लिए विदा किया।

कवित्त

"चरदा व अकौना नानपारा औ पयागपुर भिनगा समेत रहे भूप तौन जानिए।
बलरामपुर छयो द्वारा गंगवलि जरबुलि तुलसीपुर को मानिए।
रामनगर खानजादे व रामपुर कठवलि जांगरे समेत सुधा सबको बखानिए।
बौंडी के राजा रैकवारी के ठाकुर हरिहरपुर रेंहुवाऔ टपरुहा समेत सब, भूपन गनाइए॥"

येते सब राजा रहे, मल्लापुरौ समेत।
सब भाजे तब समर ते हम नहिं तजिहैं खेत॥
कोऊ ना मुहीम लीन्हों साहब सों छत्रीगन,
करिकै दगा फौज भाजी है सवार की।
पल्टनै तिलंगन की थोरी सी लड़त भई,
गोरेन को देखि तोप दगी ना गंवार की॥
रह्यौ ना सिहार कछु करनी भुलाय गई,
करिकै नामर्दी सैन चली वार पार की।
कहैं कवि सत्य महाराज बलभद्र सिंह,
नाम राख्यौ उत्तर कौ नाक रैकवार की॥

इस जंगनामे की एक विशेषता यही है कि उसमें जन-साधारण के, विभिन्न जातियों के अनेक शूरवीरों के नाम भी लिखे हैं। वे नाम इस प्रकार हैं—

(1) दरियावसिंह, बलभद्रसिंह के मामा, (2) हीरासिंह, बलभद्रसिंह के काका, (3) लोचनसिंह, बैस राजा सिकन्दरपुर, (4) बखतसिंह रघुवंशी, (5) सिंह बहादुर, (6) दर्शनसिंह, (7) माधोसिंह, (8) मंगलसिंह मजरे राजपुर स्थान किसनापुर के निवासी, (9) दमनसिंह रघुवंशी, (10) उमरावसिंह गौड़ क्षत्रिय, (11) भूदरसिंह बहादुर, (12) दलजीत, (13) बल्लू, (14) भगवन्त, (15) रामबकस, (16) जोधे, (17) शिवदीन, (18) गंगादीन, (19) कालिका थानगांव के निवासी, (20) नौरंग, (21) पण्डित बिशुन पाण्डे, (22) चन्दी पाण्डे, (23) रामप्रसाद, (24) परवन नाऊ, (25) जंगी, एक वेश्या पुत्र, (26) गुरुबकस, (27) भवानीदीन, (28) बख्तावरसिंह, (29) मुन्नूसिंह, (30) रघुनाथ, (31) जगतसिंह, (32) शिवदीन, (33) शिवबख्श, (34) मंगलसिंह, (35) मायाराम, (36) रामचरन, (37) हरदत्त, (38) छोटेसिंह, (39) जानकी, (40) सुखमंगल पाण्डे, (41) गौरी पाण्डे, (42) परमेसुर मिसिर, (43) राधे दूबे, (44) मुन्नू, (45) महिपालसिंह, (46) पहलवानसिंह, (47) मान्धतासिंह (48) बलदी पाण्डे मुरवा ग्राम के निवासी, (49) माधोसिंह, (50) मुन्नूसिंह राठौर, (51) कर्णसिंह, (52) दृगपाल, (53) रामचरन तिवारी, (54) अमीर खां गोलंदाज (55) परवन रघुवंशी, (56) बल्दी दीक्षित, (57) राधे पण्डित, (58) रामचरन पुजारी, (59) शिवप्रसन्न तिवारी, (60) भवानीदीन, (61) जोधे मिसिर, (62) रामदयाल कहार नरपति पुरवा के निवासी, (63) भन्तासिंह, (64) गनेसी, (65) सीतल, (66) बिहारी नाऊ मुरवा ग्राम निवासी पुत्र सम्बन्धियों सहित, (67) जोधासिंह सोमवंशी, (68) गंगादीन पाण्डे, (69) कालिका, (70) सन्तलाल, (71) माखनसिंह, (72) रामप्रसाद तिवारी, (73) रामचरन तिवारी जिनका लड़का सखी हो गया था, (74) पण्डित गंगादीन, (75) मुन्नूसिंह, (76) सीताराम नाऊ, (77) औसेरी नाऊ, (78) अमरित, (79) मुन्नू बारी, (80) शिवदीन, (81) भिखारी गाड़ीवान, (82) बल्दी गाड़ीवान, (83) दौलतिया गाड़ीवान, (84) कान्हो गाड़ीवान, (85) जवाहिर कहार, (86) शिवदीन सिंह बैस, (87) लोनियां बेलदार तीन जन, (88) कुंजबिहारी, (89) कुंजबिहारी का साईस, (90) सुभान खां।

देश की स्वाधीनता के लिए लड़ने वाले जितने नरशूरों के नाम-ठाम मिलते हैं, उतना ही इतिहास अन्तरंग होता है; एक दो नहीं, हज़ारों वीर नायकों का हुजूम देश की स्वतन्त्रता के लिए समर में आगे बढ़ा, जूझा और अपने रक्तदान से भावी पीढ़ियों के लिए भी अनुपम आदर्श उपस्थित कर गया। तत्कालीन भारत अपनी नैतिक और सामाजिक मान्यताओं को लेकर अत्यन्त रूढ़ और पतनोन्मुख हो गया था, इससे कोई भी न्यायप्रिय व्यक्ति इनकार नहीं कर सकता, परन्तु 1857-58 की क्रान्ति यह भी सिद्ध करती है कि भारत में कोई ऐसी विशेषता भी विद्यमान थी, जिसने उसके पतन में भी अपनी महत्ता का ऐसा ज़ोरदार प्रमाण प्रस्तुत कर दिया।

जंगनामे में दी हुई सूची इस बात का प्रमाण भी है कि संकट के अवसर पर जाति-भेद और ऊंच-नीचपन भुलाकर हमारा समाज एक हो सकता है। कहार, कबड़िए, नाऊ, ठाकुर, मुसलमान, ब्राह्मण–सभी जातियों के शूर एक साथ एक उद्देश्य के लिए जूझे। हमारा देश यदि इस परम्परा को आज भी सुरक्षित रखे है, तो मैं दावे से कह सकता हूं कि वह बड़े से भी बड़े संकट को पार कर जाएगा; कोई शक्ति मर्ज़ी के खिलाफ उसे झुका नहीं पाएगी।

सिंह साहब अपने घर से भोजन बनवाकर ले गए थे। नीम तले बैठकर भोजन किया। बड़ा सुख पाया। आशीर्वादी पाण्डे, पण्डित जगन्नाथ, बाबूराम सिंह आदि के साथ थोड़ी देर बैठकर सांसारिक सुख-दुःख की चर्चा की। सबसे बड़ा अपनापन मिल रहा था। पुराने समय में सार्वजनिक शिक्षा का अभाव पण्डित जगन्नाथ जैसे वयोवृद्ध को भी बुरा मालूम होता था, यह जानकर मुझे हार्दिक सन्तोष हुआ। कहने लगे : ''पुराने ज़माना मां ब्राह्मणन के सब लंरिका भी पढ़बु-लिखबु नाहीं जानत रहे। अब दूयाखौ कि विद्या का कस फैलाव बढ़ रहा है। मुलु पण्डित जी, दूसर पच्छ से जो हम बिचार करित हइ, तौ हमका अस लागति हय कि अच्छर बोध अउरु उपरी टीमटाम वाला ज्ञान तौ ज़रूर बाढ़ा है, बाकी विद्या का प्रचार नहीं भवा। यहौ होइ जाय तौ अच्छर बोध का असिल लाभ होए।''

मैं खाट पर बैठकर खा रहा था, मैंने पूछा : ''पण्डित जी, मुझे इस प्रकार भोजन करते देख आपके मन को कैसा लगता है–सच कहिएगा।''

पण्डितजी से पहले पाण्डेजी बोल उठे आप ही : ''यह तौ आज का धरम है।''

''ठीक कह्यौ धरमय आए। अब दूयाखौ कहां-कहां भटकि रहे हैं आप। कितना काम औ ज़िम्मेवारी आप लोगन पर रहता है। आप लोगन ते हमार लोगन का धरम नाहीं सधि सकति है। अरे, अपने पोता का हम रोजु देखिति है। स्कूल मां बहुत नाहीं पढ़ा, मुलु तबहुं हमार जइस नियम संजम उहु नाहीं कै पावति है। हम तौ कहि चुकेन, युहु समय का धरम आए। हम आपके धरम का बुरा न मानब। पर ई के साथ हम यहौ कहब अकि हमार धरम श्रेष्ठ आय।''

ललाई लिए हुए गौर वर्ण, सफेद बुर्राक दाढ़ी और सिर के बाल चन्दन-चर्चित भाल के साथ उनकी वृद्धावस्था अपने विचारों का उद्घाटन कर मेरे लिए श्रद्धा और आकर्षण की वस्तु बन गई है। मैं भारत के हृदय में बैठा हुआ हूं, भरतों की भूमि में, पण्डित जगन्नाथ उस भूमि का स्वर लेकर बोल रहे थे।

आशीर्वादी पाण्डेजी ने हमारा बड़े आग्रह और प्रेम से सत्कार किया। मैंने आमतौर पर देखा कि गांवों में सूचना विभाग की गाड़ी सिनेमा दिखाने वाली गाड़ी के नाम से अधिक ख्याति प्राप्त करती है। गांव के बच्चे उससे परिचित होते हैं। सिनेमा दिखलाने की मांग गांव के नेता से लेकर बच्चे तक करते हैं, यह भी इस यात्रा में अक्सर आज़माया। आशीर्वादी पाण्डे जी ने भी वही मांग की। सिंह साहब ने बीच में पानी बरस जाने से गांव के रास्ते खराब हो जाने की बात बतलाई। अब इधर मार्ग सूख चले हैं, तो शीघ्र ही सिनेमा मशीन लेकर आएंगे।

बलभद्रसिंह की जन्मभूमि मुरौवा या मुरुवा ग्राम में बिता, वीर-प्रसविनी भूमि को प्रणाम कर हम लोग चले। मेरा मन फिर बलभद्रसिंह को लेकर भर आया। बलभद्रसिंह सचमुच अवतारी नायक था। सर होपग्राण्ट के दिए हुए वर्णन के अनुसार बलभद्रसिंह लम्बी-चौड़ी देहवाला, तेजस्वी, व्यक्तित्वशील, चतुर, साहसी, फुर्तीला और भयशून्य पुरुष था। आयु अठारह वर्ष तीन दिन—इतने दिनों में वह अपने व्यक्तित्व को अन्तिम क्षण तक कितना विकसित कर सका, जीवन को अन्तिम क्षण में पूर्ण कर वह वीर रस का साधक अपने 'रसो वै ब्रह्म' में लीन हो गया। लगन से बढ़कर कुछ नहीं। लगन हो और उद्देश्य भी ठीक हो तो किसी भी दिशा में कर्म करते हुए ऐसे ही अद्भुत पराक्रम का परिचय कोई भी व्यक्ति दे सकता है।

बलभद्रसिंह के व्यक्तित्व की दूसरी जीत यह थी कि उनकी सेना के खरे जुझारू वीर अपने नायक को बहुत चाहते थे। दूसरे जब साथ छोड़कर चले गए तब बलभद्रसिंह के छह सौ वीरों ने अपने देश की एक-एक इंच भूमि की रक्षा के लिए रक्तदान दिया। होप ग्राण्ट और रसल दोनों ने ही उन छह सौ वीरों तथा उनके नायक बलभद्रसिंह चहलारी वाले को जी खोलकर सराहा है। जंगनामे में उन छह सौ लोगों में से कम-से-कम नब्बे वीरों के नाम-परिचय का ज्ञान हुआ।

नहर के रास्ते होते हुए हम बौंडी के लिए चले। चहलारी देखने की इच्छा मन में दबा ली। मुरौवा तथा टिकुरी ग्राम में मुझे काम लायक यथेष्ट सामग्री उपलब्ध हो चुकी थी। चहलारी जाकर कुछ वहां की जनता से बलभद्र की कहानियां तथा अन्य शूरों के नाम अवश्य पाता। पर यह काम कोई और करेगा। प्रत्येक ज़िले में ऐसे व्यक्ति अवश्य होते हैं, जो अपने क्षेत्र की ऐतिहासिक, सांस्कृतिक और साहित्यिक परम्पराओं के प्रति रुचि ही नहीं रखते, बल्कि काम भी करते हैं। क्या ही अच्छा हो यदि कुछ ऐसे व्यक्ति अपने-अपने क्षेत्रों में सत्तावनी क्रान्ति का इतिहास, तत्सम्बन्धी किंवदंतियां, लोक-गीत आदि संग्रह कर लें। ऐसी सामग्री का एकत्र किया जाना और एकत्र प्रकाशित किया जाना भावी पीढ़ियों के लिए उपयोगी कार्य होगा।

बौंडी

राजा हरिदत्तसिंह रैकवार का कोट—

मुरौवा के कोट से निश्चित रूप में इसका क्षेत्रफल ढाई-तीन गुना बड़ा है। इस

कोट के क्षेत्र में घुसते ही दाहिने हाथ पर कपूरथला स्टेट का तहसील दफ्तर, बाएं हाथ डिस्पेन्टरी प्रेस, और आगे चलकर बाएं हाथ पर स्कूल है। सामने दाहिने हाथ पर एक खण्डहर खड़ा है। यही किला है...ध्वस्त, खुदी हुई मिट्टी, लखौरी ईंटें, कुछ उनसे भी पुरानी लगने वाली ईंटें बिखरी हैं। एक कमरे का आकार दिखलाई देता है, ऊपर तक एक दीवाल खड़ी है। प्राचीनता की बस इतनी ही निशानी यहां बची है। एक किसान ने बतलाया : ''हमरे पुरखा बतावत रहे कि 'राजा का घरु उइ कैती रहा'।'' स्कूल के पीछे वाले भाग में, जहां उस किसान के खेत हैं, राजा का घर था। खेतों से ईंटें निकलती हैं। यहां भी एक ने बतलाया कि कोट के चारों ओर बांस के पेड़ लगे थे, फिर खन्दक, फिर बांस। चार फाटक, चार बुर्ज, चार तोपें थीं।

बौंडी में किसी को बौंडी के राजा और बेगम का हाल नहीं मालूम...बस, इतना ही लोग जानते हैं कि बेगम यहां आई थीं और राजा हरिदत्तसिंह भागकर पहाड़ पर चले गए थे।

इकौना

दूसरे दिन प्रातःकाल हम इकौना के लिए चले। वहां के राजा उदित प्रकाश का नाम भी मैंने सत्तावनी क्रान्ति के सिलसिले में सुना था।

सबसे पहले वहां के 'इण्टरमीडियट कॉलेज' के प्रिंसिपल से मिलने गए। उनके सम्बन्ध में हमें यह बतलाया गया था कि इकौना के सम्बन्ध में वे बहुत कुछ जानते हैं। बहराइच में रहने वाले उनके भाई बाबू श्यामलाल वकील भी कुछ जानते हैं। पर प्रिंसिपल साहब न मिले, वे बहराइच गए थे।

फिर स्वर्गीय लाला सालिगराम के पुत्र श्री रामकुमार से मिलने गए। उन्होंने बतलाया : ''हमारे पूर्वज लाला किशुन परशाद वाजिदअलीशाह शाही के कानूनगो थे। इकौना के राजा उदितप्रकाश गदर में हारकर भागे, फिर वापस नहीं आए।

''मेरे खानदान में एक रवायत चली आती है कि जब 14 गांव हमारे पुरखों ने कपूरथला को दिए, तब उसी आधार पर औरों ने भी अपने इलाके दिए। इस कारण ये लोग कपूरथला स्टेट के 'जी-इज्ज़त' माने जाते हैं। चालीस रुपया माहवार मिलता था, तीस हो गया। लिखा-पढ़ी की गई। कागज़ात भी हैं।''

इकौना एक छोटा-सा सम्पन्न कस्बा है परन्तु प्राचीन इतिहास की जानकारी रखने वाले लोग वहां अधिक नहीं, यह बतलाया गया। मैंने सोचा, बहराइच जाकर बाबू श्यामलाल वकील से मिला जाएगा।

श्रावस्ती के खण्डहर इकौना से केवल चार मील दूर थे। यद्यपि सत्तावनी क्रान्ति से उन सदियों बूढ़े खण्डहरों का कोई सम्बन्ध नहीं, परन्तु इतने निकट आकर बुद्ध महाराज के जेतवन विहार को देखने की इच्छा रोक न सका। श्रावस्ती भगवान बुद्ध से भी सदियों बूढ़ी नगरी बतलाई जाती है। पुराणों के अनुसार श्रवस्त नामक किसी सूर्यवंशी राजा ने इस नगरी की स्थापना की थी। भगवान राम ने अपने पुत्र लव को यहां का राज्यपाल बनाया। यह नगर प्रसेनजित् के समय बड़ा मालदार और शानदार बतलाया जाता है। राजकुमार जेत की ज़मीन विहार बनवाने के लिए सेठ अनाथपिण्डक

ने खरीदी थी और मूल्यस्वरूप पूरी ज़मीन पर स्वर्ण-मुद्राएं बिछा कर दी थीं। श्रावस्ती की पटाचारा बौद्ध थेरियों में बड़ी प्रसिद्धि हुई है। भगवान बुद्ध को जेतवन-विहार अत्यन्त प्रिय था।

डेढ़-दो मील के घेरे में—ऊंचाई से देखने पर करीब-करीब अर्धचन्द्राकार श्रावस्ती के खण्डहर पड़े हैं। ऐसा लगता है, जैसे यह सब-कुछ किसी किलेनुमा चहारदीवारी से घिरा हुआ था। जेतवन विहार में वह चबूतरा अब तक है, जहां वृक्ष-तले बैठकर भगवान् उपेदश करते थे। गन्धकुटी के पास खड़े होकर मन अतीत की महत्ता से भर गया। पण्डित जवाहरलाल जी नेहरू तथा भारत सरकार के ज़ोरदार प्रचार के बावजूद मैं बौद्ध भले ही न होऊं पर बुद्धदेव के प्रति मेरी श्रद्धा निष्कपट है। बुद्ध, जहां तक जानता हूं, संसार में पहले धर्म-प्रवर्तक थे जिन्होंने धर्म को संघबद्ध किया। जातिवाद तथा बलि-प्रथा के विरुद्ध आवाज़ उठाने वाले बौद्ध और महावीर अपने युग के महान् क्रान्तिकारी अवतारी पुरुष हुए हैं। बुद्ध के धर्मचक्र-प्रवर्तन सिद्धान्त के कारण भारत की वाणी को सबसे पहले विदेशों में पहुंचने का अवसर मिल सका। मैं जहां तक समझता हूं, धर्म का चक्रवर्ती साम्राज्य स्थापित करने की कल्पना ईसाइयों ने, शंकराचार्य और मुहम्मद ने किसी-न-किसी रूप में बौद्धों से ही पाई है।

बुद्ध-जयन्ती के सिलसिले में सरकार ने यहां बहुत-कुछ बनवा दिया है। जी की कहूंगा, अयोध्या की मनहूसियत श्रावस्ती आकर मुझे बहुत खली। भारतीय संस्कृति पर अयोध्या और मथुरा का जो ऋण है, उसे भुलाया नहीं जा सकता। अयोध्या में पुरातात्त्विक खोजें न होना, उसे सुन्दर रूप न देना मुझे बहुत खलता है।

शाम को बहराइच में बाबू श्यामलाल वकील से मिलने गया। उनसे ये सूचनाएं प्राप्त हुईं :

"नानासाहब आए थे। उन्होंने यहां पर संगठन किया। बौंडी भी गए। इकौना में एक साधु बैरागी बाबा दुर्लभदास नानाराव की शक्ल-सूरत का था। ग़दर के बाद वह नानाराव के धोखे में पकड़ा गया, लेकिन बाद में शिनाख्त पुख़्ता हो जाने के बाद छोड़ दिया गया। इकौना के राजा जनवार राजपूत थे। ग़दर में लड़े और कभी न लौटे।

"अच्छा साहब, एक किस्सा हमारे बचपन का है सुनिए। इकौना में एक पागल रहा करता था, पाटनदीन। खाने के लिए वह भीख में बस दाल (पहिती) मांगा करता था। कहा जाता है कि वह सन्' 57 का कोई हीरो था। मगर ये सब शक ही शक था। राजा के कुटुम्ब वालों ने कभी उसकी खोज-खबर नहीं ली, शायद वह भी वहां कभी नहीं गया था।

"इकौना का एक किस्सा और जानता हूं कि वहां के राजा ने बेचू नामक एक ब्राह्मण का बड़ा अपमान किया था। कारण तो नहीं जानता। कहते हैं बेचू अविवाहित था। खैर साहब, राजा ने उसे बुलाकर गालियां-वालियां दीं और चोटी घसीट कर उसे निकलवा दिया—कुछ इसी तरह की बात थी। फिर साहब, वह ब्राह्मण महल के सामने ही बरगद के पेड़ में फांसी लगाकर मर गया। सबने कहा कि यह

ब्रह्म हत्या हो गई। राजा को बड़ा कलंक लगा। बाद में उसने समाधी-उमाधि बनवा दी, मगर कलंक तो लग ही गया था। बेचू महाराज की समाधि पर आज तक मेला लगता है। और कहावत है कि उसी की बद्दुआ या शराप से इकौना राजवंश उजड़ गया।''

रेहुआ के कुंअर साहब

बौंडी और रेहुआ नरेशों के वंशधर कुंअर इन्द्रप्रताप नारायणसिंह से भी भेंट की। श्यामलाल जी की कोठी के पास ही इनकी कोठी थी; वही कुंअर साहब से मिलाने भी ले गए। कुंअर साहब ने बतलाया :

''जिस समय बेगम और शाहज़ादा बिरजीस कदर हमारे यहां भागकर आए, ...मैं पहले आपको अपने यहां की हिस्टरी बताऊंगा।

''हमारे वंश के पूर्वज थे सालदेव-बालदेव। हम रैकवार क्षत्रिय हैं। हमारी उत्पत्ति राकादेव से है, जो राठौड़ थे। यह मैंने बीकानेर से छपी क्षत्रिय जाति की सूची में पढ़ा था। डाक्टर तेजबहादुर सप्रू ने एक बार मुझे बतलाया था कि जब महाराज राकादेव रायक (काश्मीर) में राज्य करत थे, तब उनके पुरखे राकादेव महाराज के पुरोहित थे। अच्छा खैर तो, यहां हमारे पूर्वज सालदेव-बालदेव थे। रामनगर धमेरी में उनका राज्य था। फिर महाराज सालदेव अपने छोटे भाई बालदेव को रामनगर धमेरी का राज्य सौंपकर और मुरौवा के इधर बूढ़ी सरजू (जिसे यहां 'बुढ़ियार' कहते हैं) के निकट बंभनौटी, जिसे उस समय में बंभनीगढ़ भी कहा जाता था, आए और उस पर कब्ज़ा किया। बहुत वर्ष तक हम लोग राज करते रहे। उसके बाद हमारे यहां महाराज हरिहरदेव और गजपतिदेव दो भाई हुए। महाराज हरिहरदेव बड़े शूरवीर योद्धा थे; वैसे ही उनके भाई महाराज गजपतिदेव भी थे।

''तो एक बार, शायद जहांगीर बादशाह का ज़माना था, दिल्ली की कोई बेगम बहराइच में जियारत करने के लिए आ रही थीं। चूंकि घाघरा के दोनों पार हमारा राज था, इसलिए जब वे इधर आईं तो टैक्स मांगा गया। उन्होंने आनाकानी की। उन्हें रोक लिया गया—कहना चाहिए कि एक तरह से कैद या नज़रबन्दी जो समझिए, कर लिया गया। तब फिर बेगम मान गईं; एक हाथी दिया, दुशाले आदि दिए। बाद में वापसी पर जब बेगम दिल्ली गई तो जहांगीर बादशाह से शिकायत की। इस पर वहां से फौज चल पड़ी। उस समय बंभनीगढ़ में हमारे यहां एक ब्राह्मण मंत्री थे। उन्होंने महाराज हरिहरदेव को समझाया कि शाहजहां से लड़ाई मोल न लें, और यह प्रार्थना की कि आप दोनों भाई तुरन्त दिल्ली जायें और जाकर कहें कि अपने राज में हमें कर लेने का पूरा अधिकार था, सो लिया, इसमें हमने अपनी ओर से दुश्मनी करने की नीयत तो की नहीं थी। महाराज हरिहरदेव मंत्री जी की बात मान गए। जब दिल्ली जाने लगे तो अपने तेरह-चौदह बरस के लड़के को गद्दी पर बैठा गए और अपनी महारानी जी को वलिया बना गए—उनके उस लड़के का नाम महाराज प्रसन्नदेव था।...

''एक पुस्तक है 'नागकोशलोत्तर'। उसके लेखक का नाम बाबू गोरखप्रसाद

सिंह उर्फ मुशो बाबू है। 'नागकोशलोत्तर' में लिखा है कि जब ये जहांगीर बादशाह के दरबार में पहुंचे तो उस समय इधर के दो राजा और भी दरबार में बैठे थे। उनमें एक बांसी ज़िला बस्ती के राजा थे, और दूसरे मझौली ज़िला देवरिया के राजा थे। बादशाह ने पूछा कि तीनों में कौन बड़ा है! कोई न बोला; महाराज हरिहरदेव जी बोले कि सरकार, पूरब में इन दोनों में कोई तो बड़ा जतिहा (जाति वाला) और कोई बड़ा पंतिहा (पांति वाला) माना जाता है, पर सरकार, इनमें सबसे बड़ा बहादुर मैं माना जाता हूं। जहांगीर बादशाह देखने लगा, फिर बोला कि अगर तुम्हारा बहादुरी का दावा है तो जाकर चुनार के राजा को परास्त करो, उसे गिरफ्तार कर यहां ले आओ तो मानूं कि बहादुर हो। इस पर दोनों भाई कुछ राजपूतों की शाही फौज़ और कुछ अपनी सेना लेकर चुनार पहुंचे। वहां जंगल में अपनी सेना छिपा दी और दोनों भाई संन्यासी का वेष धारण कर, अन्दर हथियार छिपाकर किले पर गए। इत्तिला कराई। महाराज चुनार मुंह-हाथ धोकर चांदी की चौकी पर बैठे थे, संन्यासियों को बुला लिया। पहुंचते ही मौका देख महाराज हरिहरदेव और गजपतिदेव जी, दोनों भाइयों में से एक ने महाराज चुनार की गर्दन पर तलवार रक्खी और दूसरे ने छाती पर रख दी और खड़े हो गए। जरा देर में खलबली मच गई, लोग दौड़े। महाराज हरिहरदेव ने कहा कि आप लोग गिनती में ज़्यादा हैं और अगर आप लोग हमें मारेंगे तो हम आपके महाराज को पहले मार डालेंगे। और हम लोग शत्रु नहीं हैं, शहंशाह के हुकुम से महाराज को कैद करने आए हैं। अगर तुम्हारे महाराज सीधे-सीधे चलें तो कोई बात नहीं, वरना अभी हमारी सेना भी गढ़ घेर लेगी। महाराज चुनार दिल्ली जाने से घबराते थे, कहने लगे, बादशाह से मेरी पुरानी लड़ाई है, दिल्ली में वह हमारा अपमान करेगा। महाराज हरिहरदेव बोले, हम पहले बादशाह से वचन ले लेंगे, तब आपको पेश करेंगे। और जो उस पर भी बादशाह ने आपका अपमान किया तो हम उसका भी यही हाल करेंगे जैसा आपका किया है। इस पर महाराज चुनार राज़ी हो गए। उनके साथ दिल्ली आए। उन्हें एक जगह छिपाकर दरबार में गए। जहांगीर ने पूछा, कहिए महाराज हरिहरदेव, आप अपनी बहादुरी का सबूत लाए! इन्होंने कहा कि हां सरकार, मगर पहले आप वचन दें कि महाराज की बेइज़्ज़ती नहीं करेंगे—वो भी आखिर महाराज हैं। और महाराज चुनार आपको खिराज देंगे। यह बात महाराज हरिहरदेव ने निर्भय होकर कही। बादशाह खुश हुआ और महाराज चुनार के साथ ऐसा ही बर्ताव किया, खिलअत दी। इसी खुशी में बादशाह ने महाराज हरिहरदेव को लखनऊ में गोमती के इस पार से लेकर डुंड़वा पहाड़ (यह शिवालिक की शृंखला है और अब नेपाल में है) तक की भूमि दे दी जिसके फरमान आज तक हमारे वंश में होकर भी परिस्थितिवश गुम हैं।

"खैर, लौटकर आने पर महाराज हरिहरदेव ने रेहुआ का राज अपने छोटे भाई महाराज गजपतिसिंह को तिलक करके दिया। अपने बेटे को चूंकि राजा बना गए थे, इसलिए उन्होंने अपने वास्ते एक दूसरे इलाके बौनहा में, जिसका हेडक्वार्टर इस समय हरिहरपुर के नाम से चिलवरिया स्टेशन से तीन मील पर है, राजधानी स्थापित की, नया राज बनाया।

''वहां महाराज ने मुरावनी रक्खी। आप एक बात नोट कर लीजिए, गज़ेटियर में लिखा है कि ब्राह्मणी रक्खी; मगर यह बात गलत है, महाराज अनुचित काम कर ही नहीं सकते थे। उन्होंने मुरावनी रक्खी थी। और उससे उनकी सन्तान हुई। महाराज हरिहरदेव ने मुरावनी से पैदा अपने बेटे को बौनहा का तिलकधारी राजा तो न बनाया, पर वह इलाका उन्हें दे दिया। इस वंश से आज भी रैकवारों का भात-सम्बन्ध नहीं है। ये लोग रैकवार नहीं बल्कि रैकवारी के रैकवार कहे जाते हैं।

''अब राजा गजपति सिंह की बात सुनिए। उन्होंने रेहुआ के पास धर्मापुर में एक छावनी स्थापित की और वहां आ गए। इस पर बंभनीगढ़ वाले भी उठकर अपनी छावनी बौंडी में चले आए। धर्मापुर के राजा के भाई की स्त्री वहां सती हो गई थीं, इससे राजा ने उस जगह को मनहूस जान छोड़ दिया और रेहुआ में किला बनवाकर वहीं अपनी राजधानी बसाई। रेहुआ उत्तर और बौंडी दक्षिण में ठीक एक मील के फासले पर हैं।

''सन् 1835 या 40 में रेहुआ, बौंडी में वैमनस्य हो गया। उन दिनों महाराज मान्धाता सिंह बौंडी के राजा थे और राजा यशकरण सिंह रेहुआ के। राजा यशकरण सिंह की मृत्यु 24-25 बरस की उम्र में ही हो गई। वे निःसन्तान मरे। मरते समय उन्होंने अपने मंझले भाई के आठ महीने के पुत्र को मंगाया। उसको राजा यशकरण सिंह ने अपनी छाती पर बैठाकर कहा कि इसको मैंने गद्दी दे दी, मेरे बाद यही राजा होगा। उनके मरने के बाद शिशु राजा के पिता धौंकलसिंह राज-काज संभालने लगे, उन्हें भी सब लोग राजा साहब ही कहते थे।

''मैंने आपसे बतलाया कि बौंडी और रेहुआ के राजवंशों में वैमनस्य की गांठ पड़ गई थी, सो बराबर कसती ही गई। महाराज मान्धातासिंह लखनऊ जा रहे थे। उनके मत में पुराने वैर का ध्यान आया। वे चालाकी कर गए; लखनऊ जाते हुए मुकाम कैसरगंज के पास नौगुइयां पर छापा मारा और धौंकलसिंह को घेर लिया। इनके साथ दो हज़ार सिपाही थे। धौंकलसिंह बिलकुल औचक में घेरे गए थे; उनकी कोई तैयारी तो थी नहीं, साथ में सिर्फ पचास आदमी थे सो जूझ गए। महाराज मान्धातासिंह ने राजा धौंकल का सिर लेकर उनके सिर की रण-पूजा की...।''

''रण-पूजा किस प्रकार होती है?'' मैंने पूछा।

''शत्रु का सिर भूमि पर रखकर उस पर अपना झण्डा गाड़ा जाता है।'' कुंअर साहब ने समझाते हुए कहा, ''हां, तो राजा यशवंतसिंह बेचारा छोटा ही था, परन्तु उसके चाचा, यानी राजा यशकरणसिंह के छोटे भाई पृथ्वीसिंह ने प्रण किया कि मैं मान्धातासिंह को मारकर गोत्रवध का बदला लूंगा और अवश्य-अवश्य रण पूजूंगा।

''बौंडी-नरेश महाराज मान्धातासिंह ने जब सुना तो क्रोध में भरकर रेहुआ पर छापा मारा। उनके दरबारी कवि ईश्वरी ब्रह्मभट्ट ने मना कर दिया कि ऐसा न कीजिए, अन्याय होगा और आप अवश्य हारेंगे; आप अपने सगोत्रियों के रक्त से हाथ सान रहे हैं परन्तु मान्धातासिंह न माने। शाम को रेहुआ पर चढ़ाई की। आप सेना सहित तामझाम पर लड़ने आए थे। पृथ्वीसिंह ने किले से निकलकर अपनी सेना सहित अचानक इनको घेर लिया। इन्होंने ऐसा सोचा भी न था; बस पैर उखड़ गए। फिर

तो मान्धातासिंह की सेना भी, जहां सींग समाया वहीं भागी और खुद मान्धातासिंह जाकर अपनी रण्डी के घर में घुस गए। मान्धातासिंह जब भागे तब ईश्वरी ब्रह्मभट्ट ने बड़ी भद्दी गालियों का भंड़ौआ बनाया। तो, पृथ्वीसिंह वहां भी जा पहुंचे और जब देखा कि मान्धातासिंह की कायरता का यह हाल है तो सोचा कि एक तो सगोत्री हैं, दूसरे इतने बड़े कायर कि वेश्या के घर में पनाह खोजते हैं, तो जान नहीं ली; मगर चूंकि पृथ्वीसिंह जी रण पूजने की प्रतिज्ञा कर चुके थे, इसलिए मान्धातसिंह की पगड़ी उतार ली और रण्डी के एक स्तन की घुण्डी काटकर उसी पर रण-पूजा कर ली। इसके बाद मान्धातासिंह का स्वर्गवास हो गया। इनके दो लड़के थे। बड़े महाराज हरदत्तसिंह सवाई और छोटे भया शिवप्रसादसिंह। भया शिवप्रसादसिंह के कोई सन्तान नहीं हुई। महाराज हरदत्तसिंह के दो सन्तानें हुईं, जिनका ज़िक्र हम आगे करेंगे आपसे।

"खैर, तो इस आपसी झगड़े का अन्त भी महाराज मान्धातासिंह के साथ ही साथ हो गया। महाराज हरदत्तसिंह के समय में रेहुआ वालों से सन्धि हो गई। उस समय रेहुआ में यशवंतसिंह की गद्दी पर राजा रघुनाथसिंह थे। उनके दो भाई थे, भया हरपालसिंह और भया हरिशरण सिंह उर्फ कलक्टर सिंह।

"गदर में महाराज हरदत्त सिंह सवाई बौंडी-नरेश थे।"

"ये सवाई की उपाधि किसने दी?" मैंने पूछा।

"हमारे यहां किसी ने उपाधि नहीं दी, अपनी शक्ति के बूते पर, तलवार के ज़ोर पर हम लोगों के पूर्वजों ने राजउपाधियां और प्रतिष्ठा हासिल की थी।

"तो, जब लखनऊ की लड़ाई में भारत वालों की हार हुई तब बेगम हज़रत महल अपने शाहज़ादे बिरजिस कदर को लेकर बौंडी आईं। महाराज हरदत्तसिंह ने अपना धर्म समझकर अंग्रेज़ों की ज़रा भी परवाह न करते हुए उन्हें शरण दी और उनकी मदद करने का प्रबन्ध करने लगे। रेहुआ-नरेश राजा रघुनाथसिंह को दमे की शिकायत थी। उनके मंझले भाई भया हरपालसिंह आधे पागल थे। महाराज हरदत्तसिंह ने भया हरिशरणसिंह को अपनी सेना का 'कमाण्डिग अफसर' बनाकर बेगम की मदद को भेजा। उनके पैर में गोली लगी और वे ज़ख्मी होकर लौटे। अंग्रेज़ों की जीत हो गई।

"जिस ज़माने में बेगम बौंडी के किले में मेहमान थीं, उसी ज़माने में नानाराव पेशवा रेहुआ में तीन दिन मेहमान रहे थे। महाराज हरदत्तसिंह के बड़े बेटे युवराज महेशबख्श सिंह से बिरजिस कदर की दोस्ती हो गई। दोनों एक ही उम्र के थे। हरदत्तसिंह के छोटे लड़के का नाम भया महावीरबख्श सिंह था।

"जब लड़ाई में हार हो गई तो महाराज हरदत्तसिंह बेगम हज़रतमहल, नानाराव वगैरह जो खास-खास लोग थे भागकर पहाड़ों पर चले गए।

"इसके बाद रियासतों की ज़ब्ती हुई और रेहुआ का दुर्ग, खाई, 152 तोपों की जगहें सब अंग्रेज़ों ने तुड़वा दीं। रेहुआ-नरेश राजा रघुनाथसिंह युद्ध में जूझ गए। बौंडी-नरेश, 'कुइन विक्टोरिया' के ऐलान के हिसाब से जो तारीख बतलाई गई थी, उसमें लौटकर न आए, उनकी मृत्यु पहाड़ों पर ही कहीं हुई।"

मैंने पूछा, ''अवध गज़ेटियर में लिखा है कि महाराज हरदत्तसिंह पोर्ट ब्लेयर में मरे थे।''

''गलत है। अंग्रेज़ों ने उनकी गैर मौजूदगी में ही उन पर मुकदमा चलाया, काले पानी और ज़ब्ती रियासत की सज़ा दी, लेकिन जब वे यहां मौजूद ही नहीं थे तब काले पानी भेजा ही कैसे जा सकता था? हां, रियासत ज़ब्त कर ली।''

''उनके दोनों लड़कों का क्या हुआ?'' मैंने पूछा।

''वही बतलाने जा रहा था। महाराज हरदत्तसिंह के दोनों राजकुमार अयोध्या-नरेश महाराज मानसिंह के पास रहे। सूरजकुण्ड के पास अयोध्या-नरेश का एक मकान बिजुलिया डीह पर था। वहीं वह लोग तेरह-चौदह बरसों तक रहे। महाराज मानसिंह के अलावा रेहुआ, रामनगर धमेरी वाले भी उनकी सहायता करते रहे। बाद में राजा साहब रामनगर धमेरी ने एक मौज़ा सरदहा नाम का महेशबख्श सिंह जी को नस्लन बाद नस्लन माफी दिया था जिसे बाद में उनकी रानी साहब ने हमको अपनी कुल जायदाद के साथ वसीयत में दिया, पर चूंकि मौजूदा राजा को मौज़े का लालच लगा तो हमने आपसी झगड़े से बचने के लिए उन्हें दे दिया।

''हमारा इतिहास इस प्रकार है कि रेहुआपति राजा रघुनाथसिंह के बेटे राजा विजयबहादुरसिंह थे। वे हमारे पिता थे। वे बड़े विद्वान् और साथ ही साथ बड़ी ताकत भी रखते थे। पहलवानी में उनका जोड़ नहीं था। एक बार यहां तक हुआ कि राजा साहब नानपारा के शेर से उनकी कुश्ती बदने की बात हुई और ये राज़ी हो गए। मगर जस्टिस पिगेट और नवानगर के रंजीतसिंह आदि मित्र थे, उन्होंने यह कुश्ती न होने दी। हमारे पिता जी का छोटी उम्र में ही स्वर्गवास हो गया। उनके दो पुत्र हुए। एक राजा रुद्रप्रताप नारायणसिंह, जिनकी 30 सितम्बर सन् 1953 में मृत्यु हो गई, दूसरा मैं यानी कुंअर इन्द्रप्रताप नारायण सिंह। मेरे बड़े भाई की तीन कन्याएं तथा एक पुत्र और मेरे एक पुत्री और एक पुत्र है। मैंने अपनी राजकुमारी की शादी नेपाल के राणा जंगबहादुर के पड़पोते से की है, ये पढ़ते हैं। आगे देखिए अब ज़माना हमारे वंश वालों के लिए कैसा आता है। बस, इतना ही हमारा इतिहास है।''

बातचीत के सिलसिले में पता लगा कि जबलपुर, बांदा के कहार भी अपने को रैकवार कहते हैं। फतेहपुर, इलाहबाद के चमार भी रैकवार कहलाते हैं।...कारण जानना चाहिए। तुलसीदास जी के प्रमाण से तो, ''साहब को गोत, गोत है गुलाम को।'' शायद यहां लागू हो जाए।

19 जून। बहराइच ज़िले की ग़दरकालीन प्रमुख रियासतों में अब केवल चर्दा के ही वंशजों से मिलना शेष रह गया है। चर्दा के भूतपूर्व राजा भारतीय सीमा के बाहर नेपालगंज में स्थित ढोंढ़े गांव में रहते हैं। भवनिया के कांग्रेसी कार्यकर्ता श्री महेश्वर बख्शसिंह ने हमारा मार्गदर्शक बनने की कृपा की।

मार्ग में केवलपुर नामक ग्राम पड़ने पर उन्होंने कहा, ''यहां के रशीद मियां भी ग़दर की बातें बताते हैं। उनके पुरखे बेगम के साथ यहां आए थे।'' हम लोग उनसे मिलने के लिए वहां रुके।

श्री रशीदुद्दीन किदवाई ने बतलाया, ''बेगम ने चर्दा में पनाह ली थी। उसके

बाद जब अंग्रेज़ों ने वहां घेरा तो सुरंग की राह से मस्जिदिया के किले में पहुंचीं जो वहां से आठ मील के करीब दूर है।''

मैंने पूछा, ''क्या इतनी लम्बी-लम्बी सुरंगें वाकई बनाई जाती हैं?''

''सुरंगों की बाबत जो आपका सवाल है तो अर्ज यह है कि मैं शिकार के वास्ते अक्सर दूर-दूर जंगलों में जाया करता हूं। मस्जिदिया किले से मान नाले तक एक मील की सुरंग के आसार नज़र आते हैं। अंगर कोट वगैरह सब सुरंगों से जुड़े हुए थे। हां, तो जब अंग्रेज़ों ने बेगम को मस्जिदिया के किले में भी घेरा तो उसके बाद वो वहां से मान नाले से महादेवा पहाड़ के करीब एक मौजा है वहां से सोतार होती हुई नेपाल गईं। कई जगह उनके दफीने के निशानात बतलाए जाते हैं। पत्थर लगे हैं, मस्लन महादेवा, सोनार, चर्दा, मस्जिदिया, अंगूरकोट जो राजा तुलसीपुर का इलाका था—वहां सब जगह दफीनों की बात मैंने सुनी है। आज सात-आठ साल हुए अंगूरकोट शिकार खेलने गया था, तब सुना था कि कुछ मजदूरों को दफीना मिला। मैंने वहां ये ज़रूर देखा कि चार-पांच घड़ों के निशानात मिट्टी में थे जैसे किसी ने उन्हें निकाल दिया हो।''

मैंने कहा, ''साहब, माफ कीजिएगा, ये दफीनों की बात गले के नीचे नहीं उतरती। निशानात मौजूद हों, लोगों को मालूम हो, और वे जगहें रकम पाने के लालच से इतने दिनों तक खोदी न जाएं, ये बात कुछ अटपटी-सी लगती है। खुद अंग्रेज़ ही क्यों छोड़ते!''

किदवाई साहब ने फरमाया, ''आपके सवाल का जवाब तो यही हो सकता है कि उन जगहों को खोदा जाए।''

मैंने कहा, ''जी, अभी लखनऊ में बतलाए गए निशानात के सहारे एक दफीना खोदने की कोशिश दो-तीन वर्ष पहले हुई थी। जन्तर-मन्तर, टोना-टोटका, सरकारी निगरानी, सब तरह के तमाशे हुए। खुदवाने वाले शाही खानदान से ताल्लुक रखते हैं। बेचारों के ढाई-तीन हज़ार रुपये अपनी गांठ के ही खर्च हो गए, मिला कुछ नहीं।''

किदवाई साहब बोले, ''आपका कहना ठीक है। हम तो सुनी हुई कहते हैं। अरबी में पत्थर लगे हुए हैं, यह तो मैंने भी देखा है। खैर, कुछ ज्वेलरी उन्होंने महाराजा साहब नैपाल को दे दी थी। दो हार दिए थे।

''एक बात और है कि बेगम के साथ बाराबंकी से जो लोग उन्हें पहुंचाने के लिए यहां आए थे, उनमें हमारे खानदान के लोग भी थे। तब से हम यहीं रह गए। दादरे के अहमद हुसैन आए थे। बाराबंकी में मुख्तार अहमद वकील हैं। उनके दादा आए थे, उनकी मौत भी यहीं हुई।''

इसके अतिरिक्त चलते-चलाते किदवाई साहब ने अपने शिकारी मित्र, एक बड़े नेपाली सरदार का हवाला देकर यह बतलाया कि महाराज नेपाल और बेगम अवैध सूत्र से बंध गए थे। बात जिस तरह कही गई वह ढंग बेढंगा था। राजा-रानियों के चरित्र, जिस वातावरण में वे जिन्दगी-भर पाले जाते थे, यदि ठीक-ठीक भलेमानुसों जैसे न हों तो कोई अचरज की बात नहीं। महलों और हरमों का वातावरण गुप्त

व्यभिचार को बढ़ावा देने के अतिरिक्त और दे ही क्या सकता था? सत्तावन के अनेक नायक इस दृष्टि से बेदाग न मिलेंगे। बेगम और मम्मू खां का पारस्परिक नाता अनेक देशी-विदेशी लोगों ने उजागर किया है।

यों यह भी उजागर है कि बेगम को बचपन में तवायफ के घर के संस्कार मिले थे। बचपन में उस समय की मशहूर कुटनियों, अम्मन और इमानन द्वारा ये शाहज़ादा वाजिदअली के परीखाने में बेची गईं। वाजिदअली ने इनका नाम महक परी रक्खा। नाच-गाने की तालीम दी गई। शीघ्र ही इन्हें शाहज़ादा वाजिदअली से गर्भ रह गया। उसके बाद ही इन्हें परीखाने से हटाकर महलों में रक्खा गया। इन्हें इफ्तिखारुन्निसा बेगम का खिताब मिला था और इनके पुत्र को बिरजिस कदर का। यह अमजदअली शाह के जमाने की बात है। अमजदअली शाह के बाद उनके बड़े बेटे मुस्तफाअली खां को राजगद्दी न मिली, वाजिदअली शाहे-अवध हुए। ताजपोशी की खुशी में हजरत ने अपनी महबूबा इफ्तिखारुन्निमा बेगम को हजरतमहल का खिताब दिया। हजरतमहल की मुहर पर 1263 हिजरी अर्थात् 1847 ई० अंकित है। यही वर्ष वाजिदअली की ताजपोशी का है। हजरत के महलों में दो बेगमों को यही खिताब मिला। दूसरी परी पंकर हजरतमहल कहलाती है। वाजिदअली शाह ने एक जगह जिक्र आने पर हजरतमहल को 'जनेखानगी' लिखा है। बिरजिस कदर की माता के सम्बन्ध में वाजिदअलीशाह अपनी आत्मकथा 'हुज्नेअख्तर' में लिखते हैं :

''जो वह चौथा शहजादा है रश्के बदर। उसे लोग कहते हैं बिरजिसकदर॥
वह चौदह बरस का है कुछ शक नहीं। कहूं क्या कि वह है कहीं का कहीं॥
मिल ऊं जो हजरत से लफ्जे महल। तो नाम उसकी मां का खुले बरमहल॥
जो बिगड़ी थी आगे से अंग्रेज़ी फौज। उसे ले गई जैसे दरिया की मौज॥
वह मह कब्जये मुपिसदां में है आह। बनाया है अपना उसे बादशाह।''

वाजिदअली शाह के इस वक्तव्य के अनुसार स्पष्ट हो जाता है कि बिरजिस कदर की आयु गदर में चौदह बरस की थी। हजरतमहल की यह सन्तान छोटी उम्र में ही हुई होगी। अधिक-से-अधिक पन्द्रह-सोलह वर्ष की रही होगी। गदर में इनकी आयु निश्चित रूप में सत्ताईस-अट्ठाइस की रही होगी। भरी जवानी में अगर उन्हें बदचलन बनने का शौक होता तो वे ऐसा संगठन न कर पातीं। बेगम के प्रति लोगों में आदर-भाव था। जनता में अब तक कहीं भी मुझे उनके प्रति मम्मूखां की बात छोड़ और कोई कच्ची बात सुनने को नहीं मिली।

बेगम यदि महाराज नेपाल की भोगाङ्गना बन जातीं तो यह निश्चित बात है कि नेपाल में उनकी सुख सुविधा के साधन भी खूब जुट जाते। बेगम और उनका परिवार वहां कष्ट में रहा। उन्होंने नेपाल में शरण पाने वाले देहली के एक शहज़ादे मिर्ज़ा दाऊदबेग की बेटी मुख्तारुन्निसा से अपने पुत्र बिरजिस कदर का विवाह किया। नेपाल में बेगम हर तरह से टूटी हुई, अपने कुटुम्ब से जुड़कर रहीं। उनका स्वाभिमान, जो महारानी विक्टोरिया और उनकी सरकार से टक्कर ले सकता था, मेरा तो ख्याल है कि टूटी हालत में भी उन्हें किसी राजा-महाराजा की पर्यङ्कसेविका हरगिज़ नहीं बना सकता था। जब लोग लक्ष्मीबाई जैसी आचरण व्यवहार से शुद्ध,

कसरत-कवायद की पटु, तेजस्विनी नारी पर भी कलंक लगाने से नहीं चूकते, तो बेचारी हज़रतमहल के साथ तो 'जनेखानगी' शब्द ही जुड़ा हुआ है।

हम लोग भारत और नेपाल की सीमा पर पहुंच गए। गुरखे सिपाही ने रोका। श्री महेश्वर बख्श सिंह ने कहा, "बागीश्वरी के दर्शन करने जा रहे हैं।"

फिर आपत्ति नहीं की गई। सीमा पार कर गए किन्तु अभी तक प्राकृतिक दृश्य बोली-बानी, चेहरे-मोहरे अवधी ही हैं। बागीश्वरी के दर्शन किए। मूर्ति चबूतरे के अन्दर है जो सवा गज लाल तूल, सवा रुपया और जाने क्या-क्या अल्लम-गल्लम चढ़ावा चढ़ाने के बाद ही देखने को मिल सकती है। मैंने उस स्थल पर जाकर बागीश्वरी को ध्यान में देख लिया; पुजारी के सौदे की वस्तु, पत्थर को देखकर क्या करता? मन्दिर के सामने एक बड़ा तालाब है। बीच में थोड़ी दूर तक पुल बनाकर सर्प डमरू धारी शिव की मूर्ति खड़ी है। मूर्ति संगमरमर की कदेआदम है और अच्छी है।

नेपालगंज में पेड़े बहुत अच्छे मिलते हैं। मिठाई की प्रशंसा सुनकर मुझसे चखे बगैर रहा नहीं जाता। खैर, दौड़े गांव की तरफ चले। महेश्वरबख्श सिंह महोदय बोलेः "हमारा भी किस्सा नागर साहब लिख लीजिए।"

उन्होंने लिखवाया : "राजा जोतसिंह के सुपुत्र राजा महीपतसिंह और सुपौत्र दुनियापत सिंह चर्दा-नरेश थे। ये जनवार ठाकुर थे। इनका ननिहाल विसेन ठाकुरों मुन्नूसिंह, प्रकाशसिंह, चन्दनसिंह के यहां लोढ़ियाघाटा ज़िला गौंडा में था। ये लोग तीज लेकर चर्दा आए थे। उस समय यहां जंग की धूम थी। ये तीनों भाई बड़े वीर थे; अपने रिश्तेदारों पर सकट आया देखकर वहीं ठहर गए। राजा साहब ने तीनों भाइयों को मस्जिदिया किला, जो जंगल में रुपयिडिहा सरहद नेपाल पर है, वहां इनकी तैनाती कर दी। तीनों भाई वहीं शहीद हो गए सन् सत्तावन के बाद जब जोतसिंह ने बन्दीगृह से छुट्टी पाई और ब्रिटिश सरकार से कुछ मौज़े पाए, तो हम लोगों यानी मुन्नूसिंह, प्रकाशसिंह और चन्दनसिंह के बाल-बच्चों को तीन गांव माफी में दिए और यहां बुला लिया। तिकुरी, भवनियापुर और बिजली तब से हमारे वंशवालों के पास हैं। जैसे-जैसे परिवार बढ़ा वैसे-वैसे राजा चर्दा और महाराज बलरामपुर की ओर से हमारी परवरिश भी बढ़ी।

"बनकुटी में कत्लेआम हुआ। रफीखां ठेकेदार के पुरखे राजा जोतसिंह की रियासत के नायब थे। छोटे-छोटे बच्चों की बहुत-सी कब्रें वहां हैं। माताओं के स्तन काट लिये, बड़ा ज़ुलुम किया प्रजा पर।"

विद्रोह दबाने के लिए जाते हुए तो अंग्रेज़ों ने उन्हीं गांवों की, जिन पर विद्रोही झण्डे थे, या जहां सामना हुआ, तबाही की; परन्तु क्रान्ति दबाकर लौटती हुई अंग्रेज़ी सेनाएं जिस मार्ग से गुज़री हैं वहां के गांवों, कस्बों का बिजन तो बड़ा ही रोमांचकारी है। अंग्रेज़ों ने अमानुषिकता की हद कर दी। बनकुटी का हत्याकाण्ड उसी की कहानी है।

ढौंढ़े गांव नेपालगंज—नेपालराज

सन्' 57 के वीर चर्दा नरेश राजा जोतसिंह के पुत्र लगभग 80 वर्ष की आयु

वाले भूतपूर्व राजा शिवराज सिंह यहां रहते हैं यह जानकर हम आए हैं। यहां तक लोगों की बोली बानी अवधी, वातावरण भी वैसा ही है। वृक्षों के वैभव से समृद्ध, कहीं हरे-भरे, कहीं (और अधिकतर) वर्षाकाल के स्वागत में मिट्टी खुदे खेतों वाले, अन्तरिक्ष से लगे हुए गड़ी परात जैसे मैदान...सब कुछ अभी तक चिरपरिचित हैं। कहीं कुछ एक गोरखे चेहरे देखने को मिल जाते हैं, जैसे कस्बे नेपालगंज में देखने को मिल गए थे। बड़े ही ऊबड़-खाबड़ मार्ग से गाड़ी राम-राम करके यहां पहुंची है। गांव में प्रवेश किया, पक्के मकान की कल्पना करते हुए आगे वाली गली में पहुंच गए। वहां एक व्यक्ति ने बतलाया, ''पीछे मुंड़िकै फिर हुआं वइसी जायो। बांई लंग वहैं राजा साहब केरि कोठी आय।''

पहुंच गए। राजा साहब की कोठी से पहले एक बड़ा-सा, ईंटों का मकान देखा, समझा यही होगी कोठी, वह किसी मुसलमान किसान का घर था। उसके सामने ही दाहिने हाथ पर आम के पेड़ों की पांत शुरू हो जाती है। धरती भी कुछ उठी हुई है। आम के पेड़ों के साथ ही पथ मुड़ जाता है। दाहिने हाथ पर एक दुमंज़िला खपरैल का मकान है जिसकी एक मंज़िला चहारदीवारी बहुत दूर तक चली गई है। दुमंज़िले छोटे-से पक्की ईंटों के बने, मिट्टी पुते, भवन से सटी हुई चहारदीवारी जहां से आरम्भ होती है, वहीं से बाहर का बरामदा भी आरम्भ होता है। इमारत के पास मिट्टी के ढेर पर दो बकरी के मेमने सो रहे हैं। बरामदे में द्वार के अगल-बगल दो बैल पड़े हैं, बकरी बंधी है। बरामदे के बाहर दरवाज़े के सामने एक तखत पड़ा है। पास ही पशुशाला है, कई गाय-बैल बंधे हैं, गोप सेवा कर रहे हैं। सामने इमली का वृक्ष है। इमारत के दाहिने ओर बने बाड़े में कुछ झोपड़ियां, एक ताज़ी बनी, सूखती हुई भी दिखाई दे रही है; अद्धे, लढ़ियां खड़ी हैं। यही सब मिलाकर राजा साहब की कोठी कहलाती है। कोठी के पूर्व में लगभग दो मील मैदान दिखलाई देता है। उसके बाद जंगल आरम्भ होता है, जो आरम्भ में एक-डेढ़ मील तक तो छोटे जानवरों से भरा है, किन्तु आगे चलकर घना हो जाता है और वहां हर प्रकार के हिंस्र पशु रहते हैं।

हमारे साथ के एक साहब को राजा साहब चर्दा की कोठी देखकर कष्ट हुआ। बोले, ''इसी को वह आदमी कोठी कहकर बतला रहा था।''

दूसरे साहब बोले, ''व्यंग कर रहा होगा।''

मैं समझता हूं कि इसमें व्यंग करने की कोई बात नहीं। गांवों के जन समाज में राजा के प्रति अब भी एक उच्च भाव है। राजा भले ही बिगड़ जाए, मगर जहां वह रहेंगे, महल या कोठी ही कहलाएगा...उस बेचारे ने सहज भाव से ही कहा होगा, उसके कहने में व्यंग का लटका मैंने तो नहीं पाया था। एक दूसरी बात भी है; राजाओं के रहन-सहन को लेकर हम शहर वालों या कुछ दिनों पूर्व के ताल्लुकेदार राजा-महाराजाओं की रियासतों में रहने वाले लोगों को बड़ी भ्रान्तियां हो गई हैं। ये सामन्त राजे ऐसे ही मिट्टी के महलों और गढ़ियों में रहते थे। इनके पास धन की शक्ति गड़न्त होती थी और उसके द्वारा जन की शक्ति उजागर होती थी। रहन-सहन में वैभव का प्रदर्शन नहीं होता था। घने जंगलों में मिट्टी की गढ़ी और उसके अन्दर मिट्टी के ही महल-दुमहले होते थे।

यह सब तो है, मगर जिस काम के लिए आया हूं उसमें निराशा ही हाथ लगी। यहां आकर पता चला, राजा साहब तो कल रात ही को दुविधापुर, भारतीय सीमा में चले गए। हमारे इस चर्दा वाले पुरखे ने खूब छकाया। खैर।

राजा साहब के बड़े पौत्र कुंअर हरनाम सिंह बाईस-चौबीस के आयुष्मान् हैं। बड़े सत्कार करने वाले हैं। हमारे साथ भोजन बंधा था। सिंह महोदय अपने घर से परांठे, आलू का साग और मेरे लिए मिर्च का अचार भी लेकर चले थे; परन्तु कुंवर जी का आग्रह प्रबल था, कहा कि कच्ची तैयार है, पक्की में हम थोड़े समय की माफी चाहेंगे, मगर आए हैं तो भोजन करना पड़ेगा। हमने देखा, माने बिना मुक्ति नहीं और कच्ची याने दाल-भात के नाम से हम ललचा भी उठे। उन्होंने फिर पूछा, "अन्दर चलिएगा या—?"

हमारी मण्डली की राय हुई कि यहीं इमली तले आ जाए। कच्चा खाना रसोई के बाहर नहीं जाता, मगर वर्षों से हमारे लिए तो जाने ही लगा है। थालियां आने पर हमारी मण्डली के एक सज्जन ने कुंअर जी के कार्यकर्ता (महराज) से कहा : "तुमका तो यू बहुत बुरा लागति होई, कि खाटै पर बइठे कच्ची खाय रहे हैं?"

महराज बोला : "हमका काहे बुरा लागी। अरे, एक तुमहे थ्वारे हौ, आधी दुनिया खाति है, तुम्हरे 'गौरमेन्ट आफ इण्डिया' मा जइस चलन चलाय दीन्हगा तहसै चलिगा औ हियौं चलिगा।"

थालियां आने के साथ ही कुंअर जी सब प्रबन्ध देखने आए और मुझसे कहा, "हमारे पास हमारे वंश के कुछ कागज़ हैं। हमारे बाबा ने और पुराने लोगों ने मिलकर एक पण्डित जी से सब हिस्ट्री लिखाई थी..."

मैंने उत्सुकता से पूछा, "सत्तावनी क्रान्ति से सम्बन्धित?"

बोले, "हां।"

मैं प्रसन्न हो गया। शिवराज सिंह जी से भेंट न होने पर भी उनके पिता के इतिहास से भेंट हो जाएगी, आना अकारथ नहीं जाएगा।

राजा साहब ने हाथ के बने पुराने चिकने कागज़ पर जन्मपत्री-नुमा अपने घराने का इतिहास लिखाया था। हिन्दी की लिखावट निब की, शैली बीसवीं सदी की—'भारत में अंग्रेज़ी राज' की शैली से मिलती-जुलती-सी है। कुंअर जी दोनों ओर से फटा हुआ केवल उतना ही अंश लाए, जितना उनके पुरखा और सत्तावनी क्रान्ति से सम्बन्धित था। विवरण इस प्रकार है—

"सन् 1846 ई० से महाराज महीपत सिंह के स्वर्गवास के पश्चात् वीर राजा जगजोतसिंह के हाथ में राज्य की बागडोर आई। उनके शासन के दस-ग्यारह वर्ष बाद देश-भर में विद्रोह फैला। राजा जगजोतसिंह को भी इसमें भाग लेना पड़ा क्योंकि व्यापार के लिए आए हुए अंग्रेज़ हमारे देश की जनता को, यहां तक कि नवाब, राजा-महाराजाओं तक को अपमानित कर रहे थे और अत्याचार कर रहे थे। सन्' 57 के संगठन में इन्होंने भाग लिया और बागी घोषित हुए। पूज्य नानाराव पेशवा ने इनके किले में आश्रय लिया और राजा जगजोतसिंह ने अन्त तक उनकी रक्षा की। अंगरेज़ों ने उस समय उन्हें बड़ा लालच दिया और कहा कि पूज्य नानाराव

पेशवा को हमारे हवाले कर दो और इसके एवज़ में हम आपको बहराइच ज़िले का काफी इलाका देंगे; राजा जगजोतसिंह ने अंग्रेज़ों का प्रस्ताव ठुकरा दिया। इस पर अंग्रेज़ों ने चर्दा पर हमला किया। राजा जगजोतसिंह ने नाना साहब को अपने बहनोई राजा देवीबख्शसिंह की संरक्षता में सुरंगों के रास्ते गुरखाली भेज दिया। स्वयं लड़े; एक तोप और कुछ सिपाहियों के सहारे तीन दिनों तक अंग्रेज़ों से टक्कर ली। चौथे दिन किले के आसपास देसी दारू डालकर आग लगा दी गई। राजा अपने परिवार और यथासम्भव धनराशि को लेकर सुरंग की राह भागे और तराई (दादरा) मस्जिदिया के जंगल में स्थित अपने किले में आए। चर्दा छोड़ने पर राजा जगजोतसिंह ने प्रतिज्ञा की कि जब तक बदला नहीं ले लेंग किले में वापस नहीं आएंगे। और फिर वे चर्दा कभी न गए।

"अंग्रेज़ों ने मस्जिदिया पर भी आक्रमण किया। वहां से भी इन्हें भागना पड़ा। फिर ये नानापारा तहसील में नानपारा से पश्चिमोत्तर कोने पर जंगल के किनारे अपने बरगदहा के किले में गए, वहां भी इनका पीछा किया गया। उन्होंने संकट झेलना स्वीकार किया, पर अंग्रेज़ों के आगे सिर न झुकाया, बराबर यथाशक्ति मुकाबला किया पर बाद में हर तरह से हताश होकर नेपाल चले आए। महाराजा ने उन्हें शरण दी, कुछ मौज़े दिए। महाराजा नेपाल ने लिखा-पढ़ी की। दिल्ली दरबार होने से पहले जब लार्ड हेस्टिंग्ज (हार्डिंज?) को मालूम हुआ कि एक सत्तावनी वीर नेपाल में जीवित है तो देखने की उत्सुकता प्रकट की। महाराजा से कहा कि अपने साथ राजा जगजोतसिंह को भी अवश्य लाइए। इनको बागी कहलाने से माफी मिली। ये गए; बड़ा स्वागत हुआ। चर्दा बलरामपुर में मिलाया जा चुका था, पर इन्हें आज्ञा हुई कि किले में अपनी धन-सम्पत्ति खोद सकते हैं। पर राजा जगजोतसिंह ने कहा कि मैं प्रण कर चुका हूं, बदला पूरा हुए बिना चर्दा के किले में पांव नहीं रखूंगा। जब ये दमखम देखे तो वायसराय सशंकित हुआ। पुनः विद्रोह न करें इसलिए आदेश दिया कि किसी स्थान पर तीन दिनों से अधिक न ठहरें तथा दस आदमियों से अधिक कभी अपने आसपास न बटोरें। बाद में अंग्रेज़ों ने एक मौज़ा रामपुर मलावां महसील ज़िला बहराइच में बतौर माफी प्रदान किया।"

हम लोग ढौंढ़े गांव से चल दिए। कुंअर हरनामसिंह साथ आए। दुविधापुर हमारे मार्ग से बहुत दूर नहीं था, इसलिए वहां जाना और वृद्ध भूतपूर्व नरेश से मिलना हमने उचित समझा।

दुबिधापुर

धरती तो न बदली किन्तु दो राज्यों की सीमा आरपार कर हम पुनः नेपाल से भारत में आ गए। दुविधापुर रुपयिडिहा के पास है। खेतों के किनारे-किनारे लम्बी गैल पार कर हम राजा साहब के पक्के चेहरे वाले कच्चे मकान पर पहुंच गए। यहां का वैभव ढौंढे गांव से भी दबता हुआ था।

अन्दर चबूतरे के पास कच्ची मिट्टी से मकान की मरम्मत चल रही थी। राजा साहब और कुंअर महाराजसिंह बरामदे में बैठे हुए थे। राजा साहब की आयु लगभग

सतत्तर-अठहत्तर वर्ष की होगी। चेहरे और हाथों पर झुर्रियों और लकीरों की नुमाइश हो रही थी। सफेद मूंछें जो कभी ज़रूर तिलोई जाती होंगी, अब भी दोनों सिरों पर चढ़ी हुई थीं। जैसा कि पहले ही ज्ञात हो चुका है कि राजा साहब सत्तावनी शूर राजा जगजोतसिंह के पुत्र हैं।

मैंने पूछा : "सुना है कि आपके पिताजी बलभद्रसिंह चहलारी के साथ नवाबगंज बाराबंकी में लड़े थे।"

राजा साहब थकी हुई आवाज़ में धीरे-धीरे बोले : "नहीं, लड़ाई हमारे यहां हुई।"

कुंअर महाराज सिंह ने कहा, "बाराबंकी ज़िले में कहीं 'कानफ्रेंस' तो ज़रूर हुई थी, उसमें हमारे बाबा गए थे पर लड़ने नहीं गए। उस 'कानफ्रेंस' में चहलारी, चर्दा, गोंडा, बलरामपुर, इकौना, एकत्र भए रहे। पास भया कि अंग्रेज़ों से लड़ना तो चाहिए ही, परन्तु हममें से किसी एक को अंग्रेज़ की ओर भी रहना चाहिए जिससे कि अगर हमारी हार हो जाय या समर में खेत रहें तो हमारे बच्चों की परवरिश करने वाला भी कोई रहे। बलरामपुर रियासत उस समय छोटी थी। उनसे अंग्रेज़ों का पच्छ लेने के लिए कहा गया। हमारे पास एक कागज़ था जिसमें बाराबंकी ज़िले की कानफ्रेंस का हवाला था। वह दरअसल महाराज दिग्बजैसिंह के हाथ की चिट्ठी रही कि हम अंग्रेज़ों की तरफ रहेंगे और जो आप लोग हारे तो आपके बाल-बच्चों की परवरिश करेंगे। यह कागद हमने उनके ट्यूटर मिस्टर...(अंग्रेज़ का नाम मुझसे छूट गया) को दिया था। उस कागद की एवज़ में हमारी गुज़ारे की रकम भी बढ़ाई गई थी। यह कानफ्रेंस कानपुर मस्कर (मंसेकर : अंग्रेज़ों का कत्लेआम) के बाद भई रही। हमारे बाबा को फौज की कमान्डिग का अच्छा ज्ञान था; टुकड़ियां अलग-अलग लड़ते देखीं तो कहा कि यों न जीत पाएंगे। फिर नानाराव पेशवाजी के कहने से चर्दा और गोंडा नरेशों की कमाण्ड में दो बार रेज़ीडेन्सी पर हमला भया। फिर लोगों ने नानाराव जी के कान भरना शुरू किया कि वे लोग आपको हटाकर बाद में खुद राज करेंगे। इससे पेशवा जी के मन में लकीर पड़ गई। तब चहलारी, चर्दा, बौंडी, गोंडा—ये लोग लौट आए। जब ये आ रहे थे, घाघरा पार अंग्रेज़ों को पता चल गया। लड़ाई हुई। वहां से चारों ओर ये लोग हारकर भागे; फिर आपस में ये लोग न मिल सके। राजा जगजोतसिंह चर्दा चले आए। इनके लखनऊ आने-जाने की खबर अंग्रेज़ों को कानों कान न लगी। जब लखनऊ से बागी हारे तो नानाराव जी, बालाजी राव और तांतिया टोपेजी हमारे यहां आए। अंग्रेज़ों को पता चल गया। अंग्रेज़ों ने लिखा कि बागियों को हमारे हाथ सौंप दो। हमारे बाबा ने कहा कि हम विश्वासघात नहीं करेंगे। फिर अंग्रेज़ों ने लिखा कि अच्छा न सही, मगर इन्हें अपने सरण मत दो। बाबा बोले कि सरणागत को सरण देना छत्री का धरम है। इसपर अंग्रेज़ों ने चालीस हज़ार गोरों की सेना भेज दी। जब गोरे नानपारा से आगे बढ़ आए तब बागी लोग चर्दा से भागे। मस्जिदिया पर लड़ाई हुई—"

"कि चर्दा में हुई?" महेश्वरबख्श सिंह ने टोका।

महाराज सिंह : "नहीं, मस्जिदिया में हुई।"

राजा साहब : "चर्दा में कुछ नहीं भया। होता क्या, चर्दा का किला तो ये लोग छोड़ गए थे। अंग्रेज़ों ने इसे उसी बखत तोड़ा या मस्जिदिया से लौटकर यह अब हमें याद नहीं।"

महाराजसिंह : "गोलीबारी मस्जिदिया के किले में हुई। अंग्रेज़ घेरा डालकर पड़े रहे। जब ये राशन से, और गोले-बारूद से मोहताज होने लगे तब अंग्रेज़ों ने ज़ोरदार चढ़ाई की। महागांव में बन्दूकों की करारी चांदमारी हुई। किला खाली करने के बाद तो यह सब लोग पहाड़ों में चले गए थे। वहां नेपाल के महाराणा ने हमारे बाबा के साथ बड़ी दोस्ती दिखाई, माफी का इलाका दिया। अंग्रेज़ सरकार से भी बड़ी लिखा-पढ़ी की, बड़ा ज़ोर-दबाव डाला तब इन्हें हिन्दुस्तान में एक मौज़ा मिला।"

"राजा साहब, बेगम हज़रत महल के इधर आने के सम्बन्ध में क्या आप कुछ बतला सकेंगे?" मैंने पूछा।

राजा साहब बोले : "बेगम चर्दा भी आई थीं, पर ठहरी हमारे यहां नहीं थीं। हमारे यहां नानाराव पेशवा ठहरे थे। बेगम हमारे पिता महाराज जोतसिंह को बहुत से कीमती हीरे देने लगीं। महाराज ने कहा, हम सभी मुसीबत में हैं मदद करना हमारा धर्म है इसे ले लीजिए।"

शरबत-पानी हुआ, दोहरा और पान आए। मैंने राजा साहब से जनवार राजपूतों के सम्बन्ध में पूछा। राजा साहब ने बतलाया : "जनमेजय से हमारा निकास है। दोहे का प्रमाण है—

जनमेजय से तिन जनवारा।
अत्रि गोत्र जानै संसारा॥

जनवार राजपूत पावागढ़, गुजरात, बरियार शाह से वहां आए। मुगल बादशाह के रिसालदार होकर भी आए। भरों की कौम बादशाह के कब्ज़े में नहीं आ रही थीं, उन्हें हराया। तब जागीरें मिलीं। मूल इकौना राज था। फिर उसमें से बलरामपुर, गंगवल और पयागपुर स्टेटें निकलीं; पयागपुर से चर्दा की ब्रांच निकली। इस तरह जनवारों की रियासतें बढ़ीं।"

चलते समय राजा साहब ने अपना कांपता हुआ हाथ मेरे कन्धे पर रखकर कहा, "एक हज़ार रुपया साल की आमदनी रह गई है। हमारे यहां से पहले देश की लड़ाई शुरू हुई और हमारा ही यह हाल है। अब मेरे बहुत दिन नहीं बचे हैं, पर जान बचने का कुछ उपाय तो होना चाहिए। जो कुछ सीर से मिलता है वह खर्च में चला जाता है। टैक्स बहुत लगता है। नेपालगंज वाली ज़मीन से आमदनी खास कुछ नहीं है, वहां जंगल ही जंगल है। बस यही दो सौ बीघा जो कुछ है सो है। कुछ हम लोगों का ख्याल भी होना चाहिए।"

मैंने पूछा : "आपके पिता को या आपको कहां-कहां से ग्राण्ट मिलती थी?" कुंअर महाराज सिंह ने बतलाया : "नानपारा से तीन सौ रुपया साल; पयागपुर में सौ रुपया की माफी और पांच सौ रुपया साल; बलरामपुर से बारह सौ रुपया साल और पांच रियायती गांव; भिनगा से एक गांव माफी; अंग्रेज़ों में रामपुर मलावां की ज़मींदारी और नेपाल राज से छह सौ बीघा माफी, एक मौज़ा ज़मींदारी का मिला जो

अब तक चला आता है।"

सामन्तों और महाजनों में यह बड़ी अच्छी प्रथा देखी कि उनकी बिरादरी का कोई व्यक्ति यदि बिगड़ जाता है तो उसे उठाने के लिए चारों ओर से सहारा दिया जाता है।

यहां बाराबंकी ज़िले की राजनीतिक कान्फ्रेंस के सम्बन्ध में एक नई बात यह मालूम हुई कि बलरामपुर वाले आपसी समझौते के कारण ही अंग्रेज़ों से मिले। मेरे खयाल में यह बात सम्भव है। लड़वैये अपने बाल-बच्चों के लिए आपस में से किसी को इस प्रकार अलग कर देते होंगे।

उसी रात लखनऊ के लिए ट्रेन पर बैठ गया।

सीतापुर

26 जून, बुधवार। सुबह की ट्रेन पकड़ी, दस बजे सीतापुर पहुंचा। पानी बरस रहा था, डर लगा कि कहीं दिन बेकार न बीते; पर इन्द्रदेव कृपालु सिद्ध हुए। चाय-पानी होने तक ज़िला सूचना अधिकारी श्री वसन्तकुमार वर्मा ने सीतापुर की गदर से सम्बन्धित दो-एक बातें सुना डालीं। एक स्थानीय व्यक्ति का नाम लेकर बतलाया कि मियां साहब का परिवार बहुत बदनाम है। कज़ियारे के लोग कहते हैं कि ग़दर में उनके पुरखे अंग्रेज़ों का साथ देने की बढ़ा-बढ़ी में स्वदेशबन्धुओं के इतने बड़े शत्रु हो गए कि उनके प्रबन्ध में विद्रोहियों को लिटा कर उन पर रोलर चलाया जाता था।

हे राम! स्वार्थ में मनुष्य कितना अन्धा और क्रूर हो जाया करता है।

दूसरा महल वालों का परिवार है। कहा जाता है कि गोस्वामी तुलसीदास जी अपनी सीतापुर यात्रा के समय महल में ठहरे थे। मितौली के राजा लोनेसिंह गदर के बाद यहीं नज़रबन्द किए गए थे। राजा लोनेसिंह पर अंग्रेज़ों के साथ दगाबाज़ी करने का आरोप था, उन्होंने आपातकाल में शरण लेने के हेतु आए हुए अंग्रेज़ों और उनकी स्त्रियों-बच्चों को कष्ट दिया तथा बन्दी बनाकर लखनऊ भेजा।

ज़िले की दृष्टि से लोनेसिंह यद्यपि सीतापुर के न होकर खीरी ज़िले के थे, तथापि यहीं वे नज़रबन्द हुए, मुकदमा चला और अण्डमान के लिए भेजे गए। जो अंगरेज़ इनके द्वारा बन्दी बनाकर भेजे गए थे, उनमें सीतापुर के कमिश्नर की लड़की भी थी।

यहां अंग्रेज़ों द्वारा लिखे गए गज़ेटियर के वर्णन को भी ध्यान में रख लेना उचित होगा।

सीतापुर छावनी में विद्रोह के प्रथम लक्षण 27 मई, 1857 ई० को प्रकट हुए थे। उस दिन दो नम्बर अवध पुलिस की खाली लाइन्स में बन्दूकों का शोर हुआ। यद्यपि इस घटना को विशेष महत्त्व नहीं दिया गया, तथापि कमिश्नर क्रिश्चियन साहब ने सावधानी बरतते हुए अंग्रेज़ स्त्रियों और बच्चों को अपने बंगले में बुला लिया, और चार तोपें भी वहीं लगा लीं। 2 जून को अवध इर्रेगुलर में जवानों ने सिर उठाया। बाज़ार से आटे के बोरे आए थे। सिपाहियों ने कहा कि इसमें उन्हें धर्म-भ्रष्ट करने के हेतु अपवित्र वस्तु मिलाई गई है। सिपाहियों का रुद्र रूप देखकर वह आटा

उनके सामने ही नदी में प्रवाहित कर दिया गया। फिर भी सिपाहियों का क्रोध शान्त न हुआ, उसी दिन दोपहर को कुछ सिपाहियों ने सिविल लाइन्स के बगीचों में फलों की लूट मचाई। बड़ी मुश्किल से उन्हें काबू में लाया गया। मुहम्मदी मल्लावां आदि से सैनिक-सहायता भी मंगाई गई। 3 जून को फौजी जवानों की एक कम्पनी ने खज़ाना लूटा तथा अपने गोरे अफसरों को गोली का निशाना बनाया। क्रिश्चियन साहब, उनकी पत्नी, सबसे छोटा बच्चा और उसकी धाय भागते समय नदी किनारे मार डाले गए। इनके अतिरिक्त और भी कई गोरे मारे गए। बहुत से अंग्रेज़ स्त्री-पुरुष बचकर भाग निकले। एक दल को रामकोट के जनवार राजा के यहां शरण मिली, वहां से 28 जून को वे लखनऊ पहुंच गए। कुछ स्त्री-पुरुषों को एक गांव में शरण मिली, जहां उन्हें दस महीनों तक छिपा रहना पड़ा; एक पार्टी जंगलों में लुकती-छिपती लखनऊ पहुंची। इसी प्रकार गोरे स्त्री-पुरुषों के एक दल को मितौली के राजा लोनेसिंह ने अनिच्छापूर्वक शरण दी, शाहजहांपुर से भागे हुए स्त्री-पुरुषों को भी वहीं शरण मिली; परन्तु बाद में ये लोग हथकड़ी-बेड़ी पहना कर लखनऊ भेज दिए गए, जहां उन्हें मार डाला गया।

सीतापुर ज़िले से अंग्रेज़ों का राज्य उठ गया। रामकोट के राजा तथा विसवां के कायस्थ और सेठ ही अंग्रेज़ों के भक्त बने रहे; बाकी सब विद्रोही हो गए। तंबौर के बंदेहसन विद्रोहियों के बड़े नेता थे; महोली में आंग्ल-विरोधियों का शक्तिशाली दल था। ओयल तथा मितौली के राजाओं के सम्बन्ध में अंग्रेज़ यह तय नहीं कर पाते थे कि लोग उनके साथ हैं अथवा उनके विरोधियों के। महमूदाबाद के राजा नवाबअली खां ने पहले तो अंग्रेज़ों का साथ दिया, परन्तु बाद में वे भी उनके प्रबल शत्रु हो गए। चहलारी के रैकवारों ने भी अपने भिठौली और बौंडी के सजातीय नरेशों का साथ दिया। पूरा ज़िला 'बागी' सिपाहियों की हलचल से भरा था, तथा शासन की बागडोर खैराबाद के नाज़िम बख्शी हरप्रसाद संभाले हुए थे।

मार्च सन् 1858 में लखनऊ के पतन के बाद ही अंगरेज़ इस ज़िले में प्रवेश कर सके।

11 अप्रैल को सर होपग्राण्ट ने इस ज़िले के बाड़ी नामक स्थान में प्रवेश किया, जहां मौलवी अहमदुल्ला शाह सेना सहित डटे हुए थे। सर होपग्राण्ट ने कुछ सफलता तो अवश्य प्राप्त की, परन्तु उसके पीठ घुमाते ही अंगरेज़ों की विजय निष्फल हो गई क्योंकि मौलवी साहब और महमूदाबाद के राजा नवाब अलीखां अपने तीन हज़ार सिपाहियों के साथ, गज़ेटियर के शब्दों में 'बिना दण्ड पाए ही निकल गए।' मौलवी साहब शाहजहांपुर की तरफ बढ़े और वहां से फिर अवध रणाङ्गन में प्रवेश किया। उस समय अंगरेज़ सेनापति सर कॉलिन कैम्पबैल मुहम्मदी में सेना सहित पड़ाव डालना चाहता था। मौलवी साहब के साथ उनकी स्वातंत्र्यसेना ने ज़िले में आज़ादी का झण्डा कहीं गिरने नहीं दिया। मौलवी साहब की शर्मनाक हत्या के बाद भी उनकी प्रेरणा से जागा हुआ सीतापुर 1857 ईस्वी की गर्मियों तक स्वाधीन रहा।

इस ओर अवध में क्रान्ति की सेनाएं बेगम हज़रतमहल के अनुशासन में चल रही थीं। उनका हेडक्वार्टर उस समय बहराइच ज़िले बौंडी-गढ़ में था; रुइया के राजा

नरपतसिंह, फ़िरोजशाह, राजा हरदत्तसिंह आदि उस समय वहीं थे। अवध के मरदाना राणा वेणीमाधव बख्श, गोंडा के आजानुबाहु राजा देवीबख्श सिंह, क्रान्ति की महाज्योति नाना साहब पेशवा और बाला साहब—सभी वहां पहुंचते रहते थे। दूर युद्ध क्षेत्रों में रहते हुए भी सत्तावनी क्रान्ति के महारथी बौंडी में बंधे हुए थे।

अक्टूबर' 58 में हरीचन्द 6000 की सेना लेकर सीतापुर से सण्डीला की ओर चले। जर्नल बार्कर द्वारा परास्त हुए। सर टॉमस सीटन शाहजहांपुर में थे जहां से वे मुहम्मदी तथा सीतापुर ज़िले के उत्तरी-पश्चिमी सीमा में प्रवेश करने का उचित अवसर ताकता हुआ, धमकियां दे रहा था। प्रधान सेनापति लार्ड क्लाइड का यह आदेश था कि अवसर साधकर यह सेना मुहम्मदी और औरंगाबाद होती हुई सीतापुर की ओर बढ़े तथा इस प्रकार बढ़ते हुए, क्रान्ति-सेनाओं को घाघरा पार जाने पर बाध्य करे, जहां लार्ड क्लाइड का जाल पहले ही फैल चुका था। अक्टूबर के कॉलीन ट्रुप ने मितौली आदि को परास्त किया और फिर तो क्रमशः हथियारों, गोला-बारूद, संगठन आदि के अभाव में 8 नवम्बर '58 को सीतापुर का पतन मेंहदी के निकट हो गया।

सीतापुर के डिप्टी कमिश्नर श्री संतोषकुमार चौधरी ने मुझे बतलाया कि जहां आज 'प्लाईवुड फैक्टरी' है वह भूमि सौ वर्ष पहले कठिन युद्ध का मोर्चा बनी थी।

चौधरी महोदय ने मेरे लिए एक सुविधा और कर दी। खीरी ज़िले का मितौली ग्राम सीतापुर ज़िले से होकर अधिक सुगम और निकट है, उन्होंने सूचना अधिकारी को ज़िले से बाहर मितौली तक जाने का आदेश दिया। मैं इस विषय में उनका कृतज्ञ रहूंगा।

सीतापुर में डॉ० नवलबिहारी जी मिश्र के दर्शन करने की बड़ी साध थी। वे स्वानामधन्य समालोचक और विद्वान पण्डित कृष्णबिहारीजी मिश्र के अनुज तथा लखनऊ विश्वविद्यालय के हिन्दी-प्राध्यापक बन्धुवर डा० बृजकिशोर मिश्र के चाचा हैं। वे सीतापुर की हिन्दी सभा के प्राण तथा अपने क्षेत्र की पुरातत्व सम्बन्धी सामग्री के जानकर एवं संग्रहकर्ता हैं। डाक्टर साहब की बड़ी प्रशंसा सुन रखी थी। मैंने वर्मा जी से उनके पास चलने को कहा।

डाक्टर साहब की सेवा में पहुंचते ही हमारे बीच साक्षात् का अपरिचय समाप्त हो गया। वे आत्मीय गुरुजन की तरह मिले। डाक्टर साहब प्रसिद्ध चिकित्सकों में से हैं, रोगियों से कम अवकाश मिलता है; पर ज्ञानार्जन की लगन ऐसी प्रबल है कि उसके लिए हर समय अवकाश निकाल लेते हैं। उनकी मेज़ की दराज़ों में अलग-अलग फाइलें हैं। किसी रोगी से नया मुहावरा अथवा किसी शब्द का नवीन प्रयोग सुनते ही फाइल में दर्ज कर लेते हैं। इसी प्रकार अवधी के शब्दों का कोश संचित किया है; पुरातात्विक जानकारी उनके पास ज़िले भर से इसी प्रकार आती है; प्राचीन ग्रन्थों की पांडुलिपियां, प्राचीन काव्य ग्रन्थ उन्होंने इसी लगन से इकट्ठे किए हैं, अवधी की लगभग चार सौ लोककथाएं लोगों से सुनकर लिखी हैं। डाक्टर मरीज़ों का इलाज करते हैं और मरीज़ डाक्टर का। देखकर बड़ी श्रद्धा होती है, प्रेरणा मिलती है।

डाक्टर साहब से मिलने आए हुए पंडरिया के श्री गुरुप्रसाद दीक्षित ने मेरी झोली में एक सत्तावनी सूचना डालीः–

"धनापुर पंडरिया के सूबेदार मेजर जोधासिंह को वाजिदअली शाह (?) का फरमान मिला बुटवल जाने के लिए। अंगरेज़ों की सेना का सामना था। उन्होंने शत्रु से समर किया और गोरों के छक्के छुड़ाए। लड़ते-लड़ते उनके सिपाही थक गए थे पर इतने में एक बाहरी अंगरेज़ी सेना और मदद को आ गई। जोधासिंह को गोली लगी।

"जोधासिंह के बड़े भाई से बेगम ने कहा कि हमें नेपाल ले चलो। बेगम के पैरों से खून बहता था। बिरजीसकदर गोदी में थे। बेगम पंडरिया आईं, वहां पता लगा कि दीक्षित के घर अंगरेज़ आए थे तो वहां से भागीं। नेपाल चलीं। रास्ते में चहलारी पड़ी। राजा बलभद्रसिंह का नाम बेगम ने सुन रखा था, उनसे मदद मांगी। बलभद्र ने मदद देना स्वीकार किया।

"चहलारी के राजा का खास नाऊ रामचरन था। उसका लड़का पहले तो भागा फिर चुनौती पाकर बहादुर की तरह लड़ा और जूझ गया।

बेगम ने हवलदार गंगाबख्श को भाला इनाम और साथ में पत्र भी लिखकर दिया कि इसने मुझे हिफाज़त से हद पार करा दी। बाद में दीक्षित भी धनापुर लौटकर आए और आते ही अंगरेज़ों ने उन्हें गिरफ्तार कर लिया।"

डॉक्टर साहब ने मेरे साथ मितौली तक चलने का वचन दिया, इससे मुझे बड़ी प्रसन्नता हुई।

मितौली

मितौली के ब्लॉक डेवलपमेण्ट अफसर ने राजा लोनेसिंह की बातों के जानकार व्यक्तियों को पंचायत भवन में बुलवा लिया–

मुहम्मद सैकलन साहब ने सुनायाः–

"इस इलाके शाही-सरकार की तरफ से दो ओहदेदार यहां रहा करते थे। एक तो सैयद मीरनजान चकलेदार खीरी जिनके इस ज़िले के तमाम रजवाड़ों से ताल्लुकात थे–ओयल, कैकारा महेवा सभी से गोया सम्बन्ध था। और दूसरे शख्स थे जहूतुलहसन जो बहैसियत जासूस के यहां शाही वकील बनकर रहते थे। जितने ज़मींदार थे, सबके यहां जाते थे।

"औरंगाबाद में अंग्रेज़ों से लड़ाई हुई। अंग्रेज़ मारे गए। उनकी कब्र अब तक मौजूद है। इस इलाके में वहीं ग़दर हुआ। वहां से पांच-छह अंग्रेज़ और एक औरत भागकर यहां आई। गालिबन कप्तान ओर की बीवी थी। राजा लोनेसिंह ने अपने यहां बुला लिया। खातिर की।

"ग़दर शुरू हो ही चुका था और ये माना जाता था कि अंग्रेज़ी राज उठ गया। उसी ज़माने में मुंशी जहूरुलहसन का दौरा हुआ। उन्होंने राजा लोनेसिंह से कहा कि आप ये क्या ग़ज़ब कर रहे हैं जो अंग्रेज़ों को छिपाए हैं, इन्हें लखनऊ दरबार भेज दीजिए। चुनांचे राजा ने भेज दिया।"

"क्या हथकड़ी-बेड़ी डालकर भेजा था?" पूछा।

"जी नहीं, हाथियों पर बिठलाकर भेजा था। सुना है, उसके बाद यह बतलाया जाता है कि जब ये अटरिया के उधर निकल गए, तब यहां खबर आई कि बुरा हुआ अंगरेज़ी राज तो फिर कायम हो गया। मगर तब तक अंग्रेज़ कैदी लखनऊ भेजे और मारे जा चुके थे–सिर्फ औरत नहीं मारी गई।

"इस खुशनूदी में लखनऊ से बाईस पर्चे का खिलअत आया और आधा इलाका औरंगाबाद देने का वादा किया।

"उसके बाद जब तसल्लुद हो गया, तो वो औरत जो बच गई थी, उसने लोनेसिंह मुतअल्लिक मुखबिरी की।"

मैंने पूछाः "खंजन नगर में लड़ाई कब हुई?"

सैकलन साहब बोले : "खंजन नगर में लड़ाई नहीं हुई। खंजन नगर में जंगल था जिसमें शिकार तो होता था। मगर लड़ाई का मौका नहीं आ सकता था। चढ़ाई मितौली के ही किले पर हुई थी। राजा लोनेसिंह को उम्मीद थी, कि कैमारा, महेवा, ओयल, रामपुर, मुड़वारा, जलालपुर, कुटवारा वगैरह रजवाड़े जो उनके रिश्तेदार थे, उनकी मदद करेंगे, पर डर की वजह से किसी ने साथ न दिया। खुद राजा के भाई माधोसिंह ने भी मदद नहीं की, कह दिया कि हमारा कोई सम्बन्ध नहीं। बात असल में ये रही कि बागियों पर इतनी सख्तियां की जाती थीं कि लोग डरते थे।

"इनके किले में सिर्फ दो या तीन गोले ही छोड़े गए थे, कि राजा की फौज ने हाथ-पैर छोड़ दिए। बस उसके बाद ही राजा गिरफ्तार हो गए। गिरफ्तार करके रंगून ले गए। गिरफ्तारी के बाद से राजा ने खाना-पीना, दातून करना वगैरह सब छोड़ दिया और जब कलकत्ते में उतारे गए, तो लाश ही निकली।

"उन्होंने हमारे दादा को पहले तो गढ़ी में ही मकान दिया था, फिर जेठ बदी 7 सन् 1249 फस्ली को...गांव (पेन्सिल में लिखा गांव का नाम घिस गया) दिया था।

"आदमी राजा लोनेसिंह उम्दा थे मगर कंजूस थे। उनके मुतअल्लिक जो तहरीरें मिली हैं उनसे ज़ाहिर होता है कि आदमी भले थे।

"गढ़ी के ऊपर दो कब्रें हैं जो कभी महल के अन्दर ही रही होंगी। कब्रें मुसलमानों की हैं। बाज यह कहते हैं कि कोई दो सूफी फकीर थे, जिन पर राजा लोनेसिंह के पुरखों की बड़ी अदीकत (श्रद्धा) थी। बाज लोग यह कहते हैं कि राजा के पुरखों को राज कायम करने में दो सैयद भाइयों ने मदद दी थी इसलिए उनकी कब्रें गढ़ी में बनीं। राजा लोनेसिंह के कोई औलाद नहीं थी।"

राजा का इतिहास बतलाने वाले दूसरे व्यक्ति कचूरा निवासी सज्जन थे। उन्होंने अपना नाम, परिचय तथा राजा का हाल इस प्रकार लिखवाया; "मेरा नाम लिखिए, अवधेश्वर बख्श सिंह 'अवधेश', हरिब्रह्म गौड़ क्षत्रिय, भारद्वाज गोत्र, ऋग्वेद कात्यायनी शाखा, पीताम्बरी निशान। हम कचूरा, ज़िला सीतापुर के निवासी हैं। हमारा इतिहास यह है कि हमारे बुजरुग लोग गज़नी से आए थे। अजमेर में ठहरे फिर नार कंजरी बंगाल आए वहां से पीपर गांव दखलौर ज़िला सीतापुर आए। अब

राजा का इतिहास लिखिए। राजा लोनेसिंह की बुआ ठाकुर बरवण्ड सिंह कचूरा वाले को ब्याही थी। जब राजा लोनेसिंह की गढ़ी लूटी गई तो कुछ सामान पुरखों की निशानी समझ के कचूरा पहुंचा दिया गया। यहां के खैर की लकड़ी के बड़े भारी-भारी मुग्दर वहां पहुंचाए गए। हमारे यहां राजा लोनेसिंह के दिए हुए कुछ मोती हैं, जो उन्होंने हमारे पुरखों को दिए थे। राजा साहब यहां नहीं पकड़े गए, सीतापुर में पकड़े गए थे। टामसन साहब ने गिरफ्तार किया था। उनका फोटू कलकत्ते के अजायबघर में टंगा है। और अभी जब 10 मई आई थी तो साहब यहां सुतंत्रता संग्राम का जल्सा किया था तौ हमने राजा लोनेसिंह पर एक कविता सुनाई थी।''

कविता मैंने सुनी, पर नोट नहीं की।

श्री इन्दुपाल शुक्ल ने बतलाया, ''राजा लोनेसिंह का राज्य पश्चिम में मुहम्मदी के जूनियर हाई स्कूल तक समझिए; इधर उत्तर में मीरा और पालिया के बीच शारदा नदी तक था और दक्षिण में महोली तक।

''राजा लोनेसिंह चार भाई थे—खंजनसिंह, लोनेसिंह, भगवंतसिंह और माधोसिंह। भगवन्तसिंह का खानदान लिलसी में रहता है। लोनेसिंह के एक लड़की थी जो ज़िला मैनपुरी में ब्याही गई थी। बाकी भगवंतसिंह के दो लड़के थे, और किसी भाई की सन्तान नहीं।

''महेवा के युद्ध में जो महेवा का सरदार था, उसका चित्र एक शिवाले में बना है। लोनेसिंह राजा की लड़ाई का हाल आपको राजा साहब महेवा से प्राप्त हो सकेगा। एक प्राचीन पुस्तक 'बलभद्र विलास' है, उसमें भी उनका हाल लिखा है। राजा लोनेसिंह ने गोलागोकरण नाण में एक धर्मशाला बनवाई और एक बर्दाश्तखाना। बर्दाश्तखाने में गरीबों को भोजन, जाड़े में जड़ावर इत्यादि बांटी जाती थी। यह इमारतें गौरमेंट के पास हैं। पूर्व दिशा में भूलनपुर और वैल (ओयल) के बीच में जमुवारी नाले पर राजा लोनेसिंह ने एक पुल भी बनवाया। वहां के लोगों ने राजा की प्रशंसा में गीत भी बना रक्खे हैं। राजा साहब का कुछ सामान राजा साहब पुवायां के पास है। उनके कुछ कपड़े, रानी के कपड़े हमें 10 मई के जलसे के लिए, ठाकुर अहिबरन सिंह सेमरावां से लाए थे। अभी वह हमारे पास हैं। आप देखना चाहें तो मंगा दूं।''

वस्त्र मंगाए गए, देखे। कोट से अनुमान लगता है कि राजा लोनेसिंह बहुत लम्बे न रहे होंगे, चौड़े अवश्य थे।

किले का टीला भी देखा। दो-चार दीवारें अब तक खड़ी हैं। एक बड़ी कोठरी के आकार की जगह पूजागृह बतलाई गई। खेत में पाताल फोड़ इन्दारा है जो कभी किले की सीमा के अन्दर था। कब्रें पुरानी, मध्यकालीन ईंटों की हैं। उनके पास ही इमली का पुराना पेड़ है। ईंटें, कंकड़, मिट्टी के बर्तनों के कत्तल दूर-दूर तक बिखरे पड़े हैं।

''ई सब ईंटन से पटो है।'' श्री इन्दुपाल शुक्ल बोले। 'ईंटन ते पाटा है' के बजाय पटो है सुनकर लगा कि बोली का क्षेत्र बदल गया। अवध में बोली के तीन प्रमुख रूप हैं, गंजरिहा, बंगरिहा, बैसवारी। 'पटो है' जहां तक मेरा ख्याल है गंजरिहा और बंगरिहा दोनों बोलियों में समान रूप से प्रयुक्त हो सकता है।

खीरी-लखीमपुर बांगर का क्षेत्र है। गांजर और बांगर के बीच का क्षेत्र पंडेहर कहलाता है। सेमरावां में ठाकुर शिवराज बख्श सिंह से मिला। आप लोनेसिंह के परिवार के हैं। ठाकुर साहब ने बतलाया।

"इतिहास लोने सिंह का यहै रहै कि ग़दर का बगावत हुइ गई रहै।" उन्होंने बतलाया कि वाजिदअली शाह की ओर से मोहम्मदी में चकलेदार रहते थे, वहां कुछ अंग्रेज़ भी नौकर थे, ज़हूरहसन वकील थे। मोहकमसिंह बड़ा गांव के राजा ने दबा लिया। उस पर शिवराज बख्शसिंह जी के बाबा ने दावा किया कि यह इलाका छुटभइयों का है इसलिए हमें मिलना चाहिए। राजा लोने सिंह ने उज्रदारी की, ज़हूरहसन (ज़हूरुलहसन) वकील लोनेसिंह की उज्रदारी करने मोहम्मदी गया। तभी गदर का पैगाम मिला। 'कप्तान ओर' तथा उसके अज़ीज़ औरत-मर्द थे। ज़हूरहसन सबको मितौली ले आया और मितौली तीर 'पेरा गिरन्ट' में छिपाकर बंगले बनवा दिए। वहां अंग्रेज़ छिपकर रहे। बाद में जब ग़दर यहां हुआ तब लखनऊ भेजे गए। जहूरुल हसन के पास अंग्रेज़ों की पन्द्रह सौ मोहरें थीं। उसी के लोभ में उसने राजा से कहकर गोरों को लखनऊ भिजवाया। "उइ बेधर्मी कहिसि नाहीं कि तुम्हारी रियासित ज़ब्त हुइ जइहै।" ज़हूरहसन की सलाह के अनुसार राजा ने गोरों को कांटेदार बेड़ी डालकर दो तोपों और दो सौ आदमियों के साथ लखनऊ भेज दिया। जब लोहिया पुल पर पहुंच तउ बागी अंगरेजन का मारिन। याक मेम भागिगै, एकु अंगरेजु लहगा। जब तसल्लुद भा तब मितौली पर धावा किहिन, मेम सब हालु बताइसि सो धावा भवा, फौज या कठिनै नदी के पार-पार आई, महोली मा पुहु उतरी।"

उस समय मितौली में सभी सामंत नेता एकत्र थे। रुइया वाले नरपत सिंह, गुलाबसिंह, नजीबाबाद के फीरोजशाह, लखनऊ के बिरजीस कदर और उनकी मां, 'नैपालिन बेगम' साथ आईं।

शिवराज बख्श जी से मैंने पूछा, "ये नैपालिन बेगम कौन थीं?"

"वाजिदअली शाह ढेर बेगमैं किहिन, उनमा यह नैपालिनिउ रहै। वह कहिस कि सहजादा औ हमका हमरे मइके मां छोड़ि आब।" उस समय अंग्रेज़ों ने इन पर धावा बोल दिया था। राजा की बाईस तोपें तोड़ डाली थीं, पेड़ों की आड़ से बग फेंक रहे थे। राजा लोने सिंह ने सबसे कहा कि हम लोग मुकाबला करें, हम बिरजीस कदर और नेपालिन को नेपाल छोड़ आएं। एक हाथी पर बैठाकर राजा उन्हें कौड़ियाला नदी के पार उतार आए। लौटने पर ओयल के राजा अनिरुद्धसिंह ने उन्हें मार्ग ही में बतलाया कि मितौली हार गई, अब वहां न जाना। "उनसे मालूम भा कि फौज सीतापुर मां है। फौज का मालिक बालमीन-साहब रहै, महराज उनते जाय कै मिले। ऊ काहिस अच्छा ठहरो। ठहराय दिहिस। फिर मुकदमा भा, काले पानी की सजा भई। मेम बयान दीन्हिसि, रानी बुलाई गईं। रानी कहिनि हम न जाब तब सीता लौंडी का पहिराय उढ़ाय कै भेजि दीनगा।" लोनेसिंह की पत्नी को डेढ़ सौ रुपया महीना गुज़ारा मिला।

राजा लोनेसिंह को कलकत्ते पहुंचाने के लिए बहली पर बिठलाकर इलाहाबाद

तक ले गए, बुधुआ खानसामा साथ गया था। वहां से अगिनवोट पर कलकत्ते भेजे गए।

उसके बाद रियासत ज़ब्त हो गई। 'कुसैला' की इब्तिदाई मिसिल बन्दोबस्त सरसरी में इनकी फाइल है। उसका नम्बर शायद 82/83 है।

''मेम जो मुखबरी किहिसि''—उसे मितौली-राज के सात सौ गांव मिले। उसने तीन लाख रुपये में अपना इलाका राजा अमीर हसन महमूदाबाद को बेच दिया और विलायत चली गई।

मेरे यह पूछने पर कि क्या लोनेसिंह सीतापुर में महल में रखे गए थे, शिवराज बख्श जी ने कहा कि राजा महल में नहीं रहे, तम्बू लगवाकर रखे गए थे, मुकदमा दूसरे दिन हुआ।

राजा पर रचे गए लोककाव्य के सम्बन्ध में पूछने पर ठाकुर साहब ने कहा कि उन्होंने नहीं सुना।

''राजा लोनेसिंह लड़ै थोरै। उइ तौ चले गए।''—फिर भला उन पर काव्य क्यों रचे जाते? राजा लोनेसिंह के सम्बन्ध में, मैंने लखनऊ के दैनिक 'स्वतन्त्र भारत' में प्रकाशित श्रीराम सेवक पाण्डेय का एक लेख भी पढ़ा था। लोनेसिंह ने अपना राज बढ़ाने के लिए पड़ोसी सामन्तों से छीना-झपटी, मार-काट बहुत की। महेवा के एक सौ सोलह गांव छीन लिए; ओयल राजा से अटवापुर, शंकरपुर छीना, मुन्नू सिंह का राज छीन लिया, कुकेरा मैलानी का इलाका जीतकर दबा लिया। यह देश का दुर्भाग्य रहा कि क्षत्रिय सामन्त आपस में ही वीरता दिखलाते और सगोत्रियों के सर काटकर रण पूजते रहे। शिवराज बख्श सिंह जी के तथा ग़ज़ेटियर के विवरणों से हमें लोनेसिंह का चरित्र देखने को मिल जाता है। अंगरेज़ों के अनुसार राजा ने उन्हें अनिच्छा से शरण दी और उनके साथ रूखा बर्ताव बरता। शिवराजबख्श जी के कथनानुसार मुंशी ज़हूरुलहसन के बहकाने पर उन्होंने अंगरेज़ों को लखनऊ दरबार के हवाले कर दिया।

राजा लोनेसिंह कायर था, वह निश्चय ही न कर सका कि जीत किसकी होगी। इसलिए उसने अंग्रेज़ों को शरण तो दी, मगर अपनी घबराहट के कारण उनके साथ अच्छा व्यवहार रखने में चूक गया। मान लीजिए कि वे अंग्रेज़ अन्त तक उसके यहां सुरक्षित रहते तब भी वे राजा लोनेसिंह के प्रति विशेष कृजज्ञता अनुभव न करते। जब तक देशी सेनाएं चढ़ती पर रहतीं तब तक वह अंग्रेज़ों को अपने एहसान से धौंस-धौंसकर तुच्छ बनाता ही रहता और अंग्रेज़ों के अच्छे दिन आने पर वह फिर उनकी खुशामद करने लगता। ऐसे चरित्र का कोई आदर नहीं करता। लोनेसिंह अपने अनिश्चय के कारण बीच ही में फंस गया। मुहम्मद सैकलन साहब के वक्तव्य से भी यही बात स्पष्ट होती है कि पहले तो यह समझा जाता था कि अंग्रेज़ों का राज उठ गया, इसलिए ज़हूरुलसन के बहकावे में आकर अंग्रेज़ों को कैद करवा दिया। बाद में जब अंग्रेज़ ''अटारिया के उधर निकल गए तब यहां खबर आई कि बुरा हुआ, कि अंग्रेज़ी हकूमत फिर से कायम हो गई।'' आसपास सबसे दुश्मनी किए बैठे थे। और यदि पण्डित रामसेवक जी पाण्डेय की बात सच है तो पुवायां

नरेश, राजा के साढ़ू ने कपट कर, झूठा विश्वास दिलाकर अंग्रेज़ों के सामने लोनेसिंह द्वारा आत्म-समर्पण करा दिया। इससे स्पष्ट है कि अपने साढ़ू से राजा के रिश्ते अन्दर ही अन्दर अच्छे न रहे होंगे। यों पुवायां के राजा जगन्नाथ सिंह ने सत्तावन में अपनी अंग्रेज़ भक्ति और देशद्रोह का अद्वितीय उदाहरण प्रस्तुत किया था। आप ही वो महाप्रभु हैं जिन्होंने मौलवी अहमदुल्ला शाह को अपने यहां बुला, धोखा देकर मरवा डाला। आपाधापी और संकीर्ण स्वार्थों वाला अंहकार अच्छा नहीं होता। देश चौपट हो जाते हैं, व्यक्ति मिट्टी में मिल जाते हैं। लोनेसिंह और उनके साढ़ू भाई जगन्नाथसिंह दोनों ही व्यक्ति 1857 की पराजय के प्रतीक चरित्र हैं।

बड़ा गांव बाज़ार बीच ही में पड़ता था। मैंने सोचा लोनेसिंह के प्रति अपने मत की मोहरे-इलाही लगाने से पहले रामसवेक जी पाण्डेय से भी भेंट कर लूं। डॉक्टर साहब ने बतलाया कि वे अच्छे व्यक्ति हैं।

बड़ा गांव पहुंचे। अच्छा कस्बा है। किसी के यहां विवाह था; दरवाज़े पर झण्डियां लगी थीं, चहल-पहल थी और लाउड स्पीकर पर मिस लता मंगेशकर आसपास के वायुमण्डल को अपने स्वर से आन्दोलित कर रही थीं। गांव हो या शहर, फिल्मी गीतों के बगैर अब जलसे नहीं हो सकते। वैसे बड़ा गांव का महत्त्व प्राचीन है, यहां वट वृक्ष के पास एक अति प्राचीन मन्दिर के ध्वंसावशेष, टूटी हुई मूर्तियां पड़ी हैं। गुप्तकाल की नक्काशी वाली ईंटें नज़र आती हैं। पकाई हुई मिट्टी की मूर्तियां भी हैं और पत्थर की खण्डित मूर्तियों के नमूने भी उम्दा हैं।

पण्डित रामसेवक पाण्डेय अच्छे आदमी हैं। दुबले-पतले, हीरक जयंती के आसपास की आयु वाले, मधुरभाषी और भावुक हैं। डाक्टर साहब का उनसे घनिष्ठ परिचय है। पुरानी पोथियों का पता लगाने में पाण्डेय जी डाक्टर साहब के सहायक जान पड़े। पाण्डेय जी ने संक्षेप में कुछ बातें बतलाईं, कहा, ''स्वतन्त्र भारत में लेख छप चुका है, कहिए तो आपको प्रति दे दूं।''

मैंने कहा वह लेख मैं पढ़ चुका हूं। पाण्डेय जी बोले, ''राजा लोनेसिंह ने बेगम को बड़ी सहायता दी। एक समय में उनकी राजधानी मितौली विद्रोहियों का केन्द्र बन गई थी। बेगम, बिरजीसकदर, नजीबाबाद के फीरोज़शाह, धौरहरा और रुइया वाले सब एकत्र हो गए थे। इस बड़ा गांव में ही सीतापुर की तीसरी रेजीमेन्ट के केप्टन हियरसे सीतापुर से भागकर आए थे। यहां उनका हाथी छूट गया जिससे दो दिन उन्हें बड़ा गांव में रुकना पड़ा था। राजा लोनेसिंह के सेनापति सरदार खन्नासिंह बड़ा गांव के ही निवासी थे, वे बेगम की सहायता के लिए सेना लेकर लखनऊ गए थे और वहीं शहीद हुए।

मेरी समझ में तो गदर में लोनेसिंह का नायकत्व फिसल पड़े की हरगंगा ही था।

पण्डित रामसवेक पाण्डेय ने बखतलोध की एक रोचक कथा सुनाई। बखतलोध दरौरा के ठाकुरों का हलवाहा था। ग़दर में कुछ अंग्रेज़ बालकों को वह बड़ी तरकीब से सकुशल बरगदिया घाट पहुंचा आया था। उसने छकड़े पर कपड़ा तान, अपने कतिपय आत्मीयों को ढोल थाली आदि बजाने को कहा तथा यह प्रचारित किया कि

वह अपने बच्चों का मुंडन कराने के लिए नैमिषारण्य जा रहा है। ग़दर शान्त होने पर अंग्रेज़ों ने उसे कई मौज़े दिए—कुंअरपुर, लच्छा, मढ़िया, बरबटापुर आदि।

दरौरा के ठाकुरों ने कहा कि साले, तू हमारे बराबर का ज़मींदार बनेगा?—और ज़बरदस्ती आधा इलाका हथिया लिया।

मनवा का कोट

27 जून, श्री सुन्दरलाल लिखित 'भारत में अंग्रेज़ी राज' नामक पुस्तक में पढ़ा था कि अम्बरपुर में अवधवासियों और अंग्रेज़ों की सहायक नेपाली सेना में ज़बरदस्त युद्ध हुआ था। अम्बरपुर के किले में केवल चौंतीस भारतीय सिपाही थे लेकिन इन चौतींस वीरों ने विशाल नेपाली सेना के छक्के एक बार तो छुड़ा ही दिए। ये चौंतीस वीर तो कट ही गए, परन्तु इतनी ही देर में उन्होंने नेपाली सेना के तेईस आदमी घायल किए, सात मार डाले। स्वतन्त्रता के इन चौंतीस सिपाहियों का बलिदान चिरस्मरणीय रहेगा।

अम्बरपुर का नाम मेरे लिए वर्षों से चिरपरिचित था। अवधी के श्रेष्ठ कवि तथा यथार्थवादी कहानी लेखकों में अग्रणी स्वर्गीय बलभद्र दीक्षित 'पढ़ीस' अम्बरपुर के ही निवासी थे। सन् 1936 से लेकर सन् 1939 तक शायद एक भी दिन ऐसा नहीं गया जब मेरे यहां भाई रामविलास शर्मा (डाक्टर), पढ़ीस जी और भाई नरोत्तम नागर न आए हों। 'निराला' जी नियमित तो नहीं थे, फिर भी उनकी शामें अधिकतर हमारे साथ ही कटती थीं। पढ़ीस जी स्वभाव और आचरण से भी किसान थे। अति विनम्र, संकोची और कम बोलने वाले; पर निजी गोष्ठी में बैठकर खूब बोलते, मज़ेदार बातें कहते, बड़ी बारीक और मीठी चुटकियां लेना उनकी बात के लहज़े में था। हिन्दी, अंग्रेज़ी और उर्दू-फारसी जानने के बावजूद उन्होंने कविताएं अपनी मातृ भाषा अवधी में ही लिखीं। जो बेहूदगी और स्वाभिमान की कमी अब तक हैं वह पच्चीस-तीस वर्ष पहले तो बहुत ही अधिक थी—यानी शहरी शिक्षा पा जाने वाले ग्रामवासी दिहाती बोलने में अत्यधिक लज्जा का अनुभव करते थे, काव्य आदि रचना तो दूर की बात थी। पढ़ीस जी के सहज स्वाभिमान ने ज़माने की गलत लीक पर चलने से इनकार किया। वे बड़े प्रतिभाशाली व्यक्ति थे। अक्सर सम्पादक किस्म के लोग उनसे कहते, 'आप दिहाती छोड़कर हिन्दी में लिखा कीजिए।' पढ़ीस जी अपनी बड़ी-बड़ी मूंछों में मुस्कुराकर बड़े लोगों की इस सलाह को 'जी हां बहुत अच्छा' में टाल देते। उनका व्यंग धरती की सोंधास लेकर फूटता था। कहानियां खड़ी बोली में लिखीं। संग्रह 'लामज़हब' गंगा-पुस्तक माला में प्रकाशित हुआ। यदि हिन्दी गद्य-साहित्य के अच्छे समालोचक होते (जो दुर्भाग्यवश अब तक नहीं हैं) तो पढ़ीस जी का वह अकेला कहानी-संग्रह ही उनकी ख्याति को चिरस्थायी करने के लिए काफी होता। सन् 1937 में मैंने हास्य रस का साप्ताहिक 'चकल्लस' निकाला। पढ़ीस जी का इसी नाम का एक कविता-संग्रह प्रकाशित हो चुका था। पत्र का नाम रखने से पूर्व हमारी मित्र मण्डली अन्त में इसी निर्णय पर पहुंची कि पढ़ीस जी के काव्य-संग्रह का नाम ही पत्र का नाम भी हो। पहले अंक से ही पढ़ीस जी उसके नियमित लेखक

थे। वे आयु में हम सबसे बड़े थे, प्रायः 'निराला'' जी के समकालीन। उनका लेखन-काल करीब-करीब वही था, जो मेरा और रामविलास जी का था। इस तरह पढ़ीस जी का हम लोग बड़ा आदर भी करते थे और बड़ी मित्रता भी थी। वे व्यावहारिक आदर्शवादी थे। अपने आदर्श की रक्षा के लिए ही उन्होंने कसमण्डा राज्य की नौकरी छोड़ी, आल इण्डिया रेडियो छोड़ा। अपने गांव के पुरातन पन्थी ब्राह्मणों, सजातीयों का प्रबल विरोध सहकर भी उन्होंने हरिजन बालकों को पढ़ाया और स्वयं हल चलाकर एक झूठी परम्परा की लीक तोड़ी। खेत में काम करते हुए हल का फाल पैर में लग जाने से उन्हें ज़हरबाद हुआ और स्वर्गवास हो गया।

पढ़ीस जी के ज्येष्ठ पुत्र बुद्धिभद्र में भी पिता के समान ही अद्भुत प्रतिभा थी। नौ वर्ष की छोटी-सी आयु में ही वह इतनी अच्छी सरोद बजा लेता था कि लोग मुग्ध हो जाते थे। स्व० हिमांशुराय ने उन्हीं दिनों बाम्बे टाकीज़ की स्थापना की थी। उन्होंने उस बालक को अपने संगीत विभाग में स्थान दिया। बुद्धिभद्र कुशल अभिनेता और लेखक भी था। बच्चों की कई सुन्दर कहानियां उसने लिखीं, पुस्तकें भी प्रकाशित हुईं। 'मतई काका' के रूप में वह रेडियो पंचायत घर प्रोगाम पर छा गया था। सन् 1941-42 में, प्रायः छह महीने के अन्दर ही अन्दर पिता और पुत्र दोनों ही इस दुनिया से सिधार गए।

अम्बरपुर का नाम आते ही पढ़ीसजी और उच्चन (बुद्धिभद्र) का ध्यान आना मेरे लिए अनिवार्य था। मुझे मालूम था कि अम्बरपुर के पास ही 'मनवा का कोट' नामक एक प्राचीन स्थान है। मेरी कल्पना थी कि चौंतीस वीरों की लड़ाई उसी स्थान पर हुई होगी।

सिधौली से सूचना अधिकारी वर्माजी ने सुविधा के लिए उस हल्के के एक पंचायत राज इंस्पेक्टर को भी साथ ले लिया। हम मनवा के कोट पहुंच गए। दो-ढाई मील के घेरे में यह टीले अति प्राचीनकाल की ईंटें, खण्डित मूर्तियां और मिट्टी के बर्तनों के टुकड़े अपने सिर पर लादे खड़े हैं। सरायन नामक छोटी-सी नदी टीले के पश्चिम से होकर बहती है। इस ध्वस्त स्थान को लेकर दो किंवदन्तियां प्रमुख रूप से प्रचलित हैं। एक किंवदन्ती के अनुसार यह अर्जुन तनय वीर बभ्रुवाहन का तथा दूसरी के अनुसार रघुवंशी राम के पूर्वज, मान्धाता का किला है। जो भी हो, ऊपरी सतह पर यह गुप्तकालीन वैभव लिए हुए खड़ा है। शिव, नन्दी, गणेश, विष्णु आदि की कई सुन्दर मूर्तियां कोट के टीले पर देखने को मिलीं। कुछ मूर्तियां वहां का एक माली अपने घर उठा ले गया है और उनकी नुमाइश लगा, भक्तों से टके चढ़वाता है। टीले पर एक जगह से भुने हुए जौ, सुपारियां आदि निकली हैं, किसी पुराने यज्ञ का स्मरण कराती हैं। किसी योगी ने अपनी साधना के लिए टीले में छोटी-सी गुफा खोदी थी। टीले के लम्बे फैलाव में कुछ निशानियां ऐसी भी दिखलाई दीं, जो मनवा के कोट को ईसा के बहुत पहले की सदियों में ले जाती हैं। नीचे, उत्तर दिशा के नाले के पास खड़े होकर टीले को देखने पर पुराने किले का आकार स्पष्ट नज़र आता है। वहां पुरानी ईंटों की कुछ दीवारें अब तक हैं।

मैंने फिर ग़दर की स्मृतियों की तलाश आरम्भ की। वृद्ध श्री भगवानदीन

मिले। उन्होंने मुझ से कुछ अवधी कुछ खड़ी बोली में कहा : ''हमका सन् 1887 तक की यादि है, तब हम दस साल के रहे। औ ग़दर की बातैं हम ये सुनी हैं कि ग़दर के बाद हमारे मकान का कुआं बन्द हुआ था। हमारे चाचा और पिता बतलावत रहे कि उइमा—उसमें ग़दर वाले अपने औज़ार छोड़-छोड़ कर भाग गए रहे।''

मैंने पूछा : ''यहां नेपालियों से लड़ाई हुई थी?''

''अब इत्ता तो साहब पढ़े-लिखे नहीं, जो कुछ सुना रहा सो बताय दिया।''

इतने में श्री बराती पासी आ पहुंचे। उनकी आयु भी पिचहत्तर-छियत्तर के लगभग थी। श्री भगवानदीन ने उनसे कहा : ''साहेब कहति हैं अकि हियां नैपालिन ते लड़ाई भै रहे? हमका तौ मालुम नाहीं तुम सुने ही तौ बताओ।''

श्री बरातीजी बोले, ''भाई नेपालिन ते तौ हम नाहीं सुना, मौलुवी ते औ अंगरेजन ते भई रहे यू ज़रूर सुना है। हियां ते डेढ़ दुइ मील पर तेली का तालु है। नांउ तौ वहिका फतेअली क ताल रहै बाकी बोलत चालत उहु तेली क ताल होइगा। हुवैं ते अंगरेजन की फते भई। मौलुवी भागिगे। हियां सब पंवार बवांर रहै तौ कोई मदत नाहीं दिहिस। तबहे मौलुवी भागिगे।''

इन दो वृद्धों के अतिरिक्त वहां पर और कोई पुराना आदमी न था। चौंतीस वीरों की लड़ाई का कोट यह नहीं है। पर अम्बरपुर में तो कोई कोट नहीं, यह मुझे अच्छी तरह मालूम था। समस्या पड़ी कि वह लड़ाई हुई कहां?

खैर, अम्बरपुर पहुंच गए। दिन दोपहर का समय था। गांव में घुसते ही एक आँगननुमा मैदान में पेड़ के पास कई लोग मिले। कुआं भी पास ही बना हुआ था। हमारे पहुंचते ही चारपाइयां बिछ गईं। गांव जुट आया। मैंने पढ़ीस जी के दूसरे पुत्र चिरंजीव चुन्नी के सम्बन्ध में पूछा। पता लगा कि वह कुर्क अमीन हो गया है, खैर काम की बातें शुरू कीं। पण्डित रामसेवक शुक्ल, जिनकी आयु लगभग चौहत्तर-पिचहत्तर की है, सुनाने लगे : ''पुरखा लोग कहति रहैं कि तेली के तलाब पर अंगरेजन ते लड़ाई भै। मौलवी आए रहैं औ हियैं जूझिगे। कुछ बांहे मां बांधे रहैं तो उनका गोली न लागै; जब उनकी बांह ते तबीज छुटाय दीनया तब उई मारेगे।

''औ भगदड़ि भै रहे। लोग गांवें के भागे रहैं। ई बरुआ नारे के पास, सरायन गोमती के संगम पर जाय कै जंगलन मां छिपे। हमारे गांव मां एक घनस्याम दास रहैं। उयि बड़े दरिद्र रहैं। जलमु भरि बड़ा दुखु पाइनि। तौ जब भगदड़ि परी अउरु सब लोग अपन-अपन सोना-चांदी बटोरय लागे—औ का लै जाई का न लै जाई करै लागे, घनस्यामदास बड़े मगन भे। अपन एकु टुटहा तवा अउरु एकाध बासन अउरु जो रहा होय, उठाय कै अपनै ते कहिनि की 'दरिद्र दास तुम आजु काम आए।'' 'दरिद्रदास' का दर्शन मज़ा दे गया।

दूसरे वृद्ध पण्डित रामसुख शुक्ल, जो रामसेवक जी के बड़े भाई हैं, सुनाने लगे: ''पहिले जब मोलवी आए तौ सब लोग कहिनि साथ देब, बाद मां नाहीं दिहिन। मोलबी मारा गा। मोलबी कहिनि कि हमका ध्वाखा (धोखा) दिहे हौ, तुम्हार बस नासि होयि जाई।...औ जब लड़ाई भै तौ हियां भगदड़ि परी। गांव के सब जन भागिगे। बस केसरीदास रहें। उयि जाति के नाऊ रहैं पर बड़े पहुंचे भए लोग रहैं।

तौ अउर सब भागिगे; उयि कहिनि कि हम न जाब। तौ याक पासिन रहै, गंगा पासी की दुलहिन, हमरे गावैं की रहै, उयि के लरिका भवा रहै। अउरु बिजन आयगा—पासै अंगरेजी फौजैं आय गईं रहैं। वहिके घर वाले सब भागिगे रहैं। तो बिचरउनी पासिन बहुतु घबरानि। दौरि के केसरीदास के पास आई, कहिसि कि सब चलेगे अब मैं कइसे बचौं! केसरीदास कहिन कि जब तक मोर देहीं मां प्रान हैं तुइ चिन्ता न करु। पर फिर बिजन-हियां न आवा। मोलवी मारिगे।''

नेपालियों की लड़ाई का यहां भी पता न चला। हां, यहां आकर यह पता अवश्य लगा कि एक अम्बरपुर और है, महमूदाबाद के पास है। यह स्थान मौलवी अहमद उल्ला शाह के अद्‌भुत रणकौशल का परिचायक अवश्य रहा है। मार्च, 58 में लखनऊ की फतह के बाद मौलवी अहमदउल्ला शाह बाड़ी में तीन हज़ार सैनिकों के साथ जमा हुए। सर होप ग्राण्ट को छकाते हुए वे आगे बढ़े। उन्होंने एक ऊंचे ध्वस्त टीले (इसी मनवा के कोट) पर तोपें चढ़ा, अपने आपको सुरक्षित कर, अंग्रेज़ सेनाओं को अपने गोलों के खतरे में डाल दिया था। मौलवी साहब अदम्य साहसी और वीरपुरुष थे। पुवायां नरेश ने उनका सिर काट कर पचास हज़ार रुपए का इनाम अंग्रेज़ों से अवश्य पा लिया, पर अनन्त सदियों के लिए अपने नाम को कलंकित कर गए। जगन्नाथसिंह जैसे गद्दार के कारण ही बेचारा पुवायां ग्राम इतिहास में चिरकाल तक बदनाम रहेगा।

अम्बरपुर में मुझे मालूम हुआ कि अटरिया के श्री प्रयागदत्त शुक्ल सौ वर्ष से ऊपर हैं और उन्हें गदर का बहुत हाल मालूम है। अटरिया गांव कुछ दूर नहीं था। पहुंच गए। शिवाले के पास ही पण्डित प्रयागदत्त बुढ़ापे की गफलत में अपने बरामदे में पड़े हुए थे। उनके पुत्र ने उनके कान के पास जाकर ज़ोर से हमारे आने का आशय समझाया। प्रयागदत्त जी बैठ गए, उनकी स्मृति, बोली, कान और आंखें सभी अंग शिथिल हो गए हैं। ओबरी बाराबंकी के साहबदीन इनसे अधिक कठकठे हैं; टिकुरी बहराइच के ठाकुर ननकूसिंह कान और आंखों से अवश्य लाचार हो चुके हैं परन्तु स्मरणशक्ति और वाणी में ओज है। एक सदी के आसपास वाली आयु के पुरुषों-स्त्रियों से मिलने में एक विचित्र प्रकार का अनुभव होता है—हम जीवित इतिहास से प्रत्यक्ष मिलते हैं।

पुत्र के आशय समझाते ही प्रयागदत्त जी उठ बैठे। उन्होंने कहना आरम्भ किया :

''गदर का हाल हम का जानी। बहिके-दुयि बरिस बाद भयेन। सन् 46 (फसली) मां गदर भा। हियां पहिले एकु अंगरेजु आवा रहै मुलुक द्याखै। हुआ ते हुकुम भा, गंगाघाट पर मिलौ। छह अंगरेज़ रहे किस्ती पर चले, बक्सर घाट पर राव रामबक्स काटि डारिन। दुबारा फिर नवाब नक्की कहिन अकि मिलौ। अगिनबोट बोर दिहिन।

''हियां उमरिया बदली। नवाबगंज मां बलभद्रसिंह लरे हैं। उमरिया मां तीन सौ गोरा मारे गे। तेली के ताल मां भई। मनवा के कोट पै मौलवी तोपैं चढ़ाय लैगे। बेगम भागी; राजा मानसिंह नेपाल के आगे नघांय आए।

''मौलवी जौन तेली के तालु पै लड़ा हैं, बास्सा जौन रहे उनके माफिक रहे

मौलवी। तौन उयि लड़े रहे। यहै तीर मौलबी कटिगे तेली के ताल पै।''

यह वार्ता मैंने पैराग्राफों में उसी क्रम से प्रस्तुत की है जिस क्रम से वे एक सांस में बोले हैं। उनके रुकने के साथ ही पैरा बन्द कर दिया है। इस बार प्रयागदत्तजी कुछ लम्बे रुके। यह देख मैंने उनके पुत्र से कहा, "पूछिए, यहां नेपालियों से लड़ाई हुई।''

पण्डितजी ने अपने पिता के कान में ज़ोर से कहा। बड़े पण्डित जी फिर कहने लगे : ''नेपाली फौज अंगरेजन क मददु दीन रहै। नैपाली तब आए रहे जब लखनऊ मां लड़े रहे। लखनउआ लूटै मां परिगे याही ने हारे। नबाब नक्की मिलिगे। बेगम तौ कहिनि, बक्त खराब है सब मच्छी भवन मा कयि दीन जायं, मुलु चार-पांच सै डोला मां अंग्रेज़ी फौजै आय गईं। मार काट मचिगै। अंगरेजी फौज़ें इटौंजा महोना हुइकै, मनवा हुइकै, बाड़ी कयिती गईं। रस्ता भर जहां-जहां चले हुआं बिजन करत चले।''

पण्डितजी फिर लम्बी चुप्पी साध गए। मैंने उनके पुत्र, जिनकी आयु लगभग पचपन-साठ होगी, से कहा : पूछिए, गदर में प्रजा किसका साथ देती थी, अंग्रेज़ों का या बेगम का?''

उत्तर आया : ''अंगरेजन के साथ सब रहैं बाकी मान बेगम का देते रहैं।'' किंवदंतियों में सत्य-असत्य कुछ ऐसा गड्ड-मड्ड होता है कि उसका रूप ही अनोखा हो जाता है। जैसे पहले अंग्रेज़ मुलुक देखने आया उसने वहां याने विलायत में जाके कहा, फिर गंगाघाट पर फौजें आईं, आदि उन्होंने बतलाया। मेरे मन में यों आता है कि पहला अंगरेज़ कर्नल स्लीमैन, अवध का रेज़िडेंट है जो गदर के तीन-चार वर्ष पहले ही अवध के दौरे पर निकला था। गंगाघाट आदि की घटनाएं बहुत बाद की—गदर काल की—हैं। बेगम हज़रतमहल राजा मानसिंह के साथ गईं। इस सूचना की भी एक ही रही; मगर इससे यह अवश्य स्पष्ट होता है कि राजा मानसिंह बेगम के साथ भी थे। मनवा के कोट पर मौलवी साहब द्वारा तोप चढ़ा ले जाना, अंग्रेज़ी फौज का मार्ग आदि बातें ठीक हैं। लखनौये लूट में पड़े थे यह बात भी अपनी जगह पर बिलकुल सच है, पर हार के जिस प्रसंग से जुड़कर आई है उससे उसका कोई नाता नहीं। अपने अन्तिम मोर्चों पर लखनऊ ने बड़ा रक्तदान दिया है। लखनऊ में तिलंगों की लूट चिनहट के युद्ध 30 जून, 57 से पहले की बात है। इसी प्रकार नवाब नकीअली खां का अंगरेज़ों से मिलना और कानपुर में अगिनबोट का फंसना दूसरी।

फिर भी किंवदंतियों का महत्त्व मेरी दृष्टि में बहुत है।

शाम को नवाब नक्की का प्रसंग छिड़ा तो डाक्टर नवल बिहारी जी ने एक बात सुनाई। कहने लगे, ''एक बार मछरहट्टा गांव के एक व्यक्ति ने किसी दूसरे व्यक्ति के बारे में कहा कि डाक्टर साहब, वो शख्स तो नक्की निकल गया।'' मुहाविरों के शैकीन को नई रकम मिली, पूछा अर्थ क्या है? उत्तर मिला, ''धोखेबाज या गद्दार।''

नवाब अलीनकी खां की जन्मभूमि मछरहट्टा ने अपने नक्की नवाब को खूब अमर किया है।

मैंने डाक्टर साहब को अपना बहराइच ज़िले का अनुभव सुनाया। अंग्रेज़ों से पुरस्कार में ज़मींदारी पाने वाले कुटुम्ब को 'गद्दारन' का घर' कहा गया था। डाक्टर साहब बोले, "मैं आपको एक मुहावरा और देता हूं। बचपन में हम भाइयों में एक बड़ा चुगलखोर था। वह सदा बड़ों की दृष्टि में भला बनने की नीयत से हम लोगों की चुगली खाता था। हमारे चाचा कहा करते थे कि ये ससुरा पूरा बंगाली है।"

मैं अवाक रह गया। फिर पूछा, "अच्छा, हिन्दी में एक मुहाविरा भूखा बंगाली भी चलता है।"

मेरी धारणा है कि उनकी रिश्वतखोरी से आया होगा। बंगाली बाबू का पेट बड़ा, उसकी भूख भी बड़ी है। यों शायद खाने में तेज़ भी होते हैं।

अवध के प्रबन्ध में सहायता करने के लिए बंगाली आए थे। अंग्रेज़ के साथ बंगाली बाबू उनका ट्रेण्ड क्लर्क बनकर आया। आमतौर पर अवधी भारतीय का विधाता बंगाली भारतीय था। कलकत्ते का यह बाबू स्वयं अपने ही प्रदेश के दिहाती सम्बन्धियों से जो व्यवहार करता था उनका वर्णन शरच्चन्द्र चट्टोपाध्याय अपने उपन्यास 'श्रीकान्त' में कर गए हैं। इन्द्रनाथ के एक 'बाबू' कलकतिया भैया आप तो जाड़े की रात में अपने से छोटों के कोट भी उतरवा कर छाती से चिपका रहे थे, मगर नाव फंस जाने पर इन्द्रनाथ और श्रीकांत को पानी में उतरकर नाव ढकेलने की डांट-फटकार भरा गर्मा-गर्म आदेश देने लगे। ऐसे खुदपरस्त बाबू अपने प्रदेश से दूर, बिहार, आगरा, अवध या दिल्ली, पंजाब आदि स्थानों की भारतीय प्रजा के साथ न जाने क्या व्यवहार करते होंगे। घर के घर में यदि कोई भाई किसी को परिस्थितिवश आतंकित कर दबा कर रखता है तो उसके विरुद्ध घृणा हो ही जाती है। आगरा कालेज के प्राध्यापक डा० सत्यनारायण दुबे ने मुझे मैनपुरी ज़िले की एक पुरानी कहावत सुनाई थी, 'कमाए टोपी वाला, लूटे धोती वाला।' टोपी वाले से तात्पर्य है अंग्रेज़ और धोती वाले का अर्थ है बंगाली बाबू। डाक्टर मजूमदार ने अनेक बंगाली बाबुओं की डायरियों के हवाले दिए हैं। 'पुरबियों' ने अवश्य उन पर क्रूरताएं कीं, मान लिया; पर बंगाली बाबू ने ठण्डे दिनों में 'पुरबी' प्रजा को 'हिन्दुस्तानी कुकुर शाला छातूखोर' की—ओछी दृष्टि देख-देख कर बड़ा तुच्छ बनाया था। वह क्या क्रूरता नहीं थी?

डाक्टर मजूमदार विद्वान् ठण्डे मस्तिष्क से विचार करने वाले मनुष्य हैं। अरे, बंगाली भाइयों की डायरियां होतीं तो उनके एक-एक शब्द पर विश्वास भी किया जाता, बंगाली बाबुओं की डायरियों को उनके बाबूपन से अलग करना बड़ा कठिन है।

मगर मैं तो कहूंगा कि वाह री जनता! तेरे शब्दों और मुहावरों के पीछे जाने कितना इतिहास भरा होता है!

खैराबाद

यह नगरी ग़दर से पहले ज़िले की राजधानी थी। मुंशी हरप्रसाद नाज़िम और मौलवी फज़लहक के कारण ग़दर में खैराबाद का महत्त्व बढ़ा।

वर्षों पहले एक मित्र की बारात में यहां आया था। छोटा-सा कस्बा है, लखौरी

ईंटों के पुराने मकान और मनहूस खण्डहरों से बस्ती भरी पड़ी है। मेरी अपनी धारणा यह है कि पच्चीस-छब्बीस वर्ष पहले जब पहली बार खैराबाद को देखा था तब से अब वह और अधिक उजाड़ है। यों खैराबाद का नाम तो किसी खैरू पासी की बदौलत पड़ा पर गज़ेटियर के अनुसार विक्रमादित्य का नाम तक इसकी हिस्ट्री में जुड़ा हुआ है। किसी समय यह अरबी भाषा के विद्वानों तथा इस्लामी दार्शनिकों का बहुत बड़ा केन्द्र था। मौलवी फज़लहक एक ऐसे ही विद्वानों के परिवार के वंशज और स्वयं भी महापण्डित थे। उनकी अरबी कविता का लोहा स्वयं अरब के साहित्यिक मानते थे। हम मियां की सराय में मौलवी साहब के पोते मौलवी हकीम जफरुलहक साहब से मिलने गए। वर्मा जी खैराबाद म्युनिसिपैलिटी के चेयरमैन साहब के यहां ले गए? उन्होंने हकीम जफरुलहक साहब को अपने यहां बुलवा लिया। मौलवी साहब ने फरमाया, सन् '57 में बहुत से उलेमाओं ने शिरकत की थी। बहुतों को काले पानी की सजाएं हुईं थीं। मेरे दादा साहब भी काले पानी की सजा पाकर अण्डमान गए थे। वहां उन्होंने अरबी में सन् '57 के कुल वाकयात 'सूरतुलूहिन्द' किताब में लिखे हैं। यह किताब वे जेल के अफसरान से चुराकर कहीं फटे पायजामों की चिन्दियों में, पत्तों पर, चमड़े पर लिख-लिखकर जो कैदी हिन्दुस्तान की तरफ आते गए उनके हाथों मेरे वालिद के पास भेजते गए। फिर यहां उसकी एक बाकायदा नकल तैयार की गई। अंग्रेज़ों के ज़माने में तो उसके छपवाने का सवाल ही नहीं उठता था। अब शाया हुई है और वह भी इस तरकीब से कि एक पुस्त पर अरबी में छापा है और उसके सामने उर्दू में तर्जुमा शाया किया गया। एक बात और अर्ज़ कर दूं जो मैं जानता हूं कि बाद बहुत कोशिशें करने के मेरे वालिद यानि मौलवी फज़लहक साहब के बेटे उनकी रिहाई का हुक्मनामा लेकर जब अण्डमान पहुंचे तो पता लगा कि मौलवी फज़लहक साहब की लाश को अभी-अभी कब्रिस्तान ले गए हैं। बाकी और कुछ मैं जानता नहीं। कुछ दिन हुए 'कौमी आवाज़' में रतनलाल बंसल साहब ने मेरे दादा पर एक आर्टिकल शाया करवाया है। आप उसे पढ़ जाइएगा। उसमें कुछ हालात मिल जाएंगे। हां, एक बात और जानता हूं। मेरे दादा ने एक फतवा पेश किया था जिसके मुताबिक ग़दर की लड़ाई को उन्होंने अंग्रेज़ों के खिलाफ जेहाद करार दिया और हर मुसलमान का उसमें शरीक होना मज़हबी फर्ज़ बतलाया। इसी पर तो उन्हें काले पानी की सजा हुई थी। मगर ये कुल बातें आपको उस आर्टिकल में मिल जाएंगी।''

मैंने पूछा : 'वे कपड़े के टुकड़े, चमड़े के पट्टे और पत्ते, जिन पर मौलवी साहब ने अण्डमान से गदर के हालात लिखकर भेजे थे, क्या आपके पास हैं?''

''जी नहीं, हमारे घर में नहीं हैं।''

मौलवी फज़लहक बचपन से ही बहुत कुशाग्र बुद्धि और प्रतिभा सम्पन्न थे। तेरह वर्ष की आयु में ही, सन् 1809 में उन्होंने पढ़ाई पूरी कर ली और अपने पिता के शिष्यों को पढ़ाने लगे। बंसलजी के लेख में एक मज़ेदार घटना का उल्लेख है। एक बड़ी उम्र के साहब मौलवी साहब से पढ़ने आने लगे। गुरुजी छोटे और चेले बहुत बड़े। गुरुजी की बुद्धि कुशाग्र और चेले का यह हाल था कि कुएं के पत्थर

थे जिस पर महज़ दो-चार बार रस्सी आने-जाने की रगड़ से निशान नहीं बना करता। मौलवी फज़्लहक साहब पहले ही दिन उनसे झुंझला उठे। किताबें फेंक दीं और कह दिया कि यह आपके बस का रोग नहीं है, मेहरबानी करके कल से तकलीफ न कीजिएगा। वे साहब बेचारे बड़े दुखी हुए और उन्होंने मौलवी फज़्लहक के पिता से जाकर अपना दुःख निवेदन किया। पण्डित पिता ने फौरन ही अपने पण्डित बेटे को बुलवाया और एक थप्पड़ रसीद करते हुए कहा : ''बेवकूफ, तू यह नहीं सोचता कि तेरा जैसा दिमाग सब कहां से पा सकते हैं? तू मालदार का लड़का ठहरा, किसी चीज़ की कमी नहीं महसूस की, जिसके पास बैठा उसने खातिरदारी से पढ़ाया। हमेशा अच्छा खाने को, अच्छा पहनने को मिला, लेकिन इन बेचारों को यह सब कहां से मिले।'' विद्वान् और अनुभवी पिता की शिक्षा मौलवी साहब के व्यक्तित्व को आजीवन के लिए संवार गई।

मौलवी साहब दिल्ली के अंग्रेज़ रेज़ीडेण्ट की अदालत में सरिश्तेदार हो गए। बादशाह अकबर शाह तथा रेज़ीडेण्ट इन्हें बहुत मानते थे। सन् 1828 ई० में मौलाना मुफ्ती बनाए गए। तरक्की तो हुई पर अंग्रेज़ों से पट न सकी। वे लोग खुशामद पसन्द थे और मौलाना किसी की खुशामद करना जानते नहीं थे। अफसर नाराज़ हो गए, सरकारी वकील बनाकर इनका तबादला इलाहाबाद में कर दिया गया। वहां इन्होंने कुछ रोज़ काम किया, बाद में इस्तीफा दे दिया और अलग हो गए।

इसके बाद मौलवी फज़्लहक साहब रियासतों में घूमते रहे। झज्झर, अलवर, सहारनपुर, टोंक, लखनऊ, रामपुर आदि स्थानों में रहे। दिल्ली के बहादुरशाह भी इनका बहुत मान करते थे। इन्होंने क्रान्ति आरम्भ होने पर दिल्ली का विभिन्न रियासतों से सम्पर्क स्थापित कराने में बड़ा श्रम किया। जनरल बख्त खां रुहेला भी मौलवी साहब को बहुत मानते थे। इन्होंने यह फतवा दिया कि इस लड़ाई में लड़ना हर मुसलमान का धार्मिक कर्त्तव्य है। मुसलमान जनता पर उसका बड़ा प्रभाव पड़ा। गदर के बाद अंग्रेज़ों ने इन्हें खैराबाद में गिरफ्तार किया। अंग्रेज़ जज इनसे पढ़ चुका था। उसने फांसी के बजाय काले पानी की सज़ा दी। वहीं 1861 में इनका स्वर्गवास हो गया।

मुंशी हरप्रसाद नाज़िम के सम्बन्ध में मुझे कोई जानकारी प्राप्त न हो सकी। चौधरी अचलबिहारी लाल खैराबाद के पुराने ताल्लुकेदार वंश के हैं। उन्होंने बतलाया : ''राजा हरप्रसाद यहां नहीं रहते थे। उनकी तरफ से उनके समधी यानी हमारे परबाबा चौधरी रामनरायन यहां का इंतज़ाम संभालते थे। चौधरी रामनरायन पर तोप रखने का मुकदमा भी चला था। कहा जाता है कि उनके पास तोप बिरंजी थी। राजा हरप्रसाद के खानदान वाले जायस के करीब नसीराबाद में रहते हैं।''

राजा हरप्रसाद का हाल तो न मिला मगर उनके समधी चौधरी रामनरायन की बातों के बहाने मुझे शाही ओहदेदारों और ताल्लुकेदारों के सम्बन्ध जानने को अवश्य मिल गए। यह तो पहले भी कई जगह सुन चुका था कि अवध के ताल्लुकेदारान शाही खज़ाने में आमतौर पर एक झंझी कौड़ी भी देना अपनी शान के खिलाफ समझते थे। आमतौर पर जब नाज़िम या आमिल की फौजें आतीं, ताल्लुकेदार गढ़ी

छोड़कर भाग जाते। अक्सर मुठभेड़ भी हो जाती। पकड़े जाने पर आमिल लोग राजाओं की बड़ी दुर्गत करते। उनके मुंह पर पाखाने का तोबड़ा बांधा जाता। नाखूनों में कीलें या कांटे ठोके जाते, पैरों में कांटेदार बेड़ियां डाल कर डण्डे के ज़ोर से दौड़ाया जाता। बाज़ राजे ज़मींदार ऐसे कंजूस होते थे कि दमड़ी के लिए अपनी चमड़ी की मुतलक परवाह न करते थे।

कैसे जंगली न्याय के दिन थे वे भी। राजा, ताल्लुकेदार, आमिल,—अपने दांव पर कोई किसी को नहीं छोड़ता था। शक्ति संचय करने का मात्र उद्देश्य यही था कि जो कमज़ोर पड़े उसे खूंख्वार भेड़िए की तरह दबोच लिया जाए। आज भी यद्यपि शक्तिशाली अशक्त पर ऐसे ही अन्याय कर लेता है, परन्तु सभ्यता के विकास ने जीवन की मान्यताएं बदल दी हैं। इस तरह की बातें अब रोज़ सुनने में नहीं आतीं। निरंकुशों पर अपेक्षाकृत न्याय का अंकुश है।

नैमिषारण्य

प्रातःकाल नैमिषारण्य के लिए चल दिया। नैमिषारण्य और मिश्रिख हिन्दू मात्र के लिए अत्यन्त पवित्र तीर्थ हैं। सत्यनारायण की कथा सुनने वालों ने 'एकदा नैमिषारण्ये' बहुत बार सुना होगा। अट्ठासी हज़ार ऋषियों के सम्मेलन की कथा भी नैमिषारण्य के साथ जुड़ी हुई है।

मेरे पास पौराणिक कथाओं को धार्मिक दृष्टिकोण से अपनाने लायक मन नहीं है। मैं अपने देश का प्राचीन ऐतिहासिक एवं सांस्कृतिक रूप देखना चाहता हूं। यह भी प्रचलित 'कुलटूयूर' फैशन के प्रभाव में नहीं वरन् मेरे मन में सचमुच यह बहुत बड़ा सवाल है कि अपने देश को किस रूप में देखूं। जैसा किसी भी समझदार व्यक्ति के लिए उचित होता है, मेरे लिए भी है, अर्थात् अपने देश के योग, दर्शन, साहित्य, शिल्प आदि की महान् परम्पराओं को देखकर गौरवान्वित होता हूं। मैं सचमुच भाग्यशाली हूं कि मेरा जन्म भारत देश में हुआ है। परन्तु मेरा यह गौरव भाव इस परम धार्मिक मानवीय दृष्टिकोण वाले महान् सांस्कृतिक देश के घोर अधार्मिक, अत्यन्त अमानुषिक रूप और असांस्कृतिक परम्पराओं की ओर से भी आंखें नहीं मींच पाता। उदाहरण के लिए, धर्म के नाम पर आत्महत्या करना, काशी करवट लेना, सतीदाह करना, प्रायश्चित के नाम पर किसी को जीते जी जला देना, कानों में गर्म सीसा पिघलाना, पशु-बलि करना—धर्म के नाम पर इन अमानुषिक कृत्यों को करने वाले मनुष्यों से घृणा होती है, तीर्थों के पण्डों और मन्दिरों के पुजारियों से घृणा होती है। देवदासियों के नाम पर स्त्रियां धर्माधिकारियों के अनाचार, अत्याचार का साधन बनाई गईं, सर्वत्र मात्स्यन्याय प्रचलित हुआ। धर्म के नाम पर क्रूरता-कठोरता का अन्त न रहा। यह सब भी 'महान् भारतीय संस्कृति' में समाता है। मुझे भारत देश के—अपने—इस रूप से घोर घृणा है। मुझे यह भारतीय व्यक्तित्व का भयंकर विरोधाभास प्रतीत होता है। 'सर्वखल्वमिदं ब्रह्म' वाले देश में धर्म के नाम पर ब्राह्मणों, बौद्धों, जैनों आदि ने पारस्परिक धर्म प्रतीकों को तोड़ा है। यह सब क्या है? क्यों है?

ऋग्वेद में संघबद्धता के आदर्श की धूम है, बुद्ध ने भी उसी संघबद्धता को मानकर आगे बढ़ाया। क्या कारण है कि वह सांघिकता हमारे दैनिक व्यवहार में बैर और फूट बन गई?

दक्षिण के विशाल मन्दिर देखे। अपने शिल्पी पुरखों के प्रति अपार गौरव का बोध हुआ। इस देश के मनुष्य ने पत्थर में प्राण डाल दिए हैं। जड़ता में चेतना उत्पन्न कर दी। आमतौर पर हर मन्दिर से बाहर निकलने पर दूसरा अनुभव यह हुआ कि भिखारी, बच्चों, स्त्रियों और पुरुषों की भीड़ यात्रियों के पीछे चरचेंटे-सी चौंटती हैं, पण्डे उन्हें मारते हैं, यात्री मारते हैं। वे आपस में मारपीट करते हैं; उनकी बुरी गत देखकर बुरा लगता है पर उन भिखारियों को यह सब कुछ नहीं व्यापता है। उनकी चेतना जड़ हो गई है। जो देश अपने लिए इतना सौन्दर्य चाहता है वह स्वयं अपनी ही मनुष्य जाति को इतना असुन्दर बनाना कैसे सह पाता है?

इसी प्रकार के प्रश्नों ने ही मेरी इतिहास की भूख जगाई है। मैं अपनी और समाज की उलझनों को समझकर स्वयं सुलझना चाहता हूं।

मेरे मन में नैमिषारण्य का अट्ठासी हज़ार साधुओं का सम्मेलन, कथाएं, माहात्म्य—सब कुछ एक नये सामाजिक संगठन का आभास कराते हैं। यह बौद्ध धर्म के पराभव और ब्राह्मण धर्म के पुनरुत्थान का काल था। ब्राह्मणों द्वारा बतलाई गई धार्मिक राह पर चलने वाले राजा-महाराजाओं ने अपार धन व्यय किया होगा, तब यह महान् साधु सम्मेलन होना सम्भव हुआ होगा।

जायसवाल जी के 'अंधकार युगीन भारत' के अनुसार बौद्ध-धर्म के पतन का एक कारण विदेशी कुषनों का बौद्ध-धर्म ग्रहण करना भी था। विदेशी शासकों को अपने द्वारा पराजित और शासित प्रजा स्वाभाविक रूप से तुच्छ प्रतीत होती होगी। बौद्धों और ब्राह्मणों की शत्रुता इस देश में थी ही। कुषन राजा जब बौद्ध बन गए तब उन्हें ब्राह्मण-बौद्ध संघर्ष की साम्प्रदायिक आड़ में अपने द्वारा शासित प्रजा पर अधिक अत्याचार करने का बहाना मिल गया। राज्याश्रय पाकर बौद्ध आचार्य, भिक्खुगण बहुत मोटे हो गए थे। साम्प्रदायिक घृणा ने उन्हें संकीर्ण हृदय वाला बना दिया था। जनता में उनके प्रति आदर नहीं रहा था। ऐसे समय में शिव का भार अपने कन्धे पर उठाकर चलने वाले भारशिवों ने विदेशी कुषनों को खदेड़-खदेड़ कर भारत से बाहर निकाल दिया। जहां तक मुझे याद पड़ रहा है, जायसवाल जी ने अपनी पुस्तक में नैमिषारण्य सम्मेलन का श्रेय भारशिवों को दिया है। मैं नहीं जानता कहां, पर हाल ही में कहीं यह भी देखा था कि उक्त सम्मेलन का आयोजन पाण्डवों के वंशज किसी राजा ने कराया था। इसमें सत्यासत्य क्या है यह तो इतिहास के विद्वान् जानें, परन्तु इतना अवश्य कहा जा सकता है कि बिना किसी ज़ोरदार संगठन के ऐसा काम हो ही नहीं सकता।

नैमिषारण्य सम्मेलन का एक महान् उद्देश्य सूत द्वारा महाभारत बांचना भी है। सत्यनारायण की कथा, सिद्धिविनायक की कथा, हरतालिका व्रत की कथा, ऋषिपंचमी की कथा, सत्यविनायक की कथा, जो विविध पुराणों से ली गई है, सब नैमिषारण्य की धरती पर सूत-शौनक सम्वाद के रूप में फूटी हैं। इनमें बहुत सी जगहों पर

ख्वाहमख्वाह नैमिषारण्य और सूतादिकों का नाम जोड़ा गया होगा, फिर भी ऐसा लगता है जैसे बड़े आयोजित ढंग से सनातन धर्म का पुनर्संगठन हुआ था। नैमिषारण्य एक प्रकार के कथावाचक सूतों और मुनियों, साधकों का विश्वविद्यालय बन गया था। आश्चर्य है कि काशी जैसे प्राचीन केन्द्र के बजाय नैमिषक्षेत्र ब्राह्मण धर्म की राजधानी कैसे बना? कुछ-न-कुछ ऐतिहासिक कारण तो होंगे ही। टॉयब्वाय्ज़ ह्वीलर ने अपने 'भारत के इतिहास' में अपनी एक मज़ेदार अनुभूति बखानी है। वह कहता है कि यों तो इस देश के सामाजिक, धार्मिक जीवन में विशेष अन्तर नहीं पड़ता—सिकन्दर और मेगस्थनीज़ के समय में जनता सूर्य, चन्द्र और नदियों को पूजती थी, विष्णु और शिव को बलि चढ़ाती थी और नंगे योगियों का आदर करती थी। उसके एक हज़ार वर्ष बाद चीनी-यात्री हुएन्-सांग ने भी भारत में वही दृश्य देखे और उसके एक हज़ार वर्ष बाद अंग्रेज़ों ने भी यहां आकर वही सब पाया।

एक तरह से यह ठीक है, पर भगवान्-द्वय, बुद्ध और महावीर, ने अपने व्यक्तित्वों का बड़ा ज़बरदस्त प्रभाव इस देश पर डाला था। बुद्ध ने एक बड़ी ज़ोरदार बात उठाई थी। उन्होंने लोगों से कहा था कि धर्म को बिना सोचे-समझे मत ग्रहण करो; जो बुद्धि को उचित जंचे वही धर्म है। ब्राह्मण के लिए यह बात करारी चुनौती थी। समाज से ब्राह्मणों का एकाधिपत्य उठ रहा था। उन्होंने बौद्धों और जैनों का घोर विरोध किया। परन्तु ब्राह्मण इन प्रगतिशील शक्तियों के सामने हारे। सम्राट अशोक के बाद तो लोक में बुद्ध और जैन तीर्थंकरों के अतिरिक्त और भी अनेक पूज्य धार्मिक प्रतीक थे। कुछ लोग विष्णु को प्रधान देवता मानकर पांचरात्र धर्म मानते थे, कुछ शिव को मानकर पाशुपत धर्म, कुछ देवी को प्रधान शक्ति मानकर शाक्त मतावलम्बी थे। सूर्य, गणपति, कार्तिकेय, विभिन्न नदियां, वृक्ष और सर्प, गरुड़, हनुमान भी इस देश की जनता द्वारा पूजे जाते थे। इन सब में भी खूब लड़ाई थी। लेकिन ऐसा लगता है कि एक प्रबल विरोधी को परास्त करने के लिए सारे धर्मों ने मिलकर संयुक्त मोर्चा बनाया। महाभारत के पाठ से यह संयुक्त मोर्चा जमाया गया। महाभारत ग्रन्थ जिस रूप में आज हमारे पास है वह महात्मा सौति की देन है। विद्वान् मानते हैं कि महर्षि श्री द्वैपायन व्यास ने 'जय' नामक ग्रन्थ रचा था। उनके एक शिष्य वैशम्पायनजी ने उस ग्रन्थ को कुछ और बढ़ा-चढ़ाकर 'भारत' के नाम से पाण्डव अर्जुन के पौत्र परीक्षित को सुनाया। इस नये 'महाभारत ग्रन्थ' में पांचरात्र, पाशुपत, शाक्त आदि सब मतों को एक झण्डे के नीचे ले आया गया। पुरानी कहानियों का संग्रह कर उन्हें व्यवस्थित रूप दिया गया।

मुझे यह सच लगता है कि यदि नैमिषारण्य संगठन न होता तो वैष्णवों का गुप्त साम्राज्य स्थापित न होता। नैमिषारण्य में एक बहुत बड़े समन्वय का आयोजन हुआ था लेकिन वह फिर अंधी दौड़ की तरफ भगाये लिए जा रहा था। हमारा ब्राह्मण पुरखा बड़ा तेजस्वी-तपस्वी होते हुए भी तानाशाह था। वह जिज्ञासुओं की जिज्ञासा शान्त न कर उसे घुड़कता था। वह कहता, "बस-बस, तुम इस कार्य में श्रद्धा रक्खो और करो। तुम्हारे लिए इतना ही जानना काफी है कि इससे तुम्हारा कल्याण होगा। बाकी सब कुछ जानने का अधिकार ब्राह्मण को है; तुम लोगों को केवल ब्रह्मवाक्य

को ही प्रमाण मानना चाहिए।"

नैमिषारण्य के पुनरुत्थान आयोजन द्वारा बड़ा समन्वय तो अवश्य हुआ परन्तु तानाशाही न गई। भगवान् शंकराचार्य ने उस तानाशाही को तोड़ा। उन्होंने बौद्धिकता को बढ़ावा दिया; प्रश्न उठाए, शास्त्रार्थ किया, अन्धनिष्ठा के धर्म और तर्क को बुद्धि की ज्योति दी। चूंकि पुरोहित वर्ग का उनके धर्म प्रसार से लाभ हो रहा था इसलिए उनका बड़ा आदर तो किया मगर वे उन्हें प्रच्छन्न बौद्ध कहने से भी न चूके। खैर, मेरा मन तो इस समय नैमिषारण्य से जुड़ा है। विदेशी कुषनों को हंकाल देने के बाद नये सिरे से जो सामाजिक, धार्मिक और नैतिक क्रान्ति हुई उसके प्रमुख केन्द्रों में नैमिषारण्य प्रमुखतम है।

बीस मील का रास्ता आनन-फानन में कट गया। गाड़ी ने मुझे एकदम चक्रतीर्थ के निकट ही ला खड़ा किया।

चक्रतीर्थ नैमिषारण्य का प्रमुख आकर्षक केन्द्र है। तमिल भाषा में, विशेष रूप से तमिल ब्राह्मणों की बोलचाल में पानी को तीर्थ कहते मैंने बहुत सुना है। हमारे यहां, जनसाधारण की समझ में तीर्थ माने कोई मन्दिर, कुआं, घाट, नदी वाला कस्बा विशेष होता है। नैमिषारण्य आते हुए मुझे लगा कि उत्तर भारत में और कहीं का जनसाधारण भले कुछ का कुछ समझे मगर सीतापुर ज़िले का मनुष्य तीरथ के वही अर्थ जानता है जो तमिल भाषा में हैं। मेरा साथी ड्राइवर मुझे मिश्रिख और नैमिषारण्य के सभी तीर्थ घुमाएगा, यह उसने मुझसे आते समय कहा था। उसने एक तीर्थ यहां, एक वहां और फिर वहां जो कहना शुरू किया तो मैंने टोककर पूछा, "क्यों भाई, तुम तीरथ किसको कहते हो? जहां-जहां तुम मुझे ले जाओगे वहां क्या है जो तीरथ है?"

"वहां पानी के कुण्ड हैं साहब, नीमसार में चक्कर तीरथ है, चरन कुण्ड है, गोदावरी कुण्ड है, मिसरिख में दधीच कुण्ड है, सीता कुण्ड है। अभी नीमसार में व्यास गद्दी के पास जब मिट्टी के लिए खोदाई भई तो एक पुराना तीरथ उसमें से और निकल आया। आपको वह भी दिखाऊंगा।"

नैमिषारण्य विशेष रूप से अपने चक्रतीर्थ और ललिता देवी के मन्दिर के कारण प्रसिद्ध है। कहते हैं यहां विष्णु का सुदर्शन चक्र वृत्तासुर को मारकर पृथ्वी फोड़ पाताल चला गया था। चक्रतीर्थ अब नये सिरे से बनवा दिया गया है। गुज़ैक की बेंचें जगह-जगह पड़ी हैं। दूर-दूर तक चारों तरफ पक्का फर्श है। चक्रतीर्थ पर मैंने गुजराती और दक्षिणी भारतीय यात्रियों को भी देखा। एक वृद्ध पण्डितजी से, जो मुझे सरकारी गाड़ी से उतरते देख पास आ गए थे, मैंने अपनी धरम कहानी छेड़ी। पण्डित बल्लूप्रसाद ने बतलाया, "कोटरा रियारात कमालपुर के अहलकार मुंशी चण्डी सहाय गुरुसहाय ने यहां कोठी बनवाई थी। उन बेचारों का भी ग़दर में सफाया हुइगा और गुलाब सिंह बिरुआ के सरदार रहे। बिरुआ के राजा तो घघरिया ओढ़निया पहिरे भागिगे। मगर गुलाब सिंह ज्वान मर्दाना थे, असिल छत्री। तो उन्होंने अंगरेजन को अपनी तरवार का पानी दिखाया। गुलाब सिंह हियां आय रहे। तरवार हाथ मां लीन्हे उइ चक्रतीर्थ में नहाए ओ, फिर चले गए। पुरखे बतावत रहैं

कि नेपाल भागकर गए रहे। ओ पेशवा–''

''जी हां, पेशवा नाना राव तो मैंने सुना यहां कई बरस रहे।''

''हां साहब कई बरस रहे। दुई साधु यहां ऐसे आए। एक ब्रह्मानन्द ब्रह्मचारी करिकै दुसरे कैलासन के बाबा करिकै मसहूर हते। उइ तौ साहब चेहरा-मोहरा ते दिक्छनी मसहूर भये औ हते। यह सब छिपे नाम ते रहे। आवैं खूब खरिचा करैं, बच्चन का फल-मिठाई देवैं, ललिता देवी में संगमर्वल का पत्थर लगवाया। उनके पास साहब को एक छड़ी हती। बस रोजु उसमें से खोलके एकठो नग निकाल लें और बेचि देवै और खरचा चलै। बड़े चेले कारिन्दा–पूरा लावलस्कर उनके साथ रहा साहेब।''

''वो यहां कितने दिन रहे?''

''बहुत दिन रहे। फिर यहां किसी से उनका झगड़ा होइ गवा तौ फिर उठिकै कैलासन चले गए।''

''किस बात पर झगड़ा हुआ?''

''आप ललिता देवी के मन्दिर में मथुरा माली से मिलिए। उहिकि उमिरि अस्सी बरस तै ज़्यादा है साहेब। उइ आपको बतावैगा।''

''कैलासन! कैलासन के बाबा–'' रह-रहकर मेरे मन में उठने लगा कि यह नाम पहले भी सुना है। किसी कन्नौज–मीरा की सराय के साधू के सम्बन्ध में अपने मित्र मिश्र जी से सुना है। वो बाद में नैमिषारण्य चले गए थे और कैलासन के बाबा के नाम से प्रसिद्ध हुए थे। कानपुर के इतने निकट मीरा की सराय में या नैमिषारण्य में इतने ठाठ-बाट से रहने की गलती नाना धोंडूपंत पेशवा जैसा बुद्धिमान मनुष्य करे, अपना असली नाम गुपचुप ढंग से ही सही मगर इतना प्रचारित करे कि बच्चा-बच्चा जान जाए, उस पर फिर झगड़ा करे, उसके बाद जाए भी तो महज़ चार-पांच मील दूर कैलास मन्दिर में जाकर बैठ जाए...लेकिन यहां ठहरूं, झगड़ा करने की बात मिश्रजी की कहानी में भी थी। मिश्रजी ने एक प्रसंगवश अपने गांव मीरा की सराय (कन्नौज) के पास की एक कथा सुनाई थी वह इस प्रकार है :

विश्वनाथ का टीला कन्नौज से चार-पांच मील दूर पर स्थित है। उस टीले पर कोई जाता नहीं था। किंवदंती है कि ग़दर में वहां बहुत से लोग मारे गए थे। अंग्रेज़ों द्वारा बिजन हुआ था, तब से वह स्थान भुतहा माना जाता था। एक दिन एक संन्यासी यहां आए, देखने में बड़े तेजस्वी और चेहरे-मोहरे से दक्षिणी लगते थे। लम्बे शरीर पर सफेद चोला धारण किये हुए थे। उन्होंने स्थान पूछा। किसान लोग थे, उन्होंने ठाकुरों का घर बतला दिया। वह ठाकुर वंश भी गदर का बागी वंश था। वहां उनकी सेवा हुई। सामने टीले को देखकर उसकी कथा पूछी, पता लगा कि ऊपर एक शिवालय भी है। बस, यह सुनते ही वे उठ खड़े हुए और ठाकुर से कहा, हमारे साथ चलो। उस भुतहे टीले पर जाने का नाम सुनते ही कांप गया। विश्वनाथ का टीला महा भुतहा स्थान माना जाता था, वहां और उसके आसपास कोई दिन में भी वहां जाने का साहस नहीं करता था। परन्तु संन्यासी जी न माने, वे अकेले ही चले। एक युवक को भी जोश आ गया, उनके साथ गया। मन्दिर की जीर्णावस्था देखी, शिवजी

के आसपास कूड़ा देखा। साफ करने लगे। फिर पानी के लिए पूछा, पता लगा कि पुराना कुआं भी है। यह सब देखभाल कर वह नीचे उतर आए और आकर कहा कि जल तभी ग्रहण करूंगा जब ऊपर का कुआं साफ हो जाएगा। उसके बाद वे फिर उस भुतहे टीले पर जम गए। पुराना समय था, संन्यासी की बात की प्रतिष्ठा थी। कुआं साफ कराया गया। फिर संन्यासीजी ने मन्दिर का जीर्णोद्धार कराया, संगमरमर आदि लगवाया। यह किसी ने नहीं जाना कि संन्यासी जी रुपया कहां से लाते थे। बस दिन में एक बार स्नान करने के लिए ही नीचे उतरते थे। शिवजी का अद्‍भुत शृंगार करते थे, इत्र की रूह का लेपन करते थे। मेरे बाबा वहां जाया करते थे और उन्होंने ही यह किस्सा सुनाया था। उनकी सिद्धि का बड़ा चमत्कार था। और लोग कहते थे कि ये नाना पेशवा हैं।

''एक बार दो भाइयों में गृह-कलह हुई। क्रोधवश एक भाई ने दूसरे भाई के एक बच्चे को दूर ले जाकर मार डाला और लाश कुएं में डाल दी। हत्या करने के बाद ही उसे बुद्धि उपजी और वह सीधा संन्यासी जी के पास आया। उसने अपना पाप उनसे कह डाला। संन्यासी जी कुछ क्षण तो चुप रहे, फिर कहा कि काम तो तुमने बहुत बुरा किया, परन्तु कह दिया इससे मैं तेरी रक्षा करूंगा।

''संन्यासी जी ज्योतिष विद्या के भी बड़े सिद्ध पण्डित माने जाते थे। जब दूसरे भाई का लड़का घर न पहुंचा और सब ढूंढ हारे तब हत्यारे का भाई संन्यासी जी की शरण में पहुंचा। संन्यासी जी ने उसे सान्त्वना दी और क्रमशः उपदेश करते हुए उन्होंने सत्य प्रकट कर दिया। फिर कहा कि अब तुम इस पर केस आदि न चलाना, उसे ज्ञान मिल चुका है, परन्तु जिसके पुत्र की हत्या हुई थी वह न माना, मुकदमा चला। सारा केस संन्यासी जी की गवाही पर ही आधारित था। संन्यासी जी को कोर्ट जाना पड़ा। मगर संन्यासी जी अपने शरणागत को अभयदान दे चुके थे, अतः कोर्ट में उन्होंने 'नरो वा कुंजरो वा' जैसा झूठा बयान दिया, कहा कि वह मेरे यहां था। अभियुक्त छूट गया।

''इसके बाद ही नाना पेशवा के नाम से अफवाहों में प्रख्यात संन्यासी जी वहां से चले गए। जाते समय मेरे पितामह उनके पास थे। उनसे उन्होंने कहा : 'अपने इस पाप का प्रायश्चित न जाने मुझे किस प्रकार करना पड़ेगा।' इसके बाद वो नैमिषारण्य चले गए थे। वहां भी सुना कि ललिता देवी के मन्दिर का जीर्णोद्धार कराया और कैलासन के बाबा के नाम से प्रसिद्ध हुए।

कैलासन के बाबा की कथा का पूर्वार्द्ध भी यही सिद्ध करता है कि ये व्यक्ति नाना पेशवा हरगिज़ नहीं हो सकते। न तो अंग्रेज़ सरकार का खुफिया पुलिस विभाग ही इतना गावदी था और न नाना साहब ही।

बाराबंकी के श्री दीनदयालु दीक्षित ने अपने बाबा और संन्यासी नाना साहब की नैमिषारण्य में भेंट होने की कथा मुझे लिखकर दी थी। याद पड़ता है कि बीस-बाईस वर्ष पहले नैमिष में नाना साहब के स्वर्गवास होने का समाचार पत्रों में छपा था।

दस-बारह वर्ष पहले आबू गया था। अम्बा जी से कुछ मील आगे कोटेश्वर

महादेव का बड़ा रम्य स्थान है। वहां एक छोटे-से मण्डप में एक काठ की जीर्ण-शीर्ण नक्काशीदार चौकी पर एक कलमी चित्र रखा है। मुझे बतलाया गया कि यह नाना पेशवा का चित्र है, उन्होंने यहां तपस्या की थी।

लगभग पांच-छह वर्ष हुए जौनपुर ज़िले का एक युवक लखनऊ आया था। प्रेस ट्रस्ट आफ इंडिया के तत्कालीन लखनऊ स्थित संवाददाता श्री दिवाकर निगुड़कर ने उसे मेरे पास भेजा। उसने कथा सुनाई कि नाना पेशवा जौनपुर ज़िले में रहे, किसी अहीरन स्त्री (या राजपूत स्त्री) से विवाह किया। संतान हुई। वह युवक अपने को नाना साहब का पौत्र बतलाता था। कहता था हमारे पास प्रमाण है। मैंने कहा : ''लेकर आओ। ''वह आज तक नहीं आया।

चक्रतीर्थ से मैं ललिता देवी के मन्दिर गया। श्री मथुरा माली से भेंट हुई। उन्होंने बतलाया :

''अब मेरी उमिर अस्सी बरस की है। हम दस-बारा साल के हुइवा तब नानाराव पेशवा बाबा बन के आए थे। इमली के खाले रहे। ब्रह्मनन को न्यौता करैं। खूब खिलावैं। देवी के मन्दिर में सब पत्थर उन्हीं का लगवाया है।''

मैंने पूछा : ''क्या वो कहते थे कि मैं नानाराव पेशवा हूं।''

''कभी अपनी ज़बान से तो नहीं कहा पर नौकर बतलावैं कि यही नानाराव पेसवा हैं।''

''देखने में कैसे थे?''

''बड़े गोरे, लाल-लाल बदन रहा। यहां साल-सवा साल रहे। फिर कैलासन चले गए। वहां बहुत रोज़ रहे।''

''उनका यहां किसी से झगड़ा हुआ था?''

''झगड़ा-बगड़ा नहीं भया। अरे वो किसी से न बोलैं न चालैं। कुबड़ी पकड़े रहत रहैं औ भजन-पूजा में रहैं। नौकर-चाकर सबको खिलावैं-पिलावैं।''

''उनके पास कोई खज़ाना था? खर्चा कहां से करते थे?''

''ये हमैं नहीं मालूम बाबू।''

ये व्यक्ति और चाहे जो हों पर नाना पेशवा नहीं थे। बड़े नेताओं को जनता इतना प्यार करती है कि उनकी मृत्यु का खयाल भी नहीं सहन कर पाती। नेताजी सुभाषचंद्र बोस असंख्य भारतीयजनों के विश्वासानुसार आज भी जीवित हैं।

व्यास गद्दी का स्थान भी देखने गया। ऊंचे टीले पर व्यास जी का मन्दिर बना है। यहां आकर यह कल्पना नहीं होती कि हज़ारों साधु इस छोटी-सी जगह में बैठे होंगे, मगर बात उठाकर भी कोई खास असर न डाल सकी। दो हज़ार वर्ष पूर्व इस ज़मीन की स्थिति क्या रही होगी। यह कौन जान सकता है। व्यास गद्दी पर भी नया निर्माण और सुधार हुआ है। नैमिषारण्य की सुव्यवस्था देखकर बड़ा सुखी हुआ। कुछ वर्षों पहले तक यहां पहुंचने का मार्ग भी दुर्गम था, यह जगह और भी सुन्दर बनाई जा सकती है। क्या ही अच्छा हो यदि रिसर्च के विद्वानों के लिए साथ ही मेरे जैसे उन हज़ारों जिज्ञासु लोगों के लिए, जो अपने देश की परम्पराओं को समझना चाहते हैं, यहां एक अच्छा पुस्तकालय कायम हो। लोग ठहरें और सस्ते दर पर रह सकें,

ऐसे छोटे-छोटे क्वार्टर भी बनाए जाने चाहिएं। नैमिषारण्य प्राकृतिक दृश्यों के लिए भी सुन्दर स्थान है।

पांडवों का किला भी देखा। किले के टीले के नीचे महावीर जी की विशाल मूर्ति है, लगभग सत्रह-अट्ठारह फुट ऊंची होगी। बतलाया गया कि यह पांडवों के किले पर मन्दिर में प्रतिष्ठित मूर्ति की नकल है। शायद पुराने आक्रमणकारियों को धोखा देने के लिए बनाई गई हो। किला, जैसा कि नाम से ही ज़ाहिर है, पांडवों का बनवाया हुआ बतलाया जाता है। उसके ऊपर स्थित महावीर जी के मन्दिर के पास ही 12 इंच लम्बी, 8 इंच चौड़ी और 3 इंच मोटी ईंटों का ढेर देखने को मिला। ऐसी ईंटें मैं लखनऊ के लक्ष्मीटीले से भी पा चुका था। ये भारशिव काल की ईंटें बतलाई जाती हैं। मेरे ख्याल में यह किला उस समय का होगा जब यहां धार्मिक पुनरुत्थान का आयोजन हुआ था। हमारा पुरातत्व विभाग यदि फिलहाल सब जगह नहीं तो कम-से-कम ऐसे ऐतिहासिक महत्त्व के स्थानों पर अपना ध्यान अवश्य केन्द्रित करे। पांडवों के टीले से गोमती और उसके पार का दृश्य बड़ा ही मनोरम लगता है। टीले में साधकों द्वारा खोदी गई दो-तीन गुफाएं हैं, पता लगा एक में अब भी एक ऐसे साधु रहते हैं जो कई वर्षों पहले यहां आए परन्तु आज तक नैमिषारण्य में घूमने नहीं निकले, चक्रतीर्थ तक भी नहीं गए, प्रातः-सायंकाल केवल देहधर्म पालन के लिए ही बाहर निकलते हैं। नैमिषारण्य अब भी साधकों की भूमि है।

लौटते समय आम के लाख पेड़ों वाले उपवन से गुज़रते हुए मिश्रिख का दधीचि कुंड और मन्दिर भी देखा। देवकार्य के लिए अपनी देह विसर्जन करने वाले महात्मा के प्रति श्रद्धा जागी। परन्तु ऐसी जगहों को पंडों ने दुकानदारी के ऐसे ठिकाने बना रखे हैं कि देखकर घृणा होती है। काशी, अयोध्या, मथुरा, मदुरा, चिदम्बरम्, कन्याकुमारी—कोई भी जगह हो, पंडे गन्दगी फैलाने वाली बरसाती मक्खियों की तरह बुरे लगते हैं। ब्राह्मणवाद पंडे पुरोहितों के स्वार्थवश होकर घृणित और जघन्य हो गया। अन्धनिष्ठा इस देश के लिए कालकूट विष के समान रही है। ब्राह्मण, बौद्ध, जैन सभी धर्मों के पोपों ने इस देश के ज्ञान पर अच्छी झाड़ू फेरी है। वह कौन-सा शुभ दिन होगा जब हमारा देश इन पापियों से मुक्त होकर तपस्वी महात्माओं की उन पावन सिद्धियों को मानव कल्याण के लिए अर्पित कर सकेगा जिनके कारण यह देश पूज्य माना जाता है। जिस दिन हमारे समाज से पंडे-पुरोहितों का धर्म विदा हो जाएगा उसी दिन तपोभूमि भारत देश मानवता का कल्याण करने के लिए विश्वविद्यालय के समान हो जाएगा।

मध्यान्तर

अवध के छह ज़िलों में ग़दर सम्बन्धी किंवदन्तियां बटोरते हुए मेरे पास अब इतनी सामग्री अवश्य हो गई है कि उस पर विहंगम दृष्टि डालते ही 1857 की रूपरेखा स्पष्ट हो जाती है। बाराबंकी में महादेवा या हज़रतपुर में, सामन्तों की सभा में बेगम हज़रतमहल की जोशीली स्पीचें देना एक क्रान्तिकारी संगठन के संकेत प्रस्तुत करता है। बेगम हज़रतमहल निःसन्देह बड़े जीवट की स्त्री मालूम पड़ती है। महादेवा में उनका भाषण करना और फिर उसके परिणामस्वरूप हज़ारों हिन्दू-मुसलमानों

का तलवारें उठाकर देश के लिए मर-मिटने की कसमें खाना मन में सचमुच ही बड़ा स्फूर्तिदायक दृश्य प्रस्तुत करता है।

गज़ेटियर लिखता है कि बाराबंकी ज़िले के ताल्लुकेदार अंग्रेज़ों के विरुद्ध होकर भी प्रायः मौन थे। यह सच है परन्तु अन्य ज़िलों से आए हुए सामंतों और उनकी सेनाओं की प्रेरणादायिनी जोशीली कारगुज़ारियों को देखकर क्या बाराबंकी ज़िले का जनसाधारण अछूता बच गया होगा? मुझे ऐसा नहीं लगता। उसी ज़िले के अनेक लड़वैयों के नाम लोगों ने बतलाए हैं। बहराइच और सीतापुर ज़िले के रैकवार सरदार भले ही बाराबंकी की भूमि पर लड़ते, परन्तु यदि उस ज़िले की जनता का उनके साथ सहयोग न होता तो सौ वर्ष बाद आज भी उन किस्सों को सुनाते हुए वहां का मनुष्य इस तरह जोश में न भर उठता जैसा मैंने उसे देखा है। एक सदी से भी अधिक आयु वाले साहबदीन का बलभद्रसिंह नाम लेते ही सहसा पुरानी स्मृतियों से दीप्त हो उठना असम्भव होता। बलभद्रसिंह की लाश तीन घण्टे तक लड़ती रही, अंग्रेज़ 'जन्त्री' पढ़े थे सो औरत बुलवाई और उसके छूते ही लाश गिर पड़ी—इस प्रकार की बातें सत्य न होने पर भी हमारे यहां वीर-जुझारू नायकों के लिए परम्परा से कही जाती हैं। मैंने लक्ष्मी बाई के सम्बन्ध में भी सुना, ठाकुर ननकऊसिंह के 'जंगनामे' में अनेक सिरकटी लाशें लड़ती हैं। यह परम्परा चन्दबरदाई के 'प्रिथीराज रासो', जायसी के 'पद्मावत', तुलसी के 'रामचरितमानस', केशवदास की 'रामचन्द्रिका', जगनिक के 'आल्ह-खण्ड' आदि में भी दिखलाई देती हैं। नायक की वीरता की पराकाष्ठा दर्शाने का यह एक प्रकार से मुहावरा बन गया है।

अयोध्या, फैज़ाबाद में हिन्दू-मुसलमानों का साथ-साथ लड़ना, (अयोध्या में तीन वर्ष पहले के हिन्दुओं के विरुद्ध भीषण जेहाद की पृष्ठभूमि में) हमारी एक सदी पहले की उमगती हुई राष्ट्रीय-चेतना का जाज्ज्वल्यमान प्रमाण है। किसी भी और नगर में यह एकता प्रमाण देने के लिए दर्शायी जा सकती है, परन्तु अयोध्या में यही चीज़ प्रतीक बनकर और भी अधिक स्फूर्तिदायक प्रतीत होती है।

सुल्तानपुर में दो रूप देखने को मिलते हैं। एक तो अमहट के खानज़ादों का जुझारू रूप जो बेगम की प्रेरणा से स्वातंत्र्य युद्ध में शरीक हुए और इस प्रकार व्यापक संगठन का परिचय दिया। दूसरा चित्र पुराने सुल्तानपुर के खण्डहरों से मिलता है। ग़दर में केवल भारतवासियों की क्रूरता को ही देखने वाले भारतीयों से करबद्ध हो मेरा सविनय निवेदन है कि एक बार पुराने सुल्तानपुर नगर के खण्डहर अपनी आंखों से देख आएं। अंग्रेज़ों ने गांव के गांव घेरकर जलाए हैं; जलते हुए मनुष्यों के भागने पर संगीनों की चौहद्दी बांधकर उन्हें आग में ढकेला है; अमानुषिक प्रतिहिंसा से भारतवासियों का कत्लेआम किया है—इन पढ़ी-सुनी बातों का प्रत्यक्ष प्रमाण पुराने सुल्तानपुर नगर के खण्डहर हैं। अंग्रेज़ों के द्वारा किए गए अत्याचारों का आभास कराने के अतिरिक्त ये खण्डहर सौ वर्ष पूर्व के सामजिक जीवन की झलक भी दिखा देते हैं। जैसा कि शायद मैं पहले लिख चुका हूं, इन खण्डहरों में एक जगह मन्दिर और मस्जिद की जुड़वां इमारतों के ध्वंसावशेष भी विद्यमान हैं।

गोंडा-बहराइच में राजा देवीबख्श और 'जंगनामे' में वर्णित बलभद्रसिंह सहित

अनेक छोटी-बड़ी जातियों के वीरों के नाम और काम क्या आज भी हमारा हौसला नहीं बढ़ाते। क्या ये सामूहिक एकता के चित्र सत्तावनी क्रान्ति को खरे अर्थ में क्रान्ति नहीं सिद्ध करते? बेगम, रैकवारों के मुखिया की गढ़ी में बैठकर युद्ध का सूत्र संचालन करती हैं, अवध के प्रमुखतम हिन्दू सामन्त उनके साथ हैं।

सीतापुर ज़िले में भी हमें मौलवी अहमदउल्लाशाह और बेगम हज़रतमहल का अपने समय के लोगों पर ज़बरदस्त प्रभाव और उनकी अद्भुत संगठनात्मक प्रतिभा के प्रमाण मिलते हैं। नैमिषारण्य में लोगों को हलुवा-पूड़ी खिलाने वाली नाना साहब की किंवदन्तियां मेरे मन से बरसों के कूड़ा-करकट की तरह साफ हुईं, इससे बड़ा सन्तुष्ट हूं। लोग प्यार में अपने जननायकों पर कभी-कभी बेतुकी और अतिरंजित प्रशंसा लादकर उनके व्यक्तित्व को भोंडा और अविश्वसनीय बना देते हैं। नानासाहब जितने ही गम्भीर, चतुर और मेधावी थे, उतने ही वे कैलासन के बाबा के रूप में ब्राह्मणों को हलुवा-पूड़ी खिलाते हुए नौकरों की दबी ज़बान से अपने नाम का प्रचार करवाते और झगड़ा-झंझट करते हुए ओछे लगते हैं। मेरे पास प्रमाण तो नहीं परन्तु सर जॉन के, बसु, सुन्दरलाल और सावरकर लिखित इतिहास पढ़कर मुझे इस बात का विश्वास है कि बंगाल आर्मी के स्वाभिमानी विद्रोही सूबेदारों की क्रान्ति योजना को सामन्तों, नवाबों और दिल्ली तक पहुंचाने में नाना साहब धोंडूपंत बाजीराव पेशवा तथा अज़ीमउल्ला खां का बहुत बड़ा हाथ था। योरोप से लौटकर अजीमुल्ला खां ने कलकत्ता में निःसन्देह अंग्रेज़ों के खिलाफ ज़हर उगला होगा। अवध के पदच्युत शासक और उनके 'नक्की' वज़ीर से उसकी भेंट होना भी कोई आश्चर्य की बात नहीं। अली नकी खां लखनऊ में प्रचलित जनश्रुतियों के अनुसार और अपने गांव में मछरहट्टा की जनता द्वारा बनाए गए मुहावरे के अनुसार गद्दार हैं; परन्तु अंग्रेज़ों से धोखा खाने के बाद क्या यह सम्भव नहीं कि उन्होंने बदला लेने की भावना से विद्रोह की आग भड़काने का आयोजन किया हो? मुझे तो यह तनिक भी अटपटी बात नहीं मालूम होती। अली नकी खां मटियाबुर्ज छोड़कर कलकत्ता शहर में रहने के लिए चले गए थे, यह बात सुनने में आती है। क्या यह सम्भव नहीं कि अंग्रेज़ों के खिलाफ साज़िश रचने के लिए ही उन्होंने मटियाबुर्ज से बाहर रहना उचित समझा हो? अज़ीमुल्ला उनके साथ भारतीय सूबेदारों के सामने क्रीमिया युद्ध के दृश्य बखानने, वहां की नक्शाबन्दी बताने के लिए जा सकता है। स्वयं मजूमदार महाशय यह मानते हैं कि रूस के इंगलिस्तान से अधिक तगड़े होने की अफवाह इस देश में अजीमुल्ला खां के द्वारा ही फैली थी। अली नकी खां ने अवधी सूबेदारों से, अयोध्या के राजा मानसिंह से तथा अन्य सामन्तों से मिलकर योजना को आगे बढ़ाने के लिए प्रयत्न किया होगा। अज़ीमुल्ला खां की प्रेरणा से नाना पेशवा का विद्रोह के लिए जाग पड़ना भी कोई आश्चर्य की बात नहीं। तीर्थ यात्रा के बहाने नाना साहब का संगठन करने के हेतु निकलना कुछ अजीब-सी बात तो नहीं लगती जो विश्वास न किया जाए। गदर के समय के मराठी यात्री विष्णु भट्ट गोडसे ने पेशवा की कानपुर की लड़ाई का वर्णन किया है। उस चित्र में नाना पेशवा का व्यक्तित्व बोलता है। नाना और उनके दल के बाला साहब, राव साहब, राम राव और सबसे बढ़कर

महासाहसी तात्या टोपे अपनी शूरवीरता और संगठन शक्ति के अनोखे उदाहरण छोड़ गए हैं।

इतनी जगह घूमकर मेरी आस्था बलवती हुई है। अपनी शक्ति के अलावा अपनी कमज़ोरियां भी सामने आई हैं। खीरी के लोनेसिंह पास-पड़ोस के सामन्तों को दबोचकर कूप-मण्डूक की तरह अपने को बड़ा क्षत्रिय समझते हैं। बौंडी और रेहुआ से सकुटुम्बी सगोत्री सामन्त ईर्ष्यावश हो एक-दूसरे के सिर काटकर रण पूजने की महत्त्वाकांक्षा रखते हैं, पचास हज़ार रुपये के लालच के लिए पुवायां के जगन्नाथसिंह मौलवी अहमदउल्लाशाह को मार डालते हैं, अपने साथी लोनेसिंह को धोखा देकर गिरफ्तार करवा देते हैं—यह बातें हमारी कमज़ोरी का प्रमाण हैं। इक्के-दुक्के अंग्रेज़ों को पकड़कर उनके प्रति क्रूरता बरतना, सब कुछ कह-सुनकर भी हमारी कायरता का अत्यन्त लज्जाजनक उदाहरण है। अंग्रेज़ों ने भी ऐसे अनेक उदाहरण छोड़े हैं। मुंशी जहूरुलहसन अंग्रेज़ों की स्वर्णमुद्राएं हड़पने के लिए उन्हें गिरफ्तार करा देते हैं यह भी शर्मनाक घटना है।

इस प्रकार मुझे अपनी अच्छाइयों और बुराइयों के प्रमाण मिले। बुराइयां हैं, पर हमारी अच्छाइयां भी उनके मुकाबले में कुछ कच्ची या कम नहीं बैठतीं। अट्ठारहवीं-उन्नीसवीं शताब्दी में फैली हुई देशव्यापी घोर अराजकता से संगठन, साहस और वीरता के यदि ऐसे उदाहरण हमें मिलते हैं तो बहुत ही मूल्यवान जान पड़ते हैं। अगर हमारे राष्ट्र में इतनी भी शक्ति न होती तो ग़दर में बुरी तरह कुचले जाने के बाद भारत की बहुमुखी प्रतिभा शतदल की भांति इस प्रकार विकसित ही नहीं हो सकती थी जैसा कि हमारे इतिहास ने उसे प्रत्यक्ष देखा है। रामकृष्ण परमहंस, दादा भाई नौरोजी, रानाडे, तिलक, गोखले, दयानन्द, विवेकानन्द, गांधी, रवीन्द्र, अरविन्द, बंकिम, भारतेन्दु, रामतीर्थ, जगदीश चन्द्र बसु, रामानुजम्, रामन्, जवाहर, सुभाष आदि सभी अत्यन्त प्रभावशाली व्यक्तित्व ग़दर के बाद उन्नीसवीं सदी के उत्तरार्द्ध में ही अवतरित हुए। सनातन भारत, चीन, मिस्र,—प्राचीन सभ्यता की परम्परा वाले प्रत्येक देश तथा इनके अतिरिक्त रूस, तुर्की, बगदाद, जापान, अफ्रीका सभी के लिए एक प्रकार से उन्नीसवीं सदी बड़ी क्रान्तिकारी सिद्ध हुई थी। पतनशील सामन्ती प्रथाओं के कोढ़ से कुरूप, अरसे से गतिहीन, भौतिक विज्ञान की नई और महान् शक्ति से शून्य प्राचीनकाल की महान् सभ्यता वाले अनेक देशों में एक ऐसा परिवर्तन होता दिखलाई दिया जैसा कि सदियों से नहीं हुआ था। विज्ञान की शक्ति बड़ी थी पर उसका उपयोग करने वाले स्वार्थी और अपेक्षाकृत हीन संस्कृति के थे। पुरानी सभ्यता वाले देशों के लिए वे चुनौती थे। भारत का ग़दर ऐसे अवसर पर हुआ था जबकि अन्य देशों में भी उथल-पुथल मची थी। दूर बैठे, मार्क्स, एंगेल्स् भी भारतीय क्रान्ति के समाचार पढ़-पढ़कर, पृथ्वी के इस भाग में नव-जागरण को देखकर वैचारिक स्फूर्ति पा रहे थे। इंग्लैण्ड, फ्रांस, इटली आदि देशों के समाचार-पत्र हमारी लड़ाई पर उत्साह से टिप्पणियां देते हुए समाचार छाप रहे थे।

मेरी आज तक यह समझ में नहीं आता कि हम आजकल के पढ़े-लिखे भारतीय सत्तावनी क्रान्ति के सिपाही विद्रोह, उर्फ ग़दर नाम से आखिर चिढ़ते क्यों

हैं! यदि किराए से किसी के लिए भी लड़ने वाला अचेत भारतीयजन तक अंग्रेज़ मालिकों से चिढ़कर विद्रोह कर उठा तो क्या इससे भारतीय क्रान्ति की नाक कट गई या नीची हो गई? सामन्ती शक्ति भी साथ थी, यह मान लिया; कुलीनों का भी कुछ अंश (महत्त्वपूर्ण अंश) क्रान्ति में सक्रिय सहयोगी था, यह होते हुए भी सिपाही विद्रोह को हमें छोटी चीज़ नहीं मान लेना चाहिए। सन् सत्तावन का सिपाही विद्रोह ऐसा ग़ज़ब का था कि एक बार सारे उत्तराखण्ड में व्याप्त हो गया। सिपाहियों के जोश से अफीमची, विलासी और अपने मिथ्या दम्भ में सगोतियों के सिर पर रण पूजने की कायरता रखने वाले, फूट में पड़े सामान्तों की भुजाओं में क्षात्र-रक्त हुमक पड़ा। यह क्या मामूली बात है? सिपाहियों के परिवार वाले और उनके जैसे लाखों ग्रामीणजन जिस ज्वाला में खेलते-खेलते बढ़ गए उस ग़दर और उस सिपाही-विद्रोह को कोटि-कोटि प्रणाम। यह मैं पहले ही निवेदन कर चुका हूं कि हमारी जनता 1857 के ग़दर के कारण 'ग़दर' शब्द को क्रान्ति का पर्याय मानती है। 'ग़दर' शब्द का मूल अर्थ जो है सो है, परन्तु हमारी जनता की समझ में जो नया अर्थ है वह भी कोशकारों को ग्रहण करना ही होगा।

रायबरेली

11 जुलाई। कारणवश अधिक दिन लखनऊ में रुकना पड़ गया। आज प्रातः सात बजकर पांच मिनट पर यहां पहुंच गया। रायबरेली ज़िले के सूचना अधिकारी श्री हरिश्चन्द्र मेहरोत्रा मेरे सहपाठी और बाल-बंधु हैं। उनका घर स्टेशन के सामने ही था। घर पहुंच गया। हरिश्चन्द्र ने कहा : "चन्दापुर और नायनराज के वंशज रायबरेली में ही रहते हैं और ये लोग आजकल में लखनऊ जाने वाले हैं, इसलिए उनसे आज ही मिल लिया जाए।" इच्छा तो यह थी कि शीघ्र से शीघ्र अवध के मर्दाना राणा की पुण्य-भूमि शंकरपुर के दर्शन करूं, परन्तु उस प्रोग्राम को दूसरे दिन के लिए रखकर सबसे पहले चन्दापुर के वंशजों से मिलने चल दिया। 'स्वतंत्र भारत' में श्री अंजनी कुमार के लेख से ही इस ज़िले के नाम गाए थे। उक्त लेख में गदर में भाग लेने वाले चन्दापुर के राजा का नाम शिवदर्शन सिंह था। तब तक मुझे यह नहीं मालूम था कि शिवदर्शन सिंह दरअसल लोककाव्य में प्रसिद्ध 'सुदरसन काना' हैं। चन्दापुर के श्री जितेन्द्रसिंह नवयुवक हैं, भले हैं, लखनऊ के कालविन ताल्लुकदार कालेज में पढ़ते थे, तब वहां भी किसी सभा-समिति के सिलसिले में अपने सहपाठी, मेरे आयुष्मान् ओमप्रकाश खुनखुन जी के साथ मुझसे मिल भी चुके थे। ज़मींदारी से पूर्व श्री जितेन्द्रसिंह गोद द्वारा अधिकार पाकर चन्दापुर राजा के गद्दीधर सामन्त थे; अब भी राजा ही कहलाते हैं।

राजा शिवदर्शन सिंह पहले तो राणा वेणीमाधव के संगठन में थे, बाद में कमज़ोर पड़ गए। लोककवि श्री दुलारे उन्हें अमर कर गए हैं। राजा 'सुदर्शन' के बहाने मैं उस पूरे गीत को लिखने का लोभ संवरण नहीं कर सकता जिसे मैंने बहुत पहले सुना था और जिसके द्वारा ही राणा बेणीमाधव बख़्श से मेरा करीब-करीब प्रथम परिचय हुआ था :

अवध मां रानां भयो मरदाना॥
पहिल लड़ाई भई बक्सर मां सेमरी के मैदाना।
हुवां से जाय पुरवा मां जीत्यो तबै लाट घबड़ाना॥
नक्की मिले मान सिंह मिलिगे मिले सुदर्सन काना।
छत्री बंस एक ना मिलिहै जानै सकल जहाना॥
भाई बन्ध औ कुटुम कबीला सबका करौं सलामा।
तुम तो जाय मिल्यो गोरन ते हमका हैं भगवाना॥
हाथ मां भाला बगल सिरोही घोड़ा चले मस्ताना।
कहैं 'दुलारे' सुन मोर प्यारे यों राना कियो पयाना॥

अब तो राणा बेणीमाधव के सम्बन्ध में इतना कुछ जान चुका हूं कि ग़दर के सिलसिले में उनके नाम स्मरण मात्र से ही मन स्फूर्ति पा जाता है। देश के लिए सर्वस्व बलिदान करने वाले हुतात्माओं की स्मृतियां इसीलिए तो सहेजी जाती हैं। अस्तु।

वर्तमान राजा जितेन्द्र सिंह के पिता श्री चन्द्रलोचन सिंह भूतपूर्व राजा चन्द्रचूड़ सिंह, सी० आई० ई० के भाई हैं। उनसे पूछा : "राजा शिवदर्शन सिंह के सम्बन्ध में कोई पुराने कागज़-पत्र या लेख आदि हों तो।"

"लेख मिलब तौ मुसकिल है। एक किताब है 'कनपुरिया बंस'—वहिमां राजा सिउदर्सन सिंह का हाल लिखा है। लड़ाकू हमेसा के रहे। नबाबी हुकूमत रही। तबहूं चकलेदारन ते लड़ाई होत रही। एक का तौ मारे डाला। फिर जब ग़दर भा तब अंगरेजन ते लड़ें।"

श्री चन्द्रलोचनसिंह द्वारा दिए गए विवरण के अनुसार राजा सुदर्शन उर्फ शिवदर्शन सिंह ने मालगुज़ारी कभी अदा न की, न नवाबों को और न अंग्रेज़ों को ही। शारीरिक शक्ति बहुत थी, चांदी वाला रुपया चुटकी से मसल देते थे। घुड़सवार एक नम्बर के थे; घाघरा और गंगा के बीच में पूरे सवार माने जाते थे। घाघरा के उस पार इकौना के राजा मुन्ना और बलरामपुर के महाराज दिग्विजय सिंह पूरे सवार माने जाते थे। उधर के लोग इन्हें आधा सवार कहते थे और इस प्रकार ढाई सवारों में इनकी गिनती थी।

पहले राणा बेणीमाधव के साथ इनकी टुकड़ी थी। बाद में अंग्रेज़ों ने चंदापुर की तोप पकड़ी। उस समय शिवदर्शन सिंह मौजूद थे। तोप से चन्दापुर का नाम मिटवाया गया, फिर भी पूरी तरह न मिटा। शिवदर्शन सिंह ने कहा कि तोप हमारी नहीं। इस पर अंग्रेज़ों ने तिलोई के छोटे भाई बाबू ठाकुरप्रसाद पर फैसला छोड़ा। तिलोई और चान्दपुर में वैमनस्य चला आ रहा था। बाबू ठाकुर प्रसाद ने कह दिया कि तोप पर नाम तो चन्दापुर का ही लिखा हुआ है। इस पर उनका आधा इलाका ज़ब्त करने का हुक्म हुआ। शिवदर्शन सिंह से कहा गया कि या तो एक लाख रुपया दो या आधा इलाका। हां, इलाके में यह रियायत अवश्य की गई जो मौज़ें राजा देना चाहें उन्हीं को अंग्रेज़ सरकार स्वीकार कर लेगी।

लोगों ने सलाह दी कि एक लाख रुपया दे दो। राजा शिवदर्शन सिंह ने कहा:

"सारेन का रुपैया न देब। रुपैया लयिकै बिलाइत चले जैहैं, औ मौज़न पर तौ कबहू कब्ज़ा कयि लीन जाई।"

राजा का इलाका सौ मौजों का था, पचास ज़ब्त हो गए। उन्हें वे मौज़े न दिए, जिनमें ब्राह्मण ठाकुरों की बस्ती थी, कहा : "मौका आने पर इन्हीं उच्चवर्ण वालों की सेना लेकर ज़ब्त किए जाने वाले इलाके पर फिर से अधिकार कर लेंगे।"

आधा इलाका ज़ब्त कर इनका नाम बागियों में लिख दिया गया। तब राजा सुदर्शन उर्फ शिवदर्शन सिंह ने अपने जीते-जी अपने पोते जगमोहन सिंह को गद्दी सौंप दी और राज-काज से अलग हो गए। राजा के अपनी कोई सन्तान नहीं थी। उन्होंने अपने भतीजे हरप्रसाद सिंह को गोद लिया था। हरप्रसाद सिंह अपने पुत्र जगमोहन सिंह के जन्म के बाद ही परलोकवासी हो गए थे, इसलिए गद्दी जगमोहन सिंह को मिली। चंदापुर में एक तोप और थी। उसे चरक पर चढ़ा रातोंरात अटरा भेजा जा रहा था। रास्ते में चरक टूट गया। तोप वहीं एक खेत में तोप दी गई। लेकिन बाद में पता चल गया। लोगों ने कहा कि यह चंदापुर की तोप है। कमिश्नर ने कहा कि आप कबूल कर लें। पर राजा जगमोहन सिंह ने ऐसा न किया। लोगों ने कहा कि अटरा वाले राजबख्श सिंह के घर के लोग पकड़ें जाएं तो कबूल कर लें। वहां की औरतें तक पकड़ी गईं। पेड़ पर लटका कर सख़्ती की गई। तब तक राजा रामबख्श सिंह भी आ गए और राजा जगमोहन सिंह से कहा कि 'हां' न कहना। जब स्त्रियों पर अत्याचार होने लगा तो राजा जगमोहन सिंह कहैं "बाबा, अब बताय देई?" राजा रामबख्श सिंह ने तब भी न कहने दिया।

फिर मामला रफा-दफा हो गया, मैक्डानल्ड साहब के ज़माने तक ये लोग बागी लिखे गए, परन्तु उनसे चूंकि मित्रता थी इसलिए उनके प्रयत्न से राजा जगमोहन सिंह का नाम बागियों की सूची से निकाल दिया गया। दो ज़ब्तशुदा मौज़े भी लौटा दिए गए, एक तो जपालमऊ जो मऊ और मुरैनी के बीच में है और दूसरा राजापुर जो भिरथुला और सीवन के बीच में है।

राजा शिवदर्शन सिंह के ज़ब्त किए आधे इलाके में से नौ मौज़े 'डियरा' वालों को मिले; छोटा बड़ा 'पारा' और 'तौली' मौरावां वालों को मिले; राघी पुर आगा अहमद जान पंजाबी को दिया गया; जेओना सरवर मियां वकील के बाबा को मिला; ठिकुरहा, माझ गांव, भैयापुर, ताजुद्दीनपुर चौधरी साहब सुबेहा को दिए—ऐसे ही सब सरकारी खैरख्वाहों में वह आधा इलाका बांट दिया गया।

श्रीमान चन्द्रलोचन सिंह ने चन्दापुर घराने से सम्बन्धित एक और कथा भी सुनाई। नसीरुद्दीन हैदर के समय में चन्दापुर के निकटवर्ती ग्राम ताजुद्दीनपुर (ताजुद्दीनपुर) के दलजीत सिंह थे। वे नसीरुद्दीन हैदर की अर्दली में थे और उसकी नाक के बाल हो रहे थे। दलजीत सिंह और धनिया महरी नसीरुद्दीन हैदर का घर खूब लूटते थे। दलजीत सिंह ने बड़ा माल मारा।

नसीरुद्दीन को सूज़ाक की बीमारी थी। हकीम ने बैंगन खाने पर प्रतिबन्ध लगाया था। नसीरुद्दीन ने बड़ा हठ किया तो दलजीत सिंह ने बैंगन खिला दिया।

संयोग से उसी रात नसीरुद्दीन का देहान्त हो गया।

उसके बाद ही दलजीत सिंह के यहां दौड़ आई। लूट हुई। दलजीत सिंह के यहां की स्त्रियां गहने आदि बहुमूल्य सामग्री लेकर चन्दापुर की ओर भागीं। राजा शिवदर्शन सिंह ने भी अपने आदमियों को लूटने भेजा। उन स्त्रियों से आभूषण छीन लिए गए। उन आभूषणों में नौलखा हार भी था। एक शाल थी, जो बहुत मूल्यवान थी। जब पता चला कि दलजीत सिंह का माल चन्दापुर में है, तो यहां भी दौड़ आई। राजा शिवदर्शन सिंह ने वह माल अपने मित्र सूर्यपुर बहरेला के राजा के यहां रखवा दिया। यह रियासत बाराबंकी ज़िले में थी। सूर्यपुर पर अयोध्या के राजा मानसिंह ने आक्रमण किया और बहुत-सा माल लूट ले गए। उस लूट में वह नौलखा हार और शाल अयोध्या चला गया, बहुत दिनों तक वह हार अयोध्या में रहा।

फिर अयोध्या की एक रानी थीं। उनके प्राइवेट सेक्रेटरी एक प्रसिद्ध पुरुष थे जिनका रानी जी पर बड़ा प्रभाव था। प्राइवेट सेक्रेटरी महोदय ने अपने लड़के के विवाह के अवसर पर रानी से कुछ ज्वेलरी, जिसमें वह नौलखा हार भी शामिल था, शादी के लिए उधार मांग ली। उसके बाद रानी ने कई बार तकाज़ा किया पर प्राइवेट सेक्रेटरी महोदय बराबर टालते रहे और वह हार उनके यहां ही रह गया।

दलजीतसिंह को श्री चन्द्रलोचन सिंह ने देखा था। उस समय दलजीत सिंह वृद्ध था, हर तरह से तबाह हो चुका था और आजीविका के तौर पर मरहम बेचा करता था।

नौलखा हार व्यापक सामंती दुराचार की कहानी का प्रतीक है।

दिन में हम लोग चन्दापुर कोट भी देखने गए। राजा शिवदर्शन के समय तक जो पुराना कोट था, वह उन्हीं के काल में ध्वस्त हो गया; राजा जगमोहन सिंह ने नई कोठी बनवाई थी।

श्री जितेन्द्र सिंह ने बड़े उत्साह से एक-एक कमरा, एक-एक जगह दिखलाई। पुराने कागज़ात, जिसकी लालच में यहां आया था, देखे, मगर राजा शिवदर्शन अथवा ग़दर से सम्बन्धित कागज़-पत्र जान पड़ता है, चुन-चुन कर नष्ट कर डाले गए थे। राजा जगमोहन सिंह को 'कम्पेनियम ऑफ दि मोस्ट एमिनेंट ऑर्डर ऑफ दि इंडियन एम्पाइर' (सी० आई० ई०) बनाया गया, दोयम नम्बर के ऑनरेरी मजिस्ट्रेट बने, दरबार में 'मेडिल ऑफ ऑनर' मिला; वे भला फिर ऐसे कागज़-पत्र घर में बने रहने देते।

श्री चन्द्रलोचन सिंह जी ने कागज़ात के सम्बन्ध में तो पहले ही कह दिया था कि नहीं बचे, भूल-चूक से कोई कागज़ शायद रह गया हो तो हो; मगर घराने से सम्बन्धित गदर या पुराने इतिहास का विवरण शायद हस्तलिखित ग्रन्थों में हो सकता है। पुस्तकों का इस राजवंश में किसी समय बड़ा आदर रहा है। राजा चन्द्रचूड़सिंह बड़े ही विद्याव्यसनी पुरुष थे। उनके देहान्त के बाद इक्कीस-बाईस हज़ार पुस्तकें रायबरेली के शारदा सदन पुस्तकालय को दे दी गई थीं।

हस्तलिखित पोथियों में प्रायः समस्त पुराण, महाभारत, दर्शन सम्बन्धी साहित्य अब भी चन्दापुर महल के एक पोशीदा मालखाने में पुरानी टूटी अलमारियों में धूल और मकड़ी के जालों के साथ-साथ बाकी बच गए थे, कुछ अंग्रेज़ी उपन्यास और

पुरानी छपी हुई किताबें भी थीं। आप्टे के सुप्रसिद्ध और अप्राप्य संस्कृत अंग्रेज़ी कोश की दो प्रतियां देखीं। मनुआं डोल गया; एक प्रति का दान मांगने में मुझे तनिक भी लाज न आई। श्री जितेन्द्र सिंह बेचारे संकुचित-से होने लगे, बोले : "आप अवश्य ले जाइए। और भी जो पुस्तक चाहें ले लें।" मैंने मतलब की एक और पुस्तक भी ले ली। सन् 1893 ई० में मेकमिलन कम्पनी से प्रकाशित 'दि गोल्डेन बुक ऑफ इंडिया' में ग़दर के बाद के भारत, लंका और बर्मा देशों के हिज़ हाइनेस, राजा बहादुर, रायबहादुर, नवाबबहादुर, ए० बी० सी० डी० एक्स० वाई० ज़ेड० आदि सब किस्म के टाइटिल पाने वालों का संक्षिप्त विवरण दिया गया है। इस 'गोल्डन बुक' के दर्पण में बहुत-से सुनहरे सर्दार अपनी ग़दर की गद्दारी का स्पष्ट प्रतिबिम्ब झलकाते दिखाई पड़ जाते हैं। राजा जितेन्द्रसिंह ने राजा शिवदर्शन सिंह की एक छड़ी तथा एक अन्य छड़ी भी मुझे भेंट की।

हम पड़ोस के जनई ग्राम गए। किसी प्राचीन को दबाए हुए ढूह वहां पड़ें हैं, उन पर मध्यकालीन ईंटों की एक मीनार खड़ी है। थोड़ी दूर पर ही एक इंदारा (बड़ा कुआं) भी है, जिसकी ईंटें किसी प्राचीन काल की निशानी-सी अब शायद सौ-पचास ही बच रही हैं। कुएं में एक बड़े सांप की केंचुल भी लहरा रही थी।

हमारे साथ एक सरल हृदय भक्त मार्का ठाकुर युवक भी थे जिनका तकिया कलाम 'राम जी की इच्छा से' आते-जाते रास्ते भर मज़ा देता रहा। रामजी की इच्छा से वे सोशलिस्ट पार्टी के 'आंग्लमूर्ति हटाओ' आन्दोलन में जेल गए और अपनी पूजा-पाठ आदि में विघ्न-बाधा देख रामजी की इच्छा से माफी मांगकर लौट भी आए। एक क्षत्रिय जातीय-सभा में एक महत्त्वपूर्ण प्रस्ताव पेश कर उसे पास कराने के लिए ज़ोरदार स्पीच दे डाली; वह प्रस्ताव रामजी की इच्छा से स्वयं उनके विवाह का ही था। परन्तु रामजी की इच्छा से भक्त ठाकुर अब तक कुंआरे ही हैं।

सायंकाल नायन राजवंश के श्री शिवदुलारे से भेंट हुई। नायन के राजा भगवान बख्शसिंह का नाम भी ग़दर के सम्बन्ध में पढ़ा था।

श्री चन्द्रलोचनसिंह ने नायन राज से सम्बन्धित एक बड़ी मज़ेदार कथा सुनाई थी। श्री शिवदुलारे की बातें यहां उद्धृत करने के पहले उस ग़दर के पहले की बात का उल्लेख कर देना उचित होगा।

नवाब शाही सरकार को गालगुजारी न देना सामंतों का आम रिवाज़ था, यह मैं पहले भी कई स्थलों पर लिख चुका हूं। नायन वाले भी सरकारी खज़ाने में झंझी कौड़ी नहीं देते थे। इसलिए उस क्षेत्र के शाही चकलेदार खानअली से उनकी आए दिन की अदावत रहा करती थी। एक वार खानअली नायनगढ़ का ध्वंस कर उस जगह तालाब बनवाने का प्रण कर निकला। उसने अपनी सेना को ललकार दी कि—

"मारौ मुरगा खाओ कलिया।
नायन खुदाय करौ तलिया॥"

नायन वालों तक यह बात पहुंच गई। उन्होंने अपनी सेना से कहा—

"मारौ बकरा खाओ कलिया।
टका न पाई खान अलिया॥"

गदर में, श्री शिवदुलारे के कथनानुसार, भगवान बख्श का विशेष हाथ न था, वे संयोग से उसमें फंस गए थे। बात यों हुई कि केशवापुर में अंग्रेज़ों का ज़िला दफ्तर और छावनी थी। केशवापुर नायन राज में ही था। जब ग़दर मचा तो नायन वालों ने छावनी लूटने की नीयत से हमला किया और बहुत सामान उठा लाए। उस सामान में सादे स्टाम्प कागज़ों का बण्डल भी था। इन लूट के स्टाम्प कागज़ों पर बाद में गोस्वामी तुलसीदास जी की 'विनय-पत्रिका' की नकल की गई। लूट के कागज़ों पर रामनाम की लूट का विनय-भरा लेखा लिखने का खयाल भी खूब है।

जीत हो जाने पर अंग्रेज़ों ने जब नायन वालों की गिरफ्तारी का प्रबन्ध किया तो यहां पंचायतें बैठ गई। नायन के कई पट्टीदार थे। सबने मिलकर यह तय किया कि घर में जो सबसे बूढ़ा हो उसे गिरफ्तार करा दिया जाए तो बाकी लोग और राजपाट ज़ब्त होने से बच जाएगा। भगवान बख्शसिंह सत्तर-अस्सी वर्ष के बूढ़े थे। उन्हें समझा दिया गया।

दूसरे दिन ही अंग्रेज़ों की कचहरी में हाज़िर किए गए और उन्होंने कह दिया कि दोषी मैं हूं और कोई नहीं।

अंग्रेज़ों ने बाकी पट्टीदारों का हक तो न छीना मगर इनकी पट्टीदारी का भाग गुज़ारे के लिए एक गांव देकर ज़ब्त कर लिया गया। फिर तो भगवानबख्श बड़े छटपटाए, बड़े-बड़े तर्क लगाए मगर कोई असर न हुआ।

अंग्रेज़ों से जो माफीनामा नायन वालों ने पाया था उसके शब्द शिवदुलारे के कथनानुसार कुछ इस प्रकार थे "रऊसा-ए-नायन सल्तनते नवाबी के पाले-पोसे हैं। महज तमाशा की वजह से इन्होंने केशवापुर फूंक दिया था, लिहाज़ा इनका कसूर माफ किया जाता है।"

इनके अतिरिक्त 'कनपुरिया क्षत्रिय वंश परिचय' नामक पुस्तक से, जो श्री जितेन्दसिंह के पास देखने को मिली, मुझे तिलोई टिकारी और मानसिंह घराना के गदर से सम्बन्धित होने की बात मालूम हुई।

तिलोई राजा के सम्बन्ध में उक्त पुस्तक में लिखा है : "राजा बुनियादसिंह ने अपने भतीजे जगपालसिंह को गोद लिया। इन्होंने पहले तो सन् 1857 ई० के ग़दर में भाग लिया, परन्तु शीघ्र ही उसे छोड़कर अंग्रेज़ों को सहायता देना प्रारम्भ किया। इसका परिणाम यह हुआ कि बैस बागियों ने इन्हें बहुत सताया, परन्तु ग़दर की शान्ति होने पर इन्हें अठेहा के कनपुरिया रामगुलाम सिंह से जब्त किया हुआ एक बड़ा इलाका मिला।"

टिकारी रियासत के बाबू सर्वजितसिंह ने 1857 ई० के सिपाही विद्रोह में अंग्रेज़ों की सहायता की—"कई भटकते हुए अंग्रेज़ों को अपने कोट में सुरक्षित रखकर इलाहाबाद पहुंचाया। इस सेवा के बदले में उन्हें भागूपुर की रियासत मिली, जो नायन ग्राम के कनपुरिया बागी भगवान बख्शसिंह से ज़ब्त कर ली गई थी। इसके अतिरिक्त अठेह. के कनपुरिया ठाकुर रामगुलाम सिंह के ज़ब्त किए हुए चार गांव मिले और यह भी रियायत हुई कि उनके जीवन काल तक वे माफी रहेंगे। इसके अतिरिक्त पुरानी और नई रियासत का शुमार अवध की ताल्लुकदारी रियासतों में हो

गया और टिकारी के ताल्लुकदार होने की सनद बाबू सर्वजित सिंह को मिल गई।''

गोस्वामी जी ने ऐसों की भी वंदना की है, उसी परिपाटी के अनुसार इन देश-जाति-द्रोहियों का वंदन करता हूं।

टिकारी रियासत की एक पूर्वकालीन कथा भी बड़ी रोचक है और कायर सर्वजित सिंह के स्वाभिमानी वीर पितामह से सम्बन्ध रखती है।

कथा इस प्रकार है : बाबू जंगबहादुर सिंह का जन्म संवत् 1818 विक्रमी अर्थात् सन् 1762 ई० में हुआ था। यह राज्य-प्रबन्ध में इतने कुशल और वीरता में इतने बढ़े-चढ़े थे कि इनका मान बादशाही दरबार में भी होता था। उन दिनों ज़मीन की मालगुज़ारी वसूल करने के लिए ठेका दिया जाता था। और ऐसे ठेकेदारों की चकलेदार संज्ञा होती थी। राज्य शासन सुदृढ़ होने के कारण ज़मींदार लोग प्रायः सरकारी मालगुज़ारी नहीं देते थे; कभी छिप जाते थे, कभी युद्ध करते थे, कभी पकड़े जाकर कैद में रहते थे, कभी अनेक दण्ड सहते थे। चकलेदारों को प्रायः पूरा अधिकार था कि जिस प्रकार चाहें रुपया वसूल करें। यद्यपि ये लोग नादिहन्द ज़मींदारों को अमानुषीय दण्ड देते थे, जैसे नाखूनों में बांस की फरचियां ठुकवाना, विष्ठा का तोबरा मुंह पर चढ़वाना, जलते हुए लोहे के सूजे से पीठ पर लकीरें खिंचवाना, मुश्कें कसकर पेड़ में बधवाना आदि, तथापि प्रधान लक्ष्य रुपया वसूल करना था; और इसके लिए अन्य बलवान ज़मींदारों को जब मालूम हो जाता था कि अमुक बलवान ज़मींदार चकलेदार की सहायता पर है तो वे चुपके से मालगुजारी दे देते थे। ऐसे ही बलवान ज़मींदार बाबू जंगबहादुर सिंह भी थे; यह जिसकी सहायता करते थे उसी की जीत होती थी; अतः इनकी धाक जमी थी।

बाबू जंगबहादुर सिंह इतने स्वाभिमानी थे कि मुसलमानी राज में हिन्दुत्व की आड़ लेकर ''न वदेत् याविनीं भाषा प्राणैःकण्ठगतैरपि'' की पूरी पाबन्दी करते थे। फारसी-अरबी के हज़ारों शब्द उस समय तक साधारण बोल-चाल में प्रचलित हो गए थे; परन्तु इनकी धुन थी कि जिन शब्दों को यह अरबी-फारसी शब्द समझते थे उनका उच्चारण मुंह से नहीं करते थे। यह बात धीरे धीरे सरकारी अधिकारियों को भी ज्ञात हो गई। एक दिन एक चकलेदार ने परीक्षार्थ पूछा कि बाबू साहेब, आप फारसी 'अस्प' को क्या कहते हैं; तुरन्त उत्तर दिया कि 'अश्व' कहते हैं। फिर पूछा कि 'फीलवान' को क्या कहते हैं; कहा 'महावत' कहते हैं।

जो लोग इनसे ईर्ष्या रखते थे उन्हें शिकायत का पूरा मौका मिला। उन लोगों ने बानू बेगम साहिबा से जो उस समय फैज़ाबाद में रहती थीं और जिन्हें नवाब अवध की ओर से सलोन और अठेहर परगने जागीर में मिले थे जाकर खूब गहरी शिकायत की कि यह आदमी आपके मुसलमानी धर्म का कट्टर विरोधी है, अन्य फारसी शब्द तो कहता ही नहीं, आपको भी 'बेगम साहिबा' न कहकर 'तुरकिन रानी' कहता है। यह सुनकर बेगम साहिबा क्रुद्ध हो गईं और मौका देखने लगीं।

कुछ ही दिनों में मौका हाथ आ गया। बाबू जंगबहादुर सिंह के ज़िम्मे सरकारी मालगुज़ारी बाकी रह गई; इसी कारण उन्हें सन् 1821 ई० में कैद कर लिया। फिर भी बेगम साहिबा को वही पुरानी बात याद दिलाई गई। उन्होंने कहा परीक्षा की

जाए। सामने एक खेमा गड़ा था और एक भिश्ती मशक में पानी भरे आ रहा था। बाबू साहेब से खेमे की ओर इशारा करके पूछा गया कि यह क्या है; उत्तर दिया कि यह तो 'कपड़े का कोट' है। फिर मशक की ओर इशारा करके पूछा गया कि यह क्या है; उत्तर दिया कि यह 'पानी की मोट' है। प्रकट रूप से तो बेगम साहिबा ने प्रशंसा की कि यह बड़ा वीर पुरुष अपने धर्म का पक्का है; परन्तु भीतर-भीतर कुढ़ती रहीं कि इस काफिर को हमारी ज़बान से इतनी घृणा है।

अन्त में इन्हें दण्ड देने का मार्ग निकाला गया। बेगम साहिबा की सेना ने इनके गांव भगीरथपुर पर धावा किया जहां इनके ज्येष्ठ पुत्र बाबू विन्ध्या सेवक सिंह शासन करते थे। युद्ध हुआ और उसमें बाबू विन्ध्या सेवक सिंह का सिर काट लिया गया। जब सिर बेगम साहिबा के सामने पेश हुआ तो उन्होंने आज्ञा दी यह सिर जंगबहादुर सिंह की दिखला कर पूछो कि किसका सिर है। हार्दिक दुःख पहुंचाने की पराकाष्ठा की तदबीर यही थी कि ज्येष्ठ पुत्र का कटा हुआ सिर दिखाया जावे। ऐसा ही किया, बाबू जंगबहादुर सिंह ने पहचान कर अभिमान के साथ कहा कि किसी वीर पुरुष का होगा। यह भी कहा कि ''हमारे वंश के एक वीर पुरुष राजा बलभद्रसिंह थे जिन्होंने अपना सिर दे दिया था, और दूसरा वीर पुरुष यह है; इसकी वीरता के लक्षण अब भी मुझे इसके हंसते हुए-से मुख पर प्रतीत होते हैं।

कनपुरिया क्षत्रियों में मानसिंह घराने के ठाकुर रामगुलाम सिंह का नाम भी सत्तावनी क्रान्ति के सिलसिले में आता है। 'कनपुरिया क्षत्रिय वंश परिचय' में इनके सम्बन्ध में लिखा है : ''ग़दर के समय रामगुलाम सिंह ने शंकरपुर के बागी राणा बेनीमाधो बख्श का इतना बड़ा साथ दिया कि उसके दण्ड में इनकी सब जायदाद ज़ब्त करके तिलोई के राजा को दे दी गई; इनके पास केवल चार गांव गुज़ारे के लिए रह गए। ये भी पीछे से टिकारी के ताल्लुकेदार को दे दिए गए। इस प्रकार एक पुरानी रियासत का अन्त हो गया।

''स्थानीय जांच में हमें ठाकुर रामगुलाम सिंह का जो हाल मालूम हुआ वह लिखते हैं। इसके लिए कोई प्रामाणिक कागज़ नहीं मिले किन्तु ज़बानी बातें मालूम हुई हैं। ठाकुर रामगुलाम सिंह मुसलमान शासक की ओर से रियासत का प्रबन्ध करने के लिए नियत थे। कारतूस काटने के झगड़े में जो भारी बलवा हुआ और जिसमें कई फौजें बिगड़ गईं उसी के सिलसिले में अनेक तालुकदारों ने लखनऊ के बिरजीस कदर की सहायता के लिए आपस में एक अहदनामा लिखा कि अंग्रेज़ों का सामना करना चाहिए। जब काला कांकर के राजा हनुमंत सिंह के पुत्र लालता प्रतापसिंह प्रतापगढ़ ज़िले के बिसनाही हल्के के चांदा स्थान पर मारे गए तब राजा हनुमंतसिंह तथा तिलोई के बाबू ठाकुरप्रसाद सिंह ने ठाकुर रामगुलाम सिंह के पास खबर भेजी कि अहदनामा तोड़ देना चाहिए। यह बात उनको पसन्द न आई, और यद्यपि तालुकदार लोग उनके विरोधी हो गए, तथापि उन्होंने बागियों की सहायता करना बन्द नहीं किया। जब टक्कर साहेब का पड़ाव अठेहा में आया तब उन्होंने ठाकुर रामगुलाम सिंह को बुलाकर सुलह की बातचीत की, परन्तु उत्तर पाया कि हम इस समय बागियों के हाथ में हैं; यदि उनका साथ छोड़ देंगे तो वे हमें ज़िन्दा न

छोड़ेंगे। इस पर दोनों ओर विचार होने लगा। रामगुलाम सिंह ने भीतरी भाव से अंग्रेज़ों की सहायता का इरादा किया; और टक्कर साहेब ने उनकी रक्षा का कोई उपाय सोचकर भगवानदास कारिन्दा के हाथ सन्देश भेजा। परन्तु वह कारिन्दा ठाकुर साहब के पास नहीं पहुंचा। इधर रामगुलामसिंह ने उद्योग करके जनरल बेरू साहब को केशवापुर में बागियों के हाथ से बचाकर अपने साले, राजा हनुमंत सिंह के पास भेजकर खबर दी कि इन्हें रक्षा के साथ इलाहाबाद भेज दीजिए। राजा हनुमंतसिंह को अपनी खैरख्वाही दिखाने का अच्छा अवसर मिल गया। परन्तु रामगुलाम सिंह की मौजदूगी में पूरी नेकनामी राजा साहेब को नहीं मिल सकती थी, अतः उन्होंने सोचा कि रामगुलाम सिंह को पहले चूर्ण करा देना चाहिए। निदान उन्होंने किसी प्रकार समझा-बुझाकर बेरू साहेब ही से रामगुलाम सिंह पर आक्रमण करा दिया। तीन पहर लड़ाई हुई जिसमें 2 अग्रेज़, 85 अफसर, 950 सिपाही मारे गए। अन्त में रामगुलाम सिंह शंकरपुर के राना बेनीमाधो के यहां चले गए और वहां से नेपाल भाग गए। कुछ दिनों पीछे जब रामगुलाम सिंह की नेकनीयती का सुबूत अंग्रेज़ों को मिला तब टक्कर साहेब ने खून माफ करके उनको नेपाल से बुलाया और उन्नाव ज़िले में चार गांव गुजारे में दिए। उनकी रियासत, जो तिलोई को इन्तज़ाम करने के लिए दी गई थी, वहीं रह गई।''

ठाकुर रामगुलाम सिंह की कुछ सिफारिशी चिट्ठियां जो हमें उनके उत्तराधिकारियों से मिल सकी हैं उनकी प्रतिलिपि नीचे दी जाती है। कई नाम ठीक-ठीक नहीं पढ़े जाते।

ठाकुर रामगुलाम सिंह की सिफारिशी चिट्ठियों का हिन्दी अनुवाद नीचे दिया जाता है।

[पत्र 1]

रामपुर खजुरिहा के भूतपूर्व ताल्लुकदार रामगुलाम सिंह को मैं यह चिट्ठी देता हूं। सन् 1858 ई० के अन्त में हमारी सेना ने उनका कोट उड़ा दिया, तब वह अपना अपराध अक्षम्य समझकर नेपाल भाग गए थे, परन्तु उसके दूसरे ही वर्ष के अन्त में उन्होंने आत्म-समर्पण कर दिया। चूंकि वह निर्दोष मनुष्य थे, और हमारी सरकार के प्रति किसी द्वेष के कारण नहीं किन्तु अनुचित परामर्श के कारण उन्होंने हानि उठाई थी, इसलिए उनके गुज़ारे के लिए मैंने उन्हें लार्ड कैनिंग से एक छोटी रियासत दिलवाई। तबसे उनका चाल-चलन बराबर ही बहुत अच्छा रहा है।

लखनऊ, 28 फरवरी, 1866 ई० दः सी० विंगफील्ड

[पत्र 2]

इधर कुछ ही दिनों में कई बार ठाकुर रामगुलाम सिंह से मिलकर मुझे हर्ष हुआ। किसी समय ज़िला प्रतापगढ़ के कुल परगना अटेहा के मालिक थे, परन्तु सन् 1857 ई० के गदर में किसी अंश में सन जाने के कारण उनकी कुल रियासत जाती रही। उनके पुराने इलाके में मुझे कितने ही मामलों की जांच-पड़ताल करनी पड़ी, और उनके बारे में मैंने बहुत कुछ सुना, परन्तु किसी समय कोई बात उनके प्रतिकूल न सुनी। अब उनका चाल-चलन बहुत ही अच्छा है; उनके पास यूरोपीय अफसरों

की सिफारिशी चिट्ठियां हैं; जिनमें विंगफील्ड साहेब (भूतपूर्व चीफ कमिश्नर) की भी चिट्ठी है। एक बड़ी रियासत के स्वामित्व की वैभवमयी अवस्था से गिरकर अब वह एक गांव के ठाकुर की नीची हैसियत पर आ गए हैं; इसका कारण लोगों की बुरी सलाह थी, न कि हमारी सरकार के प्रति उनका कोई द्वेषभाव था। इसलिए वह विशेष ध्यान के अधिकारी हैं। मैंने उन्हें सदा एक शीलवान सज्जन पाया।

दः एम० फेरार, ए० एन० ओ० कैम्प कुढ़िया, 9-3-69।

[उक्त पुस्तक की सन् 1930 ई० में केवल छह सौ प्रतियां वितरणार्थ छापी गई थीं। रियासत बेरार ज़िला रायबरेली के रईस बाबू रणबहादुर सिंह ने पण्डित चन्द्रमौलि सुकुल, एम० ए०, एल० टी० से उसे तैयार कराया था।]

ठाकुर रामगुलाम सिंह के लिए लिखे गए अंग्रेज़ों के सिफारिशी पत्र यह स्पष्ट करते हैं कि सत्तावनी क्रान्ति के असफल होने के बाद अनेक 'स्वाभिमानी' क्षत्रिय, ब्राह्मण और उच्च वर्गीय मुसलमान ताल्लुकेदार अंग्रेज़ी के प्रति खैरख्वाही दिखलाते हुए उनके तलवे चाटते थे। अंग्रेज़ों के सार्टीफिकेट बटोरने की, नाक रगड़ने की बात देख, यह सोचकर हैरत होती है कि आखिर हमारे इन ताल्लुकदार पुरखों का क्षात्र धर्म और स्वाभिमान कहां चला गया था। इन चरित्रों को देखकर कवि दुलारे के लोकगीत की राणा सम्बन्धी वे पंक्तियां याद आती हैं।

"भाई बन्ध औ कुटुम कबीला सबरा करौं सलामा।
तुम तौ आय मिल्यो गोरन ते हमका है भगवाना॥"

मैं सोचता हूं नेपाल के जंगलों में भटकते हुए हमारे सत्तावनी क्रान्ति के नायकों को अपना राजपाट जाने, अंग्रेज़ों से हारने का शायद इतना गम न होता होगा जितना कि अपने साथियों के दुनियादारी की लालच से धोखा देकर साथ छोड़ने और अंग्रेज़ों के मददगार बन जाने का हुआ होगा। इन सामंतों ने आपस में अहदनामे किए थे, इस बात का नया प्रमाण ठाकुर रामगुलाम सिंह की इस पुस्तक में दिए गए परिचय से भी मिलता है।

एक दूसरी बात के प्रति भी संकेत मिलता है : जब किसी सामन्त के संगठन छोड़कर अंग्रेज़ों से मिल जाने की बात का पता क्रान्तिकारी संगठन के लोग पाते थे तो भगोड़े सामन्त को बहुत सताते थे। ऐन लड़ाई की गर्मी में मैं क्रान्तिकारियों के इस 'पाप' को भी पाप मानने के लिए तैयार नहीं हूं, कारण कि कठोर संघर्ष के काल में जो साथी दगा देता है उससे यह भी भय लगता है कि वह शत्रु पक्ष को संगठन की गुप्त बातें भी प्रकट कर देगा।

तीसरी बात यह मिली कि हमारे सामन्तों में अनेक ऐसे थे जो 'पीसनहारी ने पीसा और समेटनहारी ने जय लूटा' वाली कहावत को चरितार्थ करते हुए आपस में घोर दगाबाज़ी कर जाते थे। अंग्रेज़ों को बचाकर राजा हनमुंतसिंह की मार्फत इलाहाबाद भेजने का आयोजन करने वाले रामगुलाम सिंह राजा हनुमंत सिंह से ऐसा ही धोखा खा गए। राजा हनुमन्त सिंह, इस पुस्तक के अनुसार ठाकुर रामगुलाम सिंह का जस लूट ले गए और उस लूट को सुरक्षित रखने के लिए उन्होंने रामगुलाम सिंह की झूठी शिकायत कर उन्हें तबाह भी करवा दिया।

ठाकुर रामगुलाम सिंह गुनाह-बेलज़्ज़त शहीद हुए; न खुदा ही मिला, न विसाले सनम।

कनपुरिया क्षत्रियों में एक भी ऐसा दिलेर न उठा जो वैस क्षत्रिया राणा, विसेन क्षत्रिय देबीबख्श सिंह, और रैकवार वीर बलभद्रसिंह की तरह सत्तावनी इतिहास पर अपनी छाप छोड़ जाता।

वैसे विभिन्न क्षत्रिय जातियों में कनपुरिया ही ऐसे हैं जो मूलतः अवधवासी कहे जा सकते हैं। कनपुरिया वंश के विकास की कथा भी बड़ी रोचक है। अश्वत्थामा के वंश में सत्याधर और बामदेव से कान्यकुब्ज शुक्ल और पाण्डय लोग के वंश चले। इन पाण्डय लोगों में गेगासों के पाण्डय बहुत ऊंचे माने जाते हैं। गेगासों ज़िला रायबरेली में गंगा तट पर बसा हुआ एक ग्राम है जिसका शुद्ध नाम गर्गाश्रम बतलाया जाता है। इसी ग्राम के एक पाण्डेय सूक्ष्म मुनि के नाम से प्रसिद्ध थे। लगभग साढ़े सात-आठ सौ वर्ष मानिकपुर के गहरवार राजा मानिकचन्द निःसन्तान होने के कारण दुःखी रहते थे। वे मुनि की सेवा में लगे। मुनि के वरदान से उन्हें एक कन्या उत्पन्न हुई। चूंकि कन्या के पिता ने मुनिवर को यह वचन दिया था कि मेरे जो भी सन्तान होगी, आपकी सेवा में रहेगी सो वह कन्या बड़ी होने पर मुनि की सेवा में रहने लगी। एक दिन मुनि ने प्रसन्न होकर उस लड़की को पुत्रवती होने का वर दिया। कन्या सहम गई, बोली, आपके वरदान से मुझे कलंक लग जाएगा। मुनि बोले, कि पुत्र तेरें कान से उत्पन्न होगा। इस प्रकार कान से उत्पन्न होने वाले पुत्र से कनपुरिया क्षत्रियों का वंश चला।

इस अनहोनी-सी किंवदन्ती के अतिरिक्त एक उचित लगने वाला तर्क भी मिलता है। अविवाहिता कन्या से उत्पन्न होने वाला पुत्र कानीन कहलाता है। राजा मानिकचन्द्र की कन्या के गर्भ से उत्पन्न गेगासों के सूक्ष्म मुनि का पुत्र कानीन कहला सकता है।

कनपुरियों का पूर्व इतिहास उनकी वीरता के अच्छे उदाहरण प्रस्तुत करता है; फिर भी समझ में नहीं आता कि 1857 की क्रान्ति में कनपुरिया क्षत्रियों का इतिहारा तुतलाता क्यों रहा।

डलमऊ

दूसरे दिन भीरा गोबिन्दपुर और डलमऊ का प्रोग्राम बनाया। भीरा में राणा बेणीमाधव की अंगरेज़ों से ज़बरदस्त मुड़भेड़ हुई थी और डलमऊ में मौलवी अहमद शाह के सम्बन्ध में कुछ जानकारी प्राप्त होने की आशा थी। मौलवी साहब डलमऊ में रहे थे, वहां से उन्होंने राणा बेणीमाधव बख्श को पत्र लिखा था। वह पत्र मैंने डाक्टर रिज़वी के पास देखा भी था।

डलमऊ में मुझे दुर्भाग्यवश मौलवी साहब ने सम्बन्ध में कोई सूचना प्राप्त न हो सकी। ग़दर के प्रति वहां के लोग उदासीन थे, उनको चरचा छेड़ने पर वे भरों और मुसलमान राजाओं की लड़ाई का किस्सा सुनाने लगते, मैंने उसी को प्राप्त कर अर्द्ध सन्तोष पा लिया। डलमऊ पंचायत के प्रधान पण्डित गोपीनाथ जी ने डलमऊ

में गंगातट पर स्थित भरों के पुराने किले के सम्बन्ध में बतलाया।

यह किला भरों का है, फगुए के दिन इस पर हमला किया गया था। फाग में भर लोग हथियार नहीं छूते थे। यों बड़ी बहादुर कौम थी, पर दारू पीने की लत उन्हें पड़ी हुई थी। सो होली में सब भर सिपाही, राजा दारू पिए मस्त पड़े थे, उसी में हमला हो गया। कहते हैं कि किले में पानी के फाटक भी थे। जब शर्की राजा के आदमी किला तोड़कर अन्दर घुस गए तो भरों ने अपनी औरतों की इ़ज़्ज़त बचाने के लिए पानी के फाटक खोल दिए, स्त्रियां डुबा दी गईं, दुश्मन उनकी इ़ज़्ज़त नहीं ले पाया।

उस खून भरी होली की याद में डलमऊ गांव के लोग आज भी होली के दिन होली नहीं मनाते। तीन दिन तक सूतक लगता है, गांव में किसी के यहां तवा नहीं चढ़ता।

डलमऊ डाल बाल सात भाइयों का बसाया हुआ है, सातों भाइयों के मेले यहां लगते हैं। डाल बाल का मेला डलमऊ और पखरौली के बीच भादों में अमावस के बाद सोमवार को लगता है। कहते हैं कि डाल बाल जब लड़ते हुए भागे तो वहां पहुंचने पर तंबोली से कहा कि पान खिलाओ। तंबोली बोला कि तुम अपना सिर तो गंवा आए, अब पान कैसे खाओगे। तंबोली के यह कहते ही डाल बाल की सिरकटी लाशें धरती पर गिर पड़ीं। वहीं मेला लगता है। तीसरे भाई ककोरन थे। ककोरन का मेला मनिहर शर्की के पास सावन में लगता है। चौथे भाई बैदान थे, बैदान का मेला होली के बाद पहले सोमवार की बहाई में लगता है। कुम्हार गधे की मूरत बनाते हैं, जो उनकी समाधि पर चढ़ाई जाती हैं। पांचवें भाई का नाम रहमाल था, रहमाल का मेला यहां से लगभग, पांच मील दूर गंगा पार होता है। यह मेला भी भादों में ही होता है और उसमें बड़े-बड़े दंगल होते हैं। बाकी दो भाइयों का हाल नहीं मालूम। मनिहर शर्की में ककोरन के इर्द-गिर्द भरवटिया अहीरों के बहुत-से घर हैं। उनके यहां भरों के बहुत से किस्से मिल सकते हैं।

पण्डित गोपीनाथ जी ने आगे कहा कि गदर के मौलवी का किस्सा शायद लतीफन पतुरिया बतला सके। उसकी अवस्था 85-90 बरस की है।

मुसम्मात लतीफन से भेंट हुई। एक तो वह बहुत ऊंचा सुनती थीं, दूसरे गदर का हाल उन्होंने कुछ नहीं सुनाया। बार-बार उनकी स्मृति को खोदा तो कहने लगीं : ''अब्बा बतलावत रहैं कि हियां नीचे तोपैं लागी रहैं, और ऊपर से तोपैं लागी रहैं। बादशाह दिल्ली से आय रहैं। लियाकत हुसैन के बेटे मुन्नन के पास तवारीख है। अउरु महिंका ज़्यादा कुछ खबरि नाईं है। आप बड़ी दूरि से आए हौ, हम किस्सा नहीं सुना सके, पर एक ठईं लावनी ज़रूर सुने जाव।''

बी लतीफन ने अपनी पिच्चासी की आयु को जवानी के दिनों की सान पर चढ़ा दिया। एक भजन किस्म की लावनी सुनाई।

बड़ी बी ने पूछने पर बतलाया कि चालीस-पचास वर्ष पहले डमलऊ में तवायफों के अनेक घर थे, अब कोई नहीं रहा। रंगरेज़ भी बहुत थे अब नहीं रहे। इन दो का रहना कस्बे की स्मृद्धि और न रहना उसकी दरिद्रता का सूचक है।

हम किले की तरफ चले। इस किले की कहानी 'निराला' जी ने अपने उपन्यास 'प्रभावती' में सदा के लिए सजीव कर दी है।

अजीब है ये दिमाग की मशीनरी। वर्षों के अन्तर में न जाने कितनी बातों, घटनाओं और रोजमर्राह हुजूम में जो बातें खो जाते हैं, वह मौके पर अचानक ताज़ा तस्वीर की तरह मन की दृष्टि के सामने यों आ जाती हैं जैसे अभी हो रही हों। किले के ध्वस्त फाटक की ओर बढ़ते हुए दूर एक कमरे के खण्डहर को देखते ही मुझे लगभग इक्कीस वर्ष के पहले का एक दृश्य याद हो आया। लखनऊ, भूसामंडी, हाथीखाना वाले मकान में, ऊपर सड़क के सामने वाले बड़े कमरे में टहलते हुए ठीक कमरे के बीचोंबीच कहानी सुनाते-सुनाते रुककर 'निराला' जी भाव में तन्मय होकर अपना हाथ और आंखें सड़क की ओर ऊंचे उठाते हुए बोले : ''मैंने—अपनी आंखों देखा, जैसे प्रभावती ऊपर के कमरे से उस चांदनी में उतरती हुई गंगा की ओर आ रही है।'' रामविलास जी, 'पढ़ीस' जी तो थे ही शायद कुंवर चन्द्रप्रकाश सिंह जी भी वहीं बैठे थे। डलमऊ में 'निरालाजी' की ससुराल है। यहां के कुल्ली भाट भी निराला' की लेखनी से अमर हुए हैं।

ज्यों-ज्यों ऊपर चढ़ता गया, डलमऊ आकर अपनी गदर वाली झोली खाली रह जाने का दुःख भूल इस स्थान के प्राचीन वैभव की कल्पना में खोता गया। फाटक की बनावट, इक्का-दुक्का खड़े खण्डहर और किले के टीले का फैलाव, उसके अपने समय के मज़बूत और शानदार किलों में से एक होने के प्रमाण देते हैं। ऊपर आते ही गंगा के दर्शन होने लगे। बड़ा ही रमणीय स्थान है। नैमिषारण्य में पाण्डवों के किले के ऊपर से घुमाव लेकर बहती हुई गोमती और उसके आसपास का दृश्य देखकर मुग्ध हो गया था, किन्तु यहां आकर उसे भूल गया। गंगाजी की शोभा ही निराली है और यहां इतिहास की स्मृतियां लिए खण्डहरों वाला विशाल टीला मनहूस न लगकर करुण बन जाता है। चारों ओर ईंटें ही ईंटें बिखरी हुई हैं—मुझे एक क्षण के लिए ऐसी लगीं जैसे रणक्षेत्र में हज़ारों सैनिकों के शव पड़े हों। यह बर्बरता जो हज़ारों बरस से दुनिया बराबर सहती आई है, वह सभ्यता की सुमेरु-सी इस बीसवीं सदी के उत्तरार्ध-काल में भला कैसे सही जाती है? आए दिन अखबारों में बड़े-बड़े विध्वंसक आविष्कारों की अफवाहें आती हैं। क्या खूब है कि मनुष्य का मस्तिष्क नित नूतन विकास कर रहा है और फिर भी बर्बरता से पीछा नहीं छूटा।

और ऊंचे पर कुछ बना-चुना स्थान दिखाई दिया, कुटिया झलकी। पूछने पर भाई हरिश्चन्द्र ने बतलाया कि कुछ वर्षों से एक साधु यहां रहते हैं, उन्होंने ही ऊपर सब साफ कर लिया है। ये ईंटें बटोर-बटोर कर ही ये देखो दीवारें खड़ी की हैं। उनके कारण यहां जंगल में मंगल हो गया।''

बाबा जी से भेंट हुई; कोई पच्चीस-छब्बीस वर्ष की आयु होगी। सीधे, भले, अपने रस में आधे बावले बाबा जी प्रेमी जीव हैं। बताशे खिलाकर ठण्डा पानी पिलाया, फिर गीता पर बातें होने लगीं, फिर मैंने पूछा, ''यहां आपको रहते कितने वर्ष हो गए?''

हंसकर बोले, ''उंगलियों पर तो याद नहीं फिर भी अन्दाज़ मेरा ये है कि नौ-

दस बरिस पहिले आये रहे।''

''ये स्थान खोदकर चौरस करते समय आपको पुराने सिक्के या मूर्ति इत्यादि या और कोई पुरानी वस्तु मिली?''

''तीन ठईं ताला निकले, पुराने ज़माने की तुलसी की गुरिया मिलीं, हाथी के दांत मिले और जब इंदारे की सफाई शुरू की तौ तीन ठईं बड़े-बड़े सर्प भी निकले, अब वो प्राचीन काल का इंदारा बिलकुल साफ हो गया है, उसमें जल निकल आया है, वही जल आप लोगों ने इस समय पान किया है, निकली हुई वस्तुएं बाबा जी ने कहीं इधर-उधर फेंक दीं, सर्प इसी टीले पर अन्यत्र छुड़वा दिए।

हम बारहदरी देखने के लिए गंगा के किनारे की एक दीवाल पर चढ़कर ऊपर गए। यह वह बारहदरी है, जिससे 'निराला' जी की 'प्रभावती' उतरी थी। किले का एकमात्र यही स्थान अब तक पूरा बना बचा हुआ है। बारहदरी के ठीक नीचे गंगा मोड़ लेकर आती है। उस पार दूर-दूर तक वृक्षों से छाये हुए मैदान गंगा के प्रसाद से हरे-भरे मनोरम लगते हैं। बारहदरी के नीचे ही पक्का घाट है, छोटा-सा मन्दिर, उससे कुछ दूर आगे दिखलाई पड़ने वाले शिखर और उसके बाद वृक्षों के समूह के बीच-बीच में खण्डहरों की बस्तियां।

यहां से किले का पूरा टीला देखकर उसकी महत्ता का चित्र सामने आ जाता है। बाबा की कुटी का स्वच्छ स्थान, उसके बाद खण्डहर और कंकड़, ईंटों से भरा टीला, दूर पर दूसरे बुर्ज के ढूह—लगता है कि किसी समय उधर भी बुर्ज और बारहदरी रही होगी। अनोखे प्राकृतिक सुहावनेपन वाले डलमऊ में खण्डहरों की बस्तियां दूर तक फैली हुईं, बड़ी पीर जगा देती हैं।

भीरा गोविन्दपुर

हम लोग भीरा गोविन्दपुर की ओर चल दिए।

भरों के खण्डहरों से युक्त इस गांव में पहुंचते ही हमें कुछ विद्यार्थी मिल गए। हमारा आशय जान उन्होंने बैठने का प्रबन्ध किया और आनन-फानन में लोगों को बुला लाए। थोड़ी ही देर में पच्चीस-तीस व्यक्ति जमा हो गए।

पंडित भगवती प्रसाद भट्ट ने बतलाया कि पुराने बुज़ुर्गों के कथनानुसार गांव के लोग भाग गए थे। अंगरेज़ों ने कहा कि चौबीस घण्टे के अन्दर गांव खाली कर दो; फिर भी कुछ लोग अपनी जायदाद बचाने के मोह में यहीं छिपे रह गए। हमारे एक बुज़ुर्ग भी छिपे रह गए। छत पर बैठे थे इसी रास्ते पर अंगरेज़ों की पलटन गारद लगा रही थी, किसी अंगरेज़ ने देख लिया। गोली मार दी। उनकी लाश आंगन में गिर पड़ी। कई दिनों बाद जब गांव वाले लौटे तो हमारे घर के लोगों ने उनकी लाश विकृत अवस्था में पड़ी हुई देखी। यह घटना कार्तिक की देवउठान एकादशी के दिन हुई थी।

श्री केदारसिंह ने बतलाया : ''पिता बतावत रहे...गौरिमंट की फौज लालगंज से बड़ैला तालाब के किनारे-किनारे आती थी। इस गांव में हमारे पुरखों की ज़मींदारी थी। यहां के लोग दही, मुर्गी, खाने-पीने का सामान लेकर पहुंचे। अंग्रेज़ों ने पूछा

कि यहां कोई लड़ने वाला तो नहीं है। लोगों ने कहा, नहीं हुजूर। पर तभी राणा की फौज शंकरगंज, महेरू से होती हुई आ रही थी। गांव के पास एक भीठ है, वहीं राणा की सेना पहुंची। वहां से अंग्रेज़ों की सेना देखी। राणा ने कहा कि यह गांव हमें बहुत प्यारा है, यहां लड़ाई न हो। मगर साथ के लोग बोले कि आज एकादशी है शत्रु सामने है, छोड़ना न चाहिए। बस फिर क्या था। राणा के साथ एक तोप थी, फायरिंग आरम्भ कर दी। संग्राम होने लगा। बाद में इस गांव में बड़ा अत्याचार हुआ। पहर दिन चढ़े लड़ाई शुरू हुई और दो दिन तक होती रही। फिर राणा की फौज भागी। अंग्रेज़ों ने बड़ी काट-छांट से काम किया उत्तर और पूरब दो ओर से राणा की फौज घेरी। पश्चिम की तरफ भागे। राणा साहब के कई आदमी गांव के घरों में छिपे रहे। जिनके पास मसाला (गोली बारूद) था; उन्होंने बड़ी मार मारी। जब तक मसाला रहा, लड़ते रहे, फिर मारे गए।''

श्री गयादीन के बतलाया : हमारे परपाजा एकादसी का मरे। लराई मां मरे। हमरे घरे के केवांड़न मां कुल्हाड़ी का घाव बना है।''

श्री शिवचन्द्र मणि ने अपने घर के बड़े-बूढ़ों से सुनी हुई बात सुनाते हुए कहा कि अंग्रेज़ों ने स्त्रियों पर बड़े अत्याचार किए। राजबहादुर सिंह के मकान में एक स्त्री थी, जब अंग्रेज़ों ने देखा तो उसकी ओर दौड़े, उसने छत से कूदकर प्राण दे दिए। अनेक घर फूंके गए। यह भी कहा जाता है कि प्रातःकाल की पूजा राणा ने यहीं की थी।

श्री लक्ष्मीनारायण शुक्ल ने बतलाया, ''राणा हिंयां मौजूद रहे, उनके आदमी मौजूद रहे, बिनहरा की ओर ते अंग्रेजन की फउजैं जात रहीं। हिंया लोगन ते पूछिन कहां है दुश्मन। बतावा गा कि बनहुरा मा है।''

राणा के सम्बन्ध में कहा : ''सामने से फउजैं निकलीं, सिपाही कहिन कि दुश्मन जाय रहा है। राना बोले कि निकल जाय देव। मुलु सिपाही न माने, फैर किहिन। दुइ ओर ते डगर लागि। जब मसाला चुकिगा तौ राना कहिनि कि चलौ भागौ। पर एक सिपाही कहिसि कि हम न भागब। राना तौ घोड़ा प असवार होइकै चले गये; मुलु सिपाही फुट-फैर करत रहे। हमरे पंचम सिंह बतावत रहे कि याक धरे मा घुसगे तउन अंगरेज वहिमां आगि लगाय दिहिन। अबहीं तलक बहुत से गोला बिरवन मां लगे रहे।

''फिर बहुत दिनन की बात है—हम बच्चा रहे, दस-बारा बरिस के, तब एक मनई गेरुआ बस्तर पहिने रहै, दुइ कुत्ते साथ रहैं; उइ केसरुआ के मैदान मां गूलर के तरे उतरे रहैं। उइ दुइ दिन रहे, पूछैं पंचम सिंह हैं, फलाने सिह हैं, फलनिया है, ई सब पूछैं। फिर कहैं हमरे साथ चलौ। फिर कोउ गा नाहीं। जाने वाले कहैं कि यह राना हैं। मंझले कद के रहैं, पक्की छोटी दाढ़ी रहै। उनके बेटा का चहलारी मां गुज़ारा मिला।''

भीरा गोबिन्दपुर में मुझे राणा सम्बन्धी अनेक नये-पुराने लोकगीत सुनने को मिले। सर्व की गयादीन, सूरजबकस सिंह, भजनिया सत्यनारायन, कृष्ण नारायन, शिवचन्द्र मणि शुक्ल, रामशंकर शुक्ल, भोलानाथ, बजरंगसिंह और शारदाप्रसाद ने

अनेक नये-पुराने गीत सुनाए। श्री रामशंकर शुक्ल की सरदारी में गांव के युवकों ने ढोल, मंजीरा आदि के साथ यही गीत फिर गाकर सुनाए। उस समय पानी झमाझम बरस रहा था। हम लोग घण्टा-डेढ़ घण्टा तक रस-मग्न रहे। फिर बड़ैला ताल देखते हुए रायबरेली की ओर चले। गाड़ी दलदल में धंस गई। खैर, वहां बाज़ार था, आनन-फानन में सहायता मिल गई। लगभग चार फर्लांग बाद नहर के रास्ते पर फिर गाड़ी धंस गई। हम बड़ी चिंता में पड़े। ड्राइवर बेचारा फिर भीरा गया; घण्टे-भर में पचीस-तीस आदमी आ पहुंचे। गाड़ी फूल-सी उठाकर अलग खड़ी कर दी। और फिर 'ठोकर' मार्ग से अर्थात् मज़बूत सड़क से पक्की सड़क तक पहुंचाने के लिए भी कुछ लोग हमारे साथ आए। भीरा वालों ने आजन्म के लिए मुझे बांध लिया।

शंकरपुर

दूसरे दिन सुबह शंकरपुर पहुंच गए। राणा बेनीमाधव के नाम से संयुक्त यह स्थल, पावनपुरी की तरह मुझे प्रतीत हो रहा था। अपने बचपन में गदर सम्बन्धी बातें सुनते हुए तीन-चार नाम मेरी स्मृति में सदा के लिए बैठ गए थे, झांसी वाली रानी, नाना, बिरजीस कदर, हज़रतमहल बेगम और राणा। राणा के सम्बन्ध में एक बात यह भी याद थी कि छत्रपति शिवाजी की भांति उन्हें भी देवी ने प्रकट होकर अपने हाथ से तलवार दी थी।

शंकरपुर के निकट पहुंचते ही पेड़ों के झुरमुट के पास एक मन्दिर की ओर संकेत कर भाई हरिश्चन्द्र ने कहा : ''यही देवी का मन्दिर है, जहां राणा पूजा करते थे।'' मेरा मन श्रद्धा से भर गया—इस समय देवी के प्रति नहीं वरन् राणा के प्रति।

सादा बना हुआ मन्दिर है, बहुत बड़ा भी नहीं है। यहां मूर्ति नहीं, देवीपीठ है, अर्थात् मन्दिर के बीचोंबीच एक चौकोर चबूतरी है, जो बीच से ढालनुमा उठी हुई है। आलों में दो खण्डित मूर्तियां रखी हुई हैं। अन्दर की चारों दीवारों में चार चित्र बने हुए हैं, दो पुरुषों के दो स्त्रियों के, एक चित्र पट्टेदार दाढ़ी वाले साफाधारी व्यक्ति का है जो राणा बेणीमाधव बख्श बतलाए जाते हैं। उसके सामने दूसरी दीवार पर लटकती हुई बड़ी मूंछों वाले व्यक्ति राणा के पिता हैं। नारी छवियों में एक ओर राणा की माता हैं और दूसरी ओर उनकी पत्नी। ये तस्वीरें भद्दी बनी हैं।

मन्दिर के बाहर आलेनुमा एक स्थान में कुछ घिसी खण्डित मूर्तियां रक्खी हैं। एक गणेश जी की है, एक तलवारधारी किसी व्यक्ति की है। मूर्तियां बहुत भद्दी हैं।

यह मन्दिर कभी किले की सीमा के अन्दर था; मर्दाने भाग में फाटक के पास स्थित था।

मन्दिर के दाहिनी ओर एक पुराना वटवृक्ष है और दूसरी ओर बाल-क्रीड़ा केन्द्र, जिसका उद्घाटन राज्य के मुख्यमन्त्री डा० सम्पूर्णानन्द जी ने किया था। मन्दिर के सामने ही स्मारक भवन का भी शिलान्यास हो चुका है। पत्थर लगा है, परन्तु उसके आसपास ईंटें खिसकने लगी हैं। देवी के मन्दिर के सामने लगभग दो सौ गज़ दूरी पर एक और छोटा मन्दिर दिखलाई देता है। कहते हैं कि यह किले के ज़नाने भाग में स्थित था और सुन्दर बना हुआ माना जाता था। यह मन्दिर अब शून्य पड़ा है।

ज़नाने मन्दिर के आगे आंगन था, यह बतलाया जाता है। इस मन्दिर के पीछे एक तालाब है, यह भी किले के अन्दर ही था। पास की बस्ती के एक सज्जन, कहीं फाटक बतलाते थे, कहीं पर कोठरियां। मैं वीरान पड़ी उस जगह में इन सब की कल्पना करता फिरता था। मन्दिर के पास ही एक पुरवा बसा है, जिसे फुलवारी का पुरवा कहते हैं। यह फुलवारी किले के अन्दर ही थी। किला अपने वैभव काल में काफी बड़ा रहा होगा। चार्ल्स बाल ने अपनी किताब में उक्त किले का वर्णन लिखा है, जिसके अनुसार किले के चारों ओर घना और कंटीला जंगल था, जिसके अन्दर होकर किसी शत्रु का आना अत्यन्त कठिन था। किले के चारों ओर गहरी खाई थी और उसका फाटक बहुत मज़बूत था। अन्दर सभाभवन, दीवानखाना और ज़नानी हवेली कीमती साज-सामानों से पटे पड़े थे।

फुलवारी के सज्जन के बतलाया कि ठाकुर गजाधरसिंह राणा का सारा हाल जानते हैं, वहीं हमारी सहायता कर सकेंगे और राणा के सम्बन्ध में आल्हा, बिरहा, फाग आदि सुनाने वाले दो सज्जन, जो फुलवारी में रहते हैं, उन्हें लेकर वे भी शीघ्र पहुंच जाएंगे।

ठाकुर गजाधर सिंह का मकान किले के क्षेत्र से लगभग दो फर्लांग दूर था। बड़ा मकान, बड़ा फाटक ठाकुर साहब के वैभव का परिचय दे रहा था। उनकी आयु साठ-पैंसठ के लगभग होगी। वे शंकरपुर पंचायत के प्रधान भी हैं। ठाकुर साहब के वृद्ध मामा, युवक पुत्र और आसपास के दो-एक व्यक्ति जुट आए।

ठाकुर गजाधर सिंह ने बतलाया : "यूं तो जहां आप बैठे हैं वह भी शंकरपुर ही कहलाता है मगर असली जगह वही है। जहां आप होके आए हैं। देवी के मन्दिर के पास उत्तर में जो पुरवा बसा है वह गदर के बाद का है। पहले वहां फुलवाड़ी थी इसलिए उसे फुलवाड़ी का पुरवा कहते हैं। ताल के किनारे की शिवलिया गढ़ी आंगन में थी; ताल गढ़ी के बाहर था।

"पहले ठाकुर शिवप्रसाद सिंह शंकरपुर के मालिक थे। फतेबहादुर सिंह उनके बेटे थे। रामनरायन सिंह उनके छोटे भाई थे। फतेबहादुर का पुरवा उत्तर-पूरब के कोने में है और आजकल शंकरपुर ही कहलाता है। फतेबहादुर का देहान्त अपने पिता ठाकुर शिवप्रसाद सिंह के सामने ही हो गया था।

"रामनरायन सिंह के तीन बेटे थे : राना बेनीमाधो, बाबू नरपतसिंह और बाबू युवराजसिंह। जगतपुर में पुलिस स्टेशन के पीछे उत्तर की ओर एक बड़े मकान का खण्डहर आज भी पड़ा है। यही रामनरायन सिंह का मकान था।

"शिवप्रसाद सिंह के बाद बेनीमाधो ने अपने ताऊ की गद्दी पाई। राणा बेनीमाधो तब तक सयाने नहीं हुए थे, छोटे ही थे। उनके दोनों छोटे भाइयों में से मंझले नरपतसिंह तो अपने पिता के मकान में ही रहे मगर छोटे युवराज सिंह भवानीबख़्श के पुरवा में रहने लगे। वहां उनकी गढ़ी है जो पुराना थाना के नाम से प्रसिद्ध है। और जो बेनीमाधो के पिता का मकान है, वह बाबू बंगाली की कोठी के नाम से प्रसिद्ध है। ये बाबू बंगाली अंग्रेज़ों के खैरख्वाह थे। राणा की जायदाद ज़ब्त होने पर बंगाली को उनके बीस गांव और वो मकान इनाम में दिया गया था। लगभग

पैंतालीस बरस हुए बाबू बंगाली दक्षिणारंजन मुखर्जी जिनको, यह जगह इनाम में मिली थी उनके पोते कुंवर भुवन निरंजन मुखर्जी अपनी जायदाद खजूर गांव वालों को बेचकर चले गए।

राना बेनीमाधो के एक चाचा और थे, उनका नाम ठाकुर शिवगोपालसिंह था।

''राना की जब अंग्रेज़ों से लड़ाई हुई तो वे अपने भाई, लड़के, परिवार के सब लोगों को लेकर लड़ते-भिड़ते चले गए। राना के नेपाल जाने के बाद उनके भाई और पुत्र सब लौटकर यहां आ गए। गौरमिन्ट की ओर से उन्हें चहलारी में गुज़ारे के लिए जगह मिली। राना बेनीमाधो के बेटे राना रघुराजसिंह निःसन्तान मरे। तब उनके चाचा ठाकुर सिवगोपाल सिंह के लड़कों को वह इलाका मिल गया। उस वंश के चन्द्रभाल सिंह, शिवदयाल सिंह और सूर्यविक्रम सिंह की रानियां मौजूद हैं। शिवदयाल सिंह के कई लड़के हैं, पर एक का नाम मालमू है, इकबाल बहादुर सिंह।

''राना बेनीमाधो के बेटे राना रघुराजसिंह के नाम से रघुराजगंज बाज़ार बसाया गया।

''राना की ननिहाल नायन वालों के यहां थी। जब खान अली ने नायन पर हमला किया तब राना छोटे थे और अपने ननिहाल वालों की ओर से लड़े भी थे। इस लड़ाई में उन्हें घाव भी लगा था।

''लखनऊ की नवाबी सरकार में ये नाज़िम थे। वाजिदअली शाह ने नाज़िम बनाया था। ये उनकी तरफ से कहीं लड़ने गए, नवाब से बीड़ा लेकर गए और फतह किया। इस पर नवाब ने इन्हें 'सिरमौर राना बहादुर दिलेर जंग' का खिताब दिया। सभी कुछ दिया।

''पहले इनके दो सौ उन्तालीस गांव थे। अंग्रेज़ों ने जब नवाब का राज लिया तो इनका भी कुछ इलाका ज़ब्त कर लिया। ये अंग्रेजों के बड़े खिलाफ हो गए। इन्होंने बेगम का और बिरजिस कदर का साथ दिया। पहले अंग्रेज़ों ने इन्हें मिलाने के जतन किए। इनकी बीरू साहब से दोस्ती थी, इन्होंने कभी बीरू साहब की जान बचाई थी। बीरू साहब ने कहा कि आप मिल जाइए, जितना इलाका हम जीतेंगे उसका आधा आपको दे देंगे। मगर राना ने कहा कि हम 'धरम' के बदे लड़ब बेगम और बिरजिस कदर का साथ न छोड़ब।''

''अंग्रेज़ी फौजें एक परदेसपुर की ओर से और दूसरी गुरबकसगंज की ओर से आईं; एक सेमरी में थी वो रास्ते में मिली, भीरा गोविन्दपुर में राना से लड़ाई हुई।

''शंकरपुर से निकलकर राना 'गढ़ी नारेपर' (नरेन्द्रपुर) गए, वहां से भीरा पहुंचे। राना का विचार यही था कि यहां लड़ाई न हो, इसीलिए निकल गए।

''राना दुर्गाज़ी के बड़े भक्त थे। दुर्गाजी के मन्दिर में वे बड़ी देर तक पूजा किया करते थे। कहते हैं कि पूजा करते-करते उनकी तलवार म्यान से बाहर निकल आती थी। कहते हैं कि यह मन्दिर गढ़ी की खिड़की में था ओर उनके समय में कोठरी की तरह बना था।

''ग़दर के बहुत बरसों बाद साधू के भेष में दो बार राना यहां आए थे। पहली बार तो मेरी उमर छोटी थी, समझ नहीं पाया। दूसरी बार जब आए तब मैं चौदह-

पन्द्रह बरस का था। राना लाल वस्त्र पहने थे, गेहुआं रंग था और छोटे कद के थे, वे अपना नाम रविनाथ ओझा लाल वस्त्रधारी बतलाते थे।''

मैंने पूछा : ''दूसरी बार जब आए, उस बात को आपकी वर्तमान आयु के हिसाब से कितने बरस हो गए।''

ठाकुर साहब ने कहा : ''आप यों जोड़ लीजिए कि सन् चौदह वाली बड़ी लड़ाई बाद में हुई थी, उसके साल-सवा साल पहले आए थे। तो उस समय की बात आपको सुनाता हूं। बैसन की उमरी में एक परसन महाराज रहते थे। वो राना की फौज में रह चुके थे। दूसरी बार जब राना बेनीमाधो यहां आए तब परसन महाराज अंधे हो चुके थे। परसन बाबा मिलने आए और उन्होंने राना की परिच्छा ली, कहा 'हमैं दिखत नाहीं महाराज। भीरा के हवाल बताओ।' तब राना बोले, 'का करिहौ।' परसन बाबा फिर कहिनी कि नाहीं महाराज बतउबै करौ। तौ उइ कहिन कि एक कुचड़ी दही। यह सुनकर परसन बाबा 'अरे मोर राजा' कहकर उनसे लिपट गए और रोने लगे। इसकी किहानी ये रही कि भीरा में राना को घोड़े से उतरने का मौका न मिला और वह बहुत भूखे थे। तो परसन बाबा कहीं से जुगाड़ कर के उनके लिए एक कुचड़ी दही ले आए। वही याद दिलाई थी।

''मेरे पिता जी का नाम ठाकुर यदुनाथसिंह था, वे भी रोज़ राना की कचहरी करते थे। राना जब दुसराय के बाबा के भेस में आए तब की बात है। एक दिन राना साहब ने उनसे कहा कि हमने सुना है कि शिवराज पर कर्ज़ा हो गया है। उनको हमने बुलाया था, पर वो आए नहीं। आते तो हम उन्हें अपना खज़ाना बता देते।''

मैंने पूछा : ''ये शिवराज कौन थे?''

''शिवराज सिंह, खजूर गांव के राना।''

ठाकुर साहब के वृद्ध मामा ठाकुर जगतपाल सिंह भी वहीं बैठे थे। उन्होंने कहा, ''जब राना यहां आए थे तो मैं भी आया था। मन्दिर के पास उनकी कचहरी लगती थी, मैं भी गया। मुझसे पूछा, ''कहां के रहने वाले हौ?'' मैंने बताया ज़िला प्रतापगढ़ तरौल के, तब राना तरौल के बाबू गुलाबसिंह का हाल कहने लगे। कहा कि बाबू गुलाब सिंह से हमारी दांतकाटी रोटी रही, बड़ी दोस्ती रही। उनके यहां से बहेलिए यहां हमें शिकार कराने आते थे, कहते-कहते उनकी आंख में आंसू आ गए।''

ठाकुर गजाधरसिंह ने कहा : ''एक बार हमारे पिता जी ने पूछा कि महाराज आपका खर्चा कहां से आता है, तो बोले बेगम परबन्ध कर गई हैं, हमको मिलता है। उनका दस-बीस रुपये रोज़ का खर्चा था। एक अंग्रेज़ी पास सेवक, चाहै सिकिटरी कहौ चाहै कुछु कहौ, उनके साथ रहता था। तीन-चार सेवक और थे।

''राना महाभारत बहुत बांचते थे—पहले भी बांचते रहे। और पहले वे शिकार के भी बड़े शौकीन थे। कहा करें कि जिस राजा के राज में हिरन बुढ़ाय के मर जाय उस राजा को नरक होता है।

''राना साहेब जब बाबा के भेस में आए तो नवाबगंज से लल्लन रंडी आई। कहा कि महाराज आए हैं, मैं नाचूंगी। राना साहेब ने उसे एक दुशाला और कुछ रुपया दिया।

"अली और इमामी यहां के बड़े पहलवान थे। अली मिलने आया। उससे पूछा कि तुम्हारा भाई इमामी कहां है। उसने कहा कि मर गया। अली पहलवान फिर बोला कि महाराज हम आपके नाम पर डंका देंगे। राना ने कहा, "रहै देव, का होई।" पर वह नहीं माना तो बोले कि अच्छा। उसने डंका बजाया, उसको भी कुछ इनाम दिया।

"राना साहब के गुरु रहे, सराय के त्रिवेदी। उनके बंस के लोगों को भी बुलाया और भोजन करा के दक्षिणा दी।

"राना साहब का चेहरा-मोहरा ऐसा था कि जैसे शेर का हो। लेकिन जब उठते थे तो कमर ज़रा झुक जाती थी।"

मैंने पूछा : "वे यहां कब तक रहे?"

"दुसराय के जब रहे, तब पन्द्रह रोज़ रहे।"

मैंने फिर पूछा : "राणा दो बार यहां आए, छिपे-ढके नहीं रहे, सारी खिलकत ने जाना। आप बताते हैं डंका बजा, नाच-गाना हुआ—तो क्या अंग्रेज़ सरकार को खबर नहीं पड़ी होगी?"

ठाकुर साहब बोले : "पहिली बार जब आये रहे तो बाबू बंगाली के सरबराकार ने कहा कि आप यहां से चले जाइए। तो बोले कि तुम हमको नहीं हटा सकते। फिर दुर्गा जी के मन्दिर की ओर हाथ उठा के कहा कि इन्होंने हमें हटा दिया। आसपास जो आदमी थे वे सरबराकार को मारने झपटे। फिर उसके बाद ये यहां से चले गए कहीं गिरफ्तार कर लिए गए। लखनऊ भेजे गए, किसी ने उनकी 'सिनाखत' नहीं की। एक तो उनके समय के आदमी ही कम रहे थे और दूसरे जो मौजूद थे, वो राना साहेब को फांसी पर नहीं चढ़वाना चाहते थे। इसलिए छोड़ दिए गए। दूसरी बार भी बाबू बंगाली ने इनकी रपट लिखाई थी। राना साहेब ने जलाने के लिए बबूल के पेड़ कटवा डाले थे। थानेदार आया, उससे कुछ बाते हुईं। थानेदार फिर चुपचाप चला गया। उसके दो-चार रोज़ बाद राना भी चले गए।

श्री विजय बहादुरसिंह ने ठाकुर गजाधरसिंह को कालीबकस की कथा की याद दिलाई जो ठाकुर साहब ने कभी उन्हें सुनाई होगी। ठाकुर साहब के हां कहते ही विजय बहादुर सिंह सुनाने लगे : "सिध्दौर के एक ठाकुर काली बख्श थे। उनको राजा साहब कालीचरण कहते थे। वो भी मिलने आए थे। काली बाबा ने राणा की पीठ पर तलवार का घाव देखकर पहचाना यह घाव राणा साहब को नायन की लड़ाई में लगा था। काली बाबा और राणा साहब गले मिलकर खूब रोये।"

मैंने ठाकुर साहब से पूछा : "मैंने सुना था कि राणा एक बार रायबरेली के किले में कैद किए गए थे। किसी हीरा पासी ने उन्हें छुड़ाया था। क्या आपने भी यह घटना सुनी है?"

"हां-हां।" ठाकुर गजाधरसिंह बोले : "जब नवाबी रही तब नवाब इनसे किसी बात पर बिगड़ गए। रायबरेली के किले में कैद हो गए। एक पासी था, उसका नाम हमारी जान में, शिवदीन था। जब-जब किले में गजर बजता तब-तब वह दीवाल में कीलें ठोकता था। शिवदीन बड़ा नामी और चालाक चोर था। वह बड़ी तरकीब करके किले में राना के पास पहुंच गया और उनसे कहा कि महाराज, चलिए। राना

बड़े खुश हुए; चले। रस्सी छोटी थी, पासी ने अपना साफा उसमें जोड़ दिया, तब भी कम पड़ी, पासी ने अपनी धोती भी बांध दी। राना बोले, अब भी छोटी है। पासी ने कहा कि महाराज अब मैं लाचार हूं। तब राना साहब किसी तरह उसी के सहारे उतरे। किले के बाहर आए। इनका सब्ज़ा घोड़ा तैयार खड़ा था, उसी पर आ गए। शंकरपुर के किले में यह हुकुम था कि जैसे ही रात के बारह बजें वैसे ही एक तोप दागी जाय। यह धोखा देने के लिए किया गया था कि लोग समझें राना किले में पहुंच गए और जिससे फिर सिपाही उनकी तलाश में न निकलें। ऐसा ही हुआ। राना साहेब सही-सलामत किले में पहुंच गए। बाद में उस पासी ने इनाम में यही मांगा कि महाराज, मेरी चोरी माफ की जाय।''

श्री धर्मेन्द्रबहादुर सिंह ने सुनाया : ''एक किस्सा ये है कि राना बेनीमाधो लोधवारी की तरफ घोड़े पर जा रहे थे। वहां कोई पासी औरत लड़के से कह रही थी कि जा, सुअर चरा ला। लड़के ने कहा कि मैं नहीं जाऊंगा। मां बोली तो फिर क्या करेगा। लड़का बोला कि राना की फौज में भरती हो जाऊंगा। राना बेनीमाधो वहीं सुन रहे थे, बोले, राजा की फौज में वही भरती होता है जिसका दिल बड़ा होता है। लड़का बोला कि मेरा दिल भी बड़ा है। राना बोले, अच्छा परीक्षा दो। यह कहकर लड़के की छाती पर घूंसा मारा। लड़का झेल गया। उसे भरती कर लिया।''

श्री गजराजसिंह ने सुनाया : ''एक बुढ़िया थी। उसके कोई न था। उसके घरवालों ने राना बेनीमाधो और उनके पुरखों का नमक खाया था। बखत-बखत पर इनाम-भेंट में सोना-रुपया पाया था। बुढ़िया ने सोचा कि मेरे बाद इस धन का क्या होगा। सो वह लौटाने आ रही थी। रास्ते में बड़ी थक गई। संयोग से राना बेनीमाधो सब्ज़ा पे सवार उधर से निकले। बुढ़िया बोली कि मुझे राना साहेब के घर पहुंचा दो। राना साहेब ने उसे अपने घोड़े पर बैठा लिया और आप उसकी रास पकड़े किले पर आए। सबसे इसारे से मना कर दिया कि चुप रहना। राना बेनीमाधो ने उसे अन्दर ले जाकर बिठा दिया और फिर राना बनकर उसके सामने आए।''

श्री गजाधर सिंह ने बतलाया : '' जब बलवा शुरू हुआ तब यहां छत्तीस हज़ार फौज थी। बलवाइयों की फौजें अलग थीं। और जब राना नवाब बिरजीसकदर से बीड़ा खाकर आए कि हम अंग्रेज़ों से लड़ेंगे तो खजूर गांव अपने भाई के द्वारे गए। उनसे मेल नहीं था तो भी गए। घर में औरतों-बच्चों को भी कुछ लिया दिया। छोटे भाई युवराजसिंह ने कहा कि कहो तो बदला ले लें। राना बोले कि अब नहीं। अब हम बेगम के साथ हैं। खजूरगांव के रघुनाथ सिंह ने कहा कि आप अंग्रेज़ों से न लड़ो। राना बड़े ही हठी थे, बोले जो ठान लिया सो ठान लिया। रघुनाथ सिंह बोले कि अच्छा अपने बेटे को हमारे यहां छोड़ जाइए। उसे अंग्रेज़ों के साथ रहने दीजिए। राना बेनीमाधो बोले कि ये भी नहीं हो सकता। अगर जीतेंगे तो सब कुछ होकर रहेंगे और जो हारे तो फिर तुम तो रहोगे ही।

''एक बात आप और लिख लीजिए कि शाहाबाद के बाबू कुंअरसिंह जो बड़े बहादुर बागी थे, उनकी लड़की से राना बेनीमाधो के बेटे राना रघुराजसिंह का ब्याह हुआ था।''

इस प्रकार :–

करिके सबको बखाना चल्यौ गयो जग से राना ॥
पहिल लड़ाई लड़यो भीरा मां, दूसर सिमरी मुकामा।
तीसर धावा भा पुरबा मां गया बिलाइति बखाना।
लाट सुनि कै घबराना ॥1॥
लाट साहेब ने लिखा परवाना राना तुम मिल जाना।
जल्दी हाजिर होउ बक्सर मां काहे फिरत दिवाना।
राना पढ़ि के मुस्काना ॥2॥
राना बुलाइन आपन बिरादर सबको करत बखाना।
तुम तौ जाय मिले गोरन ते हमका हैं भगवाना।
करब अपना मनमाना ॥3॥
मारपीटि के राना निकरिगे गोरन मन खिसियाना।
भगवतदास कहैं कर जोरे अमल करैं भगवाना।
भजो मन रामै रामा ॥4॥
चल्यौ गयो जग से राना ॥

परशुरामपुर ठिकहाई

ठिकहाई में श्री बैजनाथ बख्श सिंह, नायन के गदर वाले भगवानबख्श सिंह के पौत्र रहते हैं, यह मुझे श्री शिवदुलारे ने बतलाया था। वैसे भगवानबख्श सिंह के बारे में अधिक कुछ जानने के लिए मुझमें हौसला नहीं रहा था, फिर भी सोचा कि इतने पास आकर उनके सगे पौत्र से भी कुछ जानकारी प्राप्त कर लेना बुरा न होगा। ग़दर में जिनकी जायदादें ज़ब्त हुई हैं, उन सबको ही हीरो मानकर नमन करूं, यह बात मेरी समझ में नहीं आती। उनके प्रति सहानुभूति बरती जा सकती है, मगर सहानुभूति की भी सीमा है। अभी कल ही की बात है, एक सज्जन बातों के दौरान में कहने लगे कि माना राजा लोनेसिंह ने कोई खास काम नहीं किया, पर उनकी जायदाद ज़ब्त हुई, बेचारे काले पानी भेजे गए इसीलिए उनका स्मारक तो ज़रूर बनना चाहिए। मैंने कहा कि ऐसी लगन हो तो अवश्य बनाइए, पर वह स्मारक प्रेरणा क्या देगा? लोनेसिंह स्वेच्छा से नहीं वरन् परिस्थितियों से घिरकर स्वतन्त्रता प्रेमी वीरों के साथ जुड़ गए। ऐसे ठाकुरों को मेरी पूजा प्राप्त नहीं हो सकती। लोनेसिंह से कहीं अच्छा आदर्श गोरखपुर के मोहम्मद हुसैन नाज़िम ने प्रस्तुत किया था। उन्होंने संकट में पड़े अंग्रेज़ों को उबारा, सुरक्षित स्थान तक पहुंचाया और उसके बाद भी वे अंग्रेज़ों के शत्रु बने रहे। इसी प्रकार भगवानबख्श भी यदि कोई बड़ा उदाहरण प्रस्तुत कर सके होते तो उनके प्रति मन में जोश होता। नायन वाले केवल लूटपाट के शौक में ही देशभक्तों के दल में मिल गए थे। हां भगवानबख्श सिंह ने अपने परिवार के लिए अवश्य त्याग किया। जो हो, राणा बेणीमाधव के घर आकर उनके ननिहाल सम्बन्धी के पौत्र से मिल लेना उचित समझा। नायन वाले कम-से-कम इस बात पर तो अवश्य गर्व कर सकते हैं कि अवध के महान् नेता

प्रातः स्मरणीय राणा बेणीमाधव बख्श की माता उनके कुल की थीं।

श्री बैजनाथ बख्श सिंह ने बतलाया : ''सन् 1857 में हमारे आजा भगवानबख्श सिंह ने अंग्रेज़ों से बगावत की। इससे उनके बारह गांव ज़ब्त हुए और गुज़ारे के लिए एक मौज़ा उन्नाव में मिला।

''सुनने में आया है कि भगवानबख्श सिंह राना बेनीमाधो के साथ वृन्दावन में थे। राना बेनीमाधो भाग गए, भगवानबख्श सिंह पकड़ लिए गए। इनसे पूछा गया कि आपको कितने खर्च की दरकार है, आपके यहां कितने लोग हैं?

''उन दिनों यह अफवाह थी कि बागियों के घर वाले सब गोलियों से मार दिए जाएंगे। इसलिए उन्होंने किसी का नाम न बताया। कह दिया कि हम तो अकेले हैं–बस घोड़ा है, सईस है और हम हैं। खरचा भी दो रुपये रोज़ का बता दिया। इसलिए उन्हें मन्यां तहसील उन्नाव परगना हंड़हा में गुज़ारे के लिए दिया गया।

''भगवानबख्श दो भाई थे। दूसरे भाई की शाखा अंग्रेज़ों के भय से छिपी रही। जब इन्हें गुज़ारा मिला तो हमारी दूसरी शाखा वालों ने भी रुस्तमपुर में आकर अपने को उजागर कर दिया। कुछ दिन बाद वे चंदनिहा चले गए। चंदनिहा रियासत से हमारा कुछ सम्बन्ध था। भगवन्तपुर चंदनिहा बैसों का इलाका था और हम लोग कनपुरियां वंश के हैं।

''चंदनिहा से बसाढ़ आए। थोड़ी पूंजी से महाजनी शुरू की। फिर धीरे-धीरे हमने पट्टीदारी के इक्कीस मौज़े कर लिए। और तो कोई खास बात हमें मालूम नहीं। हां, यह भी सुनने में आया है कि असवापुर की छावनी में लड़ाई हुई थी। और नायन वालों की ऐसी मरजाद थी कि तिलोई में नायन वालों के सिवा और किसी का डंका नहीं बजता था।

हरचन्दपुर और कठवारा

'दैनिक स्वतन्त्र भारत' में हरचन्दपुर के यदुनाथ सिंह का हवाला पाया था। परन्तु हरचन्दपुर आने पर वहां के ठाकुर जयदेव सिंह से पता लगा कि हरचन्दपुर में कोई रियासत नहीं थी और यदुनाथ सिंह का नाम भी नहीं सुना। अब तक जिन सूचनाओं के सहारे भ्रमण किया उनमें यही सूचना निराधार निकली। यह बात दूसरी है कि प्राप्त सूचनाओं में से कुछ लोग मध्यम श्रेणी के चरित्र साबित हुए। खैर, ठाकुर साहब से बातें होने लगीं। उन्होंने अपना सारा जीवन अवधी सामन्तों के दरबार में बिताया है। किस ताल्लुकेदार को दरबार में किस नम्बर की कुरसी मिलती थी, किसकी कैसी शान थी, यह सब बडे उत्साह से सुनाते रहे। कुर्री-सिधौली के राजा सर रामपाल सिंह रियासत से तो छोटे थे, मगर उनका दबदबा बहुत था। वे अपने पास अंग्रेज़ी पढ़े-लिखे लोगों को रखते, उन्हें सेक्रेटरी का काम सिखाते और रियासतों में नौकर रखा देते। इस तरह करीब-करीब हर जगह उनके आदमी मौजूद थे, और जैसा इशारा वे करते थे, वैसा ही उनके चेले लोग अपने मालिकों को सिखाते थे। राजा साहब का अंग्रेज़ों के ऊपर भी बड़ा रौब था। और सब राजा जूते उतारकर अंग्रेज़ों के कमरे में जाते थे, मगर राजा रामपाल सिंह जूता पहनकर जाते थे।

एक मज़ेदार किस्सा उन्होंने गदर के बाद का सुनाया। दरबार हुआ; सब राजाओं को सनदें मिलीं, खजूर गांव के राणा साहब को न मिली। सबको बुरा लगा कि हमारे भाई का यों अपमान हो रहा है। राजा प्रसाद महमूदाबाद को बड़ा गुस्सा आया, सनद उठाकर बोले क्या हम अब इसी कागज़ के राजा रह गए हैं?—फिर राजा साहब को खजूर गांव की भी सनद मिल गई।

पण्डित शिव सहाय तिवारी ने हरचन्दपुर में किसी युद्ध के न होने की बात दोहराई। एक पुरानी कविता उन्होंने अवश्य सुनाई, जिसका एक चरण वे भूल गए थे:

"देखि कै फिरंगनि की जंगी फौज जंग सेल,
भागिगे तिलंगा लोग, बन की गली लई।
जज्ञपाल, हिन्दपाल लाल माधो रघुनाथ,
नेक से निगोड़े जिन पीछे से दगा दई।
वीर शिव रत्नसिंह कीरति भली लई॥
भाषै कवि बच्चू सब भूपन की नाक काटि,
वीरता अकेले संग राणा के चली गई॥"

तिवारी जी ने कविता में आए हुए नामों के सम्बन्ध में बतलाया कि यज्ञपाल सम्भवतः राजामऊ के राजा थे, राजा हिन्दपाल कुर्री सिधौली के राजा थे, लाल माधो अमेठी के राजा थे, और बच्चूलाल कवि बछरायां के थे।

इन नामों के साथ मैं सोचने लगा कि ये लोग बाद में अंग्रेज़ों की कृपा से भले ही अपने मुंह मियां मिट्ठू बन गए हों, परन्तु देश की जनता ने उन्हें गद्दार ही समझा। कवियों ने उनका कलंक सदा के लिए अमिट कर दिया। ठाकुर ननकऊ सिंह के 'जंगनामे' में भी अनेक गद्दारों के नाम पीढ़ियों द्वारा घृणा की दृष्टि से देखे जाने के लिए सुरक्षित हैं। देश और मानवता के शत्रुओं के साथ यही व्यवहार होता है।

हरचन्दपुर के श्री बजरंग बली शुक्ल ने बतलाया कि कठवारे में बेगम के एक सरदार रहते थे। बेगम लखनऊ से यहां आई और अपने लड़के बिरजीस कदर के नाम पर प्रजा से सहायता मांगी। राना बेनीमाधो आदि सब लोग कठवारे में बेगम के लिक्चर से बड़े प्रभावित हुए और उनके साथ हो गए।

यह कथा सुनकर मुझे ऐसा लगा कि हो न हो, बिरजीस कदर के गद्दी पाने के बाद बेगम ने कई जगह स्वयं जा-जाकर संगठन किया था। उनकी वाणी में निःसन्देह बड़ा ओज होगा। और इसी से मुझे लगता है कि विक्टोरिया के घोषणा पत्र के उत्तर में बेगम हज़रतमहल के ऐतिहासिक ऐलान का मजमून स्वयं उनका ही लिखा होगा। बेगम हज़रतमहल की संगठन शक्ति सचमुच ही बहुत ऊंचे दरजे की थी।

शुक्लजी की रचना के अनुसार हम लोग कठवारा गए; वह हमारे रास्ते में ही पड़ता था। श्री मंगलू खां ने बतलाया : "खान बहादुर साहब को ही राना बेनीमाधो अपनी जागीर देकर चले गए थे। खान बहादुर साहब को जानवरों तक से बड़ा प्यार

था। उन्होंने अपने घर के कुत्ते, बिल्ली, तोता, मैना तक की कब्रें बनवाईं। एक गांव कुतियामऊ था जिसकी कमाई कुत्ते खाते थे।

"गोरे लोग खान बहादुर शाह को कैद करके ले गए। इलाका ज़ब्त कर लिया। खान बहादुर साहब का इलाका अन्नी, हिलालगंज, कुतियामऊ, दक्खिन पच्छिम तक और पूरब में सोरा के पास तक था। कुछ इलाका गुज़ारे के लिए खानदानियों को मिला। कठवारा भी गुज़ारे का ही इलाका था। कठवारे में फाटकबन्दी थी, खाई थी, उसकी भीतें अब तक मौजूद हैं। गांव के किनारे एक शिवाला है जिस पर अंग्रेज़ों ने गोले बरसाए थे। उसके निशान मौजूद हैं।"

मैंने पूछा : "लखनऊ की बेगम यहां आई थीं?"

मंगलू खां बोले, "मैं कह नहीं सकता। बात यह है कि अब हमारे यहां बुज़ुर्ग तो रहे नहीं। और मैं बचपन से बेवजह गरीबी अपनी मेहनत-मजदूरी में लगा रहा। गांव वालों ने अब मुझे परधान बना दिया है। मगर हो सकता है कि बेगम साहबा यहां आई हों। उनकी सल्तनत थी, वे कहीं भी जा सकती थीं।"

मैंने श्री मंगलू खां के साथ वह शिवाला भी देखा जिसकी दीवाल में गोलियों के निशान और तोप के गोलों से हुए भंभक मौजूद हैं। वह जगह भी देखी, जहां खान बहादुर साहब दफन हैं। खान बहादुर और उनकी पत्नी में किसी बात पर यहां तक अनबन हो गई थी कि दोनों ने आजन्म एक-दूसरे की सूरत नहीं देखी। जब खान बहादुर की पत्नी मरीं तो वसीयत कर गईं कि उन्हें उनके पति के साथ मकबरे में न दफनाया जाए। मरने के बाद भी वे अपनी कब्र पति की कब्र के पास नहीं रखना चाहती थीं। दोनों में यहां तक परदा रहा। पति और पत्नी की कब्रों के बीच में दीवार खड़ी है।

जाने कौन सी कहानी लेकर उसकी हड्डियां यहां सो रही हैं।

मकबरे के बाहर खान बहादुर के कुत्ते, बिल्ली, तोता, मैना भी पक्की कब्रों में दफन हैं।

सेमरी और गढ़ी बैहार

रायबरेली के कांग्रेसी नेता, वकील, कवि, कहानी लेखक और संवाददाता पण्डित अंजनी कुमार ने अपने मित्र सेमरी के लाल साहब को पत्र लिखकर हमारे आने की सूचना दे दी थी। हम लोग सेमरी चले। पण्डित जी रास्ते-भर अनेक साहित्यिक विषयों पर बातें करते रहे। उन्होंने पढ़ा खूब है, प्रतिभाशाली भी हैं। देश सेवा, वकालत और साहित्य सेवा—इन तीनों की कोशिश उन्हें आजीवन छकाती रही; एक के न हो सके तो किसी के न हो सके। बराबर जेल गए। बड़ा काम किया, किसी समय रायबरेली की जनता इनके नाम पर मरती थी, ज़िला कांग्रेस के प्रधान थे। वकालत भी खूब चली, मगर उसमें रुचि नहीं थी, कभी जमकर प्रेक्टिस न की। लिखने का शौक ही इन शौकों में सर्वोपरि था; मगर उसके लिए समुचित अवकाश न निकाल सके।

पण्डित जी तो खैर आयु की ढाल पर उतर आए हैं और काम-काज से भरा

जीवन बिताया है, पर मैंने आमतौर पर छोटे नगरों और कस्बों के कवियों, लेखकों और कलाकारों को कुंठित होते देखा है। लिखकर भी उन्हें लिखना नहीं आता और लिखते-लिखते वे स्वयंसिद्ध महान् हो जाते हैं। यह विषमयी महानता अमरबेल की तरह है, जिस हरे-भरे वृक्ष से लिपटती है उसी को जीते जी मार डालती है। इनमें अनेक आरम्भ में सचमुच प्रतिभाशाली होते हैं। प्रतिभाओं का नष्ट होना किसी भी उन्नतिशील राष्ट्र के लिए अत्यन्त अशुभ है। मेरे विचार से तो एक ऐसे अर्द्ध-सरकारी संगठन की आवश्यकता है जो इन कस्बों में भी संस्थाएं स्थापित करे। उन संस्थाओं में कलाकार अपनी रचनाएं सुनाएं, उन पर बहस हो। जो रचनाएं स्थानीय गोष्ठियों में उत्तम मानी जाएं वे अन्य नगरों और कस्बों की गोष्ठियों में साइक्लोस्टाइल कर सुनाने के लिए भेजी जाएं। जगह-जगह के लोगों की रायें और सुझाव उगती हुई शक्तियों को प्रगति का मार्ग सुझा सकेंगी। सिद्धहस्त लेखकों से उनका संशोधन करवा केन्द्रीय संगठन उन्हें प्रकाशित करे। इसी प्रकार उगते हुए संगीतज्ञ, अभिनेता, चित्रकार, नर्तक, मूर्तिकार आदि भी सही तौर पर पनपाये जा सकते हैं। ऐसा संगठन पूर्णरूपेण सरकारी नहीं होना चाहिए। गैरसरकारी इसलिए नहीं हो सकता कि अब ऐसे शुभ कार्यों को चन्दा देकर चलाने वाले उत्साही रईस प्रायः बहुत कम होते जा रहे हैं। अर्द्ध सरकारी संस्था जनता और उसके द्वारा चुनी गई सरकार के सहयोग से बड़ा काम कर सकती है। मैंने रायबरेली में कई व्यक्ति पाए। नीलम, बालकृष्ण अच्छे कवि हैं। अमरबहादुर सिंह 'अमरेश' ने घूम-घूमकर राणा बेणीमाधव के सम्बन्ध में लोक साहित्य और उनकी जीवनी एकत्र कर एक पुस्तक लिखी है। भीरा गोविन्दपुर के युवक गायकों की टोली और उनके युवक गीत लेखक श्री चक्रपाणि भी प्रोत्साहन से बहुत आगे बढ़ सकते हैं। रायबरेली के बड़े प्रतिभाशाली कवि स्व० कृष्णशंकर शुक्ल 'कृष्ण' ने आयुमान् तो कुछ भी न पाया परन्तु बाईस वर्ष की आयु में 'बेनीमाधव बावनी' लिखकर वे अमर हो गए। आचार्य द्विवेदी जी, हरिऔध जी, मैथिलीशरण जी आदि अनेक पूज्य पुरुषों ने मुक्त कंठ 'कृष्ण' कवि की सराहना की थी। 'बेनीमाधव बावनी' गांव-गांव में प्रसिद्ध है, कई जगह उसके छन्द भी लोकगीतों की मांग करने पर मुझे सुनने को मिले। स्व० 'कृष्ण' के पिता साहित्य भूषण पंडित रामावतार शुक्ल 'चातुर' जी ने 'कृष्ण' जी के राणा सम्बन्धी तीन ऐसे छन्द दिए जो अब तक अप्रकाशित हैं।

(1)

तेरी तेग ताव मांहि तड़पत जात 'कृष्ण',
काटि काटि मुंड झुण्ड डुण्ड पटकतु है।
मच्छिका समान ही उड़ावती है शत्रु शीश,
गौरंग सुअंग को सुआंग सों रंगतु है।
खङ्ग कोपि तोपि देत तोपन को लोथिन सों,
गनन गनन को तो कछु न गनतु है।
सरपै समान असि, सर पै समान अरि,
सर पै नहाय रक्त सरजा करतु है।

(2)

बेनी बीर बाना बैस बंश मरदाना,
बाकी भूपति जनाना ठानठाना भरी घात है।
इन्द्रपाल, माधवसिंह, चन्द्रपति, रघुनाथ,
मिलिकै फिरंगिन दगा दई सो ज्ञात है।
ताना देखि भ्रकुटी सुयुद्ध में दिवाना देखि,
कम्पनी बिलायत सकल बिललात है।
छीन्यो तोपखाना तब शत्रु है सकाना,
रन राना बिरझाना आज खाना नहीं खात है।

कृष्णजी की तीसरी कविता वाजिद अली शाह की विलासिता को अवध की राजधानी में अंग्रेज़ी ध्वजा फहराने का कारण बतलाती है।

वाजिदअली शाह था नवाब औध 'कृष्ण कवि',
शासन विधान अंधकूप मुगलान को।
हीजड़न साथ कीन्हीं, वेश्यन विलास कीन्हीं,
नाश कीन्हीं दास भारत महान को।
जान को जहान को ईमान को न परवाह,
खान-पान ज्ञान औ न मान हू कुरान को।
वाही समैं बेली बेलीगारद गारत कीन्हीं,
नभ फहरायी है फिरंगिनी बितान को।

हमारे देश में, स्वप्रदेश में कृष्ण कवि जैसी प्रतिभावान न जाने कितनी उगती कलियां बिन खिले ही मुरझा जाती हैं। यह सचमुच हमारा दुर्भाग्य है।...

सेमरी पहुंच गए। पता लगा लाल साहब इकौनी गए हैं। सोचा, यह तो सारा दिन नष्ट करने का योग उपस्थित हुआ है। पण्डित जी ने साइकिल पर पत्रवाहक भेजने का प्रस्ताव किया, मगर इससे हमारा कुछ काम न बनता। लाल साहब बैल-तांगे पर गए थे। पत्र पाकर भी आते-आते दो सहज ही में बज जाते। मैंने कहा, मोटर से आठ मील तय करना समय की बचत और कार्य सम्पादन के लिए अधिक बुद्धिमत्ता की बात होगी। आठ मील कच्चा रास्ता तय कर इकौनी पहुंचे। ज़िला बोर्ड स्कूल के मास्टर ठाकुर साहब के यहां अतिथि हुए, उत्तम रसोई जीम, लाल साहब को साथ लेकर पक्के रास्ते से चले। मार्ग में बैसों के पूर्वज महाराज सातन का शिवालय सातनपुर में देखा। वहां सातनेश्वर का प्राचीन मन्दिर है। मन्दिर में कुछ पुरानी नवाबी काल की चित्रकारी के बड़े मामूली से नमूने हैं : सर्प, मयूर, सिंह, मयूर-नृत्य, कीर्तन करते ऋषि आदि बने हैं। मूर्ति प्राचीन है, बाहर भी खण्डित मूर्तियां एक जगह एकत्र कर रक्खी गई हैं। बनावट से हज़ार-ग्यारह सौ वर्ष पुरानी लगती हैं। मूर्तियों का शिल्प ढलते सूरज-सा, अपने उतार के ज़माने की गवाही देता है। मन्दिर का चबूतरा पुरानी ईंटों का और मन्दिर आसफी लखौरी का बना है।

लाल साहब सेमरी के कथनानुसार यह बैसों का पूज्य स्थान है। महाराज सातन बड़े प्रतापी थे। मुसलमानों ने महाराज से डोला मांगा। महाराज सातन ने

इनकार किया। काकोरन में उनकी खाल खींची गई। मरने से पूर्व उन्होंने दो बातें वसीयत में कहीं। पहली वसीयत यह की कि 'बैसों में कन्या को जनमते ही मार डाला जाए। दूसरी वसीयत यह की कि मेरा क्रियाकर्म खानदान में वही करे जो शत्रुओं से मेरा बदला ले।' लिहाज़ा एक बार नवाबी में बैसों ने राना बेनीमाधो की सरदारी में उन पर हमला किया। नवाब ने कहा कि अब तो हम कमज़ोर हो ही चुके हैं, अब हमसे बदला लेकर क्या करोगे? इस पर राना बेनीमाधो और बैस लोग लौट आए।

हमारा पिछला एक-हज़ार वर्ष का इतिहास बड़े ही विचित्र उत्थान-पतन का द्योतक है। हिन्दुओं में फूट थी। सामंती प्रथा की लूट मार वाली महोच्चक्षात्र-मान्यता इस फूट की जड़ में काम कर रही थी। किसी ने सच ही कहा है, सफल लुटेरा ही राजा और सम्राट् बनता है। हमारे यहां और सब जगह अपना राज बढ़ाना राजा का परम धर्म माना जाता था। भारतीय क्षत्रिय, अक्षत्रिय राजा हरदम अपना राज बढ़ाने की चिन्ता में बड़ी मछली के समान छोटी मछलियों को निगला करते थे। फिर बड़ी मछलियां परस्पर में निगला-उगली कर मच्छ, महामच्छ बनती थीं। इस क्षात्र-कर्म में कभी तो देश सुशासन-संगठन पाकर उन्नतिशील बनता था और कभी बिखरने लगता था। मैं बड़े आश्चर्य के साथ अपने बुद्ध, सिकन्दर काल से मान्य इतिहास के नक्शे को देखा करता हूं। सिकन्दरी आक्रमण के समय पाटलिपुत्र में शूद्र नन्द का बड़ा राज्य था और बहुत से छोटे-बड़े राज्य थे, जो परस्पर में ईर्ष्या और शत्रुता बरतते थे। सिकन्दर के आक्रमण के समय हमने अपनी वीरता में कमी नहीं पाई। जीतने के बावजूद सिकन्दर के सिपाही महाराज पुरु की भारतीय सेना की मार से इतना सहम गए थे कि आगे बढ़ने से इनकार कर दिया। बहरहाल वीरता की कमी के कारण नहीं वरन् फूट के कारण भारत गारत हुआ। मानो इस लाज की प्रतिक्रियावश शक्तिशाली मौर्य साम्राज्य पनपा। चन्द्रगुप्त और उसके मंत्री-गुरु महामति चाणक्य कौटिल्य विष्णु गुप्त ने एक सुव्यवस्थित शासन की नींव डाली। उनकी चलाई हुई मशीनरी ने ऐसा जलवा दिखाया कि देश में दिनोंदिन सम्पन्नता बढ़ी, चेतना का विकास हुआ। हमें यह बात नहीं भूलनी चाहिए कि यदि देश में शान्ति सुव्यवस्था और मौर्य सरकार की अच्छी साख न होती तो सम्राट् अशोक वे शान्तिवादी महान् कार्य करने का अवसर कदापि न पाते जिनके कारण वे इतिहास में अमर हैं। अशोक के बाद धीरे-धीरे मौर्य साम्राज्य शिथिल होता गया। सरकारी मशीन बिगड़ गई; देश फिर उस हद तक असंगठित हो गया कि विदेशी कुषन न केवल आक्रमण कर सकें बल्कि देश के बहुत बड़े भाग में अपना साम्राज्य भी स्थापित कर सकें। कुषनों की दासता ने फिर राष्ट्रीय शक्ति जगाई, भारशिवों, वाकाटकों ने देश को मुक्त किया। मौर्य, अशोक और फिर कुषन सम्राटों का आश्रय पाकर बौद्ध धर्म बहुत मोटा हो गया था। ब्राह्मण धर्म एक तरह से अपना प्रायश्चित काल पूरा कर नई शक्तियों के साथ लौटने के लिए तैयार हो चुका था। बौद्ध विहारों, मन्दिरों के स्थान पर वैदिक-अवैदिक-तांत्रिक प्रतीकों, तीर्थों आदि की पूजा का दौर चला। शंकराचार्य, ब्राह्मण धर्म के भगवान् बुद्ध थे। यों भी बहुत से ब्राह्मण उन पर

प्रच्छन्न बौद्ध होने का अपराध आरोपित करते हैं। वे भावुक भक्त, कवि और वेदान्त-शास्त्र-निधि महापण्डित थे।

ईसा की प्रारम्भिक शताब्दियों में 'एकदा नैमिषारण्ये' वाली लहर दौड़ रही थी। वहां लघु सत्र और दीर्घकालीन सत्र चला ही करते थे। सूत-परम्परा पुराणों की रचना करती जा रही थी। प्रांत-प्रांत में पुराणिक, कथावाचक, गागरिया भट्टों का जाल फैल गया। कथा और गाथा से सारा देश एक प्रकार के सैद्धान्तिक ढांचे में ढलने लगा। यज्ञों से अग्निदेव को अजीर्ण हो गया; व्रत, उपवास, गंगा, गोदावरी, कृष्णा, महानदी आदि तीर्थों का माहात्म्य बढ़ गया। बौद्ध-जैन धर्मों से प्रभावित भारत देश में फिर से अपने पांव जमाने के लिए ब्राह्मण धर्म ने भी अहिंसा को प्रमुख मान्यता दी। वाजपेय, अश्वमेध आदि महायज्ञों का पुण्य गंगा नहाने, कथा सुनने और व्रत उपवास करने से मिलने लगा। पिछले युग के ब्राह्मण धर्म में यज्ञों का तमाशा इतना बढ़ गया था कि राजाओं को राजकाज करने का अवसर नहीं मिलता था। राजा जब यज्ञों की दक्षिणा देते-देते दिवालिये होने लगे, देश की (इहलोक की) आर्थिक दशा परलोक चिन्ता के कारण जब बिगड़ने लगी तो राजाओं ने बौद्ध या जैन धर्म से नई जीवन-ज्योति पाई। जैन से अधिक यहां बौद्ध-धर्म का ज़ोर हुआ। जनता ने भी पहले के धर्म में घुटन और नये धर्मों में ताज़ी सांस पाई। वही हाल बौद्ध धर्म का उसके भारत में पतन काल के समय हुआ। ब्राह्मण धर्म इस बार उदार होकर आया था। धार्मिक सांस्कृतिक एकता से गुप्तों और हर्षवर्द्धन के साम्राज्य पनप सके; ढाई सवारों में कन्नौज के साम्राज्य का नाम भी लिया जा सकता है।

एक हज़ार बरस करीब-करीब सुख-चैन और प्रगति के बीते। अजन्ता, एलूर की कैलास गुफा; पुराण, श्रीमद्भागवत; कालिदास, पातंजलि, जयदेव हुए; विदेशी व्यापार-वाणिज्य का प्रसार हुआ, गजलक्ष्मी समुद्र की बेटी भी बन गई; हूणों ने हमला किया तो मुंह की खाकर लौटे—हर दृष्टि से देखिए, ईसवी सन् के पहले हज़ार वर्ष सब मिलाकर उम्दा हैं, उन्नातिशील दिखलाई देते हैं, उसके बाद ब्राह्मण फिर कठोर हो जाता है। बलि-प्रथा शाक्त धर्म के प्रभाव से फिर बढ़ती है।

देश की आस्था फिर बिखरने लगती है। ब्राह्मण गुटों-सम्प्रदायों में, राजाओं में और लाज़िमी तौर पर इनकी प्रेरणा से जनता में भी फूट की शक्तियां बढ़ने लगती हैं।

गज़नी, अफगानिस्तान आदि की भूमि पर बौद्ध धर्म और संस्कृति का पुण्य प्रभाव तब तक क्षीण हो चुका था। इस्लाम धर्मावलम्बियों से पराजित हो ये राष्ट्र प्रायः पौने सोलह आने भर इस्लाम धर्म के अनुयायियों से नये रूप में संगठित हो गए थे। वैर-फूट के देश भारत में उनकी दौड़ें आईं। गज़नी के महमूद को, और उसकी मुसलमान सेना को दुहरा-तिहरा लाभ हुआ; एक तो काफ़िरों को जीतकर उनकी आस्था बलवती हुई, दूसरे अपने द्वारा हराए गए देश में तरह-तरह की मौज़ें लीं, तीसरे लूट का बेशबहा माल बांधकर घर ले गए। गजनवियों को लूटने का चस्का पड़ गया। वे अपने सुल्तान के साथ बार-बार आते थे। फिर गोरी आने लगा। वह युग पृथ्वीराज-जयचन्द जैसे फूट-परस्तों का युग था।

और इसके बाद भी सब पृथ्वीराज और जयचन्द जैसे राजे-महाराजे ही रह गए। हमारे इन पृथ्वीराजों में वैयक्तिक वीरता की कमी नहीं है, उस युग की जनता में भी नहीं है; हम उस वीरता को बड़ी श्रद्धा की दृष्टि से संस्कार वश देखते आए हैं, परन्तु कभी-कभी झुंझलाहट भी होती है; समझ में नहीं आता कि हम बिना बुद्धि की अंधी शूरवीरता कहां तक चाटें-दुलरायें? आपसी बड़प्पन का ज़ोम हमें खा गया। ब्राह्मण थे, वे सब पढ़-पढ़ कर बड़े पण्डित हो गए थे, ब्रह्मरूप हो गए थे। और ये ब्रह्म आपस में इस बात पर चुटिया झुटौवल करते थे कि उनमें सर्वश्रेष्ठ ब्रह्म कौन है। मुसलमानों के इस देश में पैर जमाने के कारण देश की जनता को चाहे जो नुकसान हुआ हो, पर उसके बौद्धिक, धार्मिक नेता, ब्राह्मण वर्ग, को यह लाभ अवश्य हुआ कि उसके उखड़ते पैर फिर जम गए। बौद्धों-जैनों का ब्राह्मण-वेद विरोधी स्वर तो बहुत पुराने जमाने से था ही, छठी-सातवीं शताब्दी से फिर नये स्वर ज़ोर पकड़ने लगे थे। मुसलमानों के आते ही अनेक वेद-ब्राह्मण विरोधी स्वर खट से बन्द हो गए। वे सब वेद-ब्राह्मण धर्म के झण्डे तले आ गए। जो न आ सके वे मुसलमानों के कैम्प में चले गए। ब्राह्मण इस प्रकार नया गौरव पा बड़ा कठोर हो गया था। मुसलमान तलवार के ज़ोर पर गांव के गांव मुसलमान बनाते चलते थे। ब्राह्मण धर्मी उन पीड़ितों को अपनी अहम्मन्यता से, घृणा से और भी पीड़ित करते थे। नतीजा यह हुआ कि नये भारतीय मुसलमान हिन्दू भारतीयों के सबसे प्रबल शत्रु हो गए। सच है, सगे भाई यदि पारस्परिक शत्रुता पर कमर कस लें तो उनसे बड़ा शत्रु और दूजा नहीं होता।

इस प्रकार भारतीय जन फिर फूट गया; उनकी आस्था बिखरने लगी। ईसा की दूसरी सहस्राब्दि के प्रारम्भिक दिन हमारे लिए बड़े कठिन थे। अवध की भूमि को भी उस काल की कठिन परीक्षा देनी पड़ रही थी। हिन्दुओं में वीरों की संख्या में कोई कमी नज़र नहीं आती; और फिर भी वे बराबर हारते चले गए। भारतीय मुसलमान अपने देश में एक नई शक्ति के रूप में संगठित हो रहे थे। इसलिए पुराने फूट-परस्तों का नया संयुक्त मोर्चा बन गया। विदेशी मुसलमानों को ऐसी परिस्थिति में भारत पर आक्रमण कर और लूटने-जीतने का स्थायी पासपोर्ट मिल गया।

टूटी हुई आस्था का मनुष्य भी कितना दयनीय होता है। उसमें एक से एक सुन्दर गुण होते हैं पर उन सब गुणों के संगठन से एक अति सुन्दर व्यक्तित्व ढालने लायक शक्ति नहीं होती। और इस तड़प में वह न जाने क्या-क्या कर डालता है, कभी अच्छा, कभी बुरा। उसे सराह कर भी सराहा नहीं जा सकता, कोसकर भी कोसा नहीं जा सकता।

हम गढ़ी बैहार पहुंच गए। यह स्थान यों तो ज़िला उन्नाव में है, पर हमारे आज के यात्रा-क्षेत्र से यह स्थान बिलकुल मिला हुआ था। इसलिए और विशेष रूप से लाल साहब के साथ होने के कारण हमने वीरवर शिवरत्न सिंह और जगमोहन सिंह के वंशजों से मिलने का निश्चय किया। बैहार असल में बिहार शब्द का बिगड़ा हुआ रूप है। लाल साहब ने बतलाया कि वहां आसपास पुराने ज़माने के ढूह खड़े हैं।

ऊंचे टीले पर मिट्टी से लिपा-पुता एक बड़ा भवन है। इसी में ग़दर कालीन वीर शहीद के वंशज रहते हैं। लाल साहब ने ऊपर चढ़ते समय बतलाया कि शिवरत्न सिंह निःसन्तान मरे थे, और जगमोहन सिंह के तीन प्रपौत्रों से इस समय वीरों का वह वंश चल रहा है। ऊपर मकान के बाहर फूस का एक लम्बा बरामदा-सा बना है। एक सज्जन चारपाई पर लेटे हुए मासिक पत्र 'कल्याण' का पारायण कर रहे थे। हम लोगों को देखते ही बैठ गए लाल साहब ने श्री वेंकटेश्वर सिंह से हमारा परिचय कराया। वेंकटेश्वर सिंह जी जगमोहन सिंह के मंझले प्रपौत्र हैं तथा उन्नाव के भगवन्त नगर इन्टर कालेज में अध्यापन कार्य करते हैं; उनसे छोटे प्रतापबहादुर सिंह भारतीय सेना में सूबेदार पद पर हैं। सबसे बड़े श्री विन्ध्येश्वरी सिंह घर पर रह कर जमीन-जायदाद संभालते हैं। श्री वेंकटेश्वर सिंह ने हमारे आने का आशय जानकर अपने बड़े भाई श्री विन्ध्येश्वरी सिंह को बुलवा लिया। श्री विन्ध्येश्वरी ने बतलाया : "शिवरतन सिंह और जगमोहन सिंह के पिता दुर्गाबख़्श सिंह अंग्रेज़ों के प्रबल विरोधी थे। सन् 1868 ई० में अवध के अर्थ कमिश्नर बरो साहब ने उन्हें 'परिसिस्टेन्ट रिबेल'—दृढ़ विद्रोही लिखा है। सन् 1857 में वो राणा बेनीमाधो के साथ अहदनामे में शरीक हुए। दुर्गाबख़्श सिंह तो वृद्ध हो चुके थे, शिवरतन सिंह ने स्वतन्त्रता-संग्राम में बड़ा भाग लिया। दोनों भाई सिरियापुर के पास लोनी नदी के किनारे 13 मई सन् 1858 को अंग्रेज़ों से लड़ते हुए मारे गए। इसके बाद हमारा पाटन बिहार का ताल्लुका ज़ब्त कर लिया गया। इस जगह पर हमारी गढ़ी थी, उसे अंग्रेज़ों ने नष्ट कर डाला और हमारी धन-सम्पत्ति भी लूट ले गए। सर होप ग्राण्ट की किताब में उसका वर्णन है।"

इन भाइयों ने अपने वीर पुरखों के सम्बन्ध में ग्राण्ट और गज़ेटियर के वर्णन टाइप कराकर अपने पास रख छोड़े थे। तुरन्त मंगवाए।

सर होप ग्राण्ट लिखता है : "12 मई को सवेरे मैं नगर पहुंचा। वहां सुना कि शत्रु ने वहां से पांच मील पूरब सिरसी में मोर्चा जमाया है। यह सुनकर मैं दोपहर में उस ओर बढ़ चला। मौसम बुरी तरह गर्म था और हमारी परेशानी को बढ़ाने के लिए बवंडर उठाती हुई तेज़ लू भी चल रही थी। फिर शाम को पांच बजे तक हम लोग पहुंच गए। दुश्मन का मोर्चा मज़बूत पाया। लगभग पन्द्रह सौ पैदल और सोलह सौ घुड़सवार सेना दो तोपों के साथ नाले के पास खड़ी थी। उनके पीछे घना जंगल था और आसपास की ज़मीन टूटी हुई थी। उसके घुड़सवार हमारी दाहिनी ओर हमारे माल-असबाब पर टूट पड़ने की नीयत से तैयार खड़े थे, लेकिन मेरा मन उस ओर से हल्का था क्योंकि मैं अपना असबाब पीछे सुरक्षित स्थान पर छोड़ आया था, उसकी रक्षा के लिए दो सौ प्यादे, दो तोपें और घुड़सवारों की एक टुकड़ी भी तैनात कर आया था। हमारी ओर से तोपों ने छर्रा और बमबारी शुरू की। हमारी राइफल और सिक्ख सेनाएं भिड़कर युद्ध कर रही थीं, 38 वीं और 90 वीं सेनाएं बड़े तोपखाने की रक्षा करती हुई रिज़र्व में थीं। हमने शीघ्र ही नाले को विद्रोहियों से साफ कर दिया, धनी और प्रभावशाली ताल्लुकदार अमरतन सिंह और उसके भाई को मार डाला तथा दो तोपें छीन लीं। शत्रु बड़ी तेज़ी से पीछे हट रहे थे। मैंने भी अपना एक सेनादल

उनके पीछे छोड़ दिया और पड़ाव डालने का आदेश दिया। आधी रात में अचानक चीख-गुहार मचने तथा घोड़े की टापों के शोर से हम जाग पड़े। अंधेरी रात का लाभ उठाते हुए शत्रुओं के घुड़सवारों ने हमारे ऊपर अचानक हमला कर दिया था, जिससे बड़ी गड़बड़ी मची। एक बैल गाड़ीवान मारा गया, तो तोपखाने के कप्तान गिबन दो बार धक्का खाकर लौट गए और अन्त में दुर्घटनावशात् अपनी ही रिवाल्वर से घायल हुए।

ठाकुर विन्ध्येश्वरी सिंह ने हमें यह भी बतलाया कि अमरतन सिंह, शिवरत्न सिंह का ही दूसरा नाम था। उन्होंने कहा कि दुर्गाबख्श सिंह अपने ज्येष्ठ पुत्र का असली नाम न लेकर इसी नाम से पुकारते थे।–

''आप तो जानते ही हैं कि हमारे हिन्दुओं में माता-पिता अपने बड़े लड़के का नाम खासतौर पर नहीं लेते।''

ग्राण्ट द्वारा उल्लिखित 'नगर' नामक स्थान का पूरा नाम भगवन्तनगर है। श्री विन्ध्येश्वरी सिंह ने यह भी बतलाया कि जमीपुर ग्राम में 'शिवरत्न सिंह जूनियर हाई स्कूल' सत्तावनी क्रान्ति के वीर नायक की स्मृति में चलता है, ज़िला बोर्ड से उसे मान्यता मिली है। उन्नाव ज़िले की कांग्रेस कमेटी के शिवरत्न सिंह का स्मारक बनाने का भी निश्चय किया है।

श्री विन्ध्येश्वरी सिंह ने मुझे बतलाया कि बाद में शिवरत्न सिंह तथा जगमोहन सिंह के पिता दुर्गाबख्श सिंह अंग्रेज़ों द्वारा गिरफ्तार हुए थे। महीना-दो महीना कैद में रहे। उनसे पूछा गया कि तुम रानी विक्टोरिया के माफीनामे वाले ऐलान पर क्यों नहीं हाज़िर हुए? वे बोले कि अगर मैं ऐसा करता तो नवाब के प्रति विश्वासघात होता जो कि वीर के लिए कलंक की बात है।

फिर पूछा गया कि क्या अंग्रेज़ों, स्त्रियों, बच्चों को मारने में आपका हाथ था? वे बोले कि यह उससे भी बढ़कर कलंक की बात होती–वीर के लिए यह सबसे अधिक कायरता का काम है। मैंने अपने लड़कों, सिपाहियों तक को यह आदेश दे रक्खा था कि ऐसा घृणित काम कोई न करे।

गढ़ी बैहार या बिहार से हम लोग सेमरी आए। लाल साहब के पास राणा बेणीमाधव बख्श का एक पुराना कलमी चित्र था, जिसे उन्होंने वर्षों पहले अपने एक ऐसे प्रजाजन से प्राप्त किया था जिसका पितामह राणा के साथियों में से था। लाल साहब कहने लगे : ''बहुत दिनों से सोचता था कि कोई भला आदमी मिल जाय तो उसे यह तस्वीर दे दूं।''

मैंने कहा : ''भले के बजाय यदि आप मुझे इस समय बुरा आदमी कहकर भी यह चित्र देते तो भी आपका आजीवन उपकार मानता।''

लाल साहब रोगरी उन ताल्लुकेदारों में से हैं जिन्होंने गांधी के सविनय अवज्ञा आन्दोलन में सक्रिय भाग लिया था। उन्होंने आन्दोलन के ज़माने में अपने राज में जवाहरलाल नेहरू के नाम पर स्कूल भी स्थापित किया जो अब कालेज हो गया है।

राणा का चित्र देखकर मेरा प्रभावित होना अत्यन्त स्वाभाविक था। बीच से दो भागों में बंटी हुई उनकी रौबीली दाढ़ी, निश्चयात्मक दृष्टि, लम्बी नाक उनके

व्यक्तित्व की शोभा थी। चित्र देखते ही यह स्पष्ट हो जाता है कि उसमें आंका गया व्यक्ति असाधारण था।

राणा बेणीमाधव जन-संगठन और छापेमार युद्ध की कला में अपने युग के किसी भी प्रभावशाली व्यक्ति से कम नहीं थे। तांत्या टोपे, मौलवी अहमदउल्ला शाह, राणा बेणीमाधव बख्श और उनके सम्बन्धी बाबू कुंअरसिंह अपने ढंग के अनोखे नायक थे। जब शंकरपुर घेरा गया तब अंग्रेज़ शायद यह कल्पना भी न कर पाए होंगे कि उनके ज़बरदस्त घेरे के बीच से चकमा देकर कोई व्यक्ति अपनी पूरी सेना, खज़ाना, तोपखाना और परिवार की स्त्रियों को लेकर साफ निकल जाएगा। सर विलियम रसल ने सिद्धहस्त उपन्यास लेखक की तरह 16 नवम्बर सन् 1858 की रात का वर्णन अपनी पुस्तक 'माई डायरी इन इण्डिया' में किया है। चारों तरफ पंक्तियां बिठाई गई थीं। अंग्रेज़ों के प्रधान सेनापति लार्ड क्लाइड स्वयं दक्षिण-पूर्वी भाग में घेरा डाले पड़े थे। और उत्तर-पश्चिम में सर होप ग्राण्ट जैसा कुशल सेनानी डटा हुआ था। चांदनी रात थी, दो बजे तक राणा चुपचाप बैठे रहे। फिर अंधेरे में इतना बड़ा लाव-लश्कर लेकर पश्चिम दिशा से, सर होप ग्राण्ट की दाहिनी चौकी के बीच से होकर साफ निकल गए। सवेरे उठकर जब अंग्रेज़ों ने किला खाली पाया तो भौंचक रह गए। 'संघर्षकालीन नेताओं की जीवनियां' नामक पुस्तक के पहले भाग में श्री श्रवणकुमार श्रीवास्तव महोदय ने राणा की जीवनी में अंग्रेज़ लेखक केवेना के संस्मरणों से एक अंग्रेज़ी गीत उद्धृत किया है। राधा की राह ताकते हुए ऊबकर गोरी सेना के किसी गोरे ने 'तुम कहां हो बेनीमाधो! बेनीमाधो!! गाते-गाते एक पूरी तुकबन्दी जोड़ डाली थी। अंग्रेज़ राणा का लोहा मानते थे। राणा बेणीमाधव बख्श निःसन्देह महान् नेता थे।

लाल साहब हमें फिर मानपुर के तिहत्तर वर्षीय वृद्ध ठाकुर रणदमनसिंह से मिलाने ले गए। ठाकुर रणदमनसिंह सचमुच मिलने योग्य व्यक्ति हैं। उनका जोश अब भी किसी से हार मानने को तैयार नहीं। अपने आगे किसी की नहीं सुनते। इधर साल दो बरस से वे बैसों का इतिहास लिखवा रहे हैं। उनकी पोथी धीरे-धीरे ही आगे बढ़ रही है। गरीबी ने इन्हें किसी हद तक तोड़ दिया है। इस वर्ष उनके पोते ने संस्कृत भाषा में विशेषता के साथ प्रथम श्रेणी में इण्टर-मीडियेट पास कर ज़िले में इस वर्ष का अद्वितीय गौरव प्राप्त किया है। ठाकुर रणदमन सिंह इस बात को दुहराते नहीं अघाते हैं। ठाकुर साहब एक धुन में बातें करते ही चले जाते हैं। उन्हें टोककर अपनी राह पर मोड़ना मुझे बड़ा कठिन जान पड़ा। मेरी कठिनाई को ताड़कर लाल साहब आगे आए और ठाकुर रणदमन सिंह को अपनी ओर हाथ पकड़कर मुखातिब करते हुए उन्होंने कहा कि पहले इनकी बातों का जवाब दे दो। राना बेनीमाधो और ग़दर का जो कुछ हाल जानते हो बतलाओ।

"हाल सुनावै म का कउनौ छप्पन टका खर्चु होति हैं? अरे, हालै हाल सुनाये देइति है।" यह कहकर उन्होंने बतलाया कि जब अंग्रेज़ों ने अवध का राज वाजिदअली शाह से ले लिया तो राणा बेणीमाधव ने बैसवारे के सब लोगों को मालगुज़ारी करने से रोक दिया। बस एक तिलोई के राजा ने इनका कहना न माना।

राना उन्हें घेरकर पकड़ लाए।

इतना लिखवाते-लिखवाते ठाकुर रणदमन सिंह फिर जल्दी-जल्दी एक के बाद एक इतिहास के लच्छे इतनी तेज़ी से छोड़ते चले गए कि मेरे लिए लिखना कठिन हो गया। उम्दा शॉर्टहैण्ड लेखक ही रणदमन सिंह जी की बातों को लिपिबद्ध कर सकता था।

लाल साहब ने फिर रणदमन जी को अपनी ओर आकृष्ट कर कहा, "राना साहब जब सेमरी मां आए तौ का भा?"

"सेमरी मां तीन हज़ार आदमी रहा, सोरह सौ पैदल, पन्द्रह सौ सवार। तब दुपहर मां नगर मां गोरे आए।"

"राना बेनीमाधो सेमरी मां आय कै पड़ाव किहिनि। तब तउ महराज के हियां कोऊ मरद मानुस रहा नाहीं, ठकुराइन साहब रहीं। राना आय कै हुकुम लगाइनि कि खाना लाओ। ठकुराइन भला राना बेनीमाधौ का का समझैं। उयि घर की बड़ी बूढ़ी रहैं। राना साहेब उनके आगे बच्चा रहैं। ठकुराइन कहवाइनि कि खाना खाय के होय तौ लरिका की तरह घर मा आय के खाय जाओ औ जो अपने बड़े गुमान मां हो तो बताए देइति है, हियैं पड़ियारे नाला पार तुमरे सब घोड़न की पूंछैं क़टाय ल्याब। ई पर राना बेनीमाधो तुरन्त हां आजी हां आजी करति आए और चुपचाप पाटा पर बइठि क खाना खाय लिहिनि।"

सामन्तों में यह चलन है कि जब कोई बड़ा सामन्त अपने से छोटे सामन्त के घर भोजन करने जाता है तो बिना नज़र लिए खाना नहीं खाता। राणा बेणीमाधव बख़्श सरदारों के सरदार थे, परन्तु कुनबे की बड़ी-बूढ़ी के सामने अपनी मर्यादा को बालाये ताक कर चुपचाप भोजन करने चले गए, यह उनकी महानता का परिचायक है।

सेमरी के युद्ध के समय जब जमीपुर के टीले पर गोले गिरे तो महारानीगंज का बरखण्डी बनिया और हरप्रसाद सिंह ठकुराइन साहबा को नदी द्वारा बरहा मौजा में सुरक्षित पहुंचा आए।

"शिवरतन सिंह बैहार वाले सिमरी आवति रहैं तउन मैदनवा मां भूंजि डारेगे।" सेमरी में उस समय अरहर कट चुका था, खेतों में उसकी खूंटियां निकली हुई थीं; सेमरी के कुंओं का पानी खारा है। अंग्रेज़ों ने पहले तो यह इल्ज़ाम लगाया कि विधवा रानी ने खेतों में खूंटियां गड़वाईं और कुओं में ज़हर घुलवाया है। रानी बागी है। बाद में एक अंग्रेज़ ने लिखा विधवा रानी और नाबालिग ऐसा नहीं कर सकते। सेमरी में 'नकटी' और 'बलदेव बाण' नाम की दो तोपें थीं, उन्हें अंग्रेज़ उठा ले गए।

डौंडिया खेरे के राव रामबख़्श से ठाकुर रणदमन सिंह प्रसन्न नहीं दिखते थे, उन्होंने कहा कि रामबकस ने राना साहब को फंसा दिया "रामबकस राना साहेब ते किहिनि की तिनि बरस का रासन गंजा है। खाओ औ लड़ौ। और आप खज़ाना लइकै चुप्पे ते कासी जा भागिगे। उयि स्यवाला (शिवाला) मां अंगरेजन क पकड़ि कै जलाय चुके रहैं न, वह बात क डर रहै।" राव रामबख़्श जब पकड़े गए तो कोई उनकी शिनाख़्त करने न आया; केवल मौरावां के चन्दन लाल खत्री और मुरारमऊ

के दुर्विजय सिंह ने शिनाख्त की।

राव रामबख्श के प्रति लाल साहब सेमरी भी भावशून्य आलोचक की भांति अपने उद्‌गार प्रकट करते हुए बोले : ''राव रामबख्श ने कोई लड़ाई तो लड़ी नहीं दो काम किए, एक तो शिवाले में आग लगाई, दूसरे अंगरेज़ों की नाव डुबाई। यह उनकी वीरता है।''

लाल साहब ने रावसाहब की एक विशेषता यह बतलाई कि उन्हें डूबते हुए लड़कों को देखकर बड़ा सुख मिलता था। वे घाट पर पूजा के लिए बैठते और उनके सधे हुए डुबकी खोर नहाने वाले बच्चों की टांग घसीट कर पानी में खींच ले जाते थे। राव साहब की 'सैडिस्ट' प्रवृत्ति की यह बात सुनकर मैं स्तम्भित रह गया।

नाव डुबोने और मन्दिर में आग लगाने की घटना को लेकर मन में अब तक साफ नहीं हूं। श्री सुरेन्द्रनाथ सेन ने अपनी पुस्तक 'एट्टीन फिफ्टी सेवन' में मौब्रे टॉमसन और डेलाफोज़ की पुस्तकों से वे अंश उद्धृत किए हैं, जिनका सम्बन्ध नावें डुबाने से है। अंग्रेज़ों द्वारा मन्दिरों में शरण लिए जाने का उल्लेख भी है, सेन की पुस्तक में राव रामबख्श के इलाके में नावें फंसने, गोलियां चलाए जाने और सात अंग्रेज़ों के शिवलय में आश्रय लेने की बात तो है पर मन्दिर में आग लगाए जाने की घटना का कोई उल्लेख नहीं है। ये दो अंग्रेज़ जो कि स्वयं उन घटनाओं में फंसकर भी सौभाग्यवश बच निकले मन्दिर में आग लगाने की घटना पर क्यों मौन हैं? सेन ने केवल इतना ही लिखा है : ''पीछा करने वालों से जब बचना मुश्किल हो गया तो निराश दल ने एक मन्दिर में शरण ली। मन्दिर में खाने के लिए कुछ नहीं था। लेकिन एक गड्ढे में दुर्गन्धयुक्त पानी भरा था, वही उनकी प्यास बुझाने में सहायक हुआ। उन्हें अपनी यह शरणस्थली भी छोड़नी पड़ी और नदी की ओर भागे।'' सेन महाशय अंग्रेज़ों के प्रति भारतीयों के अत्याचार की कहानियां सुनाने से पुस्तक भर में कहीं नहीं चूके, फिर राव रामबख्श का यह अपराध ही क्यों बख्श दिया? सेन साहब अंग्रेज़ों के प्रति सहानुभूति प्रकट करते-करते इतने आत्मविभोर हुए हैं कि अंग्रेज़ों के शत्रु, स्वदेशवासी क्रान्तिकारियों को, आप भी 'शत्रु' ही कहने लगे हैं। ऐसे व्यक्ति का चुप रहना तो यही साबित करता है कि उसे आग लगाने के प्रमाण न मिले हों। पण्डित देवीदत्त शुक्ल ने 'अवध के गदर का इतिहास' में मन्दिर जलाने की बात लिखी है।

अंग्रेज़ी नावों पर गोलीबारी करने की योजना किसी और की बनाई थी। राव रामबख्श उस योजना में शरीक अवश्य हुए थे। मन्दिर भी भीड़ ने जलाया, राव रामबख्श वहां मौजूद थे या नहीं; इसका भी कोई उल्लेख अब तक कहीं नहीं पढ़ा।

ऐसी दशा में राव रामबख्श को इन कार्यों के लिए दोषी ठहराना कहां तक उचित है, यह बात विचारणीय है। रही उनके बच्चे डुबोने वाली आदत की बात— इसके सम्बन्ध में फिलहाल कुछ नहीं कहा जा सकता। अस्तु।

बता सत्तावनी नायकों से हटकर अन्य सामन्ती नौंक-झोंक की ओर बढ़ी। ठाकुर रणदमन सिंह ने कहा कि एक बार गौरा के ठाकुर हमसे बोले कि बैसों में राव दर्जा राणा से ऊंचा है। कविता का प्रमाण दिया—

दस हर (हल) राव आठ हर राना।
चार हरे कर भला किसाना...॥

इस पर रणदमनसिंह जी ने जोश में तन्नाते हुए उनसे कहा कि आपके द्वारा दिया जाने वाला कविता का प्रमाण अशुद्ध है; शुद्ध इस प्रकार है–

दस हर राव बीस हर राना।
चार हरे कर भला किसाना॥
दुइ हर केरी खेती बारी।
एक हरे ते भली कुदारी॥

बैस ठाकुरों का प्रधान गढ़ दरअसल डौंड़िया खेड़ा है। जहां के राव रामबख्श थे। शंकरपुर और खजूर गांव के राणा बैसों में प्रमुख सामन्त थे। राणा बेनीमाधव के व्यक्तित्व से शंकरपुर का माहात्म्य बहुत बढ़ गया था, दरअसल बैस सामन्त तीन शाखाओं में बंट गए थे। मुरार मऊ, डौंडिया खेड़ा और पुरवा के बैस, महान् बैस राजा तिलोकचन्द के ज्येष्ठ पुत्र पिरथीचन्द के वंशज हैं। तिलोक चन्दी बैसों की अन्य दो बड़ी शाखाएं, सेम्बसी और नेहस्ता घराने, राज्य तिलोकचन्द के छोटे पुत्र हरिहर देव के वंशजों ने स्थापित कीं। डौंड़िया खेड़े वाले अपने को श्रेष्ठतम मानते हैं। यह श्रेष्ठता लघुता के झगड़े बैसों के इन तीन प्रमुख घरानों में अक्सर पारस्परिक ईर्ष्या के कारण बने हैं।

बैसों के इतिहास की भी रोचक कहानी है। वैसे तो बैस शालिवाहन श्री हर्ष के वंशज माने जाते हैं। बदायूं, मैनपुरी, इटावा, बैसों के पूर्व स्थान हैं। अवध में इनका इतिहास सन् 1250 ई० से आरम्भ होता है। अभयचन्द, निर्भयचन्द नामक दो भाई बक्सर घाट पर गंगा नहाने आए। उन दिनों अर्गल के गौतम वंशी राजा और सूबेदार में ज़ोरों की तनातनी चल रही थी। वे भारत में मुस्लिम शासन के प्रारम्भिक दिन थे। दिल्ली में गुलाम वंश का शासन चल रहा था। अवध में राजपूत सामन्तों से मुसलमान शासकों की पटरी नहीं बैठी थी। इसलिए मुसलमान सूबेदार ने गंगा नहाने आई हुई गौतम रानी तथा उसकी पुत्री को घेर लिया। रानी ने गुहार लगाई कि अगर कोई क्षत्रिय हो तो विधर्मियों से हमारी रक्षा करे। निर्भयचन्द, अभयचन्द दोनों भाई मुकाबले पर आ डटे और सूबेदार की सेना को मारकर खदेड़ दिया। इस युद्ध में निर्भयचन्द ने वीरगति प्राप्त की। अभयचन्द रानी और राजकुमारी को पहुंचाने के लिए अर्गल गए। गौतम राजा ने उनके साथ अपनी राजकुमारी का विवाह कर दहेज में बाइस मुहाल दिए। इन्हीं बाइस मुहालों के ठाकुर होने के कारण ये लोग बैस कहलाते हैं।

ठाकुर रणदमन सिंह ने इस सम्बन्ध में एक कविता दिखाई :–

अवध राज डलमऊ बरेली ले
थुड़ेली, मौरावां, सिसेंडी, निघोबां सरवन सिंहारे में।
गिरधर कवि सातनपुर, पाटन, बइहार,
गुला देवरख कहिंजर बिराजत जवारे में॥
पाहन, ससान, मगड़ायल, सेदू, घाटमपुर,

कुम्भी डौंडिया खेर, हड़हा बिराजत जवारे में।
बरवत विशाला शालिवाहन के वंश वारे,
बसत बैस साढ़े बाइस मुहाल बैसवारे में॥

इस प्रकार बैसों के प्राचीन इतिहास की कान पड़ी भनक के साथ ही साथ यह विचार आया कि आरम्भ में नये शत्रु के सामने बैस अन्य क्षत्रियों के साथ भी संगठित हो सके; फिर अपने ही साढ़े बाईस मुहालों में फूट पड़ गई। घर ही में बड़े छोटे की लतिहाउज चल गई; मुसलमानों से भी चलती ही रही। परन्तु सन् सत्तावन में फिर यह आपसी फूट उड़नछू हो गई।

हिन्दुस्तान में फूट, गुलामी फिर संगठन; फिर फूट, गुलामी और फिर संगठन—यही क्रम कम-से-कम सिकन्दर के आक्रमण के समय से तो हमें दिखलाई ही पड़ता है। सत्तावनी क्रान्ति का काल देश के पुनः संगठन का श्रीगणेश काल था। यों फूट-परस्ती का बोलबाला भी रहा, परन्तु यह बात माननी पड़ेगी, कि राव और राणा आपसी छोटाई-बड़ाई भूलकर संगठित हुए थे, हिन्दुओं ने वैर भूलकर देश की एकता के प्रतीक 'म्लेच्छ' यवनों के हरे झण्डे को उठाया था, और मुसलमानों के लिए हिन्दुओं के बजाय अंग्रेज़ काफिर हो गए थे। यह इतिहास का एक नया मोड़ था। सन् सत्तावन में जागी ज्योति के प्रकाश में भारत ने अपनी राष्ट्रीयता को पहचाना। भारत के इतिहास में 6 अप्रैल सन् 1919 का दिन अपूर्व था। उस दिन देश ने अपने पूर्ण संगठित रूप का दर्शन इतिहास में शायद पहली ही बार किया था। यह रौलट बिल के विरोध में आम हड़ताल का दिन था। गांधी की आज्ञा और कांग्रेस के प्रस्ताव पर हड़ताल हुई थी। सन् 1919 की कांग्रेस रिपोर्ट में कहा गया है, "6 अप्रैल को देश व्यापी प्रदर्शन हुआ। सब लोग बड़े ही उत्तेजित थे। उस समय एक बात मार्के की दिखाई पड़ती थी। और वह था हिन्दू-मुस्लिम भ्रातृभाव। अब दोनों जातियों के नेता बस इसी एकता की रट लगाए हुए थे। हर सभा में यही आवाज़ निकलती थी। इस जोशो-खरोश के ज़माने में छोटी जातियों ने भी अपने मतभेद भुला दिए। वह भ्रातृभाव का एक अद्भुत दृश्य था। हिन्दू मुसलमान एक दूसरे के हाथ से खुल्लमखुल्ला पानी लेते देते थे, जुलूसों के झण्डों और नारों दोनों से हिन्दू मुसलमानों का प्रेम ही प्रकट होता था। एक जगह तो मस्जिद के चबूतरे पर खड़े होकर हिन्दू नेताओं को बोलने भी दिया गया था।"

इस महान् ऐतिहासिक दिन की भावना उन दिनों जन्मी थी, जब राणा बेनीमाधव और मौलवी अहमद उल्ला शाह आपस में एक-दूसरे का हौसला बढ़ाते हुए पत्र-व्यवहार करते थे, जब राणा ने अंग्रेज़ों को लिखा था कि वे विश्वासघात नहीं कर सकते, वे बिरजीस कदर के साथ हैं।

हरदोई और उन्नाव

खोज-बीन का काम या तो संन्यासी साहित्यिक कर सकता है या फिर किसी बड़े रईस का साहित्यिक बेटा। मैं दोनों में से एक भी नहीं, पर काम करने का शौक है। गृहस्थी को झंझटों के कारण कभी-कभी अपने शौक से समझौता करना ही पड़

जाता है। कहने का तात्पर्य यह कि हरदोई और उन्नाव ज़िलों में गदर के फूल चुनने न जा सका। पहले कुछ अड़चनें आ गईं, बाद में वर्षा का ज़ोर बढ़ गया। न जा पाने का मुझे हार्दिक दुःख है।

हरदोई ज़िले में मुझे तीन प्रमुख नाम मिले थे। रोइया के राजा नरपतिसिंह, संडीला के चौधरी हशमत अली और बेरुवा के ठाकुर गुलाब सिंह।

चौधरी हशमत अली के सम्बन्ध में 'सवान हात-ए-सलातीन-ए-अवध' में पढ़ा था। बेगम का परवाना पाकर आप चार हज़ार की सेना लेकर लखनऊ पहुंचे थे।

रोइया के नरपति सिंह और बेरुवा के गुलाब सिंह के सम्बन्ध में मेरी सूचनाएं क्रमशः दैनिक 'नवजीवन' और 'स्वतन्त्र भारत' में प्रकाशित श्री बुद्धि सागर वर्मा और श्री बचनेश त्रिपाठी के लेखों तक ही सीमित हैं।

राजा नरपति सिंह

हरदोई ज़िले में बिलग्राम से दस मील दूर सदामऊ (रोइया ग्राम) स्थित है। जहां के नरपति सिंह सत्तावनी क्रान्ति में अमर हो गए।

नरपति सिंह के पूर्वज राणा प्रताप भानु उदयपुर राज्य से किसी कारणवश निष्कासित होकर इधर आए थे। बिलग्राम के सैयदों ने प्रताप भानु से मैत्री सम्बन्ध स्थापित किया। अपने इलाके का रोइया ग्राम इन्हें दे दिया। प्रताप भानु की चौथी पीढ़ी में नरपति सिंह हुए। इन्होंने अपने चचेरे भाई सुमेर सिंह से गद्दी पाई।

नरपति सिंह स्वयं वीर और वीरों के प्रशंसक एवं पोषक थे। उनकी सेना में वही भरती हो सकता था जो सेर भर या इससे अधिक भोजन सामग्री को पचा ले। वे अपने सैनिकों की कठिन परीक्षा लेते थे। सदियों पुराने सामन्ती कायदे के अनुसार सैनिक अपने-अपने गांवों में ही रहकर खेती-बाड़ी करते थे और साल में दो बार कवायद करने आया करते थे।

मेरी समझ में फौज रखने का यह तरीका ही इस देश को सदा कमज़ोर बनाता रहा। व्यक्तिगत वीरता और बात है, परन्तु इससे युद्ध के समय कभी उस प्रकार का संगठन नहीं हो सकता जैसा कि सेनाओं की नियमित कवायद से वीरों में आता है। लड़ाई का हांका पड़ते ही राजा से गुज़ारे के लिए ज़मीन पाने वाले नमकख्वार वीर ग्रामीण जन बस मरने और मारने का निश्चय कर संग्राम क्षेत्र में पहुंच जाते और अंधाधुंध मार-काट मचाते थे।

अपने सम्बन्धी, शिवराजपुर के चंदेले ठाकुर सतीप्रसाद की प्रेरणा से नरपति सिंह भी अंग्रेज़ों के विरोधी संगठन में सम्मिलित हुए। इसी सिलसिले में आपने संगठन विरोधी अंग्रेज़ परस्त गंज मुरादाबाद के ज़मींदार पर आक्रमण भी किया। लखनऊ की सरकार से आपके नाम परवाना भी भेजा गया था, जिसे स्वीकार कर आपने लिखा कि परिस्थिति को देखते हुए मेरा लखनऊ आना उचित नहीं। मैं यहीं रहकर शत्रुओं की राह रोकूंगा।

अंग्रेज़ों ने नरपति सिंह को अपनी ओर मिलाने के लिए सभी उपाय किए परन्तु नरपति सिंह का निश्चय स्वाभिमानी क्षत्रियों की परम्परा के अनुसार दृढ़ था।

यह देख कर्नल एग्रियन होप ने पूर्व की ओर से रोइया गढ़ी पर आक्रमण किया। सूचना मिलते ही नरपति सिंह ने अपने वीरों का आह्वान कर एक सभा की। सबकी यही सलाह हुई कि सम्मुख युद्ध करने के बजाय गढ़ी के फाटक बंद कर रक्षात्मक युद्ध करना ही उचित होगा।

अंग्रेज़ों का आतंक भारी था। एक सेर राशन खाने वाले नरपति सिंह के वीरों में कुछ कायर भी थे। रोसगंज के दो व्यक्ति नरपति सिंह की सेना में नौकर थे। वे दोनों डर कर अपने गांव की ओर भागे। उनमें से एक ब्राह्मण कुमार सर्दू नदी के तट पर कारणवश कुछ देर के लिए रुक गया। उसका साथी कुरमी पुत्र अपने गांव पहुंचा। भगोड़े ब्राह्मण के वृद्ध पिता अपने दरवाज़े पर बैठे भांग घोट रहे थे। कुरमी पुत्र को देखकर कहा : "कैरे लल्तुआ ई बेरिया तुई हियां कइसे आइगौ रे?"

ललतू कुर्मी ने कहा : "काका, गढ़ी पर फिरिंगिन का हमला होई वालो है। राजा साहब की अब खैरि नाई है। जानि बूझि कै आगीं म कउनु कूदै। कइयौ सिपाही अपने-अपने घर भजि गये। सो महूं चलो आयउं। तुम्हरो लउंडव पीछे आय रहो है।"

वृद्ध ब्राह्मण का चेहरा तमतमा उठा। रक्त खौलने लगा। वह भीतर से अपनी तोड़ेदार बन्दूक उठा लाया और उसे भरकर गज ठोकते हुए बोला, "ससुरे जलम भरि ठाकुर साहब को नमकु खाओ है, लहड़ू भरि-भरि जिनिस लाओ अउर जब उन पर बिपति आई तो भजि आओ। आवै ससुरा दरवाज़े पै गोली मारि दिहैं।"

वृद्ध ब्राह्मण का यह कोप देखकर ललतू अपने ब्राह्मण साथी के सहित लौट गया और वे अन्त तक लड़े।

होप साहब की सेना ने गढ़ी घेर ली। गढ़ी में गिरने वाले गोलों को तुरन्त गीले टाटों से ठण्डा कर दिया जाता था, और सिपाही बन्दूकों की बाढ़ पर बाढ़ें दाग कर अंग्रेज़ों को सुला रहे थे। दिन-भर युद्ध चला।

रक्षात्मक युद्ध आखिर कब तक चल सकेगा? यदि पराजय हुई तो?—इसके लिए भी पूर्ण प्रबन्ध था। नीचे कमरे में चार अंगुल मोटी बारूद की पर्त बिछा उस पर कालीन बिछाई गई। गढ़ी की स्त्रियां कन्याएं उस पर बैठी थीं। कमरे के पास ही एक ठीकरे में आग रक्खी हुई थी। अंग्रेज़ों के जीतने पर स्त्रियों को क्षण-भर में स्वर्ग पहुंचाने का प्रबन्ध था। परन्तु सात वर्ष की लड़की नरपति सिंह से कहती थी : "बापू तुम न घबराना, जीत तुम्हारी होगी।"

जीतने की कोई आशा नहीं थी, पर विधि का विधान विचित्र है। होप साहब अपने किसी सहकारी को कुछ आदेश दे रहे थे तभी एक गोली ने उनके प्राण ले लिए। अंग्रेज़ों में शोक छा गया। सफेद झण्डा फहराकर युद्ध बन्द किया और कूच कर गए। अंग्रेज़ों को बहुत नुकसान सहना पड़ा।

दुबारा घाघरा पल्टन भेजी गई। नरपत सिंह की गढ़ी बांस के जंगलों और खाई से घिरी हुई थी। गोरी सेना बड़ी सीढ़ियां लेकर आई। खाई पार की, गढ़ी की मुंडेर तक सीढ़ियां लगा दीं। गढ़ी की दीवाल के दोनों ओर से भयंकर गोला-बारी हुई। अंग्रेज़ों के छक्के छूट गए।

तीन दिन युद्ध हुआ। इसके बाद बुद्धि सागर जी के लेख और सेन महाशय के विवरण में अन्तर है। सेन जी के अनुसार नरपत सिंह गोरों को छकाकर चुपचाप किला खाली कर निकल गए और बुद्धिसागर जी के अनुसार नरपति सिंह के वीरों ने घुटकर मरने के बजाय फाटक खोल दिए और अंग्रेज़ों को प्रबल रणदान दिया।

बेरुआ के गुलाब सिंह

गुलाब सिंह भिण्ड भदावर के रहने वाले भदौरिया राजपूत थे। वे सण्डीला के पास बेरुआ रियासत में बस गए और वहीं के दीवान भी हो गए।

क्रान्ति के दिनों में उक्त रिसायत का मालिक एक सात वर्षीय बालक चन्द्रिका बख्श सिंह था। गुलाब सिंह ही कर्ताधर्ता थे। वे स्वदेशी दल में शामिल हो गए। इनके छोटे भाई गोपाल सिंह ने विरोध किया। जब गुलाब सिंह न माने तो छोटे भाई ने अपने प्राण देने की धमकी दी। दोनों ही भाई अपनी आन के पक्के थे, गुलाब सिंह ने देश का साथ न छोड़ा और छोटे भाई ने सचमुच अपना गला काटकर देह छोड़ दी।

उन्होंने लखनऊ, कानपुर, रहीमाबाद, मलीहाबाद, सण्डीला, जामू, मल्हेरा, बेतवा-तट और बेरुवा गढ़ी आदि स्थानों में अद्‌भुत वीरता दिखाकर अंग्रेज़ों के छक्के छुड़ाए।

नाना साहब के यह परम भक्त थे। लखनऊ की पराजय के बाद नाना साहब एक बार फरारी की हालत में गुलाब सिंह के साथ बेरुआ आए थे। वे नाना साहब के साथ ही रहे और अन्त में नेपाल के जंगलों में मलेरिया से पीड़ित होकर प्राण त्याग किए।

राव रामबख्श सिंह, डौंडिया खेड़ा

डौंडिया खेड़ा तिलोकचंदी बैसों का प्रमुख केन्द्र था। राव रामबख्श सिंह वहां के अधिपति थे। राव साहब के सम्बन्ध में उन्नाव निवासी, युवराज दत्त कालेज, लखीमपुर के प्राध्यापक श्री प्रतापसिंह चौहान ने पत्र लिखकर सूचित किया है : "राव रामबख्श सिंह अत्यन्त धर्मात्मा और निर्भीक व्यक्ति थे। उनकी नस-नस में स्वतन्त्रता का अभिमान संचरित था। यही कारण है कि 1857 से उन्नाव वाले परिच्छेद में, जिसका नेतृत्व वे स्वयं कर रहे थे, उन्नाव ने सबके बाद अपनी तलवार म्यान में रक्खी। वे नित्य खड्ग पूजा करते थे और किंवदंती है कि उनकी तलवार उठकर अपने आप पास आ जाती थी।

"हमारे पूर्वज इनके मान्य होकर आए थे। उनके दिए गांव आज भी हमारे पास हैं। वे गांव हैं भया खेड़ा, पहाड़पुर, कपूरपुर और बिजई खेड़ा।

निस्सन्देह उन्होंने उन अंग्रेज़ों को जो उनके मन्दिर में शरण लिए हुए थे वे नाव से गंगा को पार कर रहे थे जलवा दिया और डुबवा दिया। अधिक लोग इसे नृशंस कहेंगे पर युद्ध और प्रेम में सब उचित होता है।"

पहले ही निवेदन कर चुका हूं, मैं अब तक यह नहीं समझ सका कि मन्दिर

में डेलाफोज, मौब्रे टामसन आदि घिरे हुए व्यक्तियों को जलाने के उपक्रम में राव रामबख्श का क्या हाथ था। मौब्रे टामसन का जो उद्धरण सेन महाशय की पुस्तक में है उसमें अंग्रेज़ों द्वारा शिवालय में शरण लेने का ज़िक्र तो है, पर शिवालय जलाए जाने का नहीं, यह मैं पहले भी लिख आया हूं।

रही नाव डुबाने की बात—सो नज़फगढ़ के पास इनकी नाव रेत में फंसी।

वहां गोलिया चलीं—दोनों ओर से चलीं।

तब फिर इन पर नृशंसता का दोष क्यों आता है?

मेरी एक पुरानी कापी में राव रामबख्श के सम्बन्ध में कुछ बातें लिखी हुई हैं। यह अब याद नहीं पड़ता कि किस व्यक्ति ने वे बातें मुझसे कही थीं। तब इंटरव्यू लेने तो निकला नहीं था। किसी ने प्रसंगवश बतलाया और मैंने आदतवश लिख लिया। वह सूचना इस प्रकार है :

कानपुर से प्रयाग भागने वाली नाव के 13 अंग्रेज़ जिनमें मेजर डेलाफोज़ भी था, न जाने क्यों नज़फगढ़ के पास नाव छोड़कर स्थल मार्ग से बक्सर पहुंचे। अकस्मात् डौंड़िया खैरा के बाबू यदुनाथ सिंह ने उन्हें देख लिया और घेर लिया। बाबू किसी गोरे की गोली से स्वर्ग सिधारे और अंग्रेज़ गंगा के किनारे-किनारे भागे। बाबू के सिपाही अंग्रेज़ों को भूल अपने मालिक की संभाल में लगे। इसी बीच यह खबर बैसवारे में फैल गई। बहुत से नवयुवक और भीड़ अंग्रेज़ों को ढूंढ़ने निकल पड़ी। इस भीड़ का नेतृत्व राव रामबख्श कर रहे थे। भागते-भागते डेलाफोज़ और अंग्रेज़ों ने एक मन्दिर में शरण ली, मूर्तियां बाहर फेंक दीं। यह मन्दिर और फुलवाड़ी संयोग से राव साहब की ही थी। जनता ढूंढ़ते-ढूंढ़ते मन्दिर पहुंच गई। कुछ आहट मिली, मूर्तियां बाहर देखीं, द्वार बन्द पाए। सन्देह पक्का हुआ, अपवित्र हो चुका था, जनता ने मन्दिर में आग लगा दी। डेलाफोज़ दो आदमियों के साथ किसी प्रकार लपटों से जूझता निकल भागा। गंगा तट पर गहरौली गांव उस समय राजा मुरारमऊ के कब्ज़े में था। वहां उन्हें शरण मिली।

सेमरी के युद्ध में राव रामबख्श की सेना भी लड़ी थी। बैसवारे और अवध के पतन के बाद राव साहब सर्वहारा होकर बनारस भाग गए और छिपे तरीके से रहने लगे। वहीं उनके नौकर चंदी ने धोखा देकर इन्हें गिरफ्तार करा दिया। अंग्रेज़ों ने उन्हें क्षमा मांगने पर विवश करना चाहा पर ये न झुके। 8 जून, 1861 में ये बक्सर लाए गए और बरगद के पेड़ से इन्हें फांसी दी गई।

उन्नाव में मगरवारा, बशीरतगंज और बुढ़िया की चौकी में भयंकर युद्ध और कत्लेआम हुए हैं। यह क्षेत्र छापेमार युद्धों और वीर कारनामों का क्षेत्र रहा है। मुझे दुःख है कि इन स्थानों में न जा सका। पुस्तक के दूसरे संस्करण तक यह कार्य अवश्य ही पूरा कर डालूंगा।

लखनऊ

लेफ्टिनेण्ट मेजर मेंक्लाड ईनिस आर० ई०, वी० सी० ने अपनी पुस्तक 'लखनऊ एण्ड अवध इन द म्यूटिनी' में उस समय के नगर की संक्षिप्त रूपरेखा

प्रस्तुत की है और विशेष रूप से पुलों और मार्गों का उल्लेख किया है। पुराने लखनऊ के बने रंगीन और जानदार वर्णनों के रहते हुए भी मैंने ईनिस का रेखाचित्र ही काम का समझकर चुना है। ईनिस लिखता है :

"लखनऊ नगर लगभग साढ़े पांच मील लम्बा और ढाई मील चौड़ा है। यह विशेष रूप से गोमती के तट पर बसा है तथा अन्य तीन दिशाओं में एक बड़ी और गहरी नहर इसे घेरे हुए है। नगर के पश्चिमी भाग में घनी आबादी है, इसी प्रकार पूर्व की बस्ती में दक्षिणी अंश भी घना आबाद है। इसका उत्तरी पूर्वी भाग महलों, बंगलों, कोठियों, उनके साथ लगे हुए बगीचों, मकबरों और कब्रों से भरा है। जहां नगर के पश्चिमी और पूर्वी अर्द्धांश विलग होते हैं, वहां गोमती पर एक पुराना पत्थर का पुल है। उससे एक मील आगे नदी के बहाव की दिशा में अर्थात् पूरब की ओर एक नया पुल लोहे का बना है। इन दोनों पुलों से होकर मंडियांव छावनी, जो उत्तर में दो मील दूर स्थित है; आ-जा सकते हैं। दक्षिण में कानपुर मार्ग लोहे के पुल से आरम्भ होकर, रेज़िडेन्सी के किनारे से होता हुआ चारबाग में नहर के ऊपर से होकर जाता है। मच्छी भवन और रेज़िडेन्सी नदी के दक्षिण तट पर क्रमशः पत्थर के पुल और लोहे के पुल के एकदम निकट स्थित हैं।"

ये सारे मार्ग आज से सौ और निन्यानबे वर्ष पूर्व, क्रान्ति के दिनों में अत्यन्त महत्त्वपूर्ण रहे हैं। उन दिनों लखनऊ की शानदार इमारतों पर आमतौर से ध्यान नहीं जाता था; ये राहें ही देखी जाती थीं। उस समय की शानदार इमारतें खण्डहर हो गईं, बहुत-सी नेस्तनाबूद हो गईं, मगर ये राहें अब भी चल रही हैं।

वाजिदअली शाह ने अपना तख्त व ताज गंवाकर कानपुर मार्ग से ही यह कहकर सफर किया था–

"दरो दीवार पे हसरत से नज़र करते हैं।
खुश रहो अहलेवतन हम तो सफर करते हैं।"

लेकिन अंग्रेज़ी अमल में अहलेवतन खुश न रह सके। 11 फरवरी, सन् 1856 को, लखनऊ गज़ेटियर के अनुसार, अवध के कम्पनी राज्य में मिला लिए जाने की घोषणा हुई। नवाबी सरकार के बड़े-बड़े हाकिम अमले नई व्यवस्था में सत्ताहीन हो गए; उनकी छातियों पर सांप लोटना स्वाभाविक था। नवाबी दरबार उजड़ा तो महाजनों-दुकानदारों का धंधा उजड़ गया; इनके पेट में चूहे कूदने लगे। शाही सेनाएं तोड़ दी गई थीं, इसलिए शहरों में शोहदों का हंगामा भी बढ़ गया था।

प्रजा अंग्रेज़ों की न्याय-व्यवस्था से बुरी तरह चिढ़ती थी। वाजिद अली शाह के शासन काल में ही अवध के रेज़िडेन्ट कर्नल स्लीमैन ने अवध के उन भागों में, जो नवाब सआदत अली खां के समय में ही अंग्रेज़ी अमल में आ गए थे, नई न्याय व्यवस्था के प्रति प्रजा का असन्तोष देखा था। वह लिखता है कि "लोग या ज़्यादातर लोग हमारे द्वारा शासित ज़िलों में रहने के बजाय अवध राज्य में रहना पसन्द करते हैं। हमारे विभिन्न न्यायालयों की कड़ियों से होकर गुज़रना, हमारे गुत्थीदार कानून से बंधना, हमारे न्यायालयों के घमंडी और लापरवाह अफसरों को, तथा मुकद्दमा लड़ाने के लिए उभयपक्षों की ओर से नियुक्त होने वाले नये न्यायपण्डितों की

रिश्वतखोरी और अन्याय को बर्दाश्त करना, फिर पास हो जाने पर डिगरी करवाना उन्हें बड़ा परेशान करता है। अवध निवासियों के यदि वोट लिए जाएं तो सौ में निन्यानवे लोग हमारी गुत्थियों वाली न्याय-प्रणाली के बजाय अपनी पुरानी प्रणाली के पक्ष में ही वोट देंगे।''

अंग्रेज़ी अमल आते ही तरह-तरह के टैक्सों की भरमार हो गई। खाने-पीने की चीज़ों के भाव टैक्स के कारण चढ़ गए। नवाबी लखनऊ को अफीम के दाम चढ़ जाना तो बेहद खला। धार्मिक दृष्टि से 'कदम रसूल' नामक पवित्र स्थल में अंग्रेज़ों द्वारा बारूद-भण्डार (मेगज़ीन) स्थापित किया जाना भी लोगों के दिलों में आग लगा गया। पुराना राजा कैसा भी हो, अपना था। उसके महलों में नये शासकों को देख-देखकर जनता मन ही मन कुढ़ती थी। छतर मंज़िल में गोरे साहब रहते थे, खुर्शीद मंज़िल में उनकी भोजनशाला थी। चौपड़ अस्तबल में उन्होंने अपनी एक पल्टन रखी थी तो उसके आसपास के अच्छे मकान फौजी अफसरों के लिए ले लिए गए थे। तारा कोठी जिसमें आजकल स्टेट बैंक की स्थानीय शाखा है, वेधशाला से कचहरी बन गई। इसके आसपास की तमाम कोठियां बड़े-बड़े गोरे अफसरों ने हथिया लीं। आसफी दौलतखाना और शीश महल भी गोरी फौजों के अड्डे बन गए। इससे करीब ढाई-तीन मील आगे मूसाबाग में भी कम्पनी की सेना रहने लगी। अंग्रेज़ों ने अपनी समझ से तो नगर को खूब घेर रक्खा था। उत्तर में शहर से ढाई-तीन मील दूर मंडियांव छावनी थी, उसके आगे मुदकीपुर में थी, शहर से सिकंदर बाग के पास चक्कर वाली कोठी में थी--फौजें कहां नहीं थीं? नगर की प्रजा को आतंकित किए रखने का पूरा प्रबन्ध था। अंग्रेज़ों से लखनऊ निवासी प्रसन्न नहीं थे। गाज़ीउद्दीन हैदर के समय लखनऊ की यात्रा करने वाले अंग्रेज़ महापादरी आर्कबिशप हेब्बर ने अपने यात्रा वृत्तान्त में लिखा है कि अंग्रेज़ों को शहर में हाथी पर सवार होकर दस-पांच सिपाहियों के साथ ही शहर में निकलना चाहिए, इक्का-दुक्का घोड़े पर सवार अंग्रेज़ यहां कत्ल कर दिए जाते हैं।

अंग्रेज़ी अमल होने पर शहर के अन्दर लोगों ने अंग्रेज़ों को किराये पर मकान देने से इनकार कर दिया था। अफसरों ने परेशान होकर चीफ कमिश्नर हेनरी लारेंस से दरख्वास्त की और रहने की जगह पाने के लिए गोरों को कानून का कोड़ा चलाना पड़ा।

यह नगर की मनोदशा थी!

फरवरी सन् 1857 ई० तक मौलवी अहमदुल्ला शाह भी लखनऊ में ही थे। वे घसियारी मंडी में रहते थे। लखनऊ के बहुत से बड़े-बूढ़े उन्हें आज भी डंकाशाह मौलवी के नाम से जानते हैं। सैयद कमालुद्दीन हैदर ने लिखा है कि वे 'नक्कारशाह' के नाम से मशहूर थे। हो सकता है कि पढ़े-लिखे शुरफा लोगों ने अपनी प्रांजल भाषा के डंके को नक्कारा पुकारना उचित मान अपने वर्ग में यही नाम प्रचलित कर लिया हो। शैदा बेगम ने जानेआलम वाजिदअली शाह को पत्र लिखते हुए शहर का, मौलवी साहब का हाल यों लिखा है : ''पिया जानेआलम, जबसे आप लखनऊ से सिधारे ख्वाब हराम है। रोना-धोना मुदाम है। यहां शबोरोज़ अहोबुका में गुज़रती है, मगर

दूसरी मेरी हमजिन्सें खुश-खुश इठलाती फिरती हैं। आपके बाद से फिरंगियों के खिलाफ ज़हर उगला जा रहा है। नई-नई बातें सुनने में आ रही हैं। दिल को हौल है कि देखिए फलक क्या-क्या रंग दिखलाता है। घासमंडियों में मौलवियों का जमाव है। सुना है कि एक सूफी अहमदुल्लाशाह आए हुए हैं। नवाब चीनाटीन के साहबजादे कहलाते हैं। आगरे से आए हैं। ये भी सुना है कि उनके हजारहां मुरीद हैं और वो पालकी में निकलते हैं। आगे डंका बजता होता है। पीछे अज़दहां बड़ा होता है। वहशतनाक खबरों की गर्म-बज़ारी है।...''

मौलवी साहब के शिष्यों के सम्बन्ध में मैंने यह भी सुना है कि वे लोग भीड़ के सामने अंगारे चबाया करते थे, मौलवी साहब कहते थे कि जो आज अंगारे चबा रहे हैं कल वे ही आग उगलेंगे। उन्हीं को जन्नत मिलेगी। उनके चमत्कार, अमीरुज्जिनात के साथ उनका गठबन्धन, अल्लाह के साथ उनकी बातें—कहते हैं रात के बारह बजे वे अपनी कोठरी बंद करके अंधेरे में बैठ जाते थे। फिर कोठरी में हज़ारों गैस बिजलियों को मात करने वाला खुदाई नूर फैल जाता था और बादल की घड़घड़ाहट, और बिजली की कड़क होती थी। ऐसे में मौलवी साहब की अल्ला मियां से बातें होती थीं। उनके खास-खास मुरीद दरवाज़े के बाहर कान लगाए खड़े रहते थे और फिर सबको बताते थे।

फरवरी में मौलवी साहब फैज़ाबाद गए। श्री सुन्दरलाल की 'भारत में अंगरेज़ी राज' पुस्तक के अनुसार 18 अप्रैल को नाना साहब अपने साथियों सहित लखनऊ आए थे। उनका बड़ा भव्य स्वागत हुआ। हर वर्ग के लोगों ने उनके स्वागत में सहयोग दिया। मैंने सुना है कि चौक के सर्राफों ने सोने के आभूषणों से सजे द्वार बनाए थे।

नाना साहब निःसन्देह यहां के हाल-चाल लेने, सूबेदारों से, पुराने राजवंश के लोगों से मिलने, क्रान्ति की योजना फैलाने ही आए होंगे। नाना यद्यपि यहां आकर अपनी नीति के अनुसार अंग्रेज़ हाकिमों से भी मिठबोला कर गए।

18 अप्रैल जो नाना साहब के भव्य स्वागत का दिन है, वही साहबे आलीशान चीफ कमिश्नर सर हेनरी लारेंस के अपमान का दिन भी है। साहबे आलीशान बग्घी पर सवार शाम की सैर को निकलते थे, किसी शहरी आदमी ने उन पर कीचड़ उछाला।

इससे कुछ दिन पूर्व छावनी में एक बड़ी घटना और हो चुकी थी। अप्रैल के प्रारम्भ में 48वीं देशी पल्टन के अंग्रेज़ डाक्टर वेल्स अस्पताल का औषधि-भण्डार देखने गए। उनकी तबीयत भी कुछ गड़बड़ थी, एक बोतल उठाकर मुंह से लगा ली और एक खुराक पीकर फिर डाट लगाकर वहीं रख दी। हिन्दुओं में छुआछूत का इतना अधिक विचार था कि यह आंग्ल अविचार खुले विद्रोह का कारण बन गया। सिपाहियों ने कह दिया कि हम इन दवाओं को व्यवहार में नहीं लाएंगे। इसकी खबर कर्नल पामर को पहुंची। उन्होंने सब देशी अफसरों को बुलाया। उनके सामने वह बोतल नष्ट हो गई। डाक्टर वेल्स को सबके सामने खूब डांटा। मगर तब भी सन्तोष नहीं हुआ। दो-तीन बाद एक रात डाक्टर का बंगला फूंक दिया गया। यह स्पष्ट

होने पर भी कि काम 48वीं पल्टन का ही है, किसी को दण्ड नहीं दिया गया।

आटे में हड्डियों का चूरा मिला होने की अफवाह धीरे-धीरे पीछे से आने लगी थी।

फौज के देशी अफसर नवाब सआदत अली खां के पुत्र नवाब रुकनुद्दौला और वाजिदअली शाह के बड़े भाई मिर्ज़ा मुस्तफा अली खां (पिता द्वारा नालायक साबित होकर ताजदार न होने के कारण नंगे सिर रहते और कहते थे कि जब पहनूंगा तो ताज ही पहनूंगा) से शाही वंश के संरक्षण और नेतृत्व करने की बातें चला रहे थे। पुलिस के जासूसों ने अंगरेज सरकार को इसकी रिपोर्ट भी दी थी।

अप्रैल का महीना लखनऊ में बड़ी सरगर्मी का रहा।

2 मई, सन् 1857 ई० को मूसाबाग के सैनिक प्रशिक्षण केन्द्र में 7वीं अवध इर्रेगूलर सेना के सामने वे कारतूस आए जिन्होंने मंगल पाण्डेय को स्वतन्त्र सत्तावन का प्रथम स्वर प्रदान किया था।

7वीं इर्रेगुलर के अवधी जवानों ने नये कारतूस लेने से इनकार कर दिया। अफसरों ने उन्हें बहुत समझाया-बुझाया, मगर 'मर्ज बढ़ता गया, ज्यों-ज्यों दवा की।' एक भी जवान नई इन्फील्ड राइफलें और उनके दांतों से खोले जाने वाले कारतूस लेने के लिए अपनी जगह से एक कदम आगे न बढ़ा। तब अनुशासन की सख्त कार्रवाई करने की धमकी दी गई। अब तक तो सैनिक मौन थे पर जब धमकियों की विवशता सीमा लांघने लगी तो एक जवान दीवाना हो पंक्ति से बाहर निकलकर चिल्ला उठा, "दीन! फिरंगी के दीन से बचाओ।"

इस एक आवाज़ ने सनसनी फैला दी। वह सिपाही फौरन पकड़ लिया गया; और भी पकड़े गए। उन्हें लाइन से अलग कर औरों को 'डिस्पर्स' होने का आदेश दिया गया। एक हज़ार जवानों ने न तो उन्हें ही जाने दिया और न आप ही पंक्ति से हटे। एक हज़ार भाई इकट्ठा जीना-मरना चाहते थे—केवल तीस भाइयों को ही अलग ले जाकर मारा नहीं जा सकता था। उस समय सूबेदार, सिपाही हिन्दू, मुसलमान—भारतीय मात्र एक था।

अब तो सैनिक अनुशासन की दृष्टि से बहुत ही बड़ी समस्या उपस्थित हो गई थी। कुछ बिचौलिए सामने आए, कहा, हुजूर समझाने-बुझाने का मौका दिया जाए। इससे हुजूर की लाज भी बच गई। दिन में दोनों ओर कल के लिए तैयारी होने लगी। सिपाही अपनी इस अवज्ञा का परिणाम जानते थे। अपनी तैयारी करते हुए उन्होंने हथियार और गोला-बारूद अपने अधिकार में कर लिए। इतना ही नहीं उन्होंने अपने से ऊंची मड़ियाव की 48वीं रेजीमेंट के 'बड़े भाइयों' के नाम एक पत्र भी लिखा, स्वधर्म रक्षा के लिए अरदास की। 48वीं रेजिमेंट के एक सूबेदार, एक हवलदार और एक सिपाही ने, जिनके हाथ यह चिट्ठी लगी, सर हेनरी लारेंस के हाथों में उसे रख दिया। कुछ दिन पहले इसी 48 नम्बर ने विद्रोह किया था।

दूसरे दिन हेनरी लारेंस गोरी पल्टन के 1500 सवार और तोपखाना लेकर पहुंच गए। चारों ओर से घेरकर इमारत पर तोपों की मार शुरू की। सिपाहियों ने समर्पण कर लिया। फौरन परेड की गई। अंग्रेज़ी तोपखाना उनके सामने लाया गया।

गोला-बरूद भरकर ज्योंही एक सार्जेंट ने पलीता लगाया कि 7वीं अवध इर्रेगुलर सेना के जवान हिल उठे। चारों ओर भगदड़ पड़ गई। सिपाही हथियार छोड़-छोड़कर भागे। कल्पना करता हूं कि मूसाबाग की जगह-जगह से ध्वस्त चहारदीवारी में थर्राए हुए इन्सान इधर-उधर बेतहाशा भाग रहे होंगे और अंग्रेज़ घुड़सवार उन्हें उसी तरह धर-धरकर दबोचते होंगे जैसे जंगल में जानवरों को शिकारी कुत्ते दबोचते हैं। एक हज़ार में 120 मर्द डटे रहे। उनसे हथियार गिरवाकर कानूनी खानापूरी की गई, अर्थात् वह सेना भंग कर दी गई। उन 120 सिपाहियों में से कुछ छोड़ दिए गए, तीस को फांसी की सजा दी और चालीस आदमियों को आजन्म की मशक्कत कैद। फांसियां लक्ष्मणटीले के पास मच्छी भवन के फाटक के सामने खुलेआम दी गईं। इनका फांसी देने का तरीका भी घोर राक्षसी था। सुबह की फांसी लगाई लाश दिन-भर लटकी रहती, शाम को दूसरा कैदी लटकता, पहले की लाश जिसे दिन-भर चील गिद्ध नोच-नोचकर खाते भी थे, शाम को वहीं दफना दी जाती।

शहर की सांस सलाख-सी खड़ी हो गई। लोगों के मुंह से आपस में बात करते भी बोल नहीं फूटते थे। एक बार तो ऐसा आतंक बैठ गया कि अंग्रेज़ों का मर्दार हेनरी लारेंस भी स्वयं अपने रौब को देखकर सकुचा गया। उसने देखा के चारों ओर अंग्रेज़ों का भय आवश्यकता से बहुत अधिक बढ़ गया है तो उसे ज़रा कम करने के लिए उपाय सोचने लगा। इसी बीच 13 नम्बर पल्टन के एक सिपाही ने बड़ी मुस्तैदी से शहर के उन तीन व्यक्तियों को गिरफ्तार करा दिया जो उसे एक षड्यंत्रकारी कार्य में सम्मिलित करना चाहते थे। सर हेनरी लारेंस अपनी इन दो सेनाओं के ऐसे जवानों से बड़ा प्रसन्न हुआ। जनता में विशेष रूप से भारतीय सैनिकों में आश्वासन जगाने के लिए सर हेनरी ने एक दरबार कर स्वामिभक्त सैनिकों को पुरस्कृत करने का विचार मन में धारण कर तदनुसार घोषणा भी करवा दी।

12 मई को दरबार हुआ। सब मुल्की और जंगी अफसर आए। शहर के बड़े-बड़े लोग बुलावा पाकर आए। सेना के भारतीय अफसरों को भी बैठने के लिए कुर्सियां दीं। सर हेनरी ने खालिस हिन्दुस्तानी ज़बान और इंगलिस्तानी लहज़े में स्पीच दी। अपने भाषण में सर हेनरी ने कहा कि पहले जमाने में आलमगीर ने और फिर हैदरअली ने हज़ारों की संख्या में हिन्दुओं को मजबूरन मुसलमान बनाया। उनके मन्दिरों को तोड़ा, घरेलू मूर्तियों को नष्ट किया। अपने ही ज़माने को लीजिए, इस जलसे में शरीक होने वाले ज़्यादातर साहबान यह अच्छी तरह से जानते होंगे कि रंजीतसिंह ने अपनी मुसलमान रियाया को उनके मजहबी हुकूक नहीं दिए, लाहौर की मस्जिदों की मीनारों से मुअज्जिन की अजान कभी नहीं सुनाई पड़ती थी। एक साल पहले तक लखनऊ में कोई हिन्दू शिवाला बनवाने की जुरअत नहीं कर सकता था। कम्पनी बहादुर की सरकार आप लोगों के साथ माई-बाप जैसा बरताव रखती है। हिन्दू और मुसलमानों के साथ एक-सा इंसाफ होता है।

इस तरह की स्पीच देकर सर हेनरी ने 48वीं और 13वीं रेजीमेन्टों के सूबेदार सेवक तिवारी, हवलदार हीरालाल दुबे, सिपाही रामनाथ दुबे और सिपाही हुसैनबख़्श

को स्वामिभक्ति के पुरस्कारस्वरूप खिलअतें और थैलियां भेंट कीं। दरबार बरखास्त होने पर अंग्रेज़ और देशी अफसर छोटी-छोटी मण्डलियों में बातें करने लगे। बहुत से देशी अफसरों ने सर हेनरी की स्पीच और हुजूर कम्पनी बहादुर की इंसाफ पसन्दी की दाद देते हुए अपनी राजभक्ति का प्रमाण दिया। मगर आमतौर पर भारतीय सेना का रुख न बदला।

यह आश्चर्य की बात है कि जिस 48वीं पल्टन ने अप्रैल में सबसे पहले विद्रोह का स्वर मुखर किया, उसी ने मई में अपने मूसाबाग के भाइयों का पत्र पकड़वा दिया। इस स्वामिभक्ति के लिए उसे 12 मई को पुरस्कार मिला; 13 वीं पल्टन वाले ने भी इनाम पाया, फिर उन्होंने ही 30 मई को मड़ियांव छावनी में विद्रोह किया और फांसी पाई। तो क्या इन रेजीमेन्टों ने किसी नीतिवश 7वीं इर्रेगुलर का पत्र और क्रान्तिकारियों के दूतों को पकड़वा दिया था? यह हो सकता है; अगर सेना ने सार्वभौमिक विद्रोह करने के लिए कोई तिथि निश्चित कर रक्खी थी तो उसके पहले अंग्रेज़ों को आखिरी दम तक धोखे में रखने के लिए नीति-वश भी राजभक्ति का प्रदर्शन किया जा सकता है। मगर यहां फिर एक प्रश्न यह उपस्थित होता है कि राजभक्ति के प्रदर्शन के लिए क्या अपने एक हज़ार तीन भइयों का गला फंसा देना उचित था? सूबेदार तिवारी, हवलदार दुबे और हिन्दू-मुसलमान सिपाही यह तो अच्छी तरह जानते होंगे कि अंग्रेज़ हाकिम 7वीं इर्रेगुलर के सिपाहियों और षड्यंत्रकारी नागरिकों को कड़ी-से-कड़ी सज़ा देंगे। हो सकता है, उन्होंने इतने भयंकर दण्ड की कल्पना न की हो या उनकी धारणा यह रही हो कि कुछ लोगों को दण्ड मिलने से अधिक लोगों में स्वतः बड़ी उत्तेजना फैल जाएगी।

जो हो, गदर सम्बन्धी साहित्य पढ़ते हुए जगह-जगह इस बात के प्रमाण मुझे मिले हैं कि विद्रोह के आरम्भ में जगह-जगह भारतीय सिपाहियों ने प्रायः सविनय अवज्ञा ही की थी। उनका व्यवहार आरम्भ में अधिकतर अहिंसात्मक ही रहा था। गोले-गोलियों के सामने अंगद की तरह अडिग खड़े रहने वाले वे एक सौ बीस वीर सत्याग्रही उस सत्याग्रही भारत के पुरखे थे जो वर्षों बाद गांधी के नेतृत्व में सामने आने वाला था। हिंसा का दोष अंग्रेज़ों को ही दिया जाएगा। अहिंसा के उत्तर में सर हेनरी लारेन्स ने जो राक्षसी ताण्डव दिखलाया, उसकी प्रतिक्रिया में त्रस्त और उत्तप्त भारतीय हृदयों में प्रतिहिंसा की आग यदि भड़की तो उसके लिए उन्हें दोषी नहीं ठहराया जा सकता है। हां, इसी दृष्टि से मैं डा० वेल्स का बंगला जला देने को भी बुरा मानता हूं--पर हमें ईंट का जवाब पत्थर ही नहीं पहाड़ से दिया गया।

खैर, इसी तरह लखनऊ नगर, उसके आसपास कस्बों और छावनियों में दिन पर दिन गर्मी और तेज़ी से बढ़ती ही गई। हर हिन्दुस्तानी के चेहरे पर षड्यन्त्रकारिता का गुपचुप वाला भाव और कसाव देखने को मिलता था। लोगों की आंखों में क्रान्ति की चिनगारियां चमकती थीं। हालांकि आमतौर पर यह कोई न जानता था कि क्रान्ति कब होगी, कैसे होगी--क्या होगा? छावनी में बंगलों पर बाणों के साथ जलते पलीते फेंके जाने लगे। शहर में जगह-जगह इश्तिहार चिपकाए जाने लगे कि दीन धर्म के शत्रुओं--फिरंगियों--को मारना हर हिन्दू-मुसलमान का मज़हबी फर्ज़ है।

अंग्रेज़ों में सर हेनरी लारेंस बड़ा चतुर और दूरदर्शी कमाण्डर था। मेरठ, दिल्ली और पश्चिमी उत्तर प्रदेश के कई नगर और ज़िले स्वतन्त्र हो चुके थे; लखनऊ के रंग- ढंग अच्छे नज़र नहीं आते थे। भारतीय फौजों का रुख भी समझ में नहीं आता था। यह सब देखकर सर हेनरी ने अपनी सैनिक शक्ति को नये सिरे से संगठित किया। मच्छी भवन का किला पांच दिन में दिन-रात मरम्मत कराकर युद्ध के अनुकूल बनवाया, रेज़ीडेन्सी पर मोर्चे बनाए, दोनों जगहों के आसपास इमारतें तुड़वा दीं। अच्छे-अच्छे पेड़ कटवाकर मैदान साफ कर लिए, तोपें चढ़ा दीं और बाज़ार से बेतहाशा अन्न-धान आदि दैनिक आवश्यकता की सामग्री खरीदना शुरू कर दिया। उन दिनों सर हेनरी को बस एक ही धुन चढ़ी हुई थी, जो भी हिन्दुस्तानी रईस अपनी खैरख्वाही जमाने के लिए चीफ कमिश्नर और कमाण्डर सर हेनरी लारेन्स के पास आता और चलते वक्त अपने लायक खिदमत पूछता, उसी से वे घी, गेहूं, अनाज आदि की फरमाइश कर बैठते थे।

26 मई को मलीहाबाद वालों ने एक उम्दा मज़ाक किया। सर हेनरी के पास खबर पहुंची कि मलीहाबाद सरकश हो रहा है। सर हेनरी ने कप्तान वेस्टन के नेतृत्व में पल्टन भेजी। पल्टन के नज़दीक पहुंचते ही मलीहाबाद में चारों ओर अपूर्व शान्ति छा गई। फौजवालों को कहीं इस बात का अनुभव ही न हो पाया कि यहां कहीं अशान्ति के लक्षण प्रगट हो रहे हैं—किस पर गोली चलाते? किसकी पकड़ा-धकड़ी करते? झक मारकर लौट आए।

मई के अन्तिम दिनों में ही सर हेनरी लारेन्स ने शहर के अनेक अमीर और उमरा और महाजनों को बुलवाया। अर्थ कमिश्नर मार्टिन गबिन्स के पास भी कई पैसे वाले लोग पहुंचे। नवाब अहमद बली खां, मुनौवरुद्दौला, वाजिदअली शाह के चचिया ससुर नवाब मिर्ज़ा हुसैन खां, इकरामुद्दौला, भूतपूर्व मंत्री मुहम्मद इब्राहीम शरफुद्दौला, बहू-बेगम के पोते मिर्जा हैदर, गुलाम रज़ा, नवाब मुहसिनुद्दौला, भूतपूर्व दीवान बालकृष्ण, नवाब मुमताजुद्दौला आदि जितने औले-दौले थे, वे सब अंग्रेज़ सरकार माई-बाप के पास पहुंचे। नगर के कई एक महाजन भी अपनी सुरक्षा का प्रबन्ध करवाने की दरख्वास्त लेकर गए। अंग्रेज़ों ने इन लोगों की सुरक्षा के लिए सिपाही रखने की सलाह दी।

24 मई, ईद का दिन था, अंग्रेज़ उस दिन यहां गड़बड़ी होने की आशंका कर रहे थे, परन्तु कुछ न हुआ। फिर भी हवा में सनसनी रोज़-बरोज़ बढ़ रही थी। मड़ियांव छावनी के गोरे, विशेष रूप से सर हेनरी लारेन्स से सतर्क थे।

भारतीय सिपाही भी पूरी तैयारी पर थे। उनका संकेत बंध चुका था। 30 मई को रात के 9 बजे तोप के दगते ही रात की हाज़िरी के लिए परेड में उपस्थित सिपाहियों ने गोलियां दागनी शुरू कर दीं। गबिन्स लिखता है : "रात की तोप दगते ही 71वीं देशी पल्टन की लाइट कम्पनी के सिपाहियों ने गोलियां दागनी शुरू कर दीं, और लगभग चालीस आदमियों की एक टोली रेज़ीमेन्ट के भोजनालय की ओर बढ़ी ज्यों ही उन्होंने छावनी के फाटक में प्रवेश किया, 7वीं लाइट घुड़सवारों की एक टुकड़ी ने दूसरे फाटक को भी घेर लिया। इस प्रकार यह दिखला दिया कि अफसरों

का नाश करने की योजना सोच-समझकर बनाई गई थी। परन्तु अफसर वर्ग सावधान था, पहली गोली की आवाज़ पर ही वह भोजनालय छोड़कर जा चुका था। नम्बर 71 का भोजनालय नष्ट कर डाला गया।

सर हेनरी लारेन्स बहुत होशियार और दूरदर्शी व्यक्ति थे। बहुत पहले से ही उन्होंने तोपखाना देशी लोगों से ले लिया था। जब विद्रोह मूर्तिमान हुआ तो कई अंग्रेज़ अफसर अपने मातहत सिपाहियों को समझाने-बुझाने के लिए बाहर निकल आए परन्तु उस समय किसी का वश नहीं चल पाता था। सर हेनरी ने तोपों की मार शुरू की। साधारण हथियारों वाले सैनिक भला इस मार के आगे कैसे ठहरते? वे भागे; परन्तु उनका भागना कोरा घबराहट का भागना नहीं मालूम पड़ता, क्योंकि अधिकतर लोग मुदकीपुर की ओर भागे थे। मुदकीपुर में भी एक छावनी थी। वहां भी रात-भर जोश गरमाता रहा। दूसरे दिन सुबह सात नम्बर का रिसाला मुदकीपुर भेजा गया। रिसाले को दूर से आते देख एक विद्रोही सूबेदार ने अपनी तलवार ऊंची उठाई। यह देख आती हुई फौज के कुछ आदमी भी निकलकर देशभक्तों की पंक्ति में खड़े हो गए। कुल मिलाकर एक हज़ार स्वदेशी दल के लोग वहां मौजूद थे। वे भले ही बहुत बहादुरी से लड़े, परन्तु सर हेनरी की भारी तोपों की मार से उनका मुकाबला अधिक देर तक होना असम्भव ही था। स्वदेशी दल को मोर्चा छोड़कर भागना पड़ा। हेनरी लारेन्स ने उनका पीछा किया। उन्होंने घोषणा की कि जो व्यक्ति विद्रोहियों को गिरफ्तार या कत्ल करेगा उसे आदमी पीछे सौ रुपया इनाम दिया जायेगा। कुछ देश-भक्त वीर पकड़े गए, अनेक मारे भी गए।

सेना के इस आन्दोलन का प्रभाव नगर के लोगों पर भी स्वाभाविक रूप से पड़ा। सैयद कमालुद्दीन हैदर, जो पहले अवध की शाही सरकार के नौकर और बाद में अंग्रेज़ सरकार के पेन्शनर रहे, अपने इतिहास ग्रन्थ 'सवानहात-ए-सलातीन ए-अवध' में लिखते हैं, ''इस अरसे में मफदीन ने शहर में हर तरफ हंगामा बरपा किया, और शरीक सिपाही बागी हुए। मुहल्ला मन्सूर नगर, सआदतगंज, मशकगंज से निशान मुहम्मदी उठाकर ऐशबाग में जमा होना शुरू किया। सैकड़ों ने छावनी की राह ली कि हम फौज में जाकर शरीक होंगे। जब खबर सबके भागने की सुनी, हर तरफ अपनी राह ली...आगा मिर्ज़ा एक शख्स मशहूर कम्बलपोश...उस दिन से हर तरफ लोगों को गैरत दिलाकर भड़का रहा था। सरचन्द पेश्तर एक खुदा तरस ने उसे समझाया था कि तुम कभी ऐसी हरकत न करना, मगर वह कब सुनता था ...वजह इसकी यह थी कि एक कुत्ता आगा मिर्ज़ा का साहब ने मार डाला था। साहब ने भी जवाब सख्त दिया, गोली खाली गई। आगा मिर्ज़ा और उसके साथियों ने घर में घुसकर उसे मार डाला, घर-असबाब लूट लिया; यह पहल हुई। छोटे खां एक रंगपोश साकिन दोगावां व एवज़अली वगैरह बदमाश और ऐसे ही बा शोरिश शामिल किए गए।''

ऐशबाग से एक बहुत बड़ी भीड़ छावनी की ओर चली। बड़ी बेतरतीब भीड़ थी। लड़ने का साज़ो-सामान भी पास न था। भाले, तलवारें, कटारें, लाठियां, टोपीदार बन्दूकें—जो जिसके पास था वह लेकर चल दिया। इस भीड़ में व्यवस्थित सैनिक

केवल दो सौ थे। सैयद कमालुद्दीन हैदर साहब ने इन्हें बदमाशों की भीड़ लिखा है। प्रमाणों के अभाव में यह कैसे कहूं कि ये बदमाश नहीं थे; परन्तु सन् 1942 ई० की जन-क्रान्ति जगाने वालों को भी तत्कालीन सरकारी विज्ञापनों में गुण्डों और लुटेरों के लकब से सम्बोधित किया गया था। कमालुद्दीन के इतिहास-ग्रन्थ का कमाल यह है कि वे अवध के बादशाहों के नाम पर दरअसल 'साहब ए आलीशान' अर्थात् अंग्रेज़ों की प्रशस्तियों का पोथा है। सत्तावनी क्रान्ति का स्वदेशी रूप कमालुद्दीन को सख्त नापसन्द था। 'बेगमाते अवध के खूतून' से भी यह जाहिर होता है कि बहुत-सी बेगमों को इस हौलनाक हंगामे से चिढ़ थी। लखनऊ के पुराने नवाब वंश के वर्तमान बुज़ुर्गों से मिला हूं, अधिकतर बुजुर्ग 'सत्तावनी बलवे' से चिढ़े नज़र आए। इसलिए मैं सैयद कमालुद्दीन साहब पर यह दोष तो नहीं लगाता कि अंग्रेज़ों की पेन्शन खाने के कारण ही उन्होंने स्वातन्त्र्य संग्राम में सम्मिलित होने वाली भीड़ को बदमाशों की भीड़ कहा; पर यह अवश्य मानता हूं कि किसी भी क्रान्ति में आगे बढ़कर हिस्सा लेने वालों में सबसे आगे वह सर्वहारा वर्ग ही होता है, जिसे हम सफेदपोश असभ्य, गुण्डा, आवारा, बदमाश आदि नामों से पुकारते हैं। इसे क्रान्ति की मजबूरी समझिए या विशेषता, कि वह उच्च माने जाने वाले उदारचेता मनुष्यों के मस्तिष्क से उदय होती है और असभ्य माने जाने वाले निम्न वर्ग के सहयोग से ही कार्यान्वित है। उसकी सफलता-असफलता की बात न्यारी है।

खैर, ये मुजाहिदीन नारे लगाते इमामबाड़े की दीवार के नीचे से गुज़रते हुए गऊघाट पहुंचे। वहां से गोमती पार कर मड़ियांव गए। मड़ियांव में धरा ही क्या था? लौटे तो हुसैनाबाद में अटके। पहले तो सब्ज़ी वालों को लूटा, कच्चे शाकों से भूख मिटाई; फिर पहरेदार बरकंदाज़ों से उलझे, उनके हथियार छीने; फिर हुसैनाबाद के दौलतखाना आसफी के देशी तिलंगों को ललकारा और फिर जोशे जेहाद में आखिर भिड़ ही गए। नतीजा जो चाहिए था वही हुआ, यानी भीड़ बुरी तरह मारी गई। बहुत-से लोग इमामबाड़े में घुस गए। वहां गोरों ने घुसकर कत्लेआम मचाया।

दो दिनों तक शहर में ये मुजाहिदीन अंग्रेज़ी राजा के विरुद्ध विद्रोह करते रहे।

2 जून को कारनेगी साहब फौज लेकर मंसूरनगर गया, दूसरे मुहल्लों में भी पकड़ा-धकड़ी ज़ोर से शुरू हुई। मैं अपनी स्मृति से एक पुरानी सुनी हुई बात यहां नोट कर रहा हूं—मैंने सुना था कि गोरे हर किसी को पकड़कर फांसियां देते थे। अब यह तो नहीं कह सकता कि यह घटना लखनऊ की पराजय होने के बाद कत्लेआम के समय की है अथवा पहले की; परन्तु जहां तक मेरा अनुमान है, सार्वजनिक फांसियों के इसी दौर में अंग्रेज़ों के द्वारा यह अन्याय हुआ होगा। जो हो, फांसियों का वही राक्षसी कृत्य फिर से दुहराया गया। लक्ष्मण टीले, अकबरी दरवाज़े और भी दो-चार जगहों पर फांसी लगाने का कार्यक्रम उसी घृणित तरीके से चलने लगा।

11 और 12 जून को क्रमशः मिलिटरी पुलिस के सवारों और पैदलों ने विद्रोह किया। गोरों के बंगले लूटे-फूंके और चल दिए। इनका पीछा किया गया। मुंह मेल लड़ाई हुई। उसके बाद ये सिपाही नानाराव की सेवा में चले गए।

अंग्रेज़ों द्वारा इतनी बर्बरता का प्रदर्शन होने पर भी अंग्रेज़ों के विरुद्ध भारतीय सेनाओं को भड़काने का काम जारी था। काकोरी के मुंशी रसूल बख्श और उनके बेटे हाफिज़ जी स्वदेशी दल में छिपे तौर पर मिल जाने वाले सैनिकों की मार्फत अंग्रेज़ पक्ष की भारतीय सेनाओं में विद्रोह की आग भड़का रहे थे। एक दिन हुसैनाबाद के तालाब के पास एक शहतूत के पेड़ के नीचे, मुंशी जी के भेजे हुए दो व्यक्ति नादरी पल्टन के सूबेदार करम खां को समझा-बुझा रहे थे। सूबेदार ने देखा कि कोई व्यक्ति सुन रहा है। उसने डरकर साहब से रिपोर्ट कर दी। दूसरे दिन जब वे दोनों व्यक्ति सूबेदार के पास आए तो सूबेदार उनके नेता से बात करने के बहाने उनका घर देखने चला। जासूस भी पीछे-पीछे था। दोनों व्यक्ति सूबेदार को राजा टिकैतराय के बाज़ार में राजा हुलासराय के यहां ले गए। मुंशी जी, उनके बेटे और दो-एक लोग वहां बैठे थे। एक वृद्ध सज्जन मीर खलील अहमद भी यों ही आकर बैठ गए थे। मकान के पड़ोस में ही काशी के किन्हीं संकठा प्रसाद खत्री की बारात भी टिकी हुई थी। जासूस द्वारा स्थान देख लिए जाने पर मेजर कारनेगी और महमूद खां कोतवाल ने ससैन्य आकर पूरा इलाका घेर लिया। बराती भी पकड़े गए। बाद में लक्ष्मण टीले के सामने मुंशी रसूल बख्श, उनके पुत्र, मीर अब्बास थानेदार और इनके साथ बेचारा बेगुनाह वृद्ध मीर खलील अहमद भी फांसी पर लटका दिया गया। काशी के बराती बाद में छोड़ दिए गए। मुंशी जी की फांसी का बदला मलीहाबाद वालों ने लिया।

यह पहले ही कहा जा चुका है कि भारतीय फौजी अफसर लखनऊ के शाही वंश से अंग्रेज़ सरकार विरोधी सैनिको के संरक्षण की बात चला रहे थे। पुलिस को इसकी सूचना भी मिल चुकी थी। अंग्रेज़ सरकार ने शाही मंसूरियां वंश के वयोवृद्ध, नवाब सआदत अली खां के पुत्र नवाब मुहम्मद हसन खां रुक्नुद्दौला तथा वाजिदअली शाह के बड़े भाई मिर्ज़ा मुस्तफाअली खां को बंदी बना लिया। दिल्ली के शाही घराने के मिर्ज़ा हैदर शिकोह और मिर्ज़ा हुमायं शिकोह को, जो काफी अरसे से लखनऊ में ही रहते थे, दूसरे दिन कैद कर लिया गया। इन सबको मच्छी भवन में रक्खा गया। तुलसीपुर का जवान राजा कुछ अरसे से बेलीगारद में नज़रबंद था, उसे भी वहां पहुंचा दिया गया। मच्छी भवन रेज़िडेन्सी की अपेक्षा अधिक सुरक्षित था। इसीलिए अंग्रेज़ों ने अपना खज़ाना, बारूद भण्डार, महत्त्वपूर्ण कैदी आदि वहीं रखे। जिस भूमि पर आज मेडिकल कॉलेज, अस्पताल और होटल इत्यादि बने हैं; वहां सौ वर्ष पहले सदियों पुरानी गढ़ी लखना उर्फ मच्छी भवन की इमारत विद्यमान थी।

इस प्रकार शहर में अंग्रेज़ों ने फिर से अपना आतंक जमा दिया, परन्तु इस बार सख्तियों के बावजूद आग बुझ न सकी।

30 मई से जो लखनऊ में सैनिक विद्रोह आरम्भ हुआ तो अवध में जगह-जगह आग भड़क उठी। सीतापुर, मुहम्मदी, औरंगाबाद, सेकरौरा, गोंडा, बहराइच, मल्लापुर, फैजाबाद, सुल्तानपुर, सलोन, बेगमगंज, दरियाबाद—सभी जगह अंग्रेज़ स्त्रियों, बच्चों और पुरुषों को बड़े-बड़े संकटों का सामना करना पड़ा। अवध का कोना-कोना अंग्रेज़ों

की प्रभु-सत्ता से मुक्त हो गया था, केवल उसकी राजधानी-लखनऊ पर उनका कब्ज़ा था परन्तु यह कब्ज़ा एक तरह से बेमानी था। अंग्रेज़ अपने बचाव की चिन्ता में ही इतने डूबे हुए थे कि उन्हें शहर के शासन-प्रबन्ध की ओर कदाचित् आंख उठाकर देखने का अवकाश भी न था। विद्रोही सेना के बेकार तिलंगे ऊधम मचा रहे थे। उनकी लूट-पाट से नागरिक दुखी थे।

25 जून को लखनऊ के अंग्रेज़ों ने भी लम्बा हाथ मारा। शाही ज़माने में अलीरज़ा खां शहर लखनऊ का कोतवाल था। वाजिदअली शाह के विश्वासपात्र व्यक्तियों में उसकी गिनती होती थी। अंग्रेज़ी अमल होते ही उनका खैरख्वाह बनने में उसे उतनी देर भी न लगी जितने में गिरगिट अपना रंग बदलता है। अंग्रेज़ी राज में अलीरज़ा खां डिप्टी कलक्टर बना दिया गया था। उसने फाइनेंस कमिश्नर मार्टिन गबिन्स को कैसरबाग के गुप्त शाही खज़ाने का पता दे दिया। फौरन ही मेजर बैंक्स ने फौज के साथ जाकर वह जगह घेर ली। तेईस बहुमूल्य शाही ताज, वेनिस और स्पेन के बने कीमती आभूषण, नायाब हीरे-जवाहरात के बाईस सन्दूक, रत्नजटित सिंहासन आदि करोड़ों का धन अंग्रेज़ लूटकर ले गए।

इस बीच अवध ही नहीं सम्पूर्ण उत्तराखण्ड में क्रान्ति की ज्वाला भड़क चुकी थी—कहीं अत्यधिक, कहीं कम, कहीं और कम। आज़मगढ़, गोरखपुर, शाहजहांपुर और कानपुर जो अवध के आसपास थे अपने पूरे जोश पर थे। अवध की सेनाएं यत्र-तत्र से आकर नवाबगंज बाराबंकी में एकत्र हुईं। 28 जून को नवाबगंज स्वातन्त्र्य सेनाओं का पवित्र संगम क्षेत्र बन गया था। 28 जून को ही उन्नाव ज़िले के डौंडिया खेड़ा में अंग्रेज़ों की नाव रेत में फंस गई। राव रामबख्श के सिपाहियों ने उनको घेरा और कइयों को मार डाला।

लखनऊ के अंग्रेज़ों को चारों ओर से बुरी-बुरी खबरें ही मिल रही थीं। इनकी डाक व्यवस्था तो 10 जून के बाद ही समाप्त हो गई थी परन्तु इनके जासूस अच्छा काम कर रहे थे।

29 जून को स्वदेशी सेनाएं लखनऊ से लगभग छह-सात मील की दूरी पर चिनहट में आकर जम गईं। मलीहाबाद के अफ्रीदी भी आकर मिल गए। यह खबर मिलते ही सर हेनरी ने तुरन्त अपनी सेनाओं को कूच का आदेश दिया। स्वदेशी दल की सेनाओं के नगर में प्रवेश करने से पूर्व सर हेनरी उन्हें युद्ध देकर नगर के भाग्य का निर्णय कर लेना चाहते थे।

स्वदेशी दल की सेनाओं के कमांडर बरकत अहमद थे। चिनहट की ऐतिहासिक जीत का सेहरा इन्हीं के सिर बंधा। सूबेदार शहाबुद्दीन और सूबेदार घमंडी सिंह की सेनाएं भी बड़ी बहादुरी से लड़ीं। इस युद्ध में अंग्रेज़ और अंग्रेज़-परस्त सेनाएं ऐसी घिरीं कि उन्हें छठी का दूध याद आ गया। शत्रु रण क्षेत्र छोड़कर भागे, उनकी चार तोपें और बहुत-सा गोला-बारूद स्वदेशी दल के हाथ लगा।

चिनहट की जीत का समाचार पाते ही दौलतखाना की ईर्रेगुलर पल्टनों तथा इमामबाड़े की मिलटरी पुलिस ने विद्रोह कर अपने गोरे अफसरों का मालमत्ता लूट लिया।

विजयी स्वदेशी सेनाओं ने अंग्रेज़ों को खदेड़ना शुरू किया। लोहे के पुल तक अंग्रेज़ सैनिक बेतहाशा भागते ही चले गए। वहां रेज़िडेन्सी की तोपों ने विकट मार मारी। पत्थर वाले पुल के पास स्वदेशी सैनिकों को मच्छी भवन की तोपों का सामना करना पड़ा। स्वदेशी सेनाओं ने भी अपनी तोपों के मोर्चे साधे। देखते-देखते ही स्वदेशी सेनाएं सारे नगर पर छा गईं। कोठी फरहत बख्श, छतरमंज़िल, बादशाह बाग, शाद मंज़िल, खुर्शीद मंज़िल, मुबारक मंज़िल, कोठी रसदखाना, हज़रत गंज, दिलकुशा, मुहम्मद बाग, आसफी इमामबाड़ा--जिधर देखिए उधर ही विजयोल्लास मग्न भारतीय सैनिक दिखलाई पड़ रहे थे। जब कोठी फरहत बख्श और छतर मंज़िल में पड़ाव डाला तो बेगमों में खलबली पड़ी, बड़ी हाय-तोबा मची। सिपाहियों ने कहा कि आप लोग न घबराएं, हम सुबह होते ही यहां से चले जाएंगे।

रेज़िडेन्सी घिर चुकी थी। उसके आसपास के घरों में घुस, दीवारों में बन्दूक के लिए छेद बनाकर रात होने के पहले ही सिपाही रेज़िडेन्सी में गोलियां बरसाने लगे। रेज़िडेन्सी में तो चिनहट की हार के समाचार आते ही बेतहाशा भगदड़ और कोहराम मच गया था। अंग्रेज़ जन-समूह प्राणों के भय से बावला हो गया था, जो ऐसी दशा में किसी के लिए भी स्वाभाविक है।

दूसरी ओर जीत की खुशी में जनता का मनमाना हो जाना भी स्वाभाविक है। दूसरे दिन सुबह अर्थात् 1 जुलाई सन् 1857 के दिन सवेरे ही लोगों को खबर लगी कि कोतवाली इमामबाड़ा और मुसाफिर खाना वगैरह सरकारी जगहों के रखवाले सिपाही इत्यादि जाग गए हैं, सरकारी माल-असबाब, हरबे-हथियार सब कुछ खुला पड़ा है। खबर मिलने की देर थी, फैलते देर न लगी और थोड़ी देर में जनता शिवजी की सेना-सी इन जगहों पर चढ़ दौड़ी। सरकारी सामान की लूट-पाट, फेंक-फांक, तोड़-फोड़ शुरू की। यह देख : ''इन शोहदों में से रूमी दरवाज़े के एक शोहदे ने अपने खास की गाली देकर ललकारा, तुम लूट न मचाओ, यह तोपें खींचकर मच्छी भवन पर लगाओ, इसमें हम तुम सबका बड़ा नाम होगा। सभी ने कबूल किया।'' ('सवानहात-ए-सलातीन अवध' से)

तोप लगाई गई। कुछ सिपाही चिनहट की लूट में कुछ गोले पा गए थे। वे भी इस भीड़ के स्वतन्त्रता-संग्राम में शामिल हो गए। दो तोपें नक्कारखाने के कोठे पर लगाई गईं। दुकानदारों के तखत उठाकर उनकी झांकियां बनाईं और बाढ़ें दगने लगीं। मच्छी भवन से तोपें पड़ती थीं, खाली जाती थीं। यह देख जनता के हौसले बढ़ गए। लोगों ने रुई की बहुत-सी गाठें इकट्ठा कीं और उनमें आग लगाकर आधी रात में मच्छी भवन के फाटक को जलाने का आयोजन किया।

परन्तु आधी रात को मच्छी भवन के सम्बन्ध में अंग्रेज़ कमांडर सर हेनरी लारेन्स भी एक योजना बना चुके थे। सर हेनरी ने देखा कि दो-दो जगहों पर घिरकर अंग्रेज़ तबाही के सिवा और कुछ भी हासिल न करेंगे, इसलिए कर्नल पामर को वह मच्छी भवन स्थित सेना, खज़ाना, स्त्री-बच्चे, कैदी आदि लेकर आधी रात में रेज़िडेन्सी चले आने का आदेश भेजना चाहते थे। परन्तु कोई साधन न था। एक आदमी को एक हज़ार रुपये इनाम देकर भेजा भी, पर वह शायद मारा गया। सेमाफोर द्वारा बार-

बार संकेतादेश भेजे गए। बार-बार संकेतों द्वारा यह आदेश दुहराया जाता कि आधी रात के समय अनावश्यक सामान छोड़कर तथा बारूद-भण्डार में आग लगाकर चले आओ। सर हेनरी को विश्वास नहीं था कि उनका आदेश कर्नल पामर को मिल गया होगा, परन्तु अंग्रेज़ों के भाग्य से पामर ने सूचना प्राप्त कर ली और आधी रात को अक्षरशः सर हेनरी का आदेश पालन कर बाहर निकल आए।

हमारी ओर के लोगों ने अंग्रेज़ों की इस चाल की स्वप्न में भी कल्पना नहीं की थी। "अचानक आसमान को छूता हुआ लपटों का फौवारा फूट पड़ा, धरती पत्ते की तरह डोलने लगी, काले धुएं के बादल छा गए।" जब तक कि लोग इस धमाके के बाद होश में आएं-आएं, अंग्रेज़ी फौज निकल गई। सैयद कमालुद्दीन ने लिखा है : "हसनबाग की तरफ से...बइंतज़ाम हलका फौज में तोपें आगे-पीछे रक्खे निकले।...शहज़ादे के मकान के दरवाज़े से दाखिल बेलीगारद हो गए। दफातन एक तोप चली तो मुलजिम गोलंदाज़ राह में अपनी जानें लेकर भागे। उनमें दो-चार साहब या गोरे भी शहर की गलियों में फंस गए, मारे गए, उनके नाम नामालूम हैं। फौज बागी जाबजा मोर्चों पर थी, मुंह देखती रह गई।"

इसके बाद मुख्य घटना के रूप में हमारे इतिहास का कलंक प्रकट होता है। चिनहट की जीत से अंग्रेज़ों के घिर जाने से हमारे सिपाहियों का हौसला बहुत बढ़ गया। मच्छी भवन के नाश होने पर भी इन्होंने यही समझा कि अंग्रेज़ हमारे डर से मोर्चा छोड़कर भाग गए। यह हौसला यदि उचित नेतृत्व पा जाता तो बात कुछ की कुछ हो जाती। रेज़िडेन्सी पर मौलवी अहमदुल्ला शाह की कमान में पहली जुलाई को धावा हुआ था। मौलवी साहब बड़ी बहादुरी से बेलीगारद के फाटक तक पहुंच गए, लेकिन औरों ने पैर पीछे कर लिए। दूसरी जुलाई को फिर ज़बरदस्त धावा हुआ। सर हेनरी लारेन्स जिस कमरे में बैठे थे उस पर ही गोला गिरा और सर हेनरी को बुरी तरह ज़ख्मी किया। 4 जुलाई को उनका स्वर्गवास हुआ।

सर हेनरी लारेन्स उस काल को दृष्टि में रखते हुए हमारे शत्रु भले ही रहे हों लेकिन वे अपने चरित्रबल का अनुपम आदर्श उपस्थित कर गए हैं। बुरी तरह ज़ख्मी होकर, अपना दुःख-दर्द भूलकर वे भविष्य के लिए अनेक योजनाएं प्रस्तुत करते रहे। बीच में अपने डाक्टर से पूछा कि मेरी मृत्यु होने में कितनी देर है? डाक्टर ने अपना अनुमान बतलाया। उस समय को ध्यान में रख सर हेनरी तेज़ी से अपना काम करवाने लगे। अपने अन्तिम क्षण तक वे स्वदेश बन्धुओं की सेवा करते रहे। यह गुण त्रिकाल में श्रद्धेय है।

इधर हमारे तिलंगे सिपाही नेतृत्व के अभाव में उच्छृंखल और उद्दण्ड होने लगे। वे अब तक किसी के नौकर नहीं हुए थे, उनके सामने भविष्य का कोई नक्शा नहीं था, इसलिए शहर लूटने पर तुल गए। जिस-जिस रईस के यहां हुल्लड़ मचाते हुए पहुंच जाते, कहते, तुम्हारे यहां दुश्मन छिपे हैं। तिलंगों ने मुहसिनुद्दौला का सामान लूटा, शरफुद्दौला, अमीनुद्दौला, हकीम मीर अली—कइयों के घर लूटे। मुहल्ला बाग टोला, चौक के सोने वाली कोठी पर भी बागियों का हमला हुआ था। मेरे पितामह के मित्र बाबू जयनारायण जी टण्डन—उक्त सोने वाली कोठी के एक स्वामी—ने

अपनी कोठी का फाटक दिखलाया था जिसका एक किवाड़ काफी हद तक टूटा और फिर से तख्ते ठोककर दुरुस्त किया हुआ है। वह तिलंगों की ही स्मृति है। जब ऊपर से अशर्फियों के तोड़े फेंके गए तब वे आगे बढ़े। नेतृत्वहीन जन-जोश यों ही भस्मासुर होकर आत्म संहार करता है।

जब जनता बहुत त्रस्त हुई तो मौलवी अहमदउल्ला शाह ने जगह-जगह दूसरी पलटनों के पहरे बिठला दिए। और सेनाओं के अफसर पुराने शाही वंश के किसी व्यक्ति को गद्दी पर बिठलाने का आयोजन करने लगे।

बेगम हज़रत महल

यहां लखनऊ और अवध के सत्तावनी क्रान्ति सम्बन्धी इतिहास में एक नया चरित्र आकर जुड़ा, और फिर क्रान्ति के अन्त तक उस पर ऐसा छाया रहा कि अवध में क्रान्ति का इतिहास ही उसका इतिहास हो गया। बेगम हज़रत महल का व्यक्तित्व भारत के नारी समाज, या कि उस समय के प्रायः आधे जगत् के सामन्ती मान्यताओं से बंधे नारी-समाज का प्रतिनिधित्व करता है। महारानी लक्ष्मीबाई के व्यक्तित्व को भी यदि इसके साथ-ही-साथ ध्यान में रखकर सतर्क दृष्टि से देखा जाए तो हमारे नारी-जीवन का सम्पूर्ण चित्र सामने आ जाता है।

लक्ष्मीबाई का बचपन संयोगवश पिता के निर्धन होते हुए भी अभाव रहित रहा। बाजीराव पेशवा के परिवार में वह मातृहीना कन्या लाड़ से पली, संस्कार बड़े शुद्ध पाए। मातृहीना, चपल, कुशाग्र बुद्धि और तेजस्वनी बालिका को पेशवा के सैनिकों और नाना धोडूंपन्त, बाला जी आदि के शस्त्र-शास्त्र गुरु का अपार स्नेह भी मिला। मणिकर्णिका बाई उर्फ मनु उर्फ छबीली की शिक्षा-दीक्षा समुचित रूप से हुई। उसके पिता मोरोपन्त ताम्बे बिठूर में श्रीमन्त पेशवा की होमशाला के एक भिक्षुक ब्राह्मण थे, किन्तु सौभाग्य ने मनु को रानी बनाया। रानी होते ही—पत्नी होते ही—मनु के मुक्त, पुरुषोचित जीवन को उन समस्त बन्धनों का अनुभव हुआ जिसे हमारा स्त्री-समाज आज तक भोगता है। झांसी के माण्डलिक राजा बाबा गंगाधर राव बड़े क्रोधी स्वभाव के थे। उन्होंने अपनी बाल पत्नी को कठोर अनुशासन में रक्खा। लक्ष्मीबाई ने उतने ही बन्धन को बहुत माना। लक्ष्मीबाई पति की अकेली पत्नी थी; सौभाग्यवश उन्हें सौतों के कुचक्रपूर्ण वातावरण में नहीं घुटना पड़ा। पति की मृत्यु के बाद वे पूर्णरूप से स्वतन्त्र हो गईं और उस स्वतन्त्रता का उपयोग उन्होंने अपने वैधव्य को कठिन अनुशासन से संवारने में किया। कसरत, घुड़सवारी आदि से अपने शरीर को कमाने के नशे के कारण वे भोग-विलास से सहज ही में बची रह सकीं। लक्ष्मीबाई यदि बाईस वर्ष की आयु में इस प्रकार काल कवलित न होकर पूरी आयु पातीं, तब भी मेरा जहां तक विचार है, वे चरित्र से अन्त तक निष्कलंक ही रहतीं। यह बात और है कि वे शायद कुछ झक्की और कठोर हो जातीं। लक्ष्मीबाई के आश्रय में रहने वाले तथा उनके द्वारा मान्य एक वेदशास्त्र सम्पन्न ब्राह्मण विष्णुभट्ट गोडशे ने अपनी पुस्तक 'माझा प्रवास' में महारानी लक्ष्मीबाई की जो दिनचर्या दी है, उससे ही मेरी इस धारणा को पुष्टि मिली है। लक्ष्मीबाई सतीत्व के तेज से संयुक्त थीं। वे

देवी सीता की परम्परा की थीं जिन्होंने समाज द्वारा स्त्री-जाति पर लादे गए अनुशान को आस्थापूर्वक धर्म समझकर धारण किया, परन्तु साथ-ही-साथ समाज के एकांकी न्याय का विरोध भी किया। लक्ष्मीबाई बाबा गंगाधर राव के कठोर अनुशासन में बंधकर भी उनसे दबी नहीं थीं। यह सद् विद्रोह उनके चरित्र की सबसे बड़ी विशेषता बन जाती है—ठीक उसी प्रकार जैसे सीता का चरित्र राम की राजसूय सभा में स्वाभिमान रक्षा के हित अपनी जीवनाहुति देकर अपना पूर्ण विकास पाता है।

बेगम हज़रत महल का चरित्र नारी का सहज स्वाभिमान और तेज का दूसरा पहलू पेश करता है। हज़रत महल को बचपन में ही समाज की उस परम्परा से बंधकर अपने जीवन का विकास मिला जिस परम्परा में स्त्री-पुरुष की भोगांगना बनने के लिए तैयार की जाती है। हज़रत महल के बचपन का कोई इतिहास नहीं मिलता। वाजिदअली शाह ने अपनी प्रेम-पात्रियों का विवरण लिखते हुए इन्हें 'ज़नेखानगी' लिखा है। यह मैं पहले ही लिख चुका हूं कि उस समय की मशहूर कुटनियों, अम्मन और अमामन के द्वारा यह बालिका वाजिदअली के परीखाने के वास्ते बेची गई थी। इसे बचपन में नाच-गाने की शिक्षा मिली, पुरुष को रिझाने योग्य कलाओं में यह दीक्षित की गई। शाहे अवध अमजद अली शाह के दूसरे कुंवर वाजिदअली ने अपनी नई परी का नाम महकपरी रक्खा। बेगम हज़रत महल के प्रपौत्र श्री सज्जाद अली मिर्ज़ा कौकब कदर ने मुझे बतलाया था कि उनके घर में बेगम हज़रत महल के बचपन से सम्बन्धित कोई रवायत प्रचलित नहीं, उन्होंने भी अपनी पड़दादी के सम्बन्ध में दो बातें पढ़ी थीं। एक तो नजमुलगनी का यह वक्तव्य कि बेगम हज़रत महल का असली नाम 'उमराव जान अदा' था, जो गलत है। उर्दू साहित्य में प्रसिद्ध उमराव जान अदा और बेगम हज़रत महल का कोई साम्य नहीं। बेगम छोटी उम्र में ही महकपरी के रूप में वाजिदअली शाह के हरम में दाखिल हुई थीं। शीघ्र ही वे माता भी हो गईं। मिर्ज़ा रमज़ान अली खां अल-मुल्लक्कब मिर्ज़ा बिरजीस कदर हज़रत महल के गर्भ से मिर्ज़ा वाजिदअली की चौथी सन्तान थे।

मिर्ज़ा कौकबकदर ने दूसरी बात यह सुनी थी कि ये फैज़ाबाद के किसी निर्धन परिवार की कन्या थीं। बहुत सुन्दर होने के कारण धन के लोभवश इनके माता-पिता ने शाही भोग के वास्ते इन्हें अम्मन और अमामन के द्वारा महलों में दाखिल करा दिया।

जो हो, ये अम्मन और अमामन के हाथों अपने धन के लोभी माता-पिता के द्वारा बेची गई हों या उन हरामज़ादियों के द्वारा कहीं से उड़ाकर महलों में पहुंचाई गई हों, हर हालत में यह एक ऐसी परिस्थिति है जिसे स्वाभिमानिनी बालिका ने अपनी अनिच्छा से स्वीकार किया होगा। स्त्री के अन्तर का यह सुप्त विद्रोह ही मातृत्व की शक्ति लेकर अपने बेटे का राज्य बचाने के लिए इस प्रकार विकसित हुआ कि राष्ट्रीयता का भाव सिद्ध कर सदा के लिए अनुकरणीय आदर्श बन गया। सर विलियम रसल बेगम की प्रशंसा करते हुए लिखता है : "बेगम में बड़ी योग्यता और तेजस्विता दिखलाई देती है।...बेगम ने हमारे साथ अनवरत युद्ध की घोषणा कर दी है। इन रानियों और बेगमों के स्फूर्तिवन्त शक्तिशाली चरित्रों को देखकर

लगता है कि ज़नानखानों और हरमों में रहकर भी वे अपने अन्दर तीव्र क्रियात्मक मानसिक शक्ति पैदा कर लेती हैं।'' ईनिस, बाल, मेलिसन, के, होपग्राण्ट, गबिन्स–जिसने भी अवध के सम्बन्ध में कुछ लिखा है उसने, कम-से-कम, बेगम की चतुराई, बुद्धिमत्ता और संगठन शक्ति की प्रशंसा किसी-न-किसी रूप में अवश्य की है।

जब भूतपूर्व बादशाह के किसी पुत्र को राजगद्दी पर बिठलाने की बात आई तो पहले किसी का ध्यान बिरजीस कदर की ओर न गया। यदि और किसी शाहज़ादे अथवा उसकी उच्च कुल की मां ने वाजिदअली शाह की गद्दी से राजनैतिक सम्बन्ध जोड़ना स्वीकार कर लिया होता तो इतिहास के सम्मुख बेगम हज़रत महल का चरित्र शायद कभी न आया होता।

चिनहट की विजय के बाद स्वदेशी दल के सेना-सूबेदारों ने अपनी एक पंचायत बनाई और यह तय किया कि राज-काज चलाने के लिए किसी शाही वंश के व्यक्ति का राजतिलक करना चाहिए।

अवध का राजवंश थके हुए, निकम्मे, विलास-रत व्यक्तियों से भरा था। उसमें विद्रोह करने की ताकत नहीं थी। पण्डित देवीदत्त शुक्ल ने अपनी पुस्तक 'अवध के गदर का इतिहास' में एक महत्त्वपूर्ण बात नोट की है। वे लिखते हैं : ''...परन्तु उसके साथ यह भी सच है कि उस समय लखनऊ में वैसे हौसले के आदमी न थे, जो फिर से नवाबी शासन प्रचलित करने का साहस रखते हों। विद्रोह तो वहां इसलिए हुआ कि वह अन्य स्थानों में हुआ था। अवध को विद्रोह करना या लड़ना होता तो वह उसी समय करता, जब उसके बादशाह वाजिदअली शाह पदच्युत किए गए थे। उस समय विरोध करने की बात तो अलग रही, उल्टा अंग्रेज़ी अमलदारी का स्वागत-सा किया गया था। जो ताल्लुकेदार राज़ी-राज़ी मालगुज़ारी नहीं देते थे, वे अंग्रेज़ी राज होने पर ठीक समय पर मालगुज़ारी ही नहीं देने लगे, बल्कि अधिकारियों के आज्ञानुसार उन्होंने वे जायदादें भी उनके असली स्वामियों को चुपचाप लौटा दीं, जिन्हें नवाबी अमलदारी में बलपूर्वक छीन लिया गया था। अवध में अंग्रेज़ी सत्ता गत 15 महीने से ही स्थापित थी। पुलिस के व्यवहार और प्रबन्ध से प्रजा सन्तुष्ट थी। खैराबाद और बहराइच की कमिश्नरियों का 'मुल्की बन्दोबस्त' हो गया था, और उनका राजस्व सरकारी अधिकारियों ने ठीक-ठीक निश्चित कर दिया था। शेष दो कमिश्नरियों का जो बन्दोबस्त हुआ था उसमें राजस्व बहुत अधिक नियत हो गया था, अतएव फिर से विचार कर वह कम कर दिया गया और इस बात की पहली अप्रैल को घोषणा भी हो गई थी। यह सब हुआ, परन्तु सिपाहियों के विद्रोह करते ही इन सबका सारा प्रभाव जाता रहा और प्रायः बड़े-बड़े लोग विद्रोहियों की दाब में आ गए।'' अस्तु।

लखनऊ में प्राचीन राजवंश को सिंहासन पर प्रतिष्ठित करने के लिए सेनानायकों की पंचायत ने राजा जयलाल सिंह नुसरत जंग को बुलवाया; उनकी बड़ी खातिर की। राजा जयलाल उर्फ राजा जियालाल ने शिकायत की कि तिलंगों की लूट से शहर परेशान है। उनसे कहा गया कि इसलिए आपकी मदद की ज़रूरत है। राजा और सेनानायकों की सलाह से अलीरज़ा कोतवाल और मीर नादिर हुसैन

बुलवाए गए; इन्हें शहर का प्रबन्ध सौंपा गया। चूंकि ये दोनों अंग्रेज़ों के मातहत भी रह चुके थे, इसलिए इनके ऊपर निगरानी रखने के वास्ते मुहम्मद कासिम खां को मुकर्रर कर दिया गया। जब तक राज सिंहासन पर किसी राजपुत्र को प्रतिष्ठित करने का आयोजन सफल हो तब तक के लिए सैनिक पंचायत ने शासन प्रबन्ध अपने हाथ में ले लिया। इस पंचायत में जनरल बरकत अहमद, उमराव सिंह, जयपाल सिंह, रघुनाथ सिंह, शहाबुद्दीन और घमंडी सिंह प्रमुख व्यक्ति थे। सैनिक पंचायत ने मौलवी अहमदउल्ला शाह से अपने चौकी पहरे हटा लेने को कहा। इस पर शायद कुछ झंझट भी हुई।

पहले मिर्ज़ा दार-उस सितवत को राजगद्दी के लिए चुना गया। उन्होंने अंग्रेज़ों के डर से इनकार कर दिया। फिर वाजिदअली शाह के बेटे युवराज के छोटे भाई मिर्ज़ा नौशेरवां कदर के लिए बात चलाई गई। वहां भी सफलता न मिली। अन्त में नवाब महमूदखां और शेख अहमदहुसैन ने राजा को सलाह दी कि मिर्ज़ा बिरजीस कदर को गद्दी नशीन कर दो। राजा को वाजिदअली शाह का कोई पुत्र प्रतीक रूप में सिंहासन पर प्रतिष्ठित करने के लिए चाहिए था, उन्होंने कहा कि अगर बेगमों को मंज़ूर हो तो सैनिक पंचायत भी इस प्रस्ताव को स्वीकार कर लेगी।

यहां प्रसंगवश एक पुरानी घटना का उल्लेख करना आवश्यक प्रतीत होता है। नाइटन ने अपनी पुस्तक 'प्राइवेट लाइफ ऑफ एन ओरिण्टल कुइन' में वाजिदअली शाह की माता बेगम आलिया की एक भूतपूर्व बांदी द्वारा सुनाई गई एक घटना का विवरण दिया है। वाजिदअली शाह अपनी माता की एक परिचारिका पर मुग्ध हो गए थे। राजमाता दोनों के मिलन में बाधक थीं। एक दिन बादशाह बांदी के विरह में इतना तड़पे कि सीधे अपनी माता की सेवा में जाकर अपनी नाराज़गी का इज़हार करने लगे। राजमाता ने नीति से काम लिया, कहा कि इस बांदी को मैं जानबूझ कर तुम्हारी खिदमत में नहीं भेजती, क्योंकि इसकी पीठ पर सांपिन का निशान है, जिसके साथ रहेगी उस मर्द पर अपनी बदकिस्मती का साया डालेगी। वाजिदअली शाह डर गए उनका स्वास्थ्य उन दिनों गिरा हुआ था, दिल की बीमारी थी। जाने आलम ने सोचा, इतनी बेगमात में न जाने किस-किस के यह मनहूस निशान हो और उसकी वजह से उन पर यह मुसीबत आई हो। बस, विचार मन में आते ही उन्होंने ख्वाजासरा बशीरुद्दौला को आदेश दिया कि राजमाता और खास महल को छोड़कर अन्य सब बेगमों की तलाशी ली जाए। बेगमों पर कहर टूट पड़ा। मनहूस साबित होकर पिया जानेआलम की नज़रों से कोई भी बेगम गिरना नहीं चाहती थी। बशीरुद्दौला उनसे रिश्वतें पाकर मालामाल हो गया। फिर भी आठ हतभागिनी बेगमों की देहों पर ख्वाजासरा बशीरुद्दौला ने सांपिन का निशान ढूंढ़ ही निकाले। उन बेगमात के नाम इस प्रकार हैं : निशात महल, खुर्शीद महल, हज़रत महल, शैदा बेगम, हज़रत बेगम, बड़ी बेगम और छोटी बेगम।

यों तो पिया जानेआलम अपनी किसी भी प्यारी बेगम को न निकालते, मगर उन्हें अपनी जान सबसे अधिक प्यारी थी। उन आठों बेगमों को तलाक देकर शाही महल से बाहर रहने की आज्ञा दी गई। बाद में इन बेगमात की ओर से भी पैरवी

करने वाले निकल आए। बादशाह को समझाया कि हिन्दू पण्डित अपने मंत्र तंत्र बल से हर दोष को दूर कर सकते हैं। पण्डित आए, पुरश्चरण द्वारा उन आठों बेगमों को दोष-मुक्त किया गया। तलाक की आज्ञा वापस ली गई। बड़ी और छोटी बेगम तो महलों में लौट आईं परन्तु बाकी छह पत्नियों ने महल से बाहर ही रहना पसन्द किया। उनके समस्त अधिकार पूर्ववत ही बने रहे।

इन आठ हतभागिनियों में एक हज़रत महल भी थीं। यदि यह घटना सच है तो हज़रत महल जैसी तीव्र बुद्धिवाली कुशल और भावुक स्त्री को इस घटना से कैसा करारा आघात लगा होगा! वे और उनकी अन्य हतभागिनी सपत्नियां दोषमुक्त होने के बाद भी लौटकर महलों में रहने न गईं—इस बात से उनका विद्रोह, शंका और भय का भाव प्रकट होता है।

महलों में रहने वाली राजा-सम्राट् की पत्नियां और भोगांगनाएं हरदम बारूद के ढेर पर ही कीमती कालीन बिछाये बैठी रहती थीं। प्रथम पत्नी यानी पटरानी वैधानिक रूप से तो अवश्य सुरक्षित रहेगी; परन्तु उसका मान-सम्मान पति-संग सुख आदि भी सुरक्षित रहेगा, यह कभी नहीं कहा जा सकता था। फिर औरों की तो बात ही न्यारी थी। राजा-सम्राट् को अपनी नित-नूतन विलास-क्रीड़ाओं के लिए सुन्दरी तरुणियां चाहिए। यह भी निश्चित बात है कि वह एक सीमा के बाद सबकी प्राकृतिक भूख—दैहिक प्यास शान्त नहीं कर पाता होगा, केवल अपनी पिपासा को तृप्त करने की चिन्ता ही उसे रहती होगी। ऐसी दशा में महल की तरुणियां बेचारी क्या करें? छोटी-बड़ी रानियों, बेगमों, रखैलों में ऐसी बहुत-सी होती थीं जो महीनों, बरसों अपने पति—राजा-सम्राट्—का मुख भी नहीं देख पाती थीं। उन्हें तो दासियां अपने से भी हीन मान कर उनकी बात तक नहीं पूछती थीं। जो बेगम, रानी या रखैल जितने दिनों तक अपने राजा जी के मन चढ़ी रहती, उसके आसपास उतने दिनों तक छोटी मोटियों का दरबार लगा रहता, बाहर-भीतर सब जगह उसकी आवभगत होती। उसके विरुद्ध सम्राट् की भूतपूर्व चहेतियों और भविष्य की महत्त्वाकांक्षिणियों के षड्यंत्र चलते रहते। ख्वाजासरा अपने अत्याचार का चक्र चलाता था। ऐसी दशा में जो सीधे चलन वाली भावुक स्त्रियां होती होंगी, क्या वे अपने पति से घृणा नहीं करती होंगी? उनमें विद्रोह की बड़ी तीव्र भावना उत्पन्न होती होगी। महलों की समस्या देश-काल की सीमाओं से परे, बड़ी ही कठिन रही है। इसके लिए किसी एक देश-काल अथवा धर्म के राजा को उंगली उठाकर कोसना मेरी नीयत नहीं, फिर भी, चूंकि इधर अवध पर ही पढ़ा है तो दृष्टान्त के लिए मैं अवध के नवाबी हरम की कुछ बातें सामने रखता हूं। आसफुद्दौला के सम्बन्ध में उसका एक प्रतिष्ठित दरबारी आबूतालिब लिख गया है कि वह गर्भवती स्त्रियों को अपने हरम में रखता था, उनसे उत्पन्न सन्तानों को अपनी सन्तान करार देता था। वज़ीरअली को उसने पुत्र और राजगद्दी का उत्तराधिकारी घोषित किया और साथ ही यह भी कह गया कि इस खानसामा की औलाद को बड़े-बड़े सलाम करेंगे। आसफुद्दौला से लेकर वाजिदअली शाह तक अवध के नवाबों में एकमात्र शेर मर्द—वज़ीरअली—को आसफुद्दौला के इस पाप के कारण राजसिंहासन छोड़ना पड़ा। मामूली से मामूली घरों

की इज़्ज़त उनकी स्त्रियों से होती है—यह सार्वभौमिक मान्यता है। कल्पना कीजिए, उन शाही हरम की स्त्रियों की जितनी सन्तानों को लेकर जायज़-नाजायज़ का चर्चा सरे आम होता होगा। आसफुद्दौला ने अपनी माता बहू बेगम के साथ जो व्यवहार बरता, अपने कर्मचारियों, सिपाहियों द्वारा उन पर जो अत्याचार करवाया उसका वर्णन कर अपनी लेखनी और पाठकों के मन को दूषित नहीं करना चाहता। गाज़ीउद्दीन हैदर के समय में लखनऊ की यात्रा करने वाला पादरी हेब्बर लिख गया है कि आसफुद्दौला, वज़ीरअली और सआदत अली खां की विधवा बेगमों और रक्षिताओं को सरकारी अमलों की लापरवाही से अरसे से खर्चा ही नहीं मिला था। जब वे भूखी मरने लगीं तो एक दिन अपनी बांदियों को साथ ले बाहर निकल पड़ीं और हुसैनाबाद का बाज़ार लूट लिया, दुकानदारों से कहा कि जाकर बादशाह से अपना पैसा वसूल करो। बादशाह बेगम और शाह गाज़ीउद्दीन हैदर में ऐसी बजी कि दोनों ने एक-दूसरे को नाकों चने चबवा दिए। पति-पत्नी के वैमनस्य में उनका पोता, नसीरुद्दीन हैदर का बेटा मुन्ना जान वैध से अवैध करार दे दिया गया। मुन्ना जान के सम्बन्ध में स्लीमैन तक लिख गया है कि वह चेहरे-मोहरे और आदतों से हूबहू अपने बाप का बेटा ही लगता था। नसीरुद्दीन हैदर अपने बेटे की धाय पर इतना रीझा कि उससे विवाह कर, सब सीमाओं का उल्लंघन कर उसे पटरानी—मलिका ज़मानियां बना दिया। यही नहीं, उसके आग्रह से उसके पूर्व पति के पुत्र को कैंवांजाह का खिताब दे, अपना पुत्र घोषित कर, अंग्रेज़ों से उसे अपना उत्तराधिकारी घोषित करने की बार-बार इच्छा प्रकट की। जब मलिका ज़मानियां का ज़माना लदा तो गवर्नर जनरल को लिख दिया कि कैंवांजाह मेरा पुत्र नहीं। नसीरुद्दीन की एक चहेती कुदूसिया बेगम तो इतनी भावुक थी कि जब नसीरुद्दीन हैदर के मन से उतरी, नसीरुद्दीन ने उसे दुश्चरित्रता का दोष लगाया तो पति के देखते ही देखते आवेश में आकर ज़हर खा लिया। वाजिदअली शाह के द्वारा इन आठ बेगमों को तलाक देने की कथा तो सामने है ही, उसके और भी कई दृष्टान्त दिए जा सकते हैं।

ऐसी दशा में, महल नामक सामन्ती नरक में रहने वाली रानियों बेगमों ने भी यदि सन् 57 की महाक्रान्ति में भाग लिया तो कोई अचरज की बात नहीं। सत्तावनी क्रान्ति की दो महान् नायिकाएं, लक्ष्मीबाई और हज़रत महल, यद्यपि सर्वथा विभिन्न परिस्थितियों से गुज़रकर राजमहलों में आईं, फिर भी उनमें एक बड़ा ज़बरदस्त साम्य है—दोनों ही जन-साधारण के कुलों की कन्याएं थीं। इसीलिए हम कोरी भावुकता से प्रेरित किसी तर्क का आधार लिए बिना भी यह कह सकते हैं कि लक्ष्मीबाई और हज़रत महल तत्कालीन भारतीय नारी-समाज का प्रतिनिधित्व कर रही थीं। पत्नी और उपपत्नी दोनों ही रूपों में नारी-जीवन त्रस्त और कुण्ठित था, ऐतिहासिक परिस्थितियों का सुयोग पाकर उसकी चेतना, उसका स्वाभिमान विद्रोह कर उठा।

काइयों के पर्त जमे, बरसों बन्द तालाब में पत्थर फेंकने से जिस प्रकार काई फटती है और जल का अन्तर तक आलोड़ित हो उठता है, ठीक उसी प्रकार सदियों की अगति से जड़ भारत देश अंग्रेज़ों से आघात पाकर आन्दोलित हो उठा। अंग्रेज़ बहाना बन गए, उनके बहाने इस देश के हर वर्ग के स्त्री-पुरुष ने अपनी अनेकानेक

कुण्ठाओं को तोड़कर विद्रोह प्रकट किया था।

खैर, हम फिर से अपनी ऐतिहासिक कथा के सूत्र साध लें। राजा नुसरतजंग, महमूद खां आदि के प्रयत्न से खास मकान में सब बेगमात इकट्ठा हुईं, शक शुब्हे पेश हुए—अगर यहां किसी को गद्दी पर बिठला कर अंग्रेज़ों से लड़ाई ठानी और कलकत्ते में अंग्रेज़ों ने वाजिदअली शाह को मार डाला, तो क्या होगा?

हज़रत महल के जीवन का एकमात्र सन्तोष फलने वाला था, वह राजमामा होने वाली थीं, परन्तु अन्य बेगमों के उपरोक्त तर्क ने उन्हें फिर निराश कर दिया। 'राजा रुखसत होकर चला गया; मगर महमूद खां के तिल-तलवों को लगी हुई थी। उसने हज़रत महल से फौज के सरदारों को खत भिजवा दिए।'

7 जुलाई को चांदी वाली बारादरी में बिरजीस कदर की ताज पोशी हुई। स्वदेशी सेना के जनरल बरकत अहमद ने बिरजीस कदर को राजमुकुट पहना दिया। अफसरों ने तलवारों की नज़र दिखाई, 21 तोपों की सलामी सर की गई, शहर में पुनः शाही स्थापित होने की खुशी में उत्सव मनाया गया। सैनिक पंचायत और बिरजीस कदर सरकार के बीच एक समझौता हुआ, जिसके अनुसार बिरजीस कदर अवध के स्वतन्त्र बादशाह स्वयं नहीं बन सकते थे। यह दिल्ली के शहंशाह की मर्ज़ी पर छोड़ा गया कि वह उन्हें अवध का स्वतन्त्र बादशाह घोषित करें अथवा सआदत खां से लेकर सआदतअली खां तक की परम्परा के अनुसार उन्हें नवाब वज़ीर की पदवी से विभूषित करें।

दूसरी शर्त यह रक्खी कि सैनिकों का वेतन दूना कर दिया जाए और वेतन की जो रकम अंग्रेज़ी सरकार में डूब गई है वह भी सरकार बिरजीसी अदा करे।

तीसरी शर्त यह रक्खी की नई पल्टन भरती किए जाने पर उसके अफसर की नियुक्ति सैनिक पंचायत की सलाह से हो।

चौथी शर्त के अनुसार राज-काज में सैनिक पार्लियामेंट की सलाह बराबर ली जाएगी तथा नवाब दीवान की नियुक्ति भी उसी की सलाह से होगी।

बेगम हज़रत महल अपने अल्प-वयस्क पुत्र की संरक्षिका नियुक्त हुईं तथा राज-काज में उनके निर्णय के महत्त्व को स्वीकार किया गया। शरफुद्दौला राजा बालकृष्ण, राजा जयपाल सिंह, मम्मू खां, हिसामुद्दौला आदि नई सरकार के प्रमुख पदाधिकारी बने।

13 नई पल्टनें भरती करने का निर्णय हुआ। एक-दूसरे हुक्मनामे के अनुसार अवध के प्रमुख ताल्लुकेदार, ज़मींदारों को अपनी सेनाएं लेकर राजधानी में आने का आदेश दिया गया।

सैयद कमालुद्दीन ने अपने इतिहास-ग्रन्थ में सेना सहित लखनऊ आने वाले दस ताल्लुकेदारों के नाम दिए हैं। गोंडा के राजा देवीबख्श सिंह 3000 सैनिक लेकर आए, गोसाईंगंज के ज़मींदार और ताल्लुकेदार, अनन्दी और खुशहाल 4000 सैनिक लेकर आए, सेमरौता—चन्दापुर के राजा शिवदर्शन सिंह (लोकगीत प्रसिद्ध 'सुदर्शन काना') 10,000 सैनिकों के साथ, वहां के ज़मींदार रामबख्श 3 तोपें और 2000 फौज लेकर आए, अमेठी के राजा लालमाधौ सिंह 4 तोपें 200 घुड़सवार और 5000

पैदल सेना सहित आए, बैसवारा के ताल्लुकेदार राणा बेनीमाधवबख्श सिंह 5 तोपों और 5000 सैनिकों सहित आए, राजा नानपारा के करिन्दा कल्लू खां 10,000 सैनिकों के साथ, खजूर गांव के राणा रघुनाथ सिंह 4 तोपों और 2000 सैनिकों के साथ, संडीला के चौधरी हश्मतअली 4000 सैनिकों के साथ, तथा रसूलाबाद के चौधरी मीर मन्सब अली 1000 सैनिकों के साथ आए।

ये सामन्तगण शाही हुक्मनामा पाते ही सहसा आ गए हों सो बात नहीं। अवध के विभिन्न ज़िलों की यात्रा से मुझे इन सामन्तों के जगह-जगह एकत्र होकर कान्फ्रेन्सें करने और अहदनामों पर हस्ताक्षर करने की बात मालूम हुई है। इन ताल्लुकेदारों का संगठन करने के लिए बेगम हज़रत महल स्वयं जगह-जगह जाकर भाषण करतीं और लोगों को संगठित करने के लिए प्रयत्न करती थीं, यह सूचना किंवदन्तियों द्वारा मुझे प्राप्त हुई है। बहुत बाद में जब पूर्णतया पराजित होकर लखनऊ से भागीं तो भरावन के ज़मींदार राजा मर्दनसिंह ने इन्हें शरण न देकर एक चुभती हुई बात कही थी। वह अपमानजनक वाक्य बेगम की जगह-जगह की दौड़-धूप के प्रति स्पष्ट संकेत करता है। उन्होंने कहा : "मैं तुम्हें शरण नहीं दे सकता क्योंकि तुम मेंढक की तरह इधर से उधर उछलती फिरोगी।" हारे हुए प्रभु की जिन कारगुजारियों को राजा मर्दनसिंह ने मेंढक का फुदकना बताया वह बात यदि स्वदेशी दल की जीत हो जाती तो ग़दर संगठन के लिए 'जनाब आलिया बेगम हज़रत महल के तूफानी दौरे' के नाम से मर्दनसिंह जैसे मुसाहबों की ज़बान पर होती। बेगम ने सचमुच ही तूफानी दौरे किए होंगे। एक बार जब कि असम्भव सम्भव हो गया, खास महल आदि ऊंची बेगमात की औलादें रहते हुए भी हज़रत महल की कोख के जाए को ऐतिहासिक परिस्थितियों के कारण बाप की राजगद्दी मिल गई, तो हज़रत महल उन ऐतिहासिक परिस्थितियों के प्रति दिल से वफादार भी हो गईं। मैंने आमतौर पर पुराने लोगों से बेगम के प्रति आदरसूचक शब्द सुने हैं। सीधी-सी बात है कि राणा बेणीमाधव बख्श जैसा ऊंचे दर्जे का पुरुष यदि बेगम का मान करता है तो उस महिला के प्रति हमारे मन में भी आदर जागता है। अन्तिम युद्ध में राणा, राजा देवीबख्श, मुहम्मद हुसैन नाज़िम जैसे दिव्य पुरुष उनका साथ दे रहे थे। नाना साहब का दल, तुलसीपुर की रानी भी उनके साथ ही थीं। ऐसे लोग अनायास ही किसी ऐरे-गैरे व्यक्तित्व से बंध नहीं सकते।

यात्रा में मुझे बेलीगारद की लड़ाई में चर्दा, चहलारी आदि नरेशों के लड़ने के सम्बन्ध में सूचनाएं मिली थीं। अमहट वालों के पास सरकार-ए-बिरजीसी के गदर सम्बन्धी परवाने मौजूद हैं। सैयद कमालुद्दीन हैदर ने अपने इतिहास-ग्रन्थ में अनेक सामन्तों के परवाने भेजे जाने की बात लिखी है। रोइया (हरदोई) के नरपतिसिंह, कटियारी के हरदेवबख्श सिंह, राजपुर के दुनियासिंह ने परवाने स्वीकार किए और सिपाही की खतिर की।

बांगरमऊ के माखनसिंह, उस्मानपुर के मीर गुलाम ज़ाफर, सांडी-बावन के मीर आलमअली, सलोन के भीखम खां ने परवाने लेकर भी हुक्म की तामील नहीं की।

कालाकांकर के राजा हनुमन्तसिंह, तरौल के बाबू गुलाबसिंह परवाने पाकर

सेनाओं सहित लखनऊ आए और अंग्रेज़ों से खूब लड़े। सेनाओं का खर्च कुछ राजा लोग अपने पास से देते थे और कुछ को सरकारे-बिरजीसी से मिलता था।

पण्डित देवीदत्त शुक्ल लिखित 'अवध के ग़दर का इतिहास' के अनुसार अवध के राजे-सामन्तों और चकलेदारों की जो सेनाएं अवध की राजधानी लखनऊ में एकत्र हुई थीं, संख्या में एक लाख, पचास हज़ार पांच सौ थीं।

इतनी जनसेना लेकर भी हम रेज़िडेन्सी के मुट्ठी-भर गोरों और गोरापरस्तों से जीत न पाए, इसका कारण सहसा समझ में नहीं आता। आमतौर पर सिपाहियों में वीर पुरुष थे। जहां तक व्यक्तिगत वीरता का प्रश्न है हमारे पुरखे एक से एक, बेमिसाल बहादुर हुए हैं। केवल 1857 में ही नहीं, बल्कि जाने-माने इतिहास के आरम्भ से देखें, सिकन्दर के आक्रमण के समय, महायोद्धा पुरु और उनके साथ लड़ने वाले असंख्य भारतीय जन अपनी वीरता के लिए तत्कालीन यूनानियों द्वारा खूब सराहे गए हैं। फिर चन्द्रगुप्त मौर्य, चन्द्रगुप्त विक्रमादित्य, समुद्रगुप्त, स्कन्दगुप्त, हर्षवर्द्धन, पृथ्वीराज चौहान, राणा सांगा, महाराणा प्रताप, छत्रपति शिवाजी, गुरु गोविन्द सिंह से लेकर लक्ष्मीबाई, तांत्या टोपे, मौलवी अहमदुल्ला शाह, नानाराव पेशवा, जनरल बख्त खां रुहेला, राणा बेणीमाधव बख्श, बाबू कुंअरसिंह, बलभद्रसिंह चहलारी वाले—अनेकानेक वीर प्रायः प्रत्येक युग में अवतरित हुए। महावीर योद्धा उत्पन्न होते गए और देश बराबर विदेशियों द्वारा हारता रहा। यह सोचकर हार्दिक कष्ट होता है। जब पहली बार इस बात पर ध्यान बैठा तो मन में उपमा के तौर पर एक चित्र भी उभरा। ऐसा दिखाई पड़ा मानो दस हज़ार हाथियों के बराबर बलशाली भीम गहरे दलदल में फंस गया है। उबरने के लिए वह अपनी जितनी अधिक शक्ति का उपयोग और प्रदर्शन करता है, उतना ही वह गहरा धंसता चला जाता है। सोचकर सिहर उठा; दम-सा घुटने लगा।

उम्दा घड़ी के बेशकीमती पुर्ज़े मौजूद हैं पर वे सुनियोजित रूप से एकत्र और सुसंगठित नहीं हैं...हमारे देश की यह तस्वीर है। महाराज पुरु के समय से लेकर सन् 1857 ई० तक यही बात दिखलाई देती है।

रेज़िडेन्सी पर बराबर हमले होते रहे। हमारी पासी जाति के पुरखे सुरंगें उड़ाने में बड़े पटु थे, अक्सर बेलीगारद वालों को उनसे नुकसान पहुंचता रहा।

अगस्त में कानपुर से हेवलाक की सेनाओं के इधर आने की खबर गर्म थी। बेगम, मम्मू खां, जनरल बरकत अहमद ने तय किया कि गोरों की नई सेना आने से पहले बेलीगारद पर कब्ज़ा कर लेना चाहिए। फौज के दूसरे अफसर भी सहमत हो गए।

10 अगस्त को सब पल्टनें और रिसाले अपनी-अपनी जगह धावे के लिए तैयार होने लगे। जनरल बरकत अहमद फौज लेकर बेलीगारद की ओर बढ़े। तिलंगों ने 'बम महादेव' का नारा लगाते हुए, रेज़िडेन्सी को घेर लिया। इतने में मौलवी साहब पधारे, उन्होंने कहा कि यह धावा नाहक हो रहा है, जब तक मैं न कहूं, कुछ न हो। मौलवी साहब का सिपाहियों पर प्रभाव था ही, उनकी बात की लक्ष्मण लीक के आगे तोपखाने के रिसाले ने आगे बढ़ने से इनकार कर दिया। तिलंग अवश्य बेलीगारद

की दीवाल तक पहुंच गए। एक सुरंग में बत्ती दी गई, पर वह किसी कारणवश न उड़ी। तिलंगे दीवार खोदने लगे; कुछ गिरजाघर और कुछ खज़ाने की ओर से बढ़े।

बेगम और मम्मू खां के पास दम-दम पर हरकारे पहुंचने लगे कि यों हमारी जीत हो रही है और यों रेज़िडेन्सी पर अधिकार हो रहा है। बेगम का प्रसन्न होना स्वाभाविक था। दूसरे दिन और ही खबर आई, लड़ाई में मारे गए और घायल हुए लोगों की सूची आई--220 मारे गए और 105 घायल हुए। लाशें रणक्षेत्र में ही छूट गईं। बेगम को बड़ा आघात लगा।

फूट का बाज़ार शुरू से ही गर्म हो चला था। शंका और पारस्परिक भय फैला हुआ था। बात यह थी कि हमारी ओर सेना का संगठन और संचालन करने वाला कोई भी योग्य कमांडर न था। जनरल बरकत अहमद, जिनकी जंगी सूझ-बूझ से चिनहट में विजय मिली, एक तरह सर्वमान्य होकर भी, दूसरे नेताओं की अहमन्यता के शिकार थे। मम्मू खां चूंकि बेगम की कमज़ोरी थे, इसलिए शहज़ोर थे; जनरल बरकत अहमद का मान था; मगर मौलवी अहमदुल्ला शाह भी महामानी थे। सैनिक पंचायत के अन्य अफसर भी अपना महत्त्व जतलाए बिना कैसे रहते? इस प्रकार नेताओं में खींच-तान थी।

यह सब देखकर लगता है कि उस समय हमारा राष्ट्रीय मानस दूसरी परिस्थिति में था; यानी कि संगठन भी था और आपसी फूट तथा शंका भी थी। स्वाभिमान और सिद्धान्त के लिए मर-मिटने का ज़ोम भरपूर था, पर आपसी कलह में भी कसर न थी। हमारे सत्तावनी पुरखे अपनी ऐतिहासिक परिस्थिति के प्रति जहां अत्यधिक गम्भीर थे वहीं दूसरी ओर संगठन की व्यापकता के प्रति लापरवाह भी थे। यानी कि हम बढ़ रहे थे, बड़ी धूम थी, बड़ा जोश था, मगर साथ ही साथ हमारे पैरों में उलझनों की कांटेदार बेड़ियां पड़ी थीं; हम एक जगह पूर्णतया जड़ भी थे।

महलों में भी आपसी जलन और तू-तू, मैं-मैं का बाज़ार गर्म था। एक दिन कई बेगमात मिलकर हज़रत महल के पास आईं, कहा कि बेलीगारद के अंग्रेज़ को मारने का बदला कहीं वाजिदअली शाह और कलकत्ते में रहने वाली शाही टोली को मार कर न लिया जाए, इसलिए तुम इस सल्तनत को चूल्हे में डालो। हज़रत महल बोलीं, मालूम हुआ तुम सब लोग जलती हो।--बड़ी कहा-सुनी हो गई। फौज के अफसरों तक बातें पहुंची। उन्होंने कहा कि बेगमात अंग्रेज़ों से मिल गई हैं, उन्हें महलों से बाहर निकाला जाए।

इस तरह की बातें कुछ-न-कुछ नित्य-प्रति उठती ही रहती थीं। ये आपसी फूट की बातें अफवाहों की सूरत में सिपाहियों तक पहुंचतीं और उन अफवाहों का असर बुरा पड़ता था।

सरकारी खज़ाने में रुपया नहीं था। उसकी चिन्ता थी। जुलाई में बिरजीस कदर के गद्दीनशीन होने के बाद से ही बेगम को रुपयों की चिन्ता थी। तिलंगे शहर में लूटपाट मचा रहे थे। इससे नगर की जनता में स्वाभाविक रूप से बड़ा ही असन्तोष था। एक दिन बिरजीस कदर को घोड़े पर सवार करा बेगम ने तिलंगों की सेना को समझाने के लिए बाहर भेजा। 33 तोपों की सलामी सर की गई; उधर भी तिलंगों

ने बड़े अदब से अपने शासक की बातें सुनीं और वचन दिया कि भविष्य में शहर नहीं लुटेगा, लेकिन हमारे पेट की सुध ली जाए।

बेगम साहिबा के पास कुल चौबीस हज़ार रुपया था, जो खर्च हो चुका था। मुफ्ताहुद्दौला से खज़ाना मांगा गया, उन्होंने कहा कि सोने-चांदी के असबाब के सिवा खज़ाने में और कुछ नहीं। उनसे चाभियां लेकर वे सोने-चांदी की चीज़ें गलाकर सिक्के ढालने का आयोजन हुआ। अफसरों ने नवाब माशूक महल का घर लूटा। नवाब के खज़ाने का भेद सात फीसदी कमीशन पाने के लालच में भेदियों ने मम्मू खां को बतला दिया। रात में मम्मू खां, राजा जयलाल, युसुफ खां, हैदर खां आदि नवाब के घर गए। एक सहनची खोदी गई, पांच लाख रुपया निकला। इसमें से कुछ सरकार में पहुंचा, कुछ मम्मू खां के घर पहुंच गया।

सैयद कमालुद्दीन ने मम्मू खां पर लूट का इल्ज़ाम लगाया है। कमालुद्दीन के अनुसार मम्मू खां ने तिलंगों की लूट को इस रीति से बढ़ावा दिया कि वे लूट का धन सरकार में जमा करते रहें। एक दिन तिलंगे नवाब मुमताजुद्दौला के यहां से पचास हज़ार का माल लूट लाए और सरकार में जमा करा दिया। नवाब अफसर बहू का मालमता लुटा, शहर के रईस लूटे गए, शाही बेगमात ने तिलंगों द्वारा सताए जाने की शिकायत मम्मू खां से की, मगर उन्होंने ध्यान न दिया।

इस प्रकार नगर के एक वर्ग में असन्तोष बढ़ रहा था।

मम्मू खां सन् 1857-58 का एक अत्यन्त महत्त्वपूर्ण व्यक्ति है। अंग्रेज़ों ने उसके और बेगम के सम्बन्ध में बहुत-कुछ लिखा है। शेख तसद्दुक हुसैन साहब लखनऊ और अवध के मुस्लिम इतिहास के अधिकारी विद्वान् माने जाते हैं, उन्होंने भी कुछ ऐसा ही संकेत किया है। परन्तु लखनऊ के कुछ पुराने परिवारों के वंशज इस बात को बहुत गलत मानते हैं। उनका कहना है कि बेगम साहबा का चरित्र बेदाग था। उस ज़माने में उन्हें तरह-तरह से बदनाम किया जा रहा था। लखनऊ में आलमबाग की लड़ाई के सुप्रसिद्ध वीर शहीद, भटवामऊ के राजा नबी बख्श के वंशज राजा रज़ा हुसैन खां तो इस बात से किंचित् उत्तेजित हो उठे थे। कहने लगे, "साहब, कौम की बदकिस्मती से उस ज़माने के सही हालात पर रौशनी डालने लायक रिकार्ड अब नहीं रहे। कोई कुछ भी कह सकता है। हमारे खानदान का उन दिनों की तवारीख से चूंकि बड़ा ताल्लुक रहा है, मेरे दादा नबी बख्श खां और उनके दोनों भाई तजम्मुल हुसैन खां, काज़िम हुसैन खां—तीनों ही गदर में शरीक हुए थे, इसलिए हमारे खानदान में उस ज़माने की रवायतें चली आ रही हैं। मेरे चचा ने तो उस ज़माने का हाल भी लिखा है, मैंने अपने बचपन में यह तो ज़रूर सुना था, कि मम्मू खां बेगम साहबा के बड़े मुंहचढ़े थे, और इसी वजह से दुश्मनों ने गलत खबरें उड़ा रक्खी थीं।"

यह होते हुए भी मम्मू खां के सम्बन्ध में मेरी धारणा अब तक भी कुछ अच्छी नहीं बंध पाई। मम्मू खां अब तक बेगम के प्रति वफादार रहे, ज़ाहिरा तौर पर यह बात साफ है पर उस वफादारी के साथ-साथ वे अनुचित रूप से अपने को भी महत्त्व दे रहे थे। उन्होंने अपनी अहंता बेगम के अर्थात् स्वदेश के हितों पर भी अनुचित

रूप से लादी है। वे पढ़े-लिखे दूरंदेश हरगिज़ नहीं मालूम पड़ते। बेगम के मुंहचढ़े होने के दो कारण समझ में आते हैं, एक तो वे फौजी पार्लियामेण्ट और सरकार-ए-बिरजीसी के बीच की महत्त्वपूर्ण कड़ी थे; दूसरे सरकार को लड़ाई चलाने के लिए येनकेन प्रकारेण रुपया लाकर दे देते थे। दरबार के अमीरों पर उनसे अधिक सम्भवतः राजा जयलाल सिंह का प्रभाव था। ग़दर के बाद अंग्रेज़ी हुकूमत ने मम्मू खां और राजा जयलाल सिंह पर मुकदमे चलाए। मम्मू खां का बयान लिया गया था। वह सरकारी फाइलों में सुरक्षित है। मम्मू खां का बयान उनकी दुलमुल यकीनी का परिचय देता है। राजनैतिक व्यक्ति के लिए उचित सूझबूझ और गहरे विचारमंथन का उनमें अभाव नज़र आता है।

रुपये-पैसे का अभाव, योग्य और विश्वस्त सलाहकारों में पारस्परिक फूट, फौजी संगठन में खींचतान, शिया-सुन्नी समस्या, शहरी शासन में ढील-ढाल और प्रजा में भयजनित अस्थिरता, इस सबके साथ रेज़िडेन्सी की लड़ाई चल रही है और जिसे चलाते रहना ही आन की बात है। ऐसी विषम और निराशाजनक परिस्थिति में भी नित्य नये प्राण फूंकने वाली शक्ति के मुझे दर्शन न होते यदि मैंने अवध में जगह-जगह बेगम के आने, विशेष रूप से महादेवा की सामन्त सभा में सबको अपने भाषण से उत्तेजित कर देने की बातें न सुनी होतीं। बेगम हज़रत महल ने केवल मम्मू खां, मौलवी साहब, जनरल साहबान, सूबेदार साहबान के भरोसे बैठे रहना अक्लमन्दी न समझा। उन्होंने विभिन्न इलाकों के नाज़िमों-चकलेदारों को संगठित किया, प्रमुखतम हिन्दू सामन्तों का सहयोग प्राप्त किया। इनकी सेनाओं का बराबर लड़ने के वास्ते आते रहना फौजी संगठनों को भी एक बने रहने की प्रेरणा अवश्य देता था। मौलवी अहमदुल्ला शाह भी आपसी दिलशिकनी भूलकर अपने जौहर दिखलाने के महा आवेश में आ जाते थे। यह सच है कि यदि कोरा 'जेहाद' होता तो एक बार प्रबलतम होकर भी उसे तुरन्त ही मिटना पड़ता। मौलवी अहमदुल्ला शाह के चरित्र का राष्ट्रीय विकास ही तब से आरम्भ होता है जबसे वे स्वदेश रक्षक हिन्दू सामन्तों, विशेष रूप से राणा बेणीमाधव बख्श के सम्पर्क में आते हैं। बैसवारों के प्रमुख राणा बेणीमाधव बख्श, रैकवारों के प्रमुख हरदत्तसिंह, गोंडा के राजा देवी बख्शसिंह विसेन, जनावर, अहिबन, गौड़ क़नपुरिया आदि अवध के समस्त क्षत्रिय सामन्त मण्डल का सहयोग प्राप्त कर लेना आसान बात न थी; खासतौर पर जब कि हाल ही में अयोध्या में ज़ेहाद हो चुका था। इन सामन्तों में जो बाद में अंग्रेज़ों से मिल गए, छुटभैये किस्म के लोग थे; जो बड़े-बड़े सरदार थे वे नेपाल के जंगलों तक बेगम के साथ गए। केवल इस बात से ही बेगम हज़रत महल के व्यक्तित्व पर पूर्ण प्रकाश पड़ जाता है।

अपनी डायरी में सर विलियम रसल ने एक वाक्य लिखा है, "अपने बेटे के हितों की रक्षा के लिए उन्होंने सारे अवध को उत्तेजित कर दिया है, और मुखिया लोगों ने उसके (बेटे के) प्रति वफादार रहने की कस्में खाई हैं।"

मैं सौ वर्ष पुराने और आधुनिक दृष्टिकोण के अन्तर को अच्छी तरह मानते हुए भी यह मानने को तैयार नहीं कि केवल बिरजीस कदर का राज सिंहासन बचाने

के निष्काम भाव से ही सारे सामन्त और नाज़िम चकलेदार 'शरणम् गच्छामि' बोलते हुए चले आए होंगे। एक स्त्री, भले ही वह कितनी भी चतुर क्यों न हो, केवल अपने बेटे या नज़रबन्द पति के नाम पर वफादारी की भावना नहीं जगा सकती। जब तक सामूहिक स्वार्थ की समस्या न हो, समूह के स्वाभिमान का समान प्रश्न न हो तब तक ऐसा संगठन नहीं हो सकता जैसा अवध में बेगम हज़रत महल के द्वारा किया गया था। हमें यह भी नहीं भूलना चाहिए कि भय और पारस्परिक शंकाओं के उस प्रलयकाल में एक स्त्री द्वारा इतनों का अटूट विश्वास प्राप्त कर लेना साधारण बात नहीं है।

जने खानगी का टीका लगाए ही सही, मगर बेगम हज़रत महल किशोरावस्था से मिर्ज़ा वाजिदअली की हुईं; पर्दे के अदब कायदे से वे भी उसी तरह बंधी थीं जैसे दूसरी बेगमें, हर मुसलमान स्त्री बंधी थी। उनका पर्दे से बाहर आना खतरे से खाली नहीं था। बेचारी के पास कुलीनता का सार्टीफिकेट भी नहीं था। यों ही बदनामी में कसर न रही, अगर एक भी कदम सचमुच डगमगा जाता तो कहीं की न रहतीं। किन्तु बेगम के सामने एक स्पष्ट उद्देश्य था, उसके पीछे खरे विद्रोह का तप था, उचित सूझबूझ थी। वाजिदअली शाह की बेगम हज़रत महल हरगिज़ पर्दा-प्रथा तोड़कर बाहर नहीं निकल सकती थी, किन्तु बेगम आलिया–राजमाता हज़रत महल पर्दे की झूठी कैद से बाहर निकलने लायक आत्मविश्वास से कवचमंडित, पूर्ण सुरक्षित थीं। गदर के दिनों में बेगम की आयु अधिक-से-अधिक छब्बीस सत्ताईस की रही होगी। भरे यौवन में राजमाता का गौरव पद संभालने वाली देवी प्रणम्य है। बलभद्रसिंह के 'जंगनामे' में बेगम के सम्बन्ध में प्रकट हुई कवि की श्रद्धा वास्तव में तत्कालीन जन-मन की श्रद्धा है।

रसल लिखता है : ''वह अपने बादशाह पति से अच्छी 'मर्द' थी।'' श्री सुन्दर लाल ने जॉर्ज विकर्स की सन् 1858 ई० की छपी पुस्तक के आधार पर 'भारत में अंग्रेज़ी राज' में लिखा है, ''अवध निवासियों की इस आज़ादी की लड़ाई में बेगम हज़रत महल के अधीन अवध की अनेक स्त्रियां तक मरदाना वेष पहनकर, हथियार बांधकर अपने अलग दल बनाकर लड़ रही थीं।'' श्री सुरेन्द्रनाथ सेन ने लिखा है कि ''कम प्रतिष्ठित पंक्तियों की स्त्रियों ने नगर की रक्षा के निमित्त अपने प्राण अर्पित कर दिए।'' उन्हीं की पुस्तक में गॉर्डन एलेक्ज़ेडर का एक उद्धरण दिया गया है कि सिकन्दर बाग की लड़ाई में अनेक हब्शिनें भी लड़ रही थीं। वह लिखता है, ''वह जंगली बिल्लियों की तरह लड़ रही थीं और उनकी मृत्यु हो जाने से पहले यह पता ही न चल सका कि वे औरतें थीं।'' सिकन्दर बाग में पीपल के वृक्ष से एक स्त्री ने अनेक गोरों को मार गिराया और अन्त में स्वयं भी गोली से ही मरी। लखनऊ के पतन के बाद एक जुलजुल बुढ़िया लोहे के पुल के पास चीथड़े बटोरते नज़र आया करती थी। कुछ दिनों बाद वह मरी पाई गई। जांच होने पर पता लगा कि वह बारूद से कोई सुरंग उड़ाने आई थी, पलीता अधजला हाथ में ही रह गया और वह किसी कारणवश स्वयं ही मृत्युलोक से उठ गई।

बेगम आलिया ने भी रानी लक्ष्मीबाई के समान स्त्रियों का सैनिक संगठन

बनाया था। महलों की बांदियां उनकी निगरानी में कवायद इत्यादि करती थीं और उनकी शागिर्द कहलाती थीं। स्त्री जासूसों का अच्छा संगठन भी उनके द्वारा किया गया था। इस प्रकार आपसी फूट की निराशाजनक स्थिति में भी जन-जन क्रान्ति-भावना को अवध में पौने दो वर्ष तक जगाए रखना बेगम का ही काम था।

सत्तासी दिन के घेरे के बावजूद हिन्दुस्तानी लोग हर तरह से टूटे हुए मुट्ठी भर गोरों को हरा न सके। काश कि बेगम ने सैनिक शिक्षा भी पाई होती तो वह तमाम मर्द सेनापतियों से कई गुना अच्छी कमांडर साबित हुई होतीं।

बेगम नाना और तात्या से भी क्रान्ति के सिलसिले में बराबर मिलती-जुलती रही हैं। कोई आश्चर्य नहीं जो उन्होंने नाना से उनकी मुंहबोली बहन छबीली की स्फूर्ति-दायिनी बातें सुनी हों। आड़े समय में क्रान्तिकारी एक-दूसरे के व्यक्तित्व से प्रेरणा लेकर ही अपने व्यक्तित्व का विकास करते हैं।

जुलाई, अगस्त और आधे सितम्बर तक तूफानी समुद्र में सल्तनत की झर्झरी नाव लेकर भी बेगम बड़े साहसपूर्वक आगे बढ़ती रहीं। मीर फिदाहुसैन कप्तान, उनके भाई मुहम्मद हुसैन नाज़िम, अब्दुल हादी खां, कुमेदान मुहम्मद मिर्ज़ा, शरफुद्दौला, हिसामुद्दौला—सभी बेगम से ही नया बल प्राप्त कर आपसी शिकायतों को नज़र-अंदाज कर स्वतन्त्रता संग्राम में आगे बढ़े। राजा जयलाल सिंह ने बड़ा साथ दिया। जब हैवलाक की सेनाएं उन्नाव ज़िले में विजय सिद्ध करने लगीं और सूचना पाकर तिलंगे लखनऊ शहर की नाकेबन्दी छोड़कर भागने लगे तब राजा जयलाल ने यह देख अपना पहरा मुकर्रर किया। इस बीच रेज़िडेन्सी पर ज़ोरदार हल्ले होते ही रहे।

21 सितम्बर को हैवलाक और औटरम की सेनाएं लखनऊ के लिए चलीं। मगरवारा और बशीरत गंज में विजय-लाभ करते हुए अंग्रेज़ सई नदी के किनारे बनी में पहुंच गए और 23 तारीख को लखनऊ की ओर बढ़े। शहर में घबराहट फैल गई। उनमें कायरता के बजाय कर्म प्रेरणा भरने के लिए शहर में मुनादी की गई कि यदि अंग्रेज़ जीतेंगे तो रिआया को ईसाई बनाएंगे। पोस्टर जगह-जगह चिपकाए गए कि यदि अंग्रेज़ जीते तो स्त्री-पुरुष-बच्चे किसी को भी जीता नहीं छोड़ेंगे; दिल्ली, मेरठ, कानपुर सब जगह इन्होंने प्रजा की भली दुर्दशा की है।

तिलंगों को सम्भवतः वेतन नहीं मिला था अथवा किसी और कारण से उन्हें सरकारी व्यक्तियों से बड़ी शिकायत थी। वे लड़ने तो जा रहे थे पर सरकार-ए-बिरजीसी के प्रति असन्तोष लेकर। पानी ज़ोरों का बरस रहा था। सेनाओं में पूरा जोश नहीं था। मम्मू खां और जनरल हिसामुद्दौला बेगम के आग्रह से तिलंगों का हौसला बढ़ाने के लिए एक गाड़ी पर सवार होकर गए। मीर वाजिदअली से भी साथ चलने को कहा, वे बोले कि हम तिलंगों की गालियां सुनने नहीं जाएंगे, अगर लड़ने के लिए जाते हो तो साथ देने को तैयार हैं।

सैयद कमालुद्दीन के अनुसार गाड़ी पर जाते हुए मम्मू खां और जनरल हिसामुद्दौला ने तिलंगों की इतनी गालियां सुनीं कि भागकर एक मस्जिद में बैठ रहे।

राजा रज़ा हुसैन खां, भटवामऊ ने मुझे बतलाया था कि उनके तीनों दादा

तजम्मुल हुसैन खां, नबी बख्श खां और काजिम हुसैन खां भोजन करने बैठे थे कि बेगम साहबा ने आकर कहा : "इम्तहाने सर फरोशी का वक्त आ पहुंचा है और तुम लोग घर में बैठे हो। क्या जब गोरे मेरे झोंटे नोचेंगे तब जाओगे?" तीनों भाई दस्तरख्वान से उठ खड़े हुए। नवाब बिरजीसी कदर नबीबख्श खां को दस हज़ार रुपये देने लगे जिसे उन्होंने लेने से इनकार कर दिया।

अयोध्या के राजा मानसिंह भी अपने नौ हज़ार सिपाहियों के साथ बड़ी बहादुरी से लड़े।

आलम बाग में बड़ी भीड़ थी। जनता सिपाही सभी अपने नगर की सुरक्षा के लिए लड़ने उमड़ आए थे। पानी भी बड़े ज़ोर से बरस रहा था। दोनों ओर से तोपों की करारी मार चल रही थी, मुंह-मेल लड़ाई हो रही थी। बेगम हज़रम महल को चैन नहीं था। शहर में चारों ओर जा-जाकर सरदारों के उत्साह जगा रही थीं। सरफराज़ बेगम लखनवी ने कलकत्ते की अख्तर महल को पत्र में लिखा है। "मैं नहीं समझती थी कि हज़रत महल ऐसी आफत की परकाला हैं। खुद हाथी पर बैठकर तिलंगों के आगे-आगे फिरंगियों से मुकाबला करती है।" धन्य है उस स्त्री के जीवट को! हज़रत महल से सचमुच राजमाता के पद गौरव की प्रतिष्ठा बढ़ी है। उनकी प्रेरणा और भयानक शत्रु का सामना सैनिकों में अद्भुत उत्साह भर सका; वे भूख, प्यास, आपसी शिकायतें आदि सब कुछ भूलकर अपनी एक-एक इंच भूमि के लिए लड़ रहे थे।

अंग्रेज़ जीत गए। रेज़िडेन्सी में पहुंच गए। इसके बाद तो नगर में स्थित स्वदेशी सेनाओं को हताश हो जाना चाहिए था, पर लाख गड़बड़ियां चलने के बावजूद ऐसा न हो सका। एक बार अंग्रेज़ों को रेज़िडेन्सी छोड़कर निकल जाने में ही अपना कल्याण दिखाई दिया। बेगम के तूफानी दौरों और अवध भूमि के भारतीय वीरों की राष्ट्रीय भावना ने चारों ओर से सिमटकर अपनी राजधानी को शक्ति-पुंज बना दिया। अनेक राजा सरकार-ए-बिरजीसी से अपनी सेना का खर्च तक नहीं मांगते थे।

गदर में मैं अपनी कमज़ोरियों को तो यथामति सतर्क हो पहचानता और आज तक अनुभव भी करता चल रहा हूं; परन्तु उरा काल गें गुझे अपनी ऐसी विशेषताएं भी कम नज़र नहीं आतीं जिन्हें पाकर किसी भी काल हर राष्ट्र गौरव का अनुभव करेगा। अवध को तो मैंने देगची के एक चावल की तरह टटोला है, जो यहां है वह भारत देश में है। भारत की सांस्कृतिक एकता इस प्रकार की है कि अपनी विशेषताओं को लेकर उसका कोई भी भाग पूर्णरूप से स्वच्छन्द नहीं। यह राष्ट्रीयता ही अब तक इस महाद्वीप-से विशाल देश को बचाए हुए है। ऐसी असम्भव-सम्भव सुन्दर पृष्ठभूमि के साथ भी यहां राजनैतिक एकता बार-बर भंग हुई, यह और बात है। यदि मेरे पास शक्ति और साधन होते और थोड़े रो रथानों तक ही पहुंच पाने के बजाय गदर के पूरे क्षेत्रों में दौरा कर सकता तो मेरा विश्वास है, हर जगह मुझे ऐसी स्फूर्ति मिलती। स्वाभिमान और स्वतन्त्रता के लिए होने वाले युद्ध में हिन्दू-मुसलमान दोनों अपने अन्दर से अनेक उदात्त वीर नायक-नायिकाओं को, राष्ट्रीयता के उगते हुए नये रूप और स्वतन्त्रता की रक्षा के लिए, राष्ट्र को प्रदान कर रहे थे।

गुलामहुसैन की मस्जिद के नीचे अंग्रेज़ों से जमकर लड़ाई हो रही थी। नबी

बख्श खां के दोनों भाई सख्त घायल हुए। लोगों ने उनसे कहा तो बोले : "ये क्या खबर सुनाने आये हैं? लड़ाई में मरने-मारने और घायल होने के सिवा और होता ही क्या है?" नबीबख्श खां और ठाकुर अमरसिंह दोनों साथ-साथ शहीद हुए। नबीबख्श खां की माता जीवित थीं। जिस समय उसके तीन बेटे लड़ाई के मैदान में उनके सामने लाए गए तो तीनों ही मुर्दा लगते थे। नबीबख्श खां का शव लाया गया था और तजम्मुल हुसैन खां तथा काज़िम हुसैन खां बेहोशी की हालत में आए थे। तीनों बेटों को देखकर वीरमाता बोली : "खुदावन्दा, शुक्र है तेरा कि ये लोग लड़-भिड़कर मरे और नाम रख लिया। मैं अपना दूध बख्शती हूं।"

मार्च, सन् 1885 तक घरेलू कमज़ोरियों के बावजूद संघर्ष चलता रहा। 18 मार्च को बेगम हज़रत महल तथा 21 मार्च को मौलवी अहमदुल्ला शाह अंग्रेज़ों से हार गए, एक-एक इंच भूमि के लिए जमकर युद्ध हुआ; अंग्रेज़ों द्वारा लिखी गई पुस्तकों तक में भारतीय वीरता के चित्र उभरकर सामने आते हैं।

सुकवि बंधुवर चन्द्रप्रकाश सिंह जी के परनाना अन्तिम युद्ध में सम्मिलित हुए थे। कुछ वर्ष पहले ही उनका देहान्त हुआ। वे बतलाया करते थे कि, "अंग्रेज़ों की लाशों पर फिसल-फिसलकर हम लोग बढ़ते जाते थे। सम्मुख रण में अंग्रेज़ कभी हमारे मुकाबले में ठहर नहीं पाते थे। हां, उनकी तोप-बन्दूकें बढ़ियां और जबर थीं, उनसे हमारा बस नहीं चलता था। बेगम को नेपाल तक जाके छोड़ा। विदा करते हुए बेगम रोने लगीं, कहा, अब हमारा अपना ही ठिकाना नहीं रहा, तुम लोग जाओ।" चन्द्रप्रकाश सिंह के परनाना और उनके चचेरे भाई माधवसिंह जी और कालिकासिंह जी नवाब बिरजीस कदर के अंगरक्षक थे। उन्हें जो वर्दी मिली थी उसे अन्त तक बड़े-बड़े अवसरों पर शान से पहनते थे।

बेगम हज़रत महल लखनऊ से निकलकर अपने पुत्र सहित गुरुबख्श सिंह रैकवार के भिठौला गढ़ में रहीं और फिर रैकबारों के मुखिया हरदत्तसिंह के बौंडी गढ़ में क्रान्ति का केन्द्र स्थापित कर दिसम्बर 58 तक वहीं से सारे सूत्रों का संचालन करती रहीं। यहीं से राजमाता हज़रत महल ने राज राजेश्वरी विक्टोरिया की घोषणा के उत्तर में जो चेतावनी अपने स्वदेशवासियों को दी थी, वह भारतीय ग़दर के इतिहास के साथ-साथ चिरकाल तक जीवित रहेगी। सुन्दर लालकृत इतिहास ग्रन्थ में बेगम के उक्त एलान का बहुत-सा अंश उद्धृत किया गया है। पहले समझता था कि जैसे शासकों के लेखक उनके नाम से मज़मून बना देते हैं, वैसे ही बेगम हज़रत महल के इस ऐलान को भी किसी ने और उनके नाम से लिखा होगा। परन्तु अब प्रेरणा मूर्ति बेगम के सम्बन्ध में इतना जानकर बेझिझक तस्लीम कर लूंगा कि उसके एक-एक शब्द बेगम हज़रत महल के बोले हुए हैं। बेगम ने ऐसी ही बातों से पतनशील सामन्तों को उठाया था। अवध में जन-जन के अन्दर जैसे सब-कुछ पलट गया था—भारतवासी अपना उद्धार करने के लिए खरे आवेश में आ गया था। यही कारण है कि विक्टोरिया के ऐलान के छह महीने बाद तक अवध में विद्रोह की ज्वाला धधकती ही रही। चार्ल्स बाल लिखता है : "मलका विक्टोरिया के एलान के बाद भी अवध के अन्दर आश्चर्यजनक युद्ध जारी रहा। विप्लवकारियों के इन

सब गिरोहों के साथ उनके देशवासियों की सहानुभूति थी। और इस सहानुभूति से इन्हें इतना अधिक बल और इतनी अधिक उत्तेजना प्राप्त हुई कि जिसका अनुमान भी नहीं किया जा सकता। ये विप्लवकारी बिना कमसरियट के जहां चाहें जा सकते थे, क्योंकि लोग सब जगह उन्हें भोजन पहुंचा देते थे, वे बिना पहरे के अपना असबाब जहां चाहें छोड़ सकते थे, क्योंकि लोग उनके असबाब पर हमला न करते थे। उन्हें सदा अपनी और अंग्रेज़ों की स्थिति का ठीक-ठाक पता रहता था, क्योंकि लोग उन्हें घण्टे-घण्टे भर के अन्दर आकर सूचना देते रहते थे, हम उनसे अपनी कोई योजना छिपाकर न रख सकते थे, क्योंकि हमारी प्रत्येक खेमे की मेज़ के इर्द-गिर्द और अंग्रेज़ी सेना के करीब हर खेमे में उनसे गुप्त सहानुभूति रखने वाले लोग खड़े रहते थे। हमारे लिए उन पर अचानक हमला कर सकना एक आलौकिक-सी बात थी, क्योंकि हमारे चलन की अफवाह, एक मनुष्य से दूसरे मनुष्य को हमारे सवारों से अधिक तेज़ी के साथ उन तक पहुंच जाती थी।''

बहराइच में काज़िम हुसैन खां, भटवामऊ ज़मींदार तजम्मुल हुसैन खां, गोंडा के राजा देवीबख्श, बरुवा के ठाकुर गुलाबसिंह, महोना के दिग्विजय सिंह, रोइया के राजा नरपतसिंह, राणा बेणीमाधव बख्श बहादुर, चरदा के राजा जोतसिंह चौधरी मुसाहबअली, अनंदी कुरमी—सब अपनी-अपनी जगह पर लड़ते रहे और जब उखड़े तो बौंडी में आ सिमटे। यह देख लार्ड क्लाइड ने सर होप ग्राण्ट को चन्द्रपुर बुलाया। लार्ड क्लाइड ने नेपाल की सीमा पर चौकस पहरे का प्रबन्ध और इन हारे हुए वीरों को नेपाल की सेना में खदेड़ना आरम्भ किया। लार्ड क्लाइड बहराइच से लड़ते-भिड़ते बौंडी के निकट पहुंच गया। बेगम, नाना, राणा आदि क्रान्ति के अमर सेनानियों ने डटकर अंग्रेजों को युद्ध दान दिया। और जब यहां से पैर उखड़े तो दुःख के साथी तितर-बितर होकर नेपाल की सेना में निकल गए।

बेगम और उनके साथी अकेले नहीं भागे थे, उनके साथ कई हज़ार सेना भी थी। सर होप ग्राण्ट ने अपनी पुस्तक में सैनिकों की संख्या दी है। स्वदेशी दल के वीरों का नेपाल से होकर कलकत्ते पर आक्रमण करने का पूरा विचार था जो बाद में कारण वश सम्भव न हो सका। इन सिपाहियों की सूची में इनूफील्ड राईफलधारी सैनिकों का भी उल्लेख है। इन्हीं नई राइफलों के कारतूसों पर सत्तावनी क्रान्ति की ज़िम्मेदारी रक्खी गई है। आपतकाल में भारतीयों ने चर्बी के कारतूस मुंह से खोलकर अंग्रेज़ों को मारा था।

इस सम्बन्ध में आगरा कालेज के इतिहास-राजनीति विभाग के प्राध्यापक डाक्टर सत्यनारायण दुबे ने मुझे बताया था : ''मेरे मामा श्री जगन्नाथ प्रसाद शर्मा जो उधन्नपुर, तहसील बाह, ज़िला आगरा के निवासी हैं, का कहना है कि आपद्धर्म में चौका-चूल्हा खत्म हो जाता है। ग़दर में हमारे घर के लोग झोले में रोटी डालकर ले जाते थे और मुंह से चर्बीवाला कारतूस काटकर अंग्रेज़ों को मारते थे।''

नेपाल भागने वाली सेना में इन्फील्ड राइफल्सधारी सैनिक तथा डाक्टर दुबे की यह बात सिद्ध करती है कि शत्रु नाश की भावना थोथे धर्म की भावना से सैनिकों की निगाह में बड़ी थी। अस्तु।

बेगम हज़रत महल दो-तीन दिन तुलसीपुर की अचवागढ़ी में रहीं, वहां से सोनार पर्वत होकर नये कोट चली गई। नये कोट में आसफुद्दौला की बारादरी थी, वहीं टिकीं। लेकिन वहां पहुंचने से पूर्व 27 फरवरी सन् 1859 को कप्तान निरंजन मांझी नेपाल के राणा जंगबहादुर की चिट्ठी लेकर आए जिसमें यह लिखा था कि हमसे किसी प्रकार की आशा न रखिए और अंगरेज़ों से मेल कर लीजिए। मम्मू खां ने लिखाः "न हमें आपकी मदद चाहिए और न हम अंगरेज़ों से मेल करेंगे।" इस पर राणा का उत्तर आया कि तब उधर से अंगरेज़ मारेंगें इधर से हम, और इसके बाद राणा ने इन लोगों का रसद पानी रुकवा दिया। परिस्थिति देखकर बेगम हज़रत महल ने समझदारी से काम लिया, वे पीनस में सवार होकर पहले अकेले नये कोट गई। उनके पास जो अत्यन्त बहुमूल्य रत्नालंकार थे वे सुना जाता है कि नेपाल के राणा जंगबहादुर को भेंट में दिए। यह भी लिखकर दिया कि सिपाहियों ने मेरे बेटे को ज़बरदस्ती गद्दीनशीन कर दिया। मेरा और मेरे बेटे का अंग्रेज़ों से बैर नहीं।

परन्तु उन्होंने अंग्रेज़ों के बार-बार आग्रह करके उन्हें तथा नवाब बिरजीस कदर को बुलाने और पूर्ववत् मान सम्मान और पेंशन देने के प्रस्ताव को ठुकरा कर नेपाल में शरणागत होकर रहने में अपना गौरव समझा। नेपाल राज की ओर से उन्होंने पांच सौ रुपया महीना पेंशन लेना भी स्वीकार किया।

हज़रत महल ने काठमाण्डू में ही एक मकान ले लिया और साधारण जीवन बिताने लगीं।

सन् 1896 ई० में वहीं उन्होंने अपने पुत्र नवाब बिरजीस कदर का विवाह किया। दिल्ली के एक क्रान्तिदलीय शहज़ादे मिर्ज़ा दाऊद बेग भी नेपाल के शरणार्थी थे। उन्हीं की पुत्री मुख्तारुन्निसां बेगम हज़रत महल की पुत्र वधू बनीं। हज़रत महल ने उनका ससुराल का नाम महताब आरा बेगम रक्खा। बिरजीस कदर के पौत्र मिर्ज़ा कौकबकदर ने मुझे बतलाया था कि विवाह के बाद बेगम साहबा ने अपनी पुत्र वधू को खुफिया तौर अपने श्वसुर नवाब वाजिदअली शाह का आशीर्वाद प्राप्त करने के लिए कलकत्ता भेजा था।

सन् 1874 ई० मे भारतीय क्रान्ति की यह अमर क्रान्तिमयी तारिका अपने बेटे-बहू पोते-पोतियों के परिवार को छोड़कर नश्वर जगत से विदा हो गई। बेगम को दैव से ऐसा जीवन प्राप्त हुआ जो आरम्भ से अन्त तक कटु अनुभवों की कहानी था; परन्तु उस कटुता के अन्दर से उन्होंने अपना जो व्यक्तित्व सौन्दर्य निखारा वह सदा प्रशंसनीय माना जाएगा। विद्रोही वही होता है जो अपनी कुण्ठाओं से जड़ीभूत नहीं हो जाता। विद्रोह जब सूझ-बूझ से संयुक्त होता है तो क्रान्तिकारी विचार उदय होते हैं जो व्यक्ति को निरन्तर अंधेरे में उजाला देते हैं। ऐसे व्यक्ति व्यक्तिगत जीवन में दुःख भोगने वाले अभागे होकर भी सचमुच सौभाग्यशाली होते हैं—उनके द्वारा इतिहास पलटे जाते हैं।

काठमाण्डू की एक मस्जिद के कब्रिस्तान में हज़रत महल के अस्थि-अवशेष विद्यमान हैं। उनकी अमर कीर्ति चारों दिशाओं में महक रही है।

बिरजीसकदर के आठ सन्तानें हुई—आगाजानी, हशमत आरा, शितवत आरा,

बद्रकदर, जमाल आरा, खुरशीद कदर, हुस्नआरा, और मेहर कदर।

सन् 1887 ई० में नवाब वाजिदअली शाह का कलकत्ते में देहान्त हो गया। नवाब वाजिदअली इतिहास से अधिक किंवदंतियों के नायक हैं। वे भले और भोले व्यक्ति थे। इसमें सन्देह नहीं कि वाजिदअली और उनके बड़े भाई मुस्तफा अली अंग्रेज़ों से आरम्भ से ही नाराज़ थे। मुस्तफाअली शीघ्र उत्तेजित हो जाने वाले मुंहफट व्यक्ति थे, इसलिए अंग्रेज़ उन्हें गद्दी पर नहीं बिठलाना चाहते थे। वे असन्तुलित मस्तिष्क के, राजमुकुट पहनने के अयोग्य ठहराए गए। वाजिदअली अपने भाई की अपेक्षा अधिक गम्भीर थे। साहित्यक और कलात्मक अभिरुचि के भी थे। नये-नये नृत्यों के भाव पर रक्षिता नर्तकियों से प्रयोग करवाना, संगीत नाट्य खेलना उनका शौक था। आरम्भ में, गद्दी मिलने पर उन्होंने अंग्रेज़ों से उलझने के बजाय अपने घर को सुव्यवस्थित करना उचित मान उसमें मन लगाया, फौज की कवायद आदि भी स्वयं करवाते थे। उर्दू के वयोवृद्ध लेखक श्री मुमताज हुसैन जौनपुरी ने हुसैनाबाद के पीछे गोमती किनारे का वह मैदान दिखलाया जहां वाजिदअली शाह कवायद कराते थे। वे रसमग्न होने वाले व्यक्ति थे, अगर अंग्रेज़ों ने उनके राजकाज में हस्तक्षेप न किया होता तो वे शायद बड़े योग्य शासक सिद्ध होते। परन्तु जब उन्होंने यह देखा कि अंग्रेज़ भारतीय शासकों को कुछ भी नहीं करने देंगे और भारतीय शासक, वे स्वयं, अपने आसपास के वातावरण से विवश हैं तो फिर अपने दूसरे शौक को ही जीवन का ध्येय बना लिया और उसी में पूरी तरह डूब गए। वाजिदअली शाह लड़ाई-झगड़े से दूर भागते थे, उनका मन कपटशून्य था। इसलिए जब तक वे जीवित रहे बिरजीसकदर उनसे छिपकर मिलने भी न आ सके।

सन् 1893 ई० में नेपाल में दरिद्रता और परायेपन से ऊब कर उन्होंने मक्का जाने का निश्चय किया और भारत सरकार से अपने राज्य से होकर गुज़र जाने की अनुमति मांगी। वे दरअसल चाहते तो यह थे कि उन्हें भारत में रहने की आज्ञा मिल जाये, पेंशन भी वे स्वीकार कर लेना चाहते थे, परन्तु यदि यह सम्भव न हो तो बाहर चले जाना चाहते थे।

उनकी पत्नी नवाब महताबआरा बेगम पहले कलकत्ता आई, अंग्रेज़ बहादुर का रुख रामझा तब बिरजीसकदर सपरिवार कलकत्ता पहुंचे। उस समय उनके तीन बच्चे जीवित थे। पुत्री जमालआरा बेगम 18 वर्ष की थी, पुत्र खुरशीद कदर 14 वर्ष के थे और पुत्री हुस्नआरा बेगम की आयु 12 वर्ष की थी। इनके अतिरिक्त नवाब महताबआरा बेगम उन दिनों गर्भवती भी थीं।

नवाब बिरजीसकदर और उनके परिवार को अंग्रेज़ सरकार ने अपने सदर स्ट्रीट वाले मेहमान खाने में रक्खा। उराके बाद अपने चचेरे भाई सर मिर्जा जहांकदर की दावत पर अताबाग में रहने गए जो मटिया बुर्ज में है। बिरजीसकदर सरकार से अपने उत्तराधिकार के सम्बन्ध में लिखा-पढ़ी चला रहे थे कि परिवार में इनके विरुद्ध षड्यंत्र हुआ। भोजन के लिए बुलाकर ज़हर दे दिया। 13 अगस्त, 1893 ई० को नवाब बिरजीस कदर, उनके बेटे खुरशीद कदर, बड़ी बेटी जमालआरा बेगम एक साथ दुनिया से उठ गए। पत्नी महताब आरा बेगम और छोटी बेटी हुस्न आरा बेगम

दावत में शरीक नहीं हुई थीं। घर में खाना भेजा गया था पर गर्भवती ने चिकनाई आदि खाना पसन्द न किया और बेटी भी टाल गई। उन्हें बचना था।

27 सितम्बर' 93 को पिता की मृत्यु के तीन-साढ़े तीन महीने बाद महताबआरा बेगम की कोख से जाहिदअली मिर्ज़ा मेहरकदर ने जन्म पाया, जिनके द्वारा बेगम हज़रत महल का वंश आज चल रहा है। मेहरकदर की बहन हुस्नआरा बेगम सन् 1949 ई० में मरीं। मेरहकदर विद्यमान हैं परन्तु लकवे से पीड़ित हैं। उनके तीन पुत्र हैं : अंजुमकदर रोशन अली मिर्ज़ा, कौकब कदर सज्ज़ादअली मिर्ज़ा तथा नैयर कदर वासिफ अली मिर्ज़ा।

बेगम हज़रत महल की अन्य शेष स्मृतियों में उनके घर में अब केवल कुरान शरीफ की प्रति है जिसका वे अन्तकाल में बहुत पारायण करती थीं तथा उनकी मोहर आदि कुछ अन्य सामग्री है।

कत्लेआम

श्री रेजिनल्ड रेनॉल्ड्स ने अपनी पुस्तक 'व्हाइट साहेब्ज इन इंडिया' में 1857 में प्रकाशित होने वाले जॉर्ज बरो के अंग्रेज़ी उपन्यास 'रमणी राय' के एक पात्र द्वारा कहलाई गई एक बात उद्धृत की है। उक्त उपन्यास के गोरे नायक से, सेना में भरती होकर हिन्दुस्तान जाने की प्रेरणा देते हुए कम्पनी बहादुर का रिक्रूटिंग अफसर कहता है : "दुनिया का सबसे उम्दा देश है...उसमें ध्यान न देने लायक दुष्टों का निवास है ...एकदम जंगली गिड़बिड़ ज़बान है उनकी...कम्पनी अपनी सेना के जवानों से बस यही सेवा चाहती है कि इन दुष्टों को ठोकरें मारो और काट डालो और उनसे उनके रुपये छीन लो—यानी कि उनके चांदी के सिक्के।"

यह सम्वाद अवध में जगह-जगह, लखनऊ नगर में हर स्वतन्त्रता प्रेमी गांव, ज़िले, नगर, कस्बे में—अंग्रेज़ों द्वारा किए गए कत्लेआम के बर्बरतापूर्ण दृश्यों का रहस्य प्रकट कर देते हैं।

लखनऊ में अंग्रेज़ों के जीतने की खबर गली-गली फैलते देर न लगी। लोग यथासम्भव अपना-अपना माल-मता, बाल-बच्चे लेकर घबराहट में जिधर सींग समाया भाग चले। चोरों-लुटेरों की बड़ी बन आई। जो शहर में रह गए उनकी दुर्दशा के दृश्य देखकर शायद भगवान ने भी उस दिन आंखें मीच लीं। केवल सआदतगंज नाल दरवाज़ा, जहां महाजन रहते थे और चौक के महाजन जिनको छूट के परवाने मिले हुए थे, ही बचे, जितनी प्रजा उनके यहां शरण ले सकी वह बची—बाकी कोई गली, मुहल्ला, घर नहीं बचा जिसे गोरों, सिक्खों और नेपाल की सेनाओं ने न लूटा हो। पण्डित देवीदत्त शुक्ल की पुस्तक के आधार पर यह विवरण लिखते हुए स्वयं मैं भी इस विवरण के सम्बन्ध में यह कह सकता हूं कि बात सच है। मैंने बचपन में गदर की बातें अक्सर सुनी थीं। मेरी दादी इलाहाबाद की थीं, वे वहां की बातें सुनाती थीं; हमारे पड़ोस में एक वृद्धा रहा करती थीं, उनके मुंह से भी सुना कि सोंधी टोले और हट्टी राम की चढ़ाई पर और जाने कहां-कहां गोरे घोड़े पर सवार बन्दूकें दागते आए थे। चौक में तीन जगह परवाने थे; सोंधी टोले में चतुरामल सेठ की

हवेली, छोटी काली जी के मन्दिर के सामने राय बिशम्भर नाथ काकाजी की हवेली और वृन्दावन के अपने मन्दिर के कारण भारत प्रसिद्ध मिर्ज़ामण्डी के शाह जी की कोठी पर। मेरे पितामह के मित्र स्व० रान गौरीनाथ काकाजी आनरेरी मैजिस्ट्रेट ने छोटी काली जी के मन्दिर के पास रहने वाले एक वृद्ध सज्जन का बड़ा कारुणिक इतिहास सुनाया थाः गोरों ने उनके दरवाज़े तोड़ घर में घुसकर उन्हें और उनके पुत्र को दालान के खम्भों से बांध दिया। स्त्री और एक लड़की कुएं में कूद पड़ी, पुत्र वधू अपने पति की गोली झेलकर सौभाग्यवती हो गई, पुत्र भी मारा गया; परन्तु पिता को भोग भोगने थे, उनके शारीरिक घाव अच्छे हो गए किन्तु मन के घाव लेकर वे मेरे पूरे होश तक जीवित थे। वे गली के लोगों के विनोद की 'जिन्स' बन गए थे। गदर के बाद उन्होंने चौक बाज़ार की सूरत नहीं देखी थे। उन्हें रोज़ सवेरे मिट्टी की बासी गुड़गुड़ी पर एक चिलम पीकर एक पैसे की नई गुड़गुड़ी खरीदने के लिए सात बजे घर से निकलना पड़ता था, एक फर्लांग जाने और आने में उन्हें ढाई-तीन घण्टे लग जाते थे। वे घर से निकले और लोगों ने छेड़ा। कोई-कोई शुरू से ही लाला का मूड़ बिगाड़कर लाला से जैराम जी की करते। उत्तर मिलता। और दो-चार ठण्डी-मीठी बातें करते, लाला भले-भले रहते, फिर पूछने वाला कहता, "बहुत दिनों से लाला चौक में नहीं देखा आपको?" इतना कहते ही कहने वाला तुरन्त बीस कदम दूर भाग जाता था क्योंकि लाला फिर लाठियां पटकते, गालियां बकते थे। 'लाला चौक चलोगे' उनकी चिढ़ थी, कहने वालों को, अंग्रेज़ों को कदम-कदम पर गालियां सुनाते उनकी सांस फूल-फूल उठती थी। लाला ने अपने खण्डहर घर की हर कोठरी, दालान और छतें अपनी नित्य की गुड़गुड़ियों से पाट रक्खी थीं।

बड़ी मनमानी हुई। हज़रत अब्बास की दरगाह में कई सौ पर्दानशीन औरतें जा छिपी थीं। गोरों ने इनके साथ बड़ा अत्याचार किया। बाद को कोनिया साहब ने सबको एक-एक रुपया दे, डोलियों पर बिठलाकर भेज दिया। कई सौ धोबी वहां जमा थे, वे लुटे, दरगाह का सारा सामान लुटा। सोने के अलम महाजनों ने गोरों से रुपये तोले के हिसाब से खरीदे। दरगाह का खास अलम तेरह सेर सोने का था। लखनऊ की लूट से अंग्रेज़ों ने विलायत में अपने पैतृक ऋण चुकाए, जायदादें खरीदीं।

और यहां के प्रमुख व्यक्तियों में शरफद्दौला इब्राहीम खां बेचारे छब्बे बनने चले और दूबे भी न रहे। बेगम की हार के बाद उनके साथ न गए, उनके घर ठहरीं तो कहा सब जानते हैं कि मैं अंग्रेज़-परस्त हो गया हूं। उधर अंग्रेज़ों की चिट्ठियां आईं तो जवाब नदारद। वे जाने क्या सोच रहे थे। अन्त में तिलंगों के हाथ बुरी मौत मरे।

मम्मू खां धोखा देकर नेपाल से पकड़वा मंगवाए गए। उन पर मुकद्दमा चला। अपने बचाव में उन्होंने अंग्रेज़ों की चिट्ठियां पेश कीं और कहा कि कैसर बाग में जो अंग्रेज़ बंदी बच गए वे मेरे ही हुक्म से बचे। कई महीने मुकद्दमा चला फिर फांसी का आदेश हुआ। अपील करने पर काला पानी की रियायत हुई। अंडमान में मम्मू खां ने अपने निर्वाह के लिए दुकान कर ली। वहीं उनकी मृत्यु हुई।

राजा जयलाल सिंह नुसरतजंग, जो लखनऊ में अधिकतर राजा जियालाल के नाम से प्रसिद्ध हैं, कूर्म क्षत्रिय राजा दर्शन सिंह गालिबजंग के पुत्र थे। वे अपने समय के बड़े योग्य शासक माने जाते थे। उन्हें शाही में कलक्टरी का पद मिला था। सरकार बिरजीसी में भी उनका बड़ा मान था, फौजी पंचायत भी उनका आदर करती थी। 24 सितम्बर 1857 के अंग्रेज़-वध के अपराध में उन्हें 1 अक्टूबर, 1858 को उसी जगह फांसी दी गई जहां ओर साहब का वध किया गया था। राजा जयलाल सिंह नुसरतजंग ने अपने हाथ से फांसी का फंदा अपने गले में डाला और वतन के नाम पर हंसते-हंसते शहीद हुए।

अवध के अन्य ज्ञात-अज्ञात शहीदों तथा अवसरवादियों का इतिहास यहां छोड़ रहा हूं। उनके प्रति किसी प्रकार की अवज्ञा का भाव मुझमें नहीं, जिस धारा को देख रहा था उसे अब अपने अन्तर में पा गया हूं। केवल एक बात को लेकर प्रकट में विचार करने की इच्छा होती है; नेपाल में बेगम ने बयान देकर गदर का सारा भार सिपाहियों पर डाल अपने को तथा अपने बेटे को बेलाग कर लिया। उस बयान से बात की शक्ल ये हो गई कि बिरजीसकदर और बेगम ने सिपाहियों के भय से गदर में भाग लिया था। यदि बिरजीसकदर की संरक्षिका होकर बेगम चुपचाप बैठी रहतीं तो यह अवश्य कहा जा सकता था कि राजमाता और उनका बेटा सिपाहियों की बन्दूकों से घिरकर उसकी मर्ज़ी के अनुसार काम कर रहे थे। वस्तुतः ऐसी बात नज़र नहीं आती। सिपाहियों का आतंक अवश्य था फिर भी बेगम उनके बीच में कभी व्यक्तित्वहीना कंगाल होकर नहीं रहीं। बेगम का नेपाल वाला बयान उनके क्रान्ति से सम्बन्धित पूर्व इतिहास को छिपा नहीं सकता। मल्का विक्टोरिया के घोषणा-पत्र के उत्तर में उनका एलान इतिहास की एक बेमिसाल शानदार घटना है। उससे बेगम का चरित्र बहुत ऊंचा उठता है; परन्तु उसके बाद यह बयान उन्हें उसी प्रकार गिराता भी है। बेगम का ये रुख यह देखकर और भी बुरा लगता है कि नानाराव पेशवा ने नेपाल से ही सर होप ग्राण्ट को बड़ा शानदार पत्र लिखा था। उन्होंने लिखा कि "आपको हिन्दुस्तान पर अधिकार करने का तथा मुझे दण्डनीय घोषित करने का हक ही क्या है? हिन्दुस्तान पर राज करने का अधिकार आपको किसने दिया? क्या आप फिरंगी लोग बादशाह हैं और हम अपने ही देश के अन्दर चोर हैं।" नाना के इस उत्तर से भी क्या बेगम को प्रेरणा नहीं मिली होगी? मेरी समझ में बेगम हज़रत महल या तो इकलौते बेटे के मोहवश अथवा छिपे तौर पर वाजिदअली शाह का कोई सन्देश पाकर इस प्रकार पीछे हट गईं। उनका अकेले नये कोट जाकर नेपाल के कप्तान निरंजन माझी से बातें करना और तत्पश्चात् इस प्रकार का पत्र लिखकर देना अपने पीछे की किसी छिपी कहानी का संकेत देता है। ये लोग नेपाल से कलकत्ता पर हमला करने वाले थे; नेपाल की घरेलू राजनीति भी उस समय मज़बूत आधार पर नहीं थी, राणा जंगबहादुर को स्वयं अपनी ही सेना में विद्रोह नज़र आ रहा था। ऐसे समय में बेगम को तोड़ने के लिए सम्भवतः वह धमकी दी गई हो कि कलकत्ते पर हमला करते ही वाजिदअली शाह और बिरजीसकदर मार डाले जाएंगे—और यह धमकी काम कर गई हो। आखिरकार बेगम स्त्री थी और दुखियारी मां थी। फिर भी

यह दाग लगने के बावजूद बेगम हज़रत महल का स्थान इतिहास में सदा गौरव के साथ सुरक्षित रहेगा।

ग़दर में दूसरी मार्के की बात यह दिखलाई देती है कि उसके प्रमुख नेताओं में एक ओर जहां अस्सी वर्ष के कुंवर सिंह, साठ-पैंसठ के राणा बेणीमाधव, मौलवी साहब, बहादुरशाह 'ज़फर', तात्या आदि बड़े-बूढ़े थे वहीं अठारह वर्ष के बलभद्रसिंह, बाईस वर्ष की लक्ष्मीबाई, छब्बीस-सत्ताईस वर्ष की हज़रत महल और तेंतीस वर्ष के नाना साहब आदि ताज़े खून वाले नौजवान भी थे।

ग़दर में इस प्रकार हम देखते हैं कि वे तमाम खूबियां जो किसी भी राष्ट्र को ऊंचा उठा सकती हैं, हमें भी बहुत बल दे रही थीं। अस्सी वर्ष का वृद्ध हो अथवा अठारह वर्ष का नवयुवक, दोनों एक ही महाभाव से बंधे, एक ही उद्देश्य के लिए अपना सर्वस्व अर्पण कर रहे थे।

हमने भारतीय इतिहास की एक यह विशेषता भी पहचानी कि बाहरी शत्रु का दबाव पड़ने पर देश संगठित होने का प्रयत्न बराबर करता है, परन्तु वह संगठन कभी पूरी तौर पर स्थायी नहीं हो पाता। सांस्कृतिक रूप से भारत सदा से सुसंगठित है। व्यापार की दृष्टि से भी देश की एकसूत्रता स्वयंसिद्ध है, और यह काफी पुराने ज़माने से चली आ रही है। अपेक्षाकृत काफी नये ज़माने यानी शेरशाह सूरी के समय में 'ग्राण्ड ट्रंक रोड' का बनना इसी एकसूत्रता का परिचय देता है। परन्तु सांस्कृतिक और आर्थिक दृष्टि से जुड़े रहने के बावजूद राजनैतिक दृष्टि से हम आपस में कटे-कटे रहे। जब-जब ऐतिहासिक परिस्थितिवश भारत में विशाल साम्राज्य स्थापित हुए तब-तब किसी बाहरी शत्रु की हमला करने की हिम्मत न हुई। और इसीलिए मैं सोचता हूं कि भारत की फूट का कारण मुख्य रूप से उसके राजे, सामन्त ही रहे हैं। इनके राजसी जोम ने ही देश को एक राजनैतिक राष्ट्र के रूप में कभी पनपने न दिया और परस्पर में फूटे हुए राजे, सामन्त किसी बड़े उद्देश्य के अभाव में केवल व्यक्तिगत सुख और वैभव लाभ करने की चिन्ता में ही रह गए। इससे देश की आम जनता और व्यापारी वर्ग पर बराबर अत्याचार भी होते रहे। यह राजसी जोम ही जाति-पांति की छोटाई-बड़ाई की समस्या और तरह-तरह के षड्यंत्र, अत्याचार, उत्पात बढ़ाता रहा। हमारा देश किसी एक नीति पर नहीं चल पाया, जहां राजा सामन्त भला और प्रजापालक रहा वहां तो ठीक-ठीक चला लेकिन जिस क्षेत्र को ऐसा सौभाग्य न मिला वह तबाह होता रहा। अंग्रेज़ों के आने से पहले अन्तिम साम्राज्य मुगल सम्राट अकबर द्वारा स्थापित हुआ और औरंगज़ेब के जीवनकाल में ही वह छिन्न-भिन्न भी होने लगा। 1857 ई० में इसी छिन्न-भिन्नता, अराजकता और अशान्ति से उत्पन्न हुई कुण्ठा संगठन के लाख प्रयत्नों के बावजूद देश को जड़ीभूत करती रही थी।

यह भी मार्के की बात है कि अंग्रेज़ों के खिलाफ लड़ने के लिए सबसे पहले सिपाही उठे। सामान्तगण सिपाहियों के कारण ही संघबद्ध हुए थे। यह सिपाही संगठन ही देश में नये युग के आने का परिचय देता है। सिपाही आखिरकार हमारी आम जनता के ही प्रतिनिधि तो थे। और इसीलिए जब हमारे राजे-सामन्त हार गए

तब भी जनसाधारण एकाएक चुप होकर न बैठ सका। लखनऊ, उसके आसपास और अवध में सन् 1859 ई० तक अंग्रेज़ों के खिलाफ हो-हल्ले उठते ही रहे।

एक बात यह भी विचारणीय है कि क्या ग़दर होने का प्रमुखतम कारण धर्म—मज़हब—ही था? मैं तो समझता हूं कि अंग्रेज़ों के खिलाफ हमारी शिकायतों का यह एक बहाना मात्र था। जिन चरबी के कारतूसों के कारण ग़दर होना बतलाया जाता है वे कारतूस ही भारतीयों द्वारा अंग्रेज़ों के खिलाफ इस्तेमाल किए गए। ब्राह्मण सिपाहियों तक ने आपद्धर्म कहकर चर्बीले कारतूस मुंह से काटे और शत्रु अंग्रेज़ों को मारा। मेरी दृष्टि में यह बड़ी बात है—बड़ा धर्म है।

अपनी कमज़ोरियों पर सतर्क दृष्टि रखते हुए भी मैं सत्तावनी क्रान्ति में अपने पुरखों की खूबियों पर मुग्ध हूं। सन् 57-58 तक नये सिरे से बनते हुए राष्ट्र की परम्परागत रूढ़ कमज़ोरियां हारीं—हमारी परम्परागत प्रगतिशील निष्ठा और शक्ति तो उस अग्नि-परीक्षा से विजयिनी सिद्ध होकर ही निकलीं और ग़दर के बाद के भारत को नया रूप देने में समर्थ सिद्ध हुईं।

जो हो, युद्ध में स्वपक्ष के गौरव से भरकर भी युद्ध के दृश्यों से घृणा होती है। इन्सान के पिछले अनुभव यदि भविष्य में युद्धों की सम्भावना को समाप्त कर दें, तो मानव सभ्यता में निस्सन्देह एक अभूतपूर्व क्रान्ति आ जाएगी। परन्तु जब तक दुर्भाग्यवश ऐसा नहीं होता तब तक देश पर संकट पड़ने पर कायर बनकर कुत्ते-बिल्ली की मौत मरने के बजाय हमें मृत्यु के उस रूप को ही सराहना है जिसे हमारे वीर पुरखों ने आत्म-बलिदान से परम तेजस्वी बनाया है। देश पर मर-मिटने वाले वीरों के संस्मरणों से प्रेरणा लेकर आगे बढ़ने वाले भारत देश को अपना सिर कदापि न झुकाना पड़ेगा, वीरों की गाथा और पिछले अनुभव हमारे लिए रक्षा कवच बनेंगे। एवमस्तु।

बन्दौं भारत भूमि अति पावन।

परिशिष्ट

(श्री इंतजाम उल्ला शहाबी द्वारा संकलित पुस्तक से साभार)
बेगमात-ए-अवध के खुतूत

वाजिदअली शाह तथा उनकी बेगमों के वे पत्र और पत्रांश जिनसे संघर्ष कालीन लखनऊ के इतिहास पर प्रकाश पड़ता है।

बेगमों के पास खबरें नौकरों-बांदियों की प्रेस-ट्रस्ट से आती थीं, लिहाजा उनके खतों में लखनऊ की सत्तावनी सूचनाएं कुछ उलट-पलट कर भी आई हैं, कहीं गलत समाचार भी मिलता है। यह सब होते हुए भी ये पत्र उस समय की तसवीर पेश करने में बड़ी मदद देते हैं। सौतों की आपसी जलन के चित्र, वाजिदअली शाह की मनोभावनाएं, रोमानियत का बहाव—इन ऐतिहासिक पत्रों की विशेषता बन गई है।

(शैदा बेगम को भेजा गया खास महल का पत्र, 29 रमज़ान, 1271 हिजरी।)

तूतिये शीरीं, तकरीरे चमन, मूदते बुलबुल, खुशनबीद गुलशन उल्फते गुंचा, मकसद तुम्हारा हमेशा शगुफ्ता रहे।

इस गर्दिशे इफराक से फूले न फले हम।
ज्यों सब्ज़ा रौंदे उगते ही पांवों के तले हम।

बहन शैदा बेगम, मेराजी की 29 तारीख सन् 1271 हिजरी पंजशंबे का दिन उम्र-भर न भूलेगा जबकि सुल्ताने आलम को जनरल औटरम साहब ने बाप-दादा की सल्तनत छोड़ने और हुकूमत से दस्तबरदार होने का हुक्म दिया और लखनऊ से हम लोग जुदा हुए, जैसे बुलबुल गुलशन से छुटी, यूसुफ मिस्र से निकले, बू ये गुल चमन से जुदा हुई। पिया जाने आलम का सुकूत और तमाम अमले का हसरत भरी निगाह से देखकर बेकसी के आंसू बहाना, कमाले अदब से रूमाल में गम के मोतियों को समोना, अइज्ज़ा को हिचकियां लगी हुई थीं। हम आखिरश महरात में मातम बपा करते हुए सुल्ताने आलम के हमराह रवाना हुए। उस वक्त जाने आलम का यह कहना, "तुम पर दस बरस तक मैंने सल्तनत की, इस अरसे में जो कुछ सदमा और रंज मेरी जान से तुम को पहुंचा हो उसको बखुशी माफ कर दो। इस वक्त मैं माजूर हूं और तुम से छुटता हूं, खुदा जाने ज़िन्दगी में फिर मिलूं या न मिलूं।" बहन इस जुमले से, तुम्हें याद है, मजमे को मजलिसे मातम बना दिया। हज़रत मुनव्वरुद्दौला अहमद अली खां ने कहा, "सरकार ऐसे वक्त में गुलाम को कदमों से जुदा तो न करो।" सुल्ताने आलम खामोश हो गए। हुजूर मल्का किश्वर आरा बेगम साहब और भैया सिकन्दर हश्मत सरमहू और लख्ते जिगर नूरे-नज़र

वलीअहद बहादुर सरमहू और वार सरकार की खादिमा हमराह थीं। रजब की पांचवीं को लखनऊ से चले थे। कानपुर पहुंचे तब रोते हुए बुरा हाल हुआ। पलवन साहब के बंगले में हम लोग मुकीम हुए। रजब भर महीना वहीं बीता। शाबान की पहली को रुखसत हुए। आठ दिन वहां ठहरे फिर बनारस आए। राजा पुराना नमकख्वार था। अपनी-सी उसने अच्छी खिदमत की। रानियां हुजूर मल्का की बहुत तवाजह करती थीं। हर वक्त हाथ बांधे चाकरी में खड़ी रहती थीं। मुझ मगमूम की पूछ भी बहुत थी। मैं हर वक्त सुल्ताने आलम की दिलजोई में लगी रहती। इनका बातों से दिल बहलाती मगर वे गम से निढाल थे। मैं वारी जाऊं, ये हाल देख मेरा जी कुढ़ता था। बनारस से दहकानी जहाज़ पर सवार हुए। रमज़ान की 27 को कलकत्ते हमारा काफिला पहुंचा। सब पर थकान का असर था। इस वक्त तुमको रास्ते की मुख्तसिर कैफियत लिख रही हूं, तुम भी लिखना हमारे पीछे क्या बीती।

●

(जानेजां बेगम का खत बनाम सरफराज़ बेगम साहब 16 शव्वाल 1272 हिजरी। इस पत्र द्वारा वाजिदअली शाह की माता लंदन प्रयाण का विवरण तथा मल्का विक्टोरिया के लिए भेजे गए उपहारों की सूची मिलती है।)

शहर से दिल उचाट है,
उन्स नहीं उजाड़ से।
फोड़ें सर को ऐ जुनू,
कौन से अब पहाड़ से।

तकदीर ने शबे हिज्र से ज़्यादा रोज़े सियह दिखाए, फराकत के फन्दे से कभी छुटने न पाए। जिगर में खंजरे मिज़गां की काविश है, आंखों में खूने नाब की हरदम तराविश है। कुछ हाल यहां का लिखती हूं। जनाबे आलिया के साथ विलायत जाने के लिए 110 आदमी सब जकूरोकुनास तजवीज हुए। मौलवी मुहम्मद मसीहउद्दीन खां सफे शाही उनकी पेशी में मीर मुहम्मद रफी मुकर्रर हुए। हाजी अल हरमैन, शेख मुहम्मद अली वायज व जाकर रफी के खास जनरल साहब वजरिसुद्दौला सुसाहब मिर्ज़ा वली अहद बहादुर को दस हज़ार रुपया इखराजात के लिए दिए गए। जनाब मल्का मुअज्ज़मा दाम इकबालहू के वास्ते एक हार अल्मास का जिसका वज़न तीन सेर, दूसरा हार याकूत का, जमुर्रद की कंघी, परचये अल्मास बहुत से, मारये मलवाईद और अंगूठियां और पेशवाज बहुत तकल्लुफ की 32 हज़ार रुपये की तैयार की हुई एक नामा शाही मुतजम्मिने हार खुद जनाब मल्कये दौरां और मुख्तार नामा ज़र्री व किरी सुपुर्द जनाब आलिया के हुआ। आखिर इस्तखारा जाते रुक्का साथ लिया। पांच रुक्के निकले। 14 शव्वाल रोज़ सशंबा सन् 1272 हिजरी, 12 बजे रात को जनाब आलिया सवार हुईं। वक्तेरुख्सत अजीब हश्रो-नश्र महर से बरपा हुआ, नारये अलफिराक व अलविदा मुखज्जिरात उस पर्दये शब में महीते कररये आलम हुआ। हर एक की आंख से मुसलूसल दुर्रे-अश्क बन रहे थे। सुबह जहाज़ ने लंगर उठाया। ज़ेरे कोठी शाही गुज़रा। बादशाह सुल्ताने आलम फर्ते बेकरारी से बरामदे में खड़े हुए। जनरल साहब ने व मिर्ज़ा वली अहद ने आदाबोसलाम बादशाह

से किए। खुदा हाफिज़ कह के रुखसत किया। सब लोगों को अजीब सदमये रूहानी हुआ। मैंने गम में दो वक्त खाना नहीं खाया। जाने आलम ने कहा भी मगर मैं रोती रही। जो हाल पुर मलाल हम पर गुज़रा वो तुमको लिख दिया।

रुख्सते सैरे बाग भी न हुई।
यूं ही जाती रही बहार अफसोस॥

●

(नवाब मुन्नाजान के नाम वाजिदअली शाह का पत्र, 22 रजब, 1273 हिजरी)

हम हैं कलकत्ते में और आलमे तनहाई है!

जानेमन राहतेजां दिलेसंदल दर्दे सर मुजमहल, बाइसे आबादी, शहरे आशिका, बहारे रियाज व चमनिस्तान, मुन्नाजान तफरीह बख्श गुंजये खातिर अख्तरे मुज्तर रहो। खत तुम्हारा दिल से अज़ीज जान से प्यारा बस्त वीकम शहर हाल मार्फत कन्जरुद्दौला बहादुर के करीदे कुफ्ल मसर्रत हुआ। अहले शहर की बेकरारियां मालूम हुईं। इनकी ईज़ायें सब मफऊम हुईं। वल्लाह जाने जां, इनसे ज़्यादा बेकरार हूं। घर छोड़ा इनके लिए साकिनों यार निक्बत आसार हूं। आगे जो मुकद्दर ज़्यादा हसरत हमागोशी।

●

(नवाब फरखन्दा महल का खत जाने आलम के नाम सन् 1273 हिजरी।)

आप वो चेहरये रौशन जो दिखादें बखुदा।
बेकरारी दिले बेताब हरगिज़ न रहे॥

मेहरो गुलज़ार, रैनाइये तदूर, कोहसारे बेवफाई यज़ाद-उल-हुस्नऊ! यहां का अजीब हाल है। दिन दूनी रात बद अहवाल है। लखनऊ में ताज़ा रूहदाद हुई जिससे तबीयत कुछ-कुछ शाद हुई। आठवीं को इस महीने की यकशंबा दोपहर से फौजे फिरंगी तकसीम पर कारतूसों के बिगड़ गई। जंगोजदल की ठहर गई। सब फौज मूसाबाग में ईसाइयों के कत्ल को यकजा हुई। अव्वल हैबतों पर हैबत गालिबेसिवा हुई। कितना मलदेमा फौज को समझाया लेकिन लोगों के खयाल में न आया। आखिर इन अमहकों ने कई सौ योरोपियन निकाले और करीब शाम कत्ल की सिम्त को रवाना किया। ऐशबाग में 1500 आदमी जमा हो चुके थे। वक्ते तहरीर अब तक मजमा बहुत कसीर है। उलमाये आलम मुहम्मदी उठाने को हैं। देखिए क्या होती इसकी आखिर है। बेढब हुआ ये बिगाड़ है। अब तो ईसाइयों को मूसाबाग जाना पहाड़ है। इत्तिलान लिखा है, आगाह तुमको किया है, और ऐ जाने आलम, मालूम नहीं यहां के अखबार हर रोज़ तुमको मुताले से गुज़रते हैं या अहलकार पोशीदा करते हैं—जैसा हो वैसा लिखो। हम यहां से तहरीर क्या करें? अखबार और हाल मुफस्सिल तहरीर करें। इजहार आपकी चहीती नवाब सरफराज बेगम भी यहां के हाल से आपको आगाह कर रही है।

(जाने आलम वाजिदअली शाह का खत बनाम शैदा बेगम साहबा)

मर्ग सूझे हैं आजकल मुझको।
बेकली से नहीं है कल मुझको॥

मेहरे सिपहर, बेवफाइए माह समाये-दिलरुबाई, गौहरे ताज, आश्नाइए जौहर, शमशीरे यकता, हमेशा खुश रहो।

मालूम हो गया हमें लैलो निहार से।
एक वज़ा पर नहीं है ज़माने का तूर आह॥

मालूम हुआ अवध में कुछ बलवाई लोग जमा हुए हैं और अंग्रेज़ी सरकार के खिलाफ हो गए हैं। कम्बख्तों से कहो, हम चुपचाप चले आए, तुम लोग काहे को दंगा मचा रहे हो? मैं यहां बहुत बीमार था। सफ़रा की तिब ने दिक कर दिया था। आखिर तबरीद के बाद सेहत हुई। जिस कदर नज़रो नियाज मानी थी की गई। जल्सा रात-भर रहा, नाच-गाना होता ही रहा। कोई चार घड़ी रात बाकी थी, गुल पुकार होने लगा। हम गफलत में पड़े थे। आंख खुलते ही हक्का-बक्का रह गए। देखा कि अंग्रेज़ी फौज मौज दर मौज टिड्डी दल चारों तरफ से आ गई। मैंने पूछा ये क्या गुल है? इनमें से एक ने कहा अली नकी कैद हो गए। मुझको गुस्ल की हाजत थी। मैं तो हम्माम में चला गया। नहाकर फारिग हुआ कि लाट साहब के सेक्रेटरी ओंमगटम साहब (?) हाज़िर हुए और कहने लगे, मेर साथ चलिए। मैंने कहा आखिर कुछ सबब बताओ। कहने लगे गवरमेन्ट को कुछ शुब्हा हो गया है। मैंने कहा मेरी तरफ से शुबह बेकार है। मैं तो खुद ही झगड़ों से दूर भागता हूं। इस कश्तो खून और खल्के खुदा के कत्लो गारत के सबब से तो मैंने सल्तनत से हाथ उठा लिया। मैं भला अब कलकत्ते में क्या फसाद करवा सकता हूं? उन्होंने कहा मैं सिर्फ इतना जानता हूं कि कुछ लोग सल्तनत के शरीक होकर फसाद फैलाना चाहते हैं। मैंने कहा, अच्छा अगर इन्तज़ाम करना है तो मेरे चलने की क्या ज़रूरत है, मेरे ही मकान पर फौज मुकर्रर कर दो। उन्होंने कहा मुझको जैसा हुक्म मिला है वह मैंने अर्ज़ कर दिया। मैंने कहा, फिर आखिर मैं साथ-साथ चलने पर तैयार हूं। मेरे रिफ्का भी चलने को तैयार हैं। सेक्रेटरी साहब ने कहा सिर्फ आठ आदमी आपके हमराह चल सकते हैं। फूफा मुजाहिदुद्दौला, ज़िहानतुद्दौला सेक्रेटरी साहब और मैं एक बग्घी में सवार होकर किले में आए और कैद कर लिए गए। मेरे साथियों में जुल्फिकारुद्दौला, फतेहुद्दौला, खजांची काज़िम अली, सवार बाकर, अली हैदर खां 'कूल', सर्दार जमालुद्दीन चपरासी, शेख इमाम अली हुक्के बरदार अमीर बेग खवास, वली मुहम्मद मेहतर, मुहम्मद शेख खां गोलन्दाज़, करीमबख्स सक्का, हाजी कादर बख्स कहार, इमामी गाड़ी पोंछने वाला—ये कदीम मुलाजिम नमकख्वार थे। ज़बरदस्ती कैदखाने में आ गए। राहते सुल्तान खासा बरदार, हुसैनी गिलौरी वाली, मुहम्मदी खानम मुगलानी, तबीबुद्दौला हकीम भी साथ आया। देखा-देखी आया था, घबरा गया और कहने लगा खुदा इस मुसीबत से जल्द निजात दे। मैंने बहुत कुछ हक जताए कि तुमको बीस बरस पाला है मगर फिर भी वो अपनी जान छुड़ा कर भाग गया। जिस किले में हम कैद किए गए थे, उसकी कली-ये-बाबा कहते हैं। ये गत 'करबलाई' आबखासा बरदार के भाई के साथ भेज रहा हूं।

हुआ है अब तो ये नक्शा तेरे बीमारे हिज्रां का।
कि जिसने खोल कर मुंह उसका देखा बरा वही ढांका॥

(शैदा बेगम का खत जाने आलम के नाम—तारीख 26 जमादुर-आखिर सन् 1273 हिजरी।)

हामिये रिआया, नासिर बर आया, तुम पर खुदा का साया, इश्तियाक नामा 17वीं का लिखा हुआ ऐन इन्तज़ार में आया। हमने देखते ही आंखों से लगाया, कलेजा मुंह को आया। असीर ने पढ़ कर सुनाया। जुदाई ने वो सदमा दिखाया गम ने ऐसा रुलाया कि खून आंखों ने बरसाया। पीरे फलक ने अजीब रंग दिखाया। आप कहीं हैं और हम कहीं। खुदा जल्द मुसीबत टाले। तुम्हारी सूरत रश्के खुरशीद दिखलाए, यानी तुमको हमसे मिलाए। सबबे तरद्दुद जाए। दिल को तस्कीन आए। रकीयाबानो बेगम को ज़ुकाम है।

(नोट : ऐन हंगामे के दिनों में, पत्र की सबसे बड़ी सूचना के तौर पर रकीयाबानो बेगम का ज़ुकाम भी बतौर नमूना पेश है।)

•

(शैदा बेगम का खत बनाम जाने आलम।)

सोज़े तपे फुरकत से अजब रंग हैं दिल के।
तहरीर नहीं हैं होते जो ढंग है दिल के॥

आशनाए दरियाए मुआनिसत, इखराशे सनावर, कुलज़ुमे मसादिकत, मिर्ज़ा जाने आलम बल्कि जाने जहां से बढ़कर सुल्ताने आलम, यज़ीदुल्लाह लूत्फहू।

तेरे फिराक में क्यों कर ये दर्देनाक जिए।
मरे तो मर नहीं सकता जिए तो खाक जिए॥

चर्खे नाहंज़ार मुस्तइद आज़ार है, कोई मूनिस है न गमख्वार है। ज़िन्दगी मे यास है, जीने की किसे आस है। दिल में दर्द है, आहे सर्द है। सीना मातम सरा है, जिस्म खुश्क, जिगर हरा है। जोशे वहशत की शिद्दत है, जीने से जी बेज़ार दुनिया से नफरत है।

काश के दो दिल भी होते इश्क में।
एक रखते एक खोते इश्क में॥

पिया जाने आलम, जब से आप लखनऊ से सिधारे, ख्वाब हराम है। रोना-धोना मुदाम है। यहां शबोरोज़ आहोबुका में गुज़रती हैं, मगर दूसरी मेरी हमजिन्सें खुश-खुश इठलाती फिरती हैं। आपके बाद से फिरंगियों के खिलाफ ज़हर उगला जा रहा है। नई-नई बातें सुनने में आ रही हैं। दिल को हौल है कि देखिए फलक क्या-क्या रंग दिखलाता है। घासमंडी में मौलवियों का जमाव है। सुना है एक सूफी अहमदुल्ला शाह आए हुए हैं। नवाब चीनाटीन के साहबजादे कहलाते हैं। आगरे से आए हैं। ये भी सुना है कि उनके हज़ारहां मुरीद हैं और वे पालकी में निकलते हैं। आगे डंका बजता होता है, पीछे अज़दहां बड़ा होता है। वहशतेनाक खबरों की गर्म बाज़ारी है। सरकार सुल्ताने आलम अब आप अपना हाल लिखिए। दिल को शाद काम कीजिए।

•

(जाने आलम का जवाब शैदा बेगम को, तारीख 10 रजर्ब सन् 1273 हिजरी।)

जानेजां, जाने आलम नवाब शैदा बेगम साहबा हुस्नहा ए जमालहा। दो तशफ्फिए नामे तुम्हारे अंजमुलदौला बहादुर ने नवीं रजब को लाकर दिखाए। दिल शाद हुआ। तबीयत में कूबत आई। ज़ान ताज़ा पाई। मगर ऐ जानी, अब हम वो नहीं रहे। हम अपना हाल लिखते हैं। इससे मालूम होगा कि हम पर क्या गुज़र रही है। इश्को-आशिकी सब मफकूद है। रंज ने हाल तबाह की। हम किले फोर्ट विलियम में नज़रबन्द हैं। लार्ड रंग (?) का मेरे पास खत भी आया कि अफसरान आपके एज़ाज़ में फर्क न करेंगे। मगर मेरी ज़िन्दगी दुश्वार हो रही है। आठ दिन बाद, किले में एक कोठी है उसमें आए। अब सिर्फ 23 आदमी हमराह हैं। परिन्दा तक पर नहीं मार सकता। कैदखाने के दरवाज़े बन्द कर लिए गए। हमारा दम घुटता है। मुजाहिदुद्दौला मिर्ज़ा जैनुलआब्दीन, दियानत दौला, मुत्तदीनुल्मुल्क मुहम्मद मोतमिद अली खां, अमानते जंग कुमेदान हरवक्त परवानावार जांनिसार थे। फतेहुद्दौला बख्शिये मुल्क ज़ईफी के सबब चिरागे सहरी थे : वे 28 सफर सन् 1273 हि० को हमसे रुखसत हो गए। हमको फुरकत में छोड़कर खुद राही जन्नत बन गए। मोहतमिमदौला बहादुर और जुल्फिकारुद्दौला सैयद मुहम्मद सज्जाद अली खां रिसालुद्दार हर वक्त शरीके रंजोगम थे। आखिर मुसीबत-ओ-तकलीफ से आजिज़ आकर उकता कर मुझसे भी जुदा होना शुरू किया। पहले दियानत दौला ने कौंसिल से इत्तिबात आरियात जाने की इजाज़त ली मगर इजाज़त मिलते ही किले से चल दिया। अब मोहतमिमदौला ने पागल बनकर हर एक को गालियां दीं और मार-पीट करने लगा। आखिर निकाला गया। मुहम्मद शेर खां के गोलन्दाज़ ने बाकरअली की नाक काटी इसके बाद उसको सज़ा हो गई। जेल गया। करीम बख्श सक्का तपेदिक में मुब्तिला हुआ, तब मैं जाने से अजीरन हो गया।

●

(वाजिद अली शाह का पत्र किसी गुमनाम बेगम के नाम।)

आश्नाये दरयाये आशनाई, शनावर बहरे दिलरुबाई, गौहरे अकीर रिफाकते जौहर, जमीले सदाकत, महबूबये दिलनवाज़, यगीदुल्लाह मुज्दहू—

फलक ने तो इतना हंसाया न था,
कि जिसके एवज़ यूं रुलाने लगा।

तुम्हारा मुहब्बतनामा बदस्त मुहम्मद जान चोबदार से मिला। हम लोग अभी कलकत्ते में मुकीम हैं। अइज्ज़ा की जुदाई, सल्तनत जाने का सदमा, शहरोदयार का छुटना, 14 शव्वाल को जनाब वालिदा और वली अहद बहादुर और भाई को लन्दन रवाना करना, अब सिर्फ नवाब खास महल और चार बीवियां रह गईं। अभी-अभी नवाब अलीनकी खां और मुनव्वररुदौला मेरे पास आ गए। घबराओ नहीं, खुदा पर नज़रे हकीकत रक्खो, वो मुसब्बिर असबाब है। कोई सबब मिलाने का निकालेगा। बिरजीस कदर का ख्याल रखना। रकियाबानो को दुआ।

बदकिस्मत—अखतर

●

(शैदा बेगम का खत जानेआलम के नाम)

ऐ शहंशाह शहरे हुस्नोजमाल, मांहेताबाने औज फज़्ले कमाल, गुलशादाब गुलशन खूबी, सर्वेआजादे बागे महबूबी! हम सदा मेहरबां रहे तुम पर। और अली की अमां रहे तुम पर। दर्दे जिगर से काम तमाम हुआ, मरना अंजाम हुआ। गिरिया शोआरी है, आदत आहोजारी है। वहशत समाई, जुनू की भी चढ़ाई, दिल को इज्तराब है, जिगर कबाब हैं। न चश्मे ख्वाब है न दिल को ताब है।

तपे जुदाई से अब इस तरह नाज़ार हूं मैं।
नज़र में खल्क की रश्के खते गुबार हूं मैं॥

कभी बुका है, कभी हंसी है, अजीब मुसीबत में तबीयत फंसी है। गमों अरम खुराक है वहशत के ज़ोर में गरेबां चाक है। गला है और खंजरे फिराक है। मरने की खुशी से जीना शाक है।

बेताबिए दिल किसे सुनाएं,
ये दीदयेतर किसे दिखाएं।

जाने आलम, ख्वाब में भी नहीं आते। जबसे मालूम हुआ है कि किले में कयाम है दिल को बड़ी बेचैनी है।

एक वज़ा पर नहीं है ज़माने का तौर आह,
मालूम हो गया हमें लैलो नहार से।

यहां नए गुल खिलाए जा रहे हैं। हज़रत महल, आपकी महबूबा, सरकार से जोड़-तोड़ करके बागियों की सरदार बनी हैं। नवाब मुहम्मद अली खां के बहकाने में आ गई हैं। शोरापुश्ती दिखा रही हैं। देखिए किस करवट ऊंट बैठे।

वो खुश होवें कि जिनको ताकतें परवाज़ हैं।

●

(फरखन्दां महल का जानेआलम के नाम खत। 10 रमज़ान सन् 1273 हिजरी।)

पहले तो खूं निकलता था अश्के सियाह से।
अब लख्ते दिल ही आते हैं आंखों की आह से॥

अक्से आईना, इखतिसासे नक्श, निगार खानए इखरास मल्लाहे दरियाए आशनाई दिलबरीं खास लहजए वफा परवरी, महर गुस्तरी मादामे गौहर मुराद हमकनार बाद जाने आलम, तुम्हारा मुहब्बतनामा आया। पयामे उल्फत पाया। हाल नवाब खास महल के चले आनें का मालूम हुआ। तुम्हारा हाथ बांध के समझाना मफऊत हुआ। वे तो ऐसी बेवफा नहीं थीं। तुम पर हज़ार जान से फिदा थीं। अब बेसबब वो तुमको छोड़ती हैं बेवजह मुंह मोड़ती हैं। कुछ तो उन्होंने रंग पाया जो चला आना यहां का पसन्द किया। जो तुमने लिखा कि लानतुल्लराहे अला अहले हिन्दुस्तान (अहले हिन्दुस्तान पे लानत हो) इस लिखने के वक्त तुम्हारा ध्यान था कि सकाने हिन्द कैसे- कैसे और शहरों में लोग ऐसे-ऐसे हैं। अलल् खुसूस लखनऊ में किस-किस तरह के दीनदार हैं। सदहा आलम आलिमो फाज़िल और मुफ्ती व अबरार हैं। हरचन्द बदकार भी बेशुमार हैं लेकिन उनमें कुछ अक्लमंद हैं कुछ होशियार हैं। बकौल शख्से 'न हर ज़न ज़न अस्त, न हर मर्द मर्द, खुदा पंजे अंगुश्त

यक सा न कर्द।" मगर इस मुकाम पर कतए सादी ने कतए कलाम किया लिहाज़ा ये नामा इस पर तमाम किया।

चूअज़ कूमे यके बेदानिशी कर्द
नके राह मज़िलत बाशद न महरा।
नमी बीनी कि गाव दर अल्फज़ार
बियाला यद हमा गामा दहे राह॥

(अक्लमन्द को भुनगा भी दिखाई देता है। मगर तुमको दरवाज़े में आई हुई गाय भी दिखाई नहीं देती।)

●

(सरफराज बेगम का खत जाने जां बेगम के नाम)

मजनूं का दिल हूं महमिले लैला से हूं जुदा
तनहा फिरूं दश्त में जो नारए बुका।

दवाए दर्दमंदा व इत्तिहाद शफाए मुस्तमिनदां हमेशा बा मुराद रहो। लखनऊ की हालत सुल्ताने आलम के बाद से तबाह व बरबाद हो रही है। नये-नये फितने उठ रहे हैं। लोग पागल हो रहे हैं। मुतबाहिश खबरें उड़ती हैं जिससे दिल हौल खाता है। देखिए क्या रंग फलक दिखाता है। लखनऊ में तिलंगों ने ऊधम मचा रक्खी है। यों समझिए फैज़ाबाद से मौलवी अहमद उल्ला शाह ने आकर लूटमार कम की है और जगह-जगह अपने चौकी पहले बिठा दिए हैं। बहुत से सिरफिरे इनके खैरख्वाह साथ हैं। उधर सुल्ताने आलम के खैरख्वाह ये चाहते हैं कि इनका तख्त खाली न रहे। मिर्ज़ादार-उस-सितवत को बादशाह बनाने की तजवीज़ है। तीन रात नज़राना तलब किया था मगर दार-उस-सितवत कहने लगे कि नवाब शुजाउद्दौला अंगरेज़ों से मुकाबला न कर सके तो हम क्या कर सकते हैं। राजा जवाहर सिंह खल्फ दर्शन सिंह नवाब खासमहल की ड्योढ़ी पर आकर कहने लगे कि मिर्ज़ा नौशेरवांकद्र को मसनद नशीं रियासत कर दें। शमशेरुद्दौला दारोगा ने कहा वोलड़ का सब तरह माज़ूर है और नवाब खासमहल और बादशाह की मंजूरी बगैर ये काम कैसे हो सकता है? महमूदखां और शेख अहमद हुसैन ने राजा मानसिंह और जवाहर सिंह से मिर्ज़ा बिरजीस कदर के वास्ते कहा तो उसने जवाब दिया, फौज को मंजूर है मगर बेगमाते महल शाही राज़ी हों तो अलबत्ता मुमकिन है। इस वक्त महमूद खां राजा को अपने साथ लाए। पीर वाजिदअली को बुलाया, सब बेगमात जमा हुईं। बाज़ ने कहा कि वाजिदअली शाह के होते हुए किसी को बादशाह बनाओ, ये शगूने बद है। सरफराज़ बेगम भी ये सुन रही थीं। बाज़ बोलीं कि सुल्ताने आलम का बेटा उनके सामने तख्त पर बैठ रहा है और बाप को तख्तोताज़ दिलाने का सामान कर रहा है। हज़रत महल ने सबसे हाथ जोड़कर कहा, ये लड़का तुम्हारा है जैसा तुम मुनासिब खयाल करो, वैसा करो। नवाब खुर्द महल ने अज़राह फरासत कहा कि अगर हम तुम्हारे राज़ी नामे पर मुहर कर दें, कलकत्ते में अंग्रेज़ नवाब वाजिद अली शाह को मार डालें तो क्या हो? तब राजा रुखसत होके चला गया। हज़रत महल मायूस हुई मगर महमूद खां के तिल तलवों को लगी हुई थीं। उसने हज़रत महल से फौज के सरदारों को

खत लिखवा दिए। 12 ज़ीकात बरोज़ यकशम्बा 1273 इत्तिफाकन पानी शिद्दत से बरस रहा था। राजा मय अफसरान फौज कसरुलखां में आकर बैठे। मिर्ज़ा रमज़ान अली खां अलमुरकिब मिर्ज़ा बिरजीस कदर तामज़ाम सवारी हुज़ूरे आलम पर सवार आए, और सिन जलूस जन्नत आरामगाह पर आके बैठे। किसी ने कहा कि छोटा है, किसी ने कहा कि ऐशो इशरत में पला है फिर गाफिल न हो जाए। आखिरकार शहाबुद्दीन और सैयद बरकात अहमद 15 रिसाले के रिसालदार ने उठकर मुन्दीर मिर्ज़ा बिरजीस कदर के सर पर रख दी। मुबारकबाद दी गई। अफसरान ने तलवारों की नज़्र दिखाई। जहांगीर बख़्श सूबेदार ने तोपखाना फैजाबाद से 21 तोपों की सलामी सर की। शहर में एक गुरगुरए मसनद नशीनी हुआ। गर्मी की शिद्दत थी, मिर्ज़ा बिरजीस कदर दाखिले महल हुए। घमण्डी सिंह सूबेदार कलमाते लातायल बकता रहा। नायाबे दीवान हिसामउद्दौला को बनाना चाहा, मगर वो रज़ामन्द न हुए। शहंशाह महल ने मुफ्ताहुद्दौला से कहा, वो भी तैयार न हुए, तो नवाब शरफुद्दौला मुहम्मद इब्राहीम खां की तजवीज़ हुई। मम्मू खां बिगड़ बैठे। फिर सफाई हो गई। जनाबे आलिया को 11 असर्फी नज़रे अकीदत दी गई। नवाब हिसामुद्दौला ने उठकर बेगम साहिबा के हाथ में रख दी। सैयद बरकात अहमद कासिम जान ने इनकी तारीफ की। बिरजीस कदर ने दूसरे दिन खिलअत नायाबत इनायत किया। खिलअत दीवानी महाराजा बालकृष्ण का अदा किया। तीसरा खिलअत कोतवाली मिर्ज़ा अली रजा बेग चौथा मीर यावर हुसैन मुहतमिमरविन्द को, पांचवां खिलअत जनरैली-हिसामुद्दीन बहादुर को, फिर तमाम ने मिर्ज़ा बिरजीस कदर और हज़रत महल को और शाहंशाह महल को नज़रे दीं। दरोगा दीवाने खास मम्मू खां, अली मोहम्मद खां बहादुर रवाना हुए। मुंशी कचहरी खास अमीर हैदर, दरोगा ड्योढ़ियात मीर वाजद अली, अखबारे मुल्की मुहम्मद हसन खां दामाद नवाब शरफुद्दौला को दिया गया। जनरल हिसामुद्दौला को हुक्म भरती 13 पलटन नजीब का हुआ और अंगरेज़ों से लड़ाई शुरू कर दी। बेलीगारद पर हमला कर दिया जहां अंग्रेज़ जमा थे। मौलवी अहमदुल्ला शाह ने बड़ी बहादुरी की। बेलीगारद के फाटक तक पहुंच गए। मगर कोई और साथी उनके साथ न था। बेचारे ज़ख्मी होकर लौट आए। मैं महलात से उठकर शहर में आ गई हूं। ये मरा खत जाने आलम तक पहुंचा देना। वो किले में नज़रबन्द हैं। मेरे नाम भी खत आया था जो बमुश्किल मिला।

(यास्मीन महल का खत बनाम जाने आलम)

क्या लिखूं ओ बुते बेरहम तेरी दूरी से,
कौन सा दिन था कि मैं दीदए गिरियां न हुआ।

जौहरे तेगनाज़ो नियाज़ कतरए सब्ब गमज़ओ अंदाज़ हमेशा गुलसन खूबी शादाब। जाने आलम, एक साल हो गया, सब चहीतों को नवाज़ा, मुझ निगोड़ी को कभी भूल के भी पुर्ज़ए कागज़ से न किया खुश अफजा। यहां दिन-रात आतिशे फिराक में घुल रही हूं। वहां बेखबरी वो हैं जो जान रही हूं।

आतश भरी हुई है मेरे जिस्मेज़ार में।
पारे का है खवास दिले बेकरार में॥

हम हैं और गमें दिलदार हैं, सीना है और आहे शररबार है। महलात में बिरजीस कदर को देख लेती हूं, दिल शाद कर लेती हूं। तुम्हारी फबन इसमें पूरी है। सूरत भी बाप की-सी गोरी है। अल्लाह हज़रत महल की कोख को ठण्डी रक्खे। मुझ पर वह मिहरबान है मुझको भी वह प्यारा दिलोजान है। कल उसकी 11 वीं सालगिरह थी, यह तो सुन ही लिया होगा कि अब तख्तनशीं है। तमाम लोग उसके फिदाकार हैं। सब में रक्सो पुरनू की महफिल थी एक तवायफ ने गज़ल पढ़ी, एक शेर याद है–

गैरते महताब है बिरजीस कदर।
गौहरे नायाब है बिरजीस कदर॥

खुदा नज़रेबद से लाड़ले को बचाए, दुश्मन का मुंह काला हो जाए। सुनते हैं मौसमे खिजां जा चुका है अब बहार आई है। बुलबुलों ने गुलिस्तां में खुशी मचाई है। अपनी तो हालत है कि हूं बुलबुले तस्वीर–परवाज़ की ताकत नहीं और यासे चमन है। जाने आलम अपनी खैरियत से इत्तिला कीजिए और सोजे महजूरी से निजात दीजिए।

मौत-सी अब तो जीस्त है कि बहुत,
दर्दे दिल का इलाज कर देखा।
जीते जी मौत की सी लज्ज़त को
खूब देखा कि तुम पे मर देखा।

●

(जाने आलम का खत सरफराज़ महल पंजवारी (पांचवीं बीबी) के नाम।)
शोलये बर्क दूरी नाइरें नार महजूरी आतिशे हुस्न दो बाला हो। जियो।

वह कौन हे जो मुझ पे तअस्सुफ नहीं करता,
पर मेरा जिगर देख कि मैं उफ नहीं करता।

यहां का हाल क्या लिखूं? दिल बेकरार है। सीना फर्तेनाले से रश्के रूबाब है। लखनऊ से मेरे साथ 500 आदमी आए थे। मोचीखोला में मुकीम हैं। वली अहद बहादुर की मां मलकये खास महल, जनरल की वालिदा मलकये मुल्क आली, जनाब ताजुन्निसां बेगम, तीसरा महल महबूबा खास मल्कये आशिकनुमा जानेजां बेगम हैं। ये आजकल बीमार हैं। खुदा इसको शफा दे। महल चहरुंम बड़ी बेगम आशिके सुल्तान मुमताजे आलम कैसर बेगम न मनकूला थीं न ममतूआ बल्कि सिर्फ दोस्ती में चली आई थीं। उसने खर्च को मांगा। 11 हज़ार रुपए दिए वो रुपये पाते ही कलकत्ते से चल दी। पंजुम खस्तामहल, शिशुम ममतूआ ज़ाफरी बेगम अजीब चुलबुली तबीयत नाजुक मिज़ाज खिलंदड़ी, चंचल, जंगजू, तुंदखू, तेगज़बान, दरिश्त कलाम हमको किले विलियम में अक्सर गिलौरियां भेज दिया करती थी। वह ऐसी महबूब थी कि एकदम हमारी नज़र से जुदा न होती थी। अब महीनों से उसके फिराक में तड़पता हूं। उनके गम में दिल पानी-पानी हो गया। गुंचये दिल कुम्हला गया। दिल हज़ार सम्हाले नहीं सम्हलता। सबा भी हम कैदियों की पैगामबरी नहीं करती। हर तरफ पहरा है। दो रफीक हैं, एक खौफ दूसरा हिरास। एक कैदखाने

में हम पड़े हुए हैं चारों तरफ हिरासत है। हमारे साथ 12 आदमी मुसीबत झेल रहे हैं। हर एक अपने दीन से बेजार है कैद गम में गिरफ्तार है। भिश्ती व खाकरू आते हैं, उनके साथ एक-एक अंग्रेज़ भी आता है। मजाल क्या है जो मुंह से बोल सकें। कैदखाने की कोठी बहुत वसीह है, मगर अपने किस काम की? हर वक्त दरवाज़ा बन्द, गरमी से दिल तंग परेशान हालते तबा हूं। जब दरवाज़े खुलते हैं तो धूप की शिद्दत से जान बेजार होती है। कई मर्तबा लाट साहब को भी शिकायती खुतूत भेजे मगर किसी का जवाब नहीं आया। तुम खुदा का शुक्र करो, आज़ाद हो। अपनी नींद सोती हो, कोई पूछने वाला नहीं। शैदा बेगम का खत आया उसका भी जवाब लिख दिया। उसको मिला भी होगा या नहीं।

बो बुलबुले मरदूदे बहार और खिज़ां हूं,
जिसका कि ठिकाना न चमन में न कफस में।
किया है अख्तरे बे पर को उसने मक्र से कैद,
कहीं भी होता है ऐसा शिकार का असलूब?

●

(सरफराज़ बेगम का खत बनाम अख्तर महल)

मलिक मुल्के खूबी, पुश्ते पनाह विलायते महबूबी, अकामुल्लाह जमालहा व इकबालहा। मेरी मल्कये आलम रफीके सुल्ताने आलम, मैं लखनऊ के वाकयाते हालतेज़ार जाने आलम के वास्ते लिख रही हूं। यहां का हाल। दिग़रदूं है। देखा नहीं जाता। बुरा शगुन है। एक दिन मशहूर हुआ कि कल या परसों फौज बेलीगादर पर धावा करेगी। साहबाने महसूर को जेरे तेग करेगी और वहां की ज़मीन को खोद कर बराबर कर देगी। ये खबर गोशज़द साहबाते महल हुई। आपस में कहने लगीं कि जिस वक्त यहां सबको कत्ल किया तो जितने कलकत्ते में हैं उनकी जान काहे को रहेगी। एक ने कहा कि हम तुम ही न बचेंगे, इस वास्ते कि फिरंगियों का जाल मिस्ल घास की जड़ का है, जितना काटो उतना ही बढ़ता है। गरज़ कि नवाब फख्रेमहल, बंदियेजां नवाब सुलेमान महल, नवाब शिकवा महल, नवाब फरखन्दामहल, यास्मीनमहल महबूब महल और कई महल जमा होकर हज़रत महल से कहने लगीं और नवाब खुर्दमहल और सुल्तानजहां इनकी शरीक थीं—कहा कि तुम सब तरह अच्छी रहो। तुम्हारा बेटा बादशाह हुआ, मुबारक हो। मगर हम सब बेवारिस हुए जाते हैं। कल फौज का ये इरादा सुना है अब तुम्हीं इंसाफ करो, फिर बादशाह और महलात वगैरह जो कलकत्ते में हैं ज़िन्दा बचेंगे या सब फांसी दे दिए जाएंगे। तुम ऐसी सल्तनत को चूल्हे में डालो। जनाबे आलिया ने बरहम होकर जवाब दिया, मालूम हुआ तुम सब हमारा बुरा चाहती हो, बल्कि इस सल्तनत के होने से जलती हो। गरज कि जनाबे आलिया बिरजीस कदर को लेकर अन्दर दालान में चली गईं। ये खबर अफसरों को लग गई। मुफ्ताहुद्दौला वगैरह हज़रतमहल के पास आए और कहा कि महलात जो फिरंगियों से मिली हुई हैं उन्हें निकाल बाहर कर दो। तब बेगम बोलीं सब्र से काम लो। दूसरे दिन बेलीगारद पर हमला करने चले मगर पहले शहर पर हाथ साफ किया, लूटमार की। बिरजीस कदर ने खुद घोड़े पर बैठकर

तिलंगों को बुलवाकर कहा 'बहादुरो हम तुमसे बहुत खुश हुए, खूब लड़ते हो, मगर अफसोस ये है कि तुम शहर लूटते हुए सब रिआया से बददुआ लेते हो।' सब अफसरों ने दस्तबस्ता अर्ज की कि जनाब अब शहर न लूटेगा। और देहली सफीर रवाना किया कि हुजूर बादशाह से सनद मसनद नशीनी ली जाए। मैं नहीं समझती थी कि हज़रतमहल ऐसी आफत की परकाला है, खुद हाथी पर बैठ कर तिलंगों के आगे-आगे फिरंगियों से मुकाबिला करती है। आंख का पानी ढल गया है और इसको हिरास मुतलक नहीं है। गरज़ ये कि आलमबाग पर बड़ा मुकाबला रहा। अहमदुल्ला शाह से भी हज़रतमहल ने मुलाकात की। हरदू ने बड़ी जाफिशानी दिखाई मगर किस्मत को क्या कीजिए। 22 दिसम्बर सन्'57 का रोज़ था, फिरंगी सरदार जनरल औटरम और जनरल हैवलाक मुकाबिल थे। 40,000 फौज यहां जमा थी। पानी बड़े ज़ोर का बरसा। तारीगी हो गई, पर फिरंगियों की तोप ने और भी गोले बरसाए। तिलंगे पलटे, मम्मू खां और अशरफुद्दौला ने हट कर नाका चारबाग लिया। राजा मानसिंह ने बड़ी बहादुरी दिखाई। नौ हज़ार जमीयतं से ऐसा मुकाबिला किया कि फिरंगियों के छक्के छूट गए। शाम हो गई थी, जनाबे आलिया ने राजा मानसिंह बहादुर को जाफिशानी व जांबाज़ी पर खिताबे फरजन्दी दिया। खिलअत दुशाला, रूमाल और मजबूते खास दुपट्टा इनायत किया और बहादुरी की बहुत तारीफ की। मगर ये सब तदबीरें उलटी रहीं। आखिर हमको शिकस्त उठानी पड़ी। कानपुर से नानाराव पेशवा आया। देहली से जनरल बख्तखां रुहेला ये रिश्तेदार मलकये खास का है। शाहज़ादा फीरोज़शाह आए। अहमद रज़ा ने बड़ी बहादुरी दिखाई। फिरंगियों ने जान तोड़कर तिलंगों को पस्पा किया।

कैसर बाग के महलात पर गोले-बारूद गिरे। बेगमात भागीं। बड़ी इफरातफरी थी। खुदा वो दिल दुश्मन को भी न दिखाए—पा बरहना सरसीमां परेशां हाल दामन बड़े पायचों के अपनी पतली कमरों से बांधे हुए पानदान और बेशबहा कीमत यानी एशिया साथ लिए भागती फिरती थीं। जनाबे आलिया सरासीमा परेशान पा-पियादा मय साहबाते महल और शागिर्द पेशागोल औरात मुलाज़मीन बाग के कोठों पर से घसियारी मण्डी के फाटक से बाहर निकलीं और हल्कये औरात सफेबस्ता उनके बीच बिरजीस कदर एक सैयद की गोद में कंधे से चिमटे हुए और गालीचा चांदनी रफये एहतिमाल को डाले हुए। जिसने रास्ते में काफिलिये नामूसे शाही को देखा बेइख्तियार पीटने और रोने लगा। ये इनकलाब का ज़माना था। बहरहाल गलियों में पड़ती टीलेशाह पीर जलील से गुज़र के पुल मौलवीगंज में जवाहर अली खां के यहां पहुंची। वहां से पीनस में सवार होकर गुलामर रज़ा खां के घर उतरीं, फिर शरफुद्दौला के यहां गईं। रात को शाह जी के मकान में ठहरीं। जनरल औटरम ने कहला भेजा : तुम अपने महल में आराम से रहो। हम बागियों को निकालकर तुम्हारा एहतिराम करेंगे। हज़रत महल ने मुसीबत उठाकर हिम्मत न हारी। 29 रजब को करीब शाम मय बिरजीस कदर के पीनस में सवार होकर नाका आलमबाग की तरफ से मय मम्मू खां, घोड़े पर सवार लखनऊ से रवाना हो गईं। रास्ते में राजा मर्दन सिंह ज़मींदार तुमरदी से पेश आया। मौलवी अमादुद्दीन देवी उर्फ मौलवी मुहम्मद

नाज़िम बिसवांने बाड़ी तीन कोस से इस्तकबाल जनाबे आलिया के वास्ते आए। बड़ी धूम और नक्कारा और निशान जलूस सवार से मिर्ज़ा बंदा अलीबेग के इमामबाड़े में उतारा। राह में फुकरा के दो हज़ार रुपये खैरात किए। जब दाखिलये शहर हुई, तोपें सलामी की चलीं वहां से मशविरा हुआ कि बरेली (?) को चलें। चुनांचे ये काफिला आगे को रवाना हो गया। मेरी छोकरी यास्मीन साथ थी। वह लौट आई। और उसने सब हाल कहा जो जाने आलम को सुनाने के लिए तुमको लिख रही हूं। अब यहां फिरंगियों का मामला मौलवी अहमदुल्ला शाह से हो रहा है। देखिए क्या अजाम हो? मैं भी अपनी भांजी के यहां खैराबाद जा रही हूं। देखूं ये खत मेरा पहुंचता है या नहीं। युफताहुद्दौला के आदमी के हाथ भेजती हूं वो यहां से भागकर कलकत्ते जा रहा है।

●

(शैदा बेगम का खत बनाम जाने आलम, सफर 1274 हिजरी।)

आपके जाने के एक साल के बाद वह-वह बलवाए आम हुए, वह-वह मुसीबतें आईं जो खुदा दुश्मन को भी नसीब न करे। हज़रत महल ने ऐसी बहादुरी दिखाई कि दुश्मन के मुंह फिर गए, बड़ी जीदार औरत निकली, सुल्ताने आलम का नाम कर दिया कि जिसकी औरत ऐसी जो मरदानावार मुकाबला कर सकती है तो मर्द कैसा बहादुर और शुजा होगा, जब ही खौफ से हुजूर को आंखों आंखों में रक्खा। नवाब सरफराज महल ने मुफस्सल हालात लिख भेजे हैं तकरार लाहासिल है। जाने आलम फिरंगियों ने बड़ी बेदर्दी से हज़रत बाग पर गोले बरसाए हैं। महलात के साथ मैं भी जान बचाकर भागी, सब सामान हज़रत बाग छूट गया, और जो कुछ बचा था वह सब मुसाफिरत में लुट गया। अब सरेदस्त यह हाल पहुंचा है कि जब किसी से नहीं कर्ज़ा बहम पहुंचता है तो नौबत फाकाकशी की आती है। देखिए किस्मत क्या दिखाती है। खुदा के वास्ते जिस सूरत बने हमको अपने पास बुलाओ और अगर नहीं तो जिस तरह होगा मैं खुद, चली आऊंगी। यह सदमा कहां तक उठाऊंगी। ऐ जाने आलम, हाल मेरी वाल्दैन की गुरबत का तुम पर हुवेदा है, न वसीका है न वज़ीफा। मैं ही उनकी मदद कर देती हूं।

●

(हूर बेगम का जाने आलम के नाम खत, दोम जीकाद 1273 हिजरी।)

हाल गर्दिशे लैलो नहार से बहुत परेशान है, लबों पर जान है। जब से सब महलात के साथ निकलीं शाहज़ादी को लिए लिए नंगे पांव चली, रास्ते में सबसे मुफारकत हुई। बदुशवारिये तमाम सआदत गंज पहुंचने की नौबत हुई वहां बड़ी तलाश से एक मकान खाली पाया। उसमें दो दिन की बसर। तीसरे दिन बखौफे जानों आबरू वहां से सफर। गर्ज़े कि यूं एक दिन कहीं रही और दो दिन कहीं रही। इस आवारगी में ताकत जीने की भी नहीं रही। आसनाये राह में कभी खाना मिला और कभी फाका हुआ। एक दम भी न रंजो अलम से इफाका हुआ। आखिर को उफ्तां वा खेज़ां इफाका हुआ हर करियो कसबे में फिरती हुई अपने घर मआली खां की सरा में आई। शाहज़ादी रहीम आरा बेगम बीमार हुई, हमारी हालते दिलज़ार हुई,

वह सदमा फिर किस मुंह से बयान करूं कि राहते जान हमारी रमजान में कज़ा कर गई। खुदा शाहिद है कि मैं जीते जी मर गई। अब तक जब उसकी सूरत याद आती है, टुकड़े छाती हो जाती है, ऐ जाने आलम खुदा व रसूल गवाह है सबसे ज़्यादा मेरी हालत तबाह है। खाने पीने को हैरान हूं। घर तक जाता रहा, बेमकान हूं। हर घड़ी सदमा सहती हूं। इस वक्त हमारा कोई पुरसाने हाल नहीं। किसी को हमारा ख्याल नहीं, हमको तबाह देखकर सबने मुंह मोड़ा।

●

(पिया जाने आलम के नाम नवाब फख्रमहल का खत रमज़ान 1274 हिजरी)

............................हर एक मकान वीरान है, कालों ने ऊधम मचाई है, गोरों ने मात खाई है। दो चार दिन में देखिए क्या हो............................?

●

(राकिम जान आलम अख्तर का खत बनाम नवाब निशात महल साहिबा।)

..........................फिरंगियों की बे एतनाई हद से ज़्यादा है। मेरे हालात जो साहिबाते महल तक पहुंचे होंगे, मसाय बर्क तफसील उससे हवेदा है।

हैफ समझा है न वह कातिले नादां वरना।
बेगुनह मारने के काबिल यह गुनहगार न था॥

●

(बनाम जाने आलम मेहरुन्निसां खानम का खत।)

..................................लखनऊ पर खुदाई कहर नमूदार हुआ, हम सबका अजीब हाल हुआ, आतिश बारी से की खानावीरानी, हर कस था मुब्तलाये हैरानी। गैर जगह का रुख करके वतन छोड़ा, बजब्रो इकराह घर से मुंह मोड़ा। बहाले तबाहो खस्ततो खराब कानपुर पहुंचे। बादिले मुज्तरब बेताब नावकिफों ने अजराहे करम बैठने को जगह दी। मैंने अपना किस्सए कुलफत सुनाया, हर एक का जी भर भर आया। जब कि उन्हें यह मालूम हुआ कि बादशाहे अवध की दीगर कनीजों में से एक कनीज होने का शर्फ रखती हूं तो सबने आंखों पर बिठाया–।

❑❑❑

स्थापित 1912
100 वर्षों की
श्रेष्ठ प्रकाशन परम्परा
राजपाल

राजपाल एण्ड सन्ज़ की स्थापना एक शताब्दी पूर्व 1912 में लाहौर में हुई थी। आरम्भिक दिनों में अधिकतर धार्मिक, सामाजिक और देश-प्रेम की पुस्तकें प्रकाशित होती थीं और हिन्दी के अतिरिक्त अंग्रेज़ी, उर्दू व पंजाबी भाषा में भी पुस्तकें प्रकाशित की जाती थीं।

1947 में भारत-विभाजन के बाद राजपाल एण्ड सन्ज़ को नए सिरे से दिल्ली में स्थापित किया गया और साहित्यिक पुस्तकों के प्रकाशन का आरम्भ हुआ। रामधारी सिंह दिनकर, महादेवी वर्मा, बच्चन, अज्ञेय, शिवानी, आचार्य चतुरसेन, विष्णु प्रभाकर, राजेन्द्र यादव, मोहन राकेश, रांगेय राघव, कमलेश्वर और अन्य साहित्यिक लेखकों की कृतियाँ यहाँ से प्रकाशित होने लगीं। राजपाल एण्ड सन्ज़ से प्रकाशित *मधुशाला, कुरुक्षेत्र, मानस का हंस, आवारा मसीहा, कितने पाकिस्तान, आषाढ़ का एक दिन* जैसी पुस्तकें हिन्दी साहित्य की 'क्लासिक पुस्तकें' मानी जाती हैं और आज भी लोकप्रियता के शिखर पर हैं। भारत के राष्ट्रपतियों और प्रधानमंत्रियों की पुस्तकें प्रकाशित करने का गौरव भी राजपाल एण्ड सन्ज़ को प्राप्त है। नोबेल पुरस्कार से सम्मानित अर्थशास्त्री डॉ. अमर्त्य सेन की सभी पुस्तकों के हिन्दी अनुवाद यहाँ से प्रकाशित हैं। अन्तरराष्ट्रीय चर्चित पुस्तकों के अनुवाद, विश्वविख्यात कोशकार डॉ. हरदेव बाहरी द्वारा सम्पादित 'राजपाल' शब्दकोशों की शृंखला और किशोरों के लिए सैकड़ों पुस्तकें राजपाल एण्ड सन्ज़ से प्रकाशित हुई हैं।

पाठकों के स्वस्थ और सुरुचिपूर्ण मनोरंजन और ज्ञानवर्धन के लिए समर्पित राजपाल एण्ड सन्ज़ से हिन्दी और अंग्रेज़ी में पुस्तकें प्रकाशित होती हैं जो देश के सभी बड़े पुस्तक-विक्रेताओं और विश्व भर के ऑनलाइन विक्रेताओं के यहाँ उपलब्ध हैं।

राजपाल एण्ड सन्ज़

1590 मदरसा रोड, कश्मीरी गेट, दिल्ली-6, फोन: 011-23869812, 23865483
email: sales@rajpalpublishing.com, facebook: facebook.com/rajpalandsons
website: www.rajpalpublishing.com

अमृतलाल नागर के चर्चित उपन्यास

मानस का हंस

मानस का हंस लेखक अमृतलाल नागर का प्रतिष्ठित बृहद् उपन्यास है। इसमें पहली बार व्यापक कैनवास पर *रामचरितमानस* के लोकप्रिय लेखक गोस्वामी तुलसीदास के जीवन को आधार बनाकर कथा रची गयी है, जो विलक्षण के रूप में प्रेरक, ज्ञानवर्धक और पठनीय है। इस उपन्यास में तुलसीदास का जो स्वरूप चित्रित किया गया है, वह एक सहज मानव का रूप है। यही कारण है कि *मानस का हंस* हिन्दी उपन्यासों में 'क्लासिक' का सम्मान पा चुका है और हिन्दी साहित्य की अमूल्य निधि माना जाता है। नागरजी ने इसे अपने विशिष्ट लखनवी अन्दाज़ में लिखा है। बृहद् होने पर भी यह उपन्यास अपनी रोचकता में अप्रतिम है।

ISBN: 9788170282495   पृष्ठ: 380

खंजन नयन

यशस्वी साहित्यकार अमृतलाल नागर का चर्चित उपन्यास *खंजन नयन* महाकवि सूरदास के गरिमामय जीवन की सार्थक प्रस्तुति है। नागरजी ने अपने उपन्यास मानस का हंस में तुलसीदास की जीवन–गाथा को उपन्यास के रूप में प्रस्तुत किया था–उसी क्रम में सूरदास के जीवन के विभिन्न पक्षों का चित्रण इस कृति के माध्यम से किया है।

सूरदास के व्यक्तित्व को नागरजी ने तीन स्तरों पर प्रस्तुत किया है–तल, अतल और सुतल। व्यक्तित्व के भीतर अनेक व्यक्तित्व होते हैं। नागरजी ने भी महाकवि को सूरज, सूरस्वामी, सूरश्याम, सूरदास अनेक रूप दिये हैं और अन्त में जहाँ ये तीनों रूप समरस होते हैं, वहाँ सूरदास राधामय हो जाते हैं।

ISBN: 9788170280064   पृष्ठ: 248

प्रमुख स्थानीय व ऑनलाइन पुस्तक विक्रेताओं के यहाँ उपलब्ध या
इस वेबसाइट से मँगवाएँ

www.rajpalpublishing.com

अमृतलाल नागर के चर्चित उपन्यास

नाच्यौ बहुत गोपाल

नाच्यौ बहुत गोपाल में 'मेहतर' कहे जानेवाले अछूतों में भी अछूत, अभागे अंत्यजों के चारों ओर कथा का ताना–बाना बुना गया है और उनके अंतरंग जीवन की करुणामयी, रसार्द्र और हृदयग्राही झाँकी प्रस्तुत की गयी है। 'मेहतर' जाति किन सामाजिक परिस्थितियों में अस्तित्व में आयी, उसकी धार्मिक–सांस्कृतिक मान्यताएँ क्या हैं, आदि प्रश्नों के उत्तर तो दिये ही गये हैं, साथ ही वर्तमान शताब्दी के पूर्वार्द्ध की राष्ट्रीय और सामाजिक हलचलों का दिग्दर्शन भी जीवंतता के साथ कराया गया है।

ISBN: 9788170280057 पृष्ठ: 328

बिखरे तिनके

मानस का हंस, खंजन नयन, नाच्यौ बहुत गोपाल, बूंद और समुद्र, तथा *अमृत और विष* जैसी बहुचर्चित और पुरस्कृत–सम्मानित कृतियों की शृंखला में यशस्वी उपन्यासकार अमृतलाल नागर ने इस उपन्यास–*बिखरे तिनके* में अपनी विशिष्ट शैली में सर्वथा नवीनतम धरातल पर मानवीय संवदेना के जीते–जागते पात्र प्रस्तुत किये हैं और आज के समाज का यथार्थ चित्रण भी।

ISBN: 9788170285601 पृष्ठ: 108

सात घूंघट वाला मुखड़ा

यह उपन्यास अट्ठारहवीं शताब्दी के प्रारम्भिक दौर में उत्तर भारत की राजनीति में ज़बर्दस्त हलचल मचा देने वाली बेगम समरू के रहस्य और रोमांच से भरे जीवन पर आधारित है। जब औरतें पर्दे से बाहर नहीं निकलती थीं, कोठे पर मुजरा करने वाली समरू ने एक यूरोपीय सेनानी को अपना दीवाना बनाकर शादी कर ली। समरू ने पति के साथ अपनी एक छोटी–सी सेना खड़ी कर ली और बड़े–बड़े सूरमाओं को अपनी बहादुरी और रणकौशल से धूल चटा कर मेरठ के समीप सरदाना की गद्दी पर जा बैठी और...

ISBN: 9788170288213 पृष्ठ: 104

प्रमुख स्थानीय व ऑनलाइन पुस्तक विक्रेताओं के यहाँ उपलब्ध या
इस वेबसाइट से मँगवाएँ

www.rajpalpublishing.com

अमृतलाल नागर के चर्चित व्यंग्य-संकलन

हम फ़िदा–ए–लखनऊ

लखनऊ और अवध सदा से अपनी विशिष्ट संस्कृति के लिए विख्यात रहा है। नज़ाकत और नफ़ासत के लिए विशेष रूप से जानी जाने वाली लखनवी संस्कृति आज भी वहाँ के जन मानस में ज़िन्दा है। वहाँ के निवासियों का यह कहना सच ही है– "हम फिदा–ए–लखनऊ, लखनऊ हम पे फिदा।" जीवन भर लखनऊ में रहने वाले प्रसिद्ध साहित्यकार अमृतलाल नागर की ये कहानियाँ मनोरंजन के साथ लखनऊ के जनजीवन के हर पहलू को उजागर करती हैं।

ISBN: 9788170288329 पृष्ठ: 104

नवाबी मसनद

अमृतलाल नागर लेखक होने के अतिरिक्त उच्च कोटि के पत्रकार भी रहे और कई वर्षों तक उन्होंने चकल्लस नामक एक अखबार निकाला। उस अखबार के लखनऊ स्थित दफ़्तर के नीचे खुदाबक्श तम्बाकूवाले, मौलाना पहलवान, प्यारेलाल ड्राइवर जैसे रंगीन तबियत के अनेक किरदार उनके सम्पर्क में आए जो वहाँ अपना कारोबार करते थे। वहीं की रोज़मर्रा की ज़िन्दगी के किरदारों पर उन्होंने अनोखे व्यंग्यात्मक ढंग से इनका एक अनोखा व्यंग्य तैयार किया – नवाबी मसनद।

ISBN: 9788170280934 पृष्ठ: 96

सेठ बांकेमल

सेठ बांकेमल हिन्दी में चुटीले व्यंग्य और विनोदी लहजे की अप्रतिम रचना है। इसके लेखक अमर कथाशिल्पी और उनके कृतित्व में इसकी अलग ही हैसियत है। आगरे की बोली में लिखी गई इस हास्य–व्यंग्य कृति में सेठ बांकेमल नाम के एक ऐसे विनोदी, किन्तु वाक्चतुर चरित्र को केन्द्रीय भूमिका में उतारा गया है, जिसके पास जीवन के विविध क्षेत्रों के अनूठे अनुभव और चीज़ों को देखने की, गहरी–पैनी दृष्टि है।

ISBN: 9788170285564 पृष्ठ: 112

प्रमुख स्थानीय व ऑनलाइन पुस्तक विक्रेताओं के यहाँ उपलब्ध या
इस वेबसाइट से मँगवाएँ

www.rajpalpublishing.com